KB239940

한국고대사 학술총서 ①

이기동 | 이상화 | 윤진석
윤선태 | 홍승우 | 김수태

신라 최고의 금석문
포항 중성리비와 냉수리비

주류성

간 행 사

　한국고대사에 관한 일반인들의 관심이 높아지고 있는 이 때에, 우리 학회가 〈신라 최고의 금석문 : 포항 중성리비와 냉수리비〉란 주제의 학술대회를 열고, 그 결과를 '한국고대사 학술총서' 제1권으로 발행하게 된 것을 기쁘게 생각합니다.

　돌이켜 보면, 포항 중성리 신라비와 냉수리 신라비, 두 비석의 발견은 한국고대사 연구에서 매우 놀랄 만한 사건이었습니다. 1989년 4월에 발견된 냉수리 신라비는 건립 연대가 503년으로 추정되어 신라 최고의 비석으로 관심을 모았습니다. 그런데 2009년 5월 중순에는 이보다 더 오래된 비석이 또 포항에서 발견되었습니다. 더구나 이 두 비석은 그 자체 완전한 형태로서, 문헌 자료에서는 도저히 찾아볼 수 없는 수많은 정보들을 담고 있었습니다.

　냉수리 신라비가 발견되자 우리 학회에서는 이를 본격적으로 연구하였습니다. 1989년 7월 6일~7일, 계명대학교에서 학술대회를 개최하여 6편의 논문을 발표하였고, 그 결과를 이듬해 8월, 『한국고대사연구』 제3집(-영일냉수리 신라비 특집호-)으로 발간하였습니다. 이 연구는 이후 냉수리비 이해의 기준이 되었다는 점에서 중요한 의미를 갖고 있습니다.

　2009년 5월에 중성리에서 새 비석이 발견되자 10월 7일~8일, 〈신발견 포항 중성리 신라비에 대한 역사학적 고찰〉을 주제로 포항시청 대회의실에서 학술대회를 열고, 그 성과를 그 해 12월에 『한국고대사연구』 제56집으로 간행하였습니다. 그러나 이에 만족하지 않고, 2010년 4월 10일 경북대학교에서 〈포항 중성리 신라비 고찰〉이란 주제로 학술대회를 다시 개최하였습니다.

　이처럼 포항에서 발견된 비석을 두고 지속적으로 연구하고 학술대회를 개최한 것은 어느 학회에서도 찾아볼 수 없는 매우 유례 드문 일이었습니다. 이는 두 비석이 신라의 금석문 가운데 가장 오래되고, 새로운 내용들을 많이 전하는 매우 소중한 자료였기 때문입니다.

　이제 포항 냉수리 신라비가 발견된 지도 20년이 넘었습니다. 최근 발견된 중성리비도 건립 시기가 오래되다 보니, 거듭된 연구에도 불구하고 많은 부분이 미해결의 상태로 남아 있었습니다. 이에 포항시의 후원으로 우리 학회는 2011년 10월 6일~7일 양일간 포항문화원에서 다시 한 번 학술대회를 개최하였습니다. 지금까지 이루어진 연구 성과를 집대성하고 미진한 부분을 더욱 천착하여, 그 결과를 '한국고대사 학술총서' 창간호로 선보이게 된 것입니다.

　정보화 시대, 세계화 시대로 나아가면서 한국고대사를 연구하는 경향도 많은 변화를 겪고 있습니다. 종래의 연구가 개별 주제에 대한 산발적 연구였다면, 최근에는 특정 주제에 대해 다양한 각도에서 집중적인 검토가 이루어지고 있는 것이 그것입니다. 이처럼 한국고대사 연구가 날로 깊이를 더해가는 상황에서 개인적 단편적 연구만으로는 소기의 성과를 거두기 어렵다고 생각합니다.

　이에 우리 학회에서는 새로운 연구 추세에 적극적으로 대응하기 위해 '한국고대사 학술총서'를 기획하였습니다. 향후 특별학술대회나 하계세미나 등, 연구자뿐 아니라 일반인들의 관심이 높은 성과물들을 중심으로 학술총서를 발간할 계획입니다. 우리 학회의 이러한 노력이 한국고대사 연구를 더욱 진전시키고, 일반 독자들의 관심과 기대에도 효과적으로 부응할 수 있길 기대합니다.

중성리비와 냉수리비는 20년의 간격을 두고 포항에서 연이어 발견되었습니다. 이들 비석의 발견을 계기로 신라 왕경에 인접한 포항의 지역적 중요성을 인식하고, 고대사 연구에서 금석문의 가치를 다시 한 번 실감하게 되었습니다. 또한 이 두 비석으로 인해 한반도의 동쪽 끝, 동해의 주요 관문인 포항은 공업도시에서 역사와 문화가 살아 숨 쉬는 유서 깊은 역사도시로 발돋움하게 되었습니다.

이 학술총서는 한국고대사를 사랑하는 많은 분들의 도움으로 이루어졌습니다. 먼저 학술회의를 후원해주신 박승호 포항시장님을 비롯한 관계자 여러분께 감사드립니다. 그리고 원고를 작성해주시고, 이 책을 학술총서로 간행할 수 있게 해 주신 집필자 여러분께 감사의 말씀을 올리며, 토론 녹취와 교정을 맡아 수고한 서울대학교 대학원의 홍기승 선생님께도 감사드립니다. 특히 어려운 출판 상황에서도 '한국고대사 학술총서'를 간행하기로 결정해주시고 또 첫 번째 권을 아름답게 꾸며주신 주류성출판사 최병식 회장님과 편집부 여러분께도 깊이 감사드립니다.

2012년 5월
중성리비 발견 세 돌을 맞이하여

한국고대사학회 회장　이 영 호

차 례

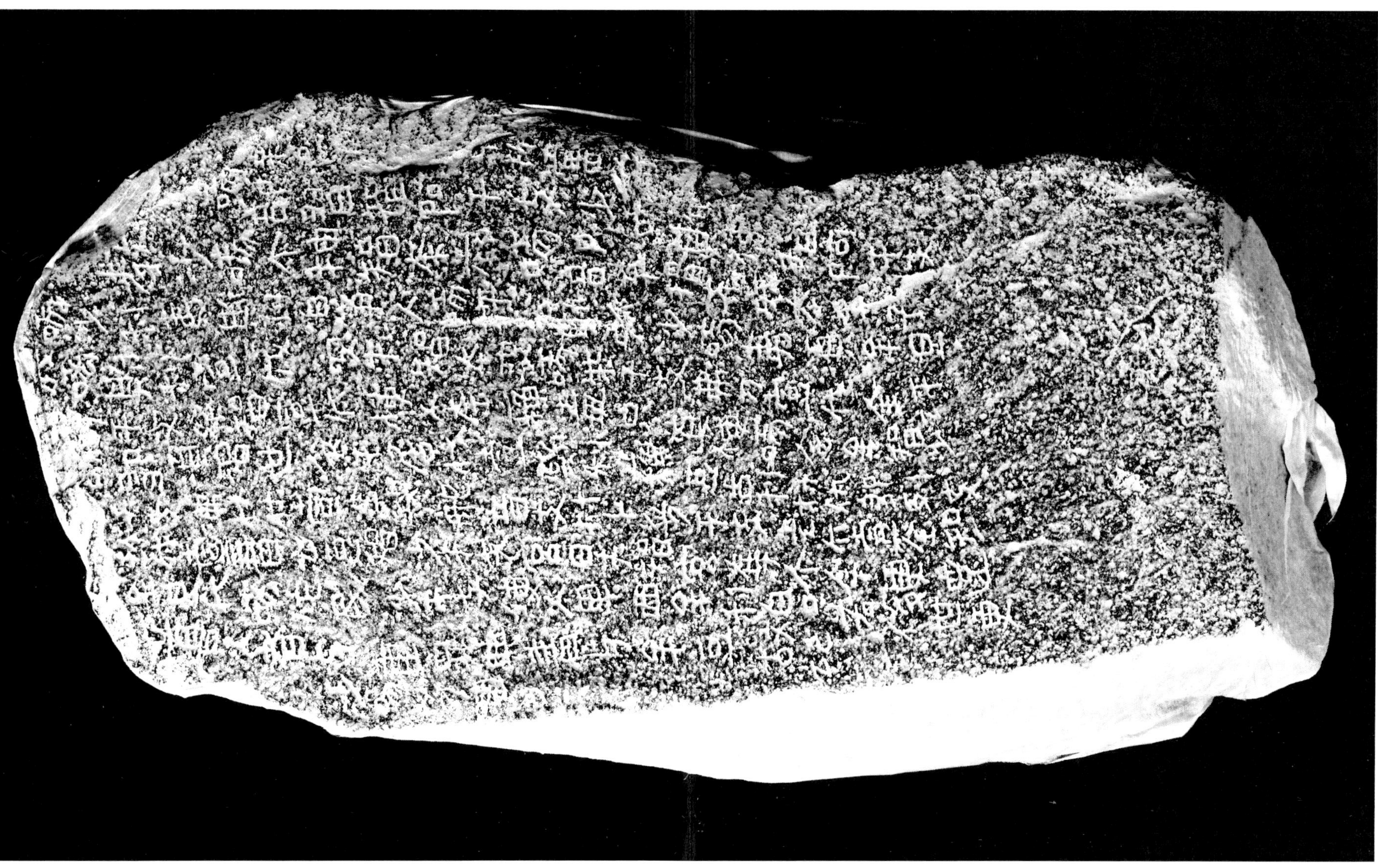

포항 중성리 신라비 탁본
(국립경주문화재연구소 제공)

현장 연구 중시의 역사학을 제언함

-포항 북구 출토 신라 최고 이비의 연구에 붙여-

이 기 동

동국대학교 석좌교수

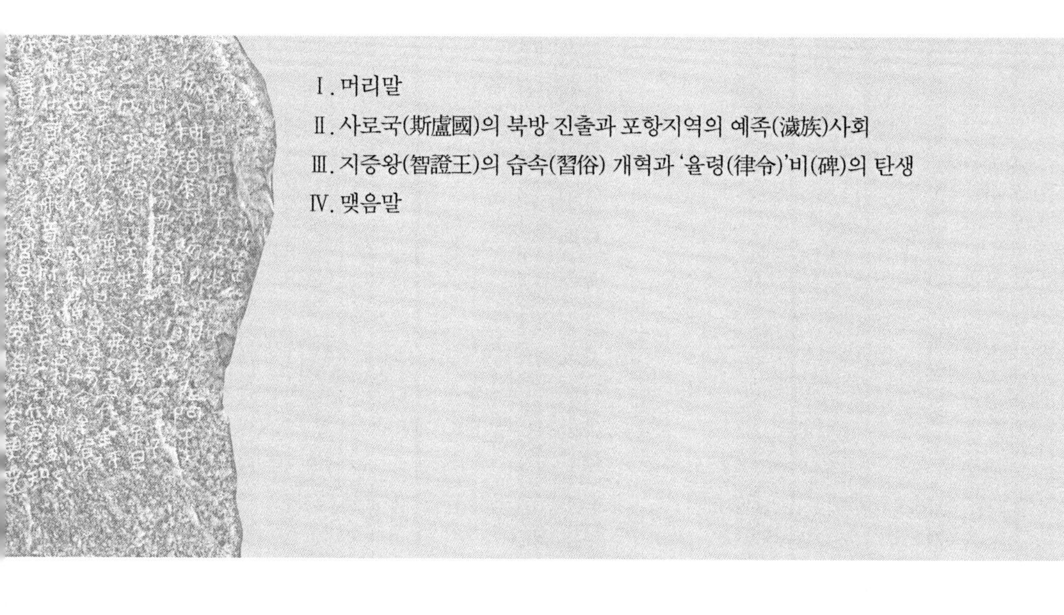

현장(現場) 연구 중시(重視)의 역사학을 제언(提言)함
-포항 북구 출토 신라 최고(最古) 이비(二碑)의 연구에 붙여-

I. 머리말

역사서(歷史書)를 비롯한 일반 문헌자료가 매우 부족한 고대사 연구에서 서책(書冊)으로 엮어지지 않은 문자(文字)자료, 곧 비문헌자료가 차지하는 비중이 큰 것은 동서양을 막론하고 공통되는 현상이라고 하겠습니다. 이를테면 로마사(史)의 경우 당대인(當代人)이 저술한 전사(戰史)라든지 전기류(類) 그리고 문학작품으로 현재 전해지는 것이 결코 적지 않은 실정입니다만, 이밖에도 많은 비문(碑文)이라든지 로마의 속주(屬州)가 설치되었던 북아프리카 이집트의 건조지대에서 발견되고 있는 다량의 파피루스가 로마 역사의 복원에 큰 몫을 담당하는 것은 주지(周知)의 사실입니다. 우리들이 동아시아지역으로 시선을 돌려 보더라도 마찬가지입니다. 중국에서는 진·한(秦·漢) 제국의 등장 이래 죽간(竹簡)·목간(木簡)과 더불어 묘지석(墓誌石)을 비롯한 각종 석각(石刻)자료가 역사 연구를 깊고 풍성하게 하고 있으며, 일본에서는 일부 철검 명문(銘文)을 비롯하여 특히 8세기경이 되면 정창원(正倉院) 문서와 목간이 나라(奈良)시대의 연구를 매우 다채롭게 꾸미고 있습니다. 더욱이 이같은 비문·파피루스·묘지석·죽간·목간 등 비문헌자료는 문헌자료에 비해 생생한 사실을 담고 있는 일차(一

次) 사료인 까닭에 고대사 연구자들이 영성(零星)한 문헌자료를 갖고 만들어 낸 가설을 구체적인 사실을 통해서 검증하는 절호의 효과가 있는 점에 유의해야 할 것입니다. 그리고 우리가 일상의 경험을 통해서 익히 알고 있듯이 가설의 수명은 그다지 길지 않으나, 사실의 생명은 오래도록 호소력을 갖고 있습니다.

　한국고대사 연구에 있어서는 『삼국사기(三國史記)』와 『삼국유사(三國遺事)』가 기본 문헌으로 쌍벽을 이루고 있습니다만, 근대 역사학이 성립된 후 고대사 연구에 신생면(新生面)을 제공하고 큰 활력을 불어 넣은 것은 다름 아닌 비문자료입니다. 고구려사 연구에서 광개토왕릉비문이 차지하는 의의에 대해서는 새삼스레 언급할 필요조차 없을 정도이고, 백제사의 경우에도 40년 전에 발견된 무령왕릉 지석(誌石, 매지권買地券)이 그간 침체상태에 빠져 있던 백제 역사·문화 연구에 일대 전기(轉機)를 마련한 것은 모든 사람이 인정하는 바입니다. 한편 오랫동안 한국고대사 연구에서 견인차의 구실을 해 온 신라사 연구의 전개과정을 뒤돌아보면 역시 진흥왕 순수비문 연구에서 최초 시작된 것을 알 수 있습니다. 중국 청대(淸代) 고증학의 학풍에 깊은 이해가 있었던 김정희(金正喜)는 30세 되던 1816년 서울 북한산 비봉(碑峰)에 올라가 고비(古碑)를 뒤덮고 있던 이끼를 걷어낸 다음 탁본을 작성, 비문 내용이 함경남도 함주군 황초령(黃草嶺, 초방원草坊院)에 있는 진흥왕 순수비와 비슷한 점에 주목하고 이를 『삼국사기』 진흥왕본기의 관련 기사와 서로 대조 검토하여 6세기 중엽 진흥왕 때의 야심적인 영토팽창을 새롭게 고찰한 바 있습니다. 20세기에 들어와 일본의 식민통치시대에 창녕과 함경남도 이원군 마운령에서 각기 다른 진흥왕순수비 2기가 더 발견되었고, 1934년에는 591년 경주 남산 신성(新城)을 쌓은 기념 비석과 이른바 임신서기석(壬申誓記石)이 동시에 발견되어 순수비와 더불어 신라사 연구의 일등사료(一等史料)로 큰 주목을 받았습니다.

　1945년의 광복 이후 1989년 4월 포항시 북구 신광면 냉수리(冷水里, 발견 당시는 영일군 소속)에서 가장 오랜 서기 503년(계미癸未)에 건립된 비석을 발견하게 됨으로써 도합 10여 기에 달하는 6세기경의 신라 비석을 확보할 수 있었고, 이에 따라 연맹왕국으로부터 바야흐로 중앙집권국가로 비약하고 있던 법제화(法制化) 시대 신라 국제(國制)의 정비과정에 대해 개략적인 전망을 내릴 수 있게 되었습니다. 이에 대해서는 주보돈(朱甫暾) 교수의『금석문과 신라사』(지식산업사, 2002)라든지 김창호(金昌鎬) 교수의『고신라 금석문의 연구』(서경문화사, 2007) 등 호저(好著)에서 상세하게 다뤄진 바 있으므로 이제 재론할 필요를 느끼지 않습니다. 작년 4월 국립중앙박물관 신라실은 '6세기 신라를 보는 열쇠-문자(文字)'라는 주제의 테마전을 2개월 간 열어 5세기경의 신라고분에서 나온 문자가 새겨진 금속유물과 6세기 후반의 것으로 짐작되는 경상남도 함안군 성산산성에서 발견된 목간자료까지 포함하여 고신라 금석문자료들을 일당(一堂)에 모아 진열·해설한 바 있습니다만, 과연 6세기 신라야말로 '비문의 세기(世紀)'였다는 감회에 새삼 젖어들지 않을 수 없었습니다.

재작년(2009) 5월 포항시 북구 흥해읍(興海邑) 중성리(中城里)의 한 도로 공사장에서 지금까지 나온 신라 비석 중 가장 오랜 서기 501년(신사辛巳)에 건립된 비석이 지상에 노출되어 학계를 크게 놀라게 했습니다. 20년 전 냉수리에서 발견된 것보다 2년 먼저 만들어 졌을 뿐 아니라 더욱이 불과 20여 리(8.7km)쯤 떨어진 근접 지역에 두 비가 놓여 있었으므로, 놀라움은 더욱 클 수밖에 없었다고 생각됩니다. 당장 두 비문의 비교 검토가 고대사학계 초미(焦眉)의 연구과제가 되어 짧은 기간 내에 부성(富盛)한 논의가 진행되어 왔습니다. 그 결과 중성리 출토 비문의 판독상 어려움을 대부분 극복할 수 있었으며, 또한 내용 파악에 있어서도 비록 세세한 부분에서 이견이 없는 것도 아닙니다만 대체적인 윤곽을 파악하는 데 일단 성공했다는 느낌이 듭니다. 본 발표자는 명문 해석을 둘러싼 여러 문제점에 대해 아무런 독자적인 견해를 갖고 있지 못한 형편이므로,

차후 동학(同學) 여러분의 보다 진전된 견해가 나오기를 기대하고 있을 따름입니다.

다만 비문 연구의 성과를 보다 확대하기 위해서는 조금 방향을 달리하여 모색해 보는 것도 필요한 일인 듯 생각되어 이와 관련한 문제를 잠깐 논의해 보기로 하겠습니다. 잘 아시는 바와 같이 비문은 일단 고고학 자료의 성격을 띠고 있습니다. 그렇다고 일부 사람들이 주장하듯 비문이 반드시 고고학 연구자의 손을 거쳐야만 한다든지 혹은 고고학자의 주도하에 연구가 이루어져야 하는 것은 아니라고 생각됩니다. 왜냐하면 비문에 어떤 생명력을 부여하는 것은 궁극적으로 문헌자료에 기초하고 있는 역사학이기 때문입니다. 그런 까닭으로 비문자료를 어디까지나 역사학 연구를 위한 보조 자료로 간주하는 역사학계의 입장을 비판할 수 없는 노릇입니다. 그런데, 가령 『삼국사기』와 같은 역사서가 사물의 기원 및 변천에 대한 기술을 주축으로 하여 꾸며진 것인 만큼 시간을 강하게 의식하도록 하는 데 비해 비문은 오히려 우리들에게 역사적 공간을 감지하도록 유도하고 있습니다. 이처럼 우리들의 시야를 공간적으로 넓힐 것을 촉구하는 취지에서 최근 역사학계 내부에서 새로운 경향으로 대두한 것이 바로 현장 연구 중시의 역사학(Field Study of History)이라고 할 수 있습니다.

실제로 유적 주변의 유물 분포상황이라든지 공간정보의 활용에 유의하는 연구경향은 역사학계보다도 고고학계에서 먼저 등장했습니다. 사단법인 한국문화재조사연구기관협회는 2006년 12월부터 기관지 『야외고고학(Field Archaeology)』을 발간하고 있습니다만, 여기에는 출토 유물의 분석방법과 주거지·고분·산성 등에 대한 야외 조사방법을 중점적으로 취급한 논문들이 실리고 있습니다. 하기야 역사학과 고고학은 그 지향하는 바 목표가 같을 수는 없는 노릇입니다만, 이같은 연구방법론은 비문을 포함한 금석문 자료를 다룰 때에도 매우 유효한 것으로 확신합니다. 발표자는 이같은 취지에서 신라국가의 초기 발전

과정에서 이곳 포항지역이 차지하는 위치와 냉수리비 및 중성리비가 세워질 무렵 신라의 정치·사회적 변화, 나아가 그 역사적 의미를 살펴보고자 합니다. 이렇게 함으로써 이른바 '율령'비의 성격을 띠는 기념물이 최초 이곳에서 탄생된 내부 사정을 이해하는 데 조금이나마 도움이 되지 않을까 생각합니다.

Ⅱ. 사로국(斯盧國)의 북방 진출과 포항지역의 예족(濊族)사회

경주분지를 통과하는 형산강(兄山江)은 북쪽으로 안강(安康)평야를 관류(貫流)한 뒤 동쪽으로 방향을 틀어 영일만 저지(低地)로 유입되고 있습니다. 이처럼 경주시와 포항시는 형산강 지구대(地溝帶)에 의해서 서로 연결되어 있으나, 다만 부조(扶助)에서 형산(兄山)과 제산(弟山)이 형산강 쪽으로 돌출하여 절벽을 만들어 낸 까닭으로 길이 매우 험준하여 인마(人馬)가 통행하는 데 매우 불편한 형편입니다. 하긴 강물은 이 부조(扶助)의 협곡을 뚫고 영일만으로 흘러가는 데 아무런 지장이 없고, 옛날에는 수양도 풍부하여 뗏목을 이용, 쉽사리 영일만으로부터 경주 방향으로 거슬러 올라갔을 것으로 짐작됩니다.

그것은 어쨌든 일찍부터 경주에서 포항의 해안지대로 접근하기 위해서는 안강에서 신광면(神光面)을 거쳐 청하면(淸河面)에 이르는 육로를 이용했을 것으로 보입니다. 신광면일대는 서쪽에 인접한 기계면(杞溪面)과 마찬가지로 산간지대에 속하고 있습니다만, 경주시 → 안강읍 → 신광면 → 청하면으로 이어지는 단층구조선이 발달하여 마치 언양(彦陽) 단층선의 북쪽 연장선과 같은 구실을 하고 있습니다. 이 때문에 고래(古來)로 육상교통의 요지로 이용되었을 것이 분명합니다.『고려사』권82 병지(兵志) 2 참역(站驛) 조에는 중앙에서 지방을 연결하는 군사적인 통신 및 교통망에 관한 내용이 기재되어 있습니다만, 전국을 통틀어 모두 22개 역도(驛道) 가운데 경주도(慶州道)에는 23개의 역 이름이 보입니다. 이를 갖고 경주에서 청하면에 이르는 역로(驛路)를 상정해 본다면 경주 소재 역에서 안강역을 거쳐 인비역(仁庀驛, 기계면)→육질역(六叱驛, 신광면)→송라역(松羅驛, 송라면·청하면)이 됩니다.[1] 이같은 점을 고려할 때 신광면과 기계면의 경계에 위치한 냉수리비가 안강에서 청하 쪽으로 가는 구도로의 왼편에 있는 신광면 남부초등학교 분교 윗편 구릉의 동남지역에서 발견된 것은 주의를 요하는 사항입니다.

한편 신광면의 북쪽에 위치한 기북면 성법리(省法里)에서는 기계천(杞溪川)이 발원하여 서남쪽으로 기계면 구지리·현내리를 지나 동남쪽으로 내려오다가 경주시 강동면 양동리(良洞里), 인동리(仁洞里) 근처에서 형산강과 합류하고 있습니다. 그런데 성법리 남쪽 신광면 최북단의 마북산(馬北山)에서 곡강천(曲江川)이 발원하여 남쪽의 토성리쪽으로 흐르면서 신광분지를 형성하다가 동쪽으로 방향을 틀어 흥해(興海)분지를 관류(貫流), 칠포(漆浦) 바로 남쪽 고령산(孤靈山) 아래에서 동해로 유입되고 있습니다. 이 곡강천 하류에 형성된 흥해평야가 농지 면적으로 볼 때 경주시 동남 외동읍(外東邑)의 평야와 안강평야를 능가하고 있는 점에 주목할 필요가 있습니다. 무엇보다도 중성리비가 이 흥해평야의 중앙에 위치하고 있는 사실은 비문에 보이는 여러 촌(村)의 위치를 비정·상고(詳考)함에 있어 반드시 유념해야 할 사항이라고 하겠습니다.

서기 3세기 말경 사로국(斯盧國)의 북쪽 경계 너머 신광면 지역에는 예족(濊族)사회가 형성되어 있었습니다. 그것은 냉수리비가 발견된 곳의 바로 서쪽

---

1) 李基白·金龍善, 2011『고려사 병지 역주』, 一潮閣, p.270

에 위치한 마조리(1918년 발행된 지도에는 홍곡리興谷里 마조동麻助洞으로 표기. 현재 홍곡 1리)의 옛 무덤에서 1966년 '진솔선예백장(晉率善穢佰長)'의 명문이 새겨진 동인(銅印)이 발견된 것으로 미루어 보아 잘 알 수가 있습니다. 인문(印文)에 보이는 진(晉)은 중국 서진(西晉, 265~316) 왕조가 분명합니다만, 기왕에 '진솔선맥백장(晉率善貊佰長)'의 존재가 알려져 있으며, 1978년에는 내몽골자치구 파림좌기(巴林左旗) 석방자촌(石方子村)에서 '진부여솔선백장(晉夫餘率善佰長)'이 새겨진 동인이 발견되어 부여가 종전의 요동군·현도군이 아니라 멀리 서쪽의 상곡군(上谷郡) 쪽으로 나아가 서진(西晉)과 통교(通交)한 사실을 암시하는 자료가 아닌가 하여 연구자 사이에서 관심을 끈 적이 있습니다.[2]

최근 본 발표자는 백제의 건국문제를 생각하던 중 삼한시대 예족의 동향이 평소 감지하고 있던 것보다 훨씬 더 큰 비중을 차지하고 있었던 점에 새삼 놀란 적이 있습니다. 무문토기시대 후기에 속하는 이른바 중도식(中島式) 토기문화권이 춘천시·가평군·하남시·수원시·횡성군·충주시·양양군 등지에 걸쳐 있고, 이에 뒤이어 등장하는 적석총(積石塚)의 분포 범위도 대체로 이와 겹치고 있습니다만, 이 중도식 토기의 주인공은 박순발(朴淳發) 교수가 시사한 것처럼 예족으로 볼 수 있으며 적석총 역시 그들이 남긴 것으로 짐작됩니다. 그러니까 한(漢) 왕조가 낙랑군과 임둔군을 설치할 무렵 대체로 함경남도·강원도 북부의 동해안 일대에 걸쳐 집중적으로 거주하던 예족이 차츰 해안선을 따라 남쪽으로 이동함과 동시에 산맥을 넘어 서쪽 산간내륙지방으로 파고들어 북한강과 남한강 상류에서 중·하류지역으로 확산된 것을 알 수가 있습니다. 실제로 『삼국사기』 백제

---

2) 尹龍九, 2003 「중국출토의 韓國古代 遺民資料 몇 가지」, 『한국고대사연구』 32, pp.295-297

본기 및 신라본기의 초기 기록을 보더라도 두 나라가 영역 확대 과정에서 공통
적으로 직면한 적대세력이 '말갈'로 표기된 이 예족이었습니다.

『삼국사기』는 사로국의 진한(辰韓) 12개 소국 병합에 대해 거의 침묵을 지
키고 있습니다만, 그런 중에서도 최초의 정복 대상이 안강·흥해·삼척 등지로 나
타나는 것은 매우 흥미로운 사실입니다. 신라본기에 의하면 파사이사금(婆娑尼
師今, 80~112) 23년(102) 8월 음즙벌국(音汁伐國, 안강)이 실직곡국(悉直谷國,
삼척)과 국경문제로 다투다가 신라왕에게 재결(裁決)을 요청한 것을 계기로 신
라는 음집벌국을 쳐서 항복을 받았고, 곧 이어 실직곡국과 압독국(押督國, 경산)
이 항복을 신청했다고 합니다. 그리고 파사이사금 29년(108) 5월 홍수가 나자
관리를 10도(道)에 보내어 창고를 열어 구제하는 동시에 군사를 보내 비지국
(比只國)·다벌국(多伐國)·초팔국(草八國)을 쳐서 병합했다는 것입니다. 종래
학계에서는 비지국을 창녕, 다벌국을 대구, 초팔국을 합천에 각각 비정했습니다
만, 이를 경주의 근접지역인 안강·흥해·기계로 파악한 천관우(千寬宇)선생의
견해가[3] 옳다고 생각합니다. 즉『삼국사기』권34 지리지1 양주(良州) 의창군(義
昌郡) 조에서 볼 수 있듯 의창군의 고호(古號)인 퇴화(退化)는 다벌(多伐)과 음
운상 서로 통하며, 그 영현(領縣)의 하나인 안강현의 고호 비화(比火)는 비지(比
只)와 역시 같아 음집벌국의 북쪽에 위치한 독립적 정치세력이거나 아니면 양
자 같은 정치집단이었을 것으로 짐작됩니다. 다만 초팔국의 경우 합천군 초계
(草溪)의 고호인 초팔혜(草八兮)와 음운상 서로 통하고 있습니다만, 이를 잠정
적으로 안강과 흥해 사이에 위치한 기계현의 고호 모혜(芼兮)와 결부시킨 천관

---

3) 千寬宇, 1976「三韓攷 제3부 – 삼한의 국가형성」『韓國學報』2·3 ; 1989『古朝鮮史·三
韓史研究』, 一潮閣, pp.293~294

우 선생의 견해도 전혀 무리한 발상에서 나온 것만은 아닙니다. 신라본기에는 그 뒤 벌휴이사금 2년(185)에 소문국(召文國, 의성)을, 조분이사금 2년(231)에 감문국(甘文國, 김천)을, 7년(236)에 골벌국(骨伐國, 영천)을 병합한 것으로 되어 있습니다만, 3세기 말~4세기 초 이전에 사로국이 이처럼 넓은 영역을 지배했다는 기사는 그대로 믿기 어렵다고 생각합니다.

2세기 초두에 사로국이 흥해 지방을 병합했다는 신라본기 기사도 고고학 자료와는 자못 배치되는 것입니다. 1993년 당시 영일군은 흥해읍 청사 및 체육관을 건립할 목적으로 옥성리(玉城里) 구릉지대에서 정지작업을 벌이던 중 대규모 고분군과 조우했습니다. 이에 따라 이듬해 140기의 고분 발굴조사에 착수하게 되었습니다만, 무덤은 주로 목곽묘(木槨墓)와 적석목곽묘(積石木槨墓)였고, 축조 연대는 대개 2세기 말경부터 6세기대에 걸치는 것임이 밝혀졌습니다. 그런데 3세기 경 거대한 장방형 목곽묘가 구릉의 정선부(頂線部)에 축조되기까지 했던 이 지역의 고분은 4세기에 들어오면 고총(高塚)으로 더 이상 발전하지 못한 채 4세기 중엽 무렵 경주형(慶州型) 목곽묘의 전형을 보여주는 것이 만들어지고 있어 그 동안 독자적인 정치세력(소국小國)으로 성장 발전해 온 옥성리 세력집단이 경주세력에 의해 흡수되어 그 직접지배를 받게 된 전후 사정을 암시하는 것으로 짐작됩니다.[4] 요컨대 신라본기의 흥해지방 병합 기사는 역시 4세기 전반 경으로 이해하는 것이 옳지 않을까 생각됩니다.

사로국은 진한세력을 대부분 병합함으로써 신라로 비약했습니다. 다만 신라는 4세기 후반경부터 신흥 백제의 위협에 직면하자 고구려의 도움을 받아 국가적 위기를 극복하게 되었습니다만, 이같은 양국 간의 접촉은 중간에 위치한 예

---

4) 국립문화재연구소, 2001 『韓國考古學事典(下)』, pp.893~895

족이 고구려의 세력권 속으로 편입되면서 자연스레 이루어 진 것으로 보입니다. 그런데 신라는 5세기 중엽에 이르러 종래의 외교 노선에서 일전(一轉)하여 백제와 손잡고 고구려의 남침 위협에 공동으로 대비했습니다. 앞에서 인용한 바 있는『삼국사기』지리지 의창군 조에는 의창군을 비롯하여 그 예하의 여섯 영현의 지명 연혁에 고구려 때의 명칭이 보이지 않습니다만, 권35 지리지2 명주(溟州) 유린군(有隣郡, 영덕·영해) 조에는 고구려 때의 명칭이 실려 있고, 이는 그 영현인 해아현(海牙縣, 청하면) 또한 본디 고구려의 아혜현(阿兮縣)이었다고 하여 고구려의 지배를 받았던 때가 있음을 밝혀주고 있습니다. 유린군 외에도 야성군(野城郡, 영덕)을 비롯하여 그 영현들이 설치된 현 청송·진보 지역과 유성군(曲城郡, 안동·청송)의 군 및 영현들 명칭에 고구려 때의 그것이 기재되어 있음은 말할 나위도 없습니다. 신라가 현 청하면 이북의 땅을 수복한 시기는 잘 알 수 없으나, 어쩌면 5세기 중반경 이전으로는 소급되지 않을 것으로 짐작됩니다.

한편 흥해읍 서쪽에 위치한 도음산(禱陰山)은 신광면과 천연적인 경계를 이루고 있습니다만, 냉수리는 바로 그 서쪽 능선 아래 얕은 골짜기에 형성된 마을입니다. 1990년 3월 경상북도 도로관리사업소는 신광면에서 기계면으로 통하는 지방도로 확장공사를 벌이던 중 용천(龍泉)저수지 동편 냉수 1리에 있는 한 석실고분이 중장비에 의해 크게 훼손되는 사건이 발생했습니다. 그 전년 냉수리에서 신라시대 고비(古碑)가 발견된 것을 계기로 이 지역에 대한 관심이 높아져 지표조사를 실시하고 있던 국립경주박물관은 고분이 파괴되었다는 제보에 접하자 당시 영일군 당국에 이 사실을 통보하는 동시에 정식 발굴조사가 필요함을 설득했습니다. 이에 따라 영일군의 의뢰로 국립경주박물관과 국립경주문화재연구소가 공동으로 1990년 10월 하순부터 1993년 6월까지 3차례에 걸쳐 단속적으로 발굴 조사를 실시한 결과 이 냉수리 고분이 경주지역에서 발굴 조사된 횡혈식 석실분보다 이른 시기에 속하며, 그때까지 영남지역에서 정식 발굴

조사된 횡혈식 석실분 가운데 가장 규모가 크고, 특히 석실구조에 있어서 측실(側室)이 달려 있는 남한지역에서 처음 보는 특이한 구조임이 밝혀졌습니다. 실제로 이같은 측실 구조는 고구려 석실고분에서만 발견된 바 있었으므로, 고구려 계통의 고분 양식이 이 지역을 통해서 경주로 전파된 것으로 짐작할 수 있게 되었습니다. 그런데 출토유물 중 토기를 기준으로 하여 볼 때 이같은 횡혈식고분의 최초 매납(埋納) 시기는 6세기 전반 경으로 추정된다고 합니다.[5] 1991년 경주문화재연구소가 실시한 냉수리·흥곡리 일대에 대한 지표조사에 의하면 5개처 이상의 고분군에 모두 86기의 고분이 확인되었고 그 대부분이 횡혈식고분이라고 하는 만큼 장차 전면적인 발굴이 요망된다고 하겠습니다.

Ⅲ. 지증왕(智證王)의 습속(習俗) 개혁과 '율령(律令)'비(碑)의 탄생

앞에서 신광면 일대가 사로국이 흥해읍이나 청하면 등 동해안방면으로 진출하는 길목에 위치한 요충지였으며, 동시에 북쪽으로 산간 내륙의 청송·안동 방면으로 연결되는 통로였음을 살펴보았습니다. 신라는 4세기 이래 이 방면의 예족세력을 물리치면서 북방으로 진출을 꾀하다가 동해안 일대에 뻗쳐 있는 예족세력을 뒤쫓아 남하한 고구려세력과 조우, 한동안 그 군사적 보호를 받기도 했습니다. 이에 따라 청하면을 포함한 영덕군과 청송군 이북 지역은 고구려의 지배 아래 들어가고, 흥해지방이 고구려 및 예족의 남침을 저지하는 북방 전선

---

5) 국립경주박물관, 1995『냉수리 고분』, pp.253~254

의 교두보 구실을 하게 되었습니다. 그 뒤 백제와의 관계를 개선한 신라가 5세기 중엽부터 동해안을 따라 진격함에 따라 고구려·예족과의 충돌은 불가피하게 되었고, 소지마립간 3년(481)에는 백제와 가야의 구원병을 끌어들여 흥해(미질부彌秩夫)로 쳐들어 온 적군을 격퇴하기에 이르렀습니다. 이즈음 고구려의 내정이 난조를 보이기 시작하여 대외 활동이 위축된 것은 진실로 신라의 행운이었다고 생각됩니다.

이같은 정황에서 흥해읍과 신광면에서 축성(築城) 기념비 혹은 국경 순수비가 아닌 일종의 '율령'비가 건립된 것을 보면 6세기 초두 신라조정이 동해안 지역의 군사적 긴장에서 벗어나 한결 정정(政情)이 안정되고 있음을 짐작하기에 충분합니다. 하기야 중성리비와 냉수리비가 각각 서기 501년, 503년에 세워진 것으로 보는 통설에 대해서는 이를 간지(干支) 일운(一運, 60년) 소급하여 5세기 중엽으로 보려는 견해도 있습니다만, 본 발표자는 통설을 확고하게 지지하는 입장입니다. 40여 년 전 울주군 두동면 천전리(川前里) 서석곡(書石谷)에서 6세기 전반 경 사부지(徙夫知, 입종立宗) 갈문왕 일가의 유행(遊行)을 바위에 새긴 이른바 원명(原銘, 을사년乙巳年)이 발견되었을 때 그 발견자인 황수영(黃壽永)선생은 이를 465년 또는 그 이전이라는 주장을 폈고, 임창순(任昌淳)선생은 573년일 것으로 짐작되는 '계사유월(癸巳六月)'조의 명문을 2주갑(周甲) 올려 453년으로 추정하기도 했습니다만, 이처럼 서석(書石) 명문을 5세기 중엽으로 몰아넣으려는 견해들이 그 뒤 연구가 진전됨에 따라 근거를 잃고 맥없이 쓰러지고 만 것은 다 아는 사실입니다. 냉수리비에 지증왕(500~514)의 이름이 분명한 지도로(至都盧)가 공교롭게도 매금왕(寐錦王=국왕)이 아닌 갈문왕(부왕副王에 해당)으로 표기되어 있어 그가 국왕으로 즉위하기 이전의 계미년, 즉 443년으로 보려는 견해도 있습니다만, 이는 무리한 견해임이 분명하다고 생각합니다. 실제로 냉수리비를 울진군 죽변면 봉평 2리에서 발견된 법흥왕 11년

(524, 갑진甲辰)에 건립된 비석의 내용과 비교해 보더라도 여러 가지 사항에서 공통점을 보이면서 시간적으로 연속, 그 자체로 발전하고 있는 양상으로 미루어 503년이 확실하다는 느낌이 듭니다. 또한 중성리비의 건립 연대를 나타내는 신사년(辛巳年)을 501년으로 볼 수 있는 논거가 부족하다는 이유로 역시 1주갑 소급해 보려는 견해도 있습니다만, 이를 냉수리비와 비교할 때 건비(建碑)의 취지가 모두 모종의 재산 소유권을 둘러싸고 발생한 분쟁에 조정이 평결한 교서(敎書)의 내용을 고시하고 있다는 점에서 같을 뿐 아니라 더욱이 당시 관용어로 사용되고 있던 고유한 문구가 공통적으로 보이고 있어 양자 같은 시기의 것으로 보는 데 아무런 장애가 없다고 생각됩니다. 하기야 441년일 가능성도 배제하지 말고 열어두자는 주장도 있어 신중한 태도라고 할 수 있겠습니다만, 어찌 보면 확신을 결여한 근래 우리 정치권 인사들의 회피적인 언사를 대하는 것 같아 한 편으로 씁쓸한 느낌이 들기도 합니다. 5세기 중엽 당시 고구려 세력권에 편입되어 있던 청하면 일대와 바로 인접한 흥해 지방에 과연 신라 조정이 '율령'비를 세울 만큼 여유가 있었을까 자못 의심스러운 바입니다.

20여 년 전 냉수리비가 발견되었을 때 최초 현장 답사에 나선 심재완(沈載完) 선생은 장방형의 자연석에 비면(碑面)만 조금 다듬어 놓은 상태에서 비면이 균형을 잃고 있으며 자형(字形) 또한 방정(方正)하지 않은 모습을 보고 비석이라기보다는 차라리 각석류(刻石類)에 가까운 것으로 보았습니다. 실제로 이보다 1년 전에 발견된 울진 봉평리 신라비와 비교하더라도 비면을 다듬은 솜씨가 거칠고 조잡하여 짜임새가 없는 점에서는 냉수리비와 다를 바 없습니다만, 그래도 봉평리비는 높이 2미터에 4면이 거의 비슷하고, 단면은 방형에 가까운 사다리꼴로 되어 있어 비석의 형태를 어느 정도 갖추고 있었던 것입니다. 그런데 2년 전에 발견된 중성리비 역시 부정형의 자연석으로 냉수리비와 별다른 차이를 찾아 볼 수 없습니다. 이는 비석의 성격과 관련지어 생각할 때 어쩌면 당연한 것이라고 하겠습니다. 즉 광개토왕릉비와 같은 훈적기공비(勳績紀功碑)라든가 진흥왕 순수비는 비문의 내용을 후세에 영원히 전하려는 기념물적(monumental)인 성격을 띠는 까닭으로 일정한 형태를 갖출 필요가 있습니다만, 중성리비·냉수리비·봉평리비 등은 모두 조정의 평결(評決) 내용을 이해관계가 있는 당해(當該) 지역의 주민들에게 포고(布告)·고시(告示)할 실용적인 목적에서 만든 것이므로 부정형의 자연석에 굳이 비면을 다듬지 않고 글자를 새겨도 아무런 지장이 없었던 것입니다.

이같은 성격을 띠는 신라 비석이 처음 알려진 것은 1978년 충북 단양군 단성면 하방리에서 발견된 적성비(赤城碑)였습니다. 550년경에 건립된 것으로 짐작되는 이 비석에는 신라의 북방진출 군대에 협력한 현지 유력자들에게 조정이 베푼 은전(恩典)의 내용이 새겨졌습니다만, 이기백(李基白)선생은 주민들을 성별(性別)·연령별로 나누어 파악하는 점으로 미루어 볼 때 진흥왕 당시 이미 율령제(律令制)가 시행되고 있었음을 말해주는 것으로 그 의미를 높게 평가했습니다.[6] 학계에서 '율령비'라는 용어가 쓰이기 시작한 것은 이 무렵의 일이었다고 기억됩니다. 그로부터 꼭 10년 뒤 봉평리비(일명 거벌모라비居伐牟羅碑)가 발견되고, 거기에 장육십(杖六十)·장백(杖百) 등의 문자가 보여 이를 중국 율(律)의 수용 결과일 것으로 간주한 이기백 선생은 법흥왕 7년(520) 율령을 반포했다는 『삼국사기』 기사가 확인되었다고 단언한 바 있습니다.[7] 다만 율령을 반포한 뒤에도 노인법(奴人法, 봉평리비), 전사법(佃舍法, 적성비) 등 신라 고유의 것으로 짐작되는 법제도가 계속 통용된 사실로 미루어 볼 때 520년 중국 율령을

---

6) 李基白, 1978「丹陽 赤城碑 '王教事'部分의 檢討」『史學志』 12 ; 1996 『韓國古代政治社會史研究』, 一潮閣, p.237
7) 李基白, 1988「蔚珍 居伐牟羅碑에 대한 고찰」『아시아문화』 4, p.229

전면적으로 수용한 것으로는 생각되지 않습니다. 아마도 최치원이 지증대사탑비(智證大師塔碑)에서 "법흥왕 8재(載)에 율조(律條)를 단(剉)했다"고 언급한 것처럼 당시 혼용되고 있던 신·구(新·舊) 여러 조문이나 관행 중에서 서로 모순되는 것을 정제(整齊)시킨 정도의 것으로 보아[8] 무방하다고 짐작됩니다.

중성리비와 냉수리비는 모두 520년 이전 지증왕 때 건립된 것이므로, 엄격한 기준에서 본다면 '율령비'라고 하기에는 부족한 점이 있는 듯 보입니다. 그러나『삼국사기』신라본기의 지증마립간 조를 보면 왕의 치세 초기가 전대(前代)에 볼 수 없는 일련의 개혁으로 점철되어 있어 주의를 끕니다. 대체로 동아시아 3국에 있어 고대 집권국가체제의 형성과정을 보면 먼저 습속(習俗)에 대한 개혁을 거쳐 그 다음 단계로 국제(國制) 개혁에 착수하는 것이 하나의 정석처럼 되어 있습니다. 이같은 관점에 유의한다면 500년 11월 소지마립간의 뒤를 이어 64세의 고령에 즉위한 지증왕이 3년(502) 3월 순장(殉葬)을 금지하는 교령(教令)을 내린 것은 주목되는 점입니다. 신라본기에는 그때까지 국왕이 죽으면 남녀 5명씩을 순장하던 관습을 금지한 것이라고 했습니다만, 어쩌면 이때 장의(葬儀)와 관련하여 빈(殯)의 규제를 새롭게 정한다거나 혹은 고총(高塚)고분의 조영에 일정한 제한을 가하는 일종의 박장령(薄葬令)을 반포했을 개연성이 크다고 짐작됩니다. 또한 5년(504) 4월 상복법을 제정하여 반행(頒行)했다고 되어 있습니다만, 이는 단순히 상중의 애도 기간인 복기(服期)에 대한 규정 뿐 아니라 상제(喪制)와 관련하여 지위 및 재산에 대한 상속 규정이 포함된 포괄적인 내용을 담고 있었을 것으로 여겨집니다. 냉수리비문에 지도로 갈문왕(지증왕)

---

8) 李佑成, 1989「新羅 律令國家說의 檢討」『大東文化硏究』23 ; 1995『實是學舍散藁』, 창작과비평사, pp.14~15

이 503년 9월 25일 신하들과 더불어 논의하여 진이마촌(珍而麻村, 냉수리의 옛 이름 '돌맛골')의 절거리(節居利)가 재물(財物)을 갖도록 의결하는 동시에 별교(別敎)를 내려 그가 죽은 뒤에는 재산을 그 아우가 갖도록 한다는 조항을 특서(特書)하고 있는 점으로 미루어 볼 때 당시 조정이 사유재산의 상속에까지 세심한 관심을 쏟고 있었음을 짐작케 합니다.

이처럼 지증왕이 즉위 초에 상장(喪葬) 의례와 상속에 관한 새로운 규정을 잇따라 공표한 것은 그의 즉위과정에 무엇인가 순탄하지 못한 요인이 도사리고 있었음을 암시하는 듯합니다. 『삼국사기』에는 그가 500년 11월 죽은 소지마립간의 뒤를 이어 즉위했다고 기록되어 있으나, 냉수리비에는 503년 9월 당시 그가 국왕인 매금왕이 아니라 갈문왕의 자격으로 군신(君臣)회의를 주재하고 있습니다. 봉평리비에서 볼 수 있듯 524년 1월 15일 열린 군신회의의 주재자는 모즉지(牟卽智) 매금왕(법흥왕)이며, 사부지 갈문왕(법흥왕의 동생)은 부왕(副王)의 위치에서 출석하고 있습니다. 이것이 정식(定式)으로 생각되는 만큼 503년 9월 회의에 매금왕이 보이지 않는 것은 마침 공위(空位) 상태이거나 아니면 부득이한 사정으로 출석하지 못했을 것입니다. 이같은 사실에 근거하여 어떤 연구자는 냉수리비가 건립될 무렵 소지왕이 폐위당해 유폐되어 있던 것이 아닐까 추리하고 있습니다만, 앞에서 보았듯이 소지왕은 늦어도 순장 금지령이 나온 502년 3월 이전에 이미 죽은 것이 분명하다고 생각됩니다. 폐위설은 다소간 무리한 해석으로 보입니다만, 그렇다고 하여 지증왕의 즉위가 순조롭게 실현되었다고도 생각되지 않습니다. 왜냐하면 이른바 마립간 시대를 개창한 나물왕(奈勿王) 이래 왕위계승은 장자 세습제가 정착되어 눌지왕·자비왕·소지왕으로 이어졌습니다만, 지증왕은 소지왕의 6촌 동생인 재종제(再從弟, 『삼국사기』) 혹은 5촌 숙부인 종숙(從叔, 『삼국유사』)이었습니다. 그러니까 소지왕이 후사를 남기지 못하고 죽었을 당시 왕실 내부에는 나물왕의 후손으로 눌지왕계의 방계(傍

系) 씨족 구성원이 적지 않았을 것으로 짐작되며, 연로한 지증왕은 이들과 경쟁하지 않으면 안 되었을 것입니다. 하긴 지증왕은 눌지왕의 외손이었으므로, 혈연관계로 볼 때 유리한 면이 없지 않았고 더욱이 그는 몸집이 크고 담력이 남달리 뛰어났다고 하므로 체력 또한 출중했던 것으로 짐작됩니다. 그럼에도 불구하고 그가 정식 국왕으로 오르지 못한 채 적어도 3년 이상 갈문왕의 자격으로 왕권을 행사한 것으로 볼 때 궁정 내부에는 그를 은근히 견제하는 세력이 상존했던 것이 아닐까 생각됩니다.

그것은 어쨌든 지증왕이 집정(執政)하자마자 중성리비를 세운 것은 주목되는 점입니다. 비문 첫머리의 간지를 나타내는 신사(辛巳) 다음의 간요(肝要)한 7자 정도가 불명하긴 합니다만, 교(敎)를 내린 주인공은 아간(阿干) 관등을 가진 2인일 수가 없고 아무래도 최고 집정자인 지증왕 곧 지도로 갈문왕으로 보아야 할 것입니다. 교(敎)는 어디까지나 대왕(大王)의 언어로, 통치를 위한 법 그 자체이기 때문입니다. 마립간시대를 통해서 신라의 정치사회에는 법적 질서가 성장 도상(途上)에 있었습니다만, 이를 왕경 6부 밖의 지방주민들에게 확실하게 현시(顯示)할 필요가 있었다고 생각됩니다. 이를 요즘 식으로 표현한다면 조정이 지방민과의 의사 소통을 꾀한 것이라고 할 수 있습니다. 다만 이를 비문에 담기 위해서는 말과 문자의 공통성을 확보하는 것이 선결과제였습니다만, 이 경우 그간 일부 특수계층에서 익힌 한자를 사용하여 달성할 수 있었던 것입니다. 하긴 아직 국어의 조사(助詞)와 어미(語尾)를 표기할 방안을 몰랐으므로, 후대에 사용된 이두문(吏讀文) 수준에 미치지 못하는 한문 수준이었습니다. 이 때문에 초기 신라 비문의 해석에 있어서는 행위의 주체와 객체를 분간할 수 없는 경우가 적지 않습니다. 중성리비문 가운데 핵심적인 대목으로 여겨지는 두 궁(宮) 관련 기사만 하더라도 바로 그러한 예에 속하는 것입니다. 한편 비문을 접하게 된 당시 지방 촌락민의 한자 해독율은 매우 낮았을 것이 틀림없습니다만, 그렇다고 『양서(梁書)』 신라전에서 볼 수 있듯이 "문자가 없어 나무에 새겨서 신표 (信標)로 삼는" 정도는 벗어났을 것으로 짐작됩니다. 바야흐로 비석의 등장을 계기로 신라사회에 문자생활이 차츰 보급되어 간 것은 자연스런 추세였다고 할 수 있습니다. 인간은 읽고 쓰기를 익히는 가운데 숫자 계산 능력도 더불어 증진 되어 간다고 합니다만, 나아가 이는 주변 환경을 제대로 이해하고 이를 통제하 기 시작하는 단초가 되었을 것으로 보입니다.

Ⅳ. 맺음말

초기 신라국가의 성장과정에서 중요한 사항은 지배 영역을 확장하는 일이 었고, 이를 위해서는 무엇보다도 교통 및 군사상의 요충을 확보할 필요가 있었 습니다. 그런데 예족들이 선점(先占)하고 있던 북부 산간 내륙지대와 동해안 방 면으로 진출함에 있어 교두보의 역할을 한 것이 포항지역이었습니다. 4세기 후 반 고구려가 이곳으로 세력을 뻗쳐 옴에 따라 신라는 한 동안 그 군사적 보호를 받은 적도 있었습니다만, 5세기 중엽 외교 노선을 바꿔 백제와 연대하여 고구려 의 남침을 저지했습니다. 다행히 5세기 말경부터 고구려가 약화의 기미를 보이 기 시작하자 신라는 이 호기(好機)를 틈타서 해안선을 따라 영덕·울진·삼척으 로 꾸준히 진출했습니다.

6세기 초두 포항지역의 중성리와 냉수리에 건립된 양비(兩碑)는 바로 이 시 기 이른바 6부체제로 일컬어지는 신라의 권력구조와 구체적인 정치 운영방식 을 생생하게 보여주는 가히 독점적인 사료라고 할 수가 있습니다. 비록 현지 지 방 유력자의 재산권 귀속문제를 둘러싸고 일어난 분쟁에 조정이 평결(評決)을 내린 내용이기는 합니다만, 여기에는 6부 세력 간의 이해관계가 첨예하게 얽혀 있는 듯한 양상을 보여주고 있어, 이보다 뒤에 만들어진 봉평리비와 적성비와는 차원을 달리하고 있음이 주목됩니다. 더욱이 6부 세력이 둥지를 틀고 있는 왕도(王都)의 바로 북쪽 경계선상에 위치한 이른바 왕기(王畿)라고 할 만한 지역을 무대로 하여 벌어진 갈등이었던 만큼 일개 지방의 예사로운 것과는 사뭇 달랐다고 생각됩니다. 비록 분쟁의 핵심 사항이 무엇이었는지는 잘 알 수 없습니다만, 아마도 인간과 토지에 대한 지배권이거나 혹은 어떤 특수한 광물이나 어염(魚鹽)의 수취에 대한 이권이었을 가능성이 큰 것으로 짐작됩니다. 두 비문에 보이는 6부체제의 실상은 왕실에 직속하는 세력기반인 훼부와 사훼부 2부의 우월적인 모습이고, 나머지 4부의 경우 부의 우두머리조차 정식으로 경위를 받지 못한 채 '간지(干支)'로 통칭되고 있을 뿐입니다. 그런데 중성리비에는 현재의 신광면 일대일 것으로 짐작되는 나음지촌(那音支村, 전덕재 교수의 견해)과 고리촌(古利村)의 유력자가 간지를, 그리고 냉수리비에는 진이마촌(珍而麻村)의 촌주(村主) 2명 중 1명이 역시 간지를 띠고 있어 왕경 4부의 우두머리와 아무런 차이를 발견할 수 없습니다. 현재 다수의 연구자들은 이같은 사실을 전국적으로 일반화하여 촌주들이 대개 간지를 칭했을 것으로 보고 있습니다만, 이는 포항지역처럼 왕도에 준하는 왕기적(王畿的) 성격을 띠는 일부 지역에만 제한적으로 적용된 것이 아닐까 보고 싶습니다.

흔히 고고학은 지역에 용기를 부여하는 학문이라고 말합니다. 왜냐하면 고고학 연구의 주요한 대상이 되는 유적·유물이 각 지역의 대지(大地)를 모태로 생성되어 그 자체로 지역과 밀착되어 있기 때문입니다. 고고 자료에 속하는 비석을 비롯한 금석문도 그 예외가 될 수 없다고 생각합니다. 이를테면 고대사 연구의 기본 자료인 『삼국사기』만 하더라도 어디까지나 국왕과 수도에 초점을 맞추어 기술되어 있으므로, 지역사의 전개를 파악하는 것이 실제로 거의 불가능한 형편입니다. 이같은 의미에서 고고자료와 금석문 자료는 고대사의 전개에서 중앙과 지방을 동시에 검증하게 함으로써 전체적인 역사상(歷史像)을 구축하는 데 크게 이바지하고 있습니다. 그런데 고고학에서 대지와 유리된 유물 검토만으로는 진실을 탐구하기 어려운 것처럼 비석에 새겨진 비문의 내용 검토만으로는 갖가지 의문을 모두 밝혀낼 수 없을 것입니다. 이런 까닭으로 본 발표자는 현장 연구를 중시하는 역사학이 긴요하다고 제창했습니다만, 아직 모색 중인 관계로 구체적인 방법론에 대해 언급하지 못한 것을 크게 유감으로 생각하는 바입니다.

포항 북부지역의 고고학적 발굴유적과 그 성과

이 상 화
(재)성림문화재연구원
조사2과장

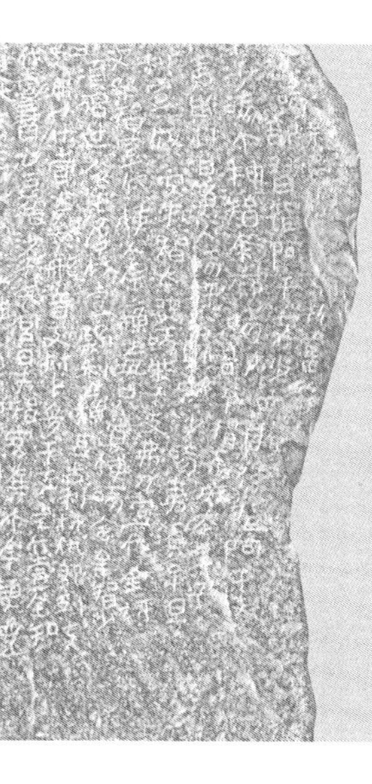

포항 북부지역의 고고학적 발굴유적과 그 성과

Ⅰ. 머리말

포항은 경상북도 동남부 해안에 위치한 중심 도시이다. 1970년대 초 포항제철을 위시한 철강공단이 조성되면서 도시기반시설의 확충과 산업단지 조성이 활발히 전개되었다. 그리고 최근에는 철도(울산-포항간·포항-삼척 간), 도로(대구-포항 간 고속도로·국도대체우회도로), 항만(영일만 신항) 등 사회간접자본에 대한 개발이 증가하면서 그와 병행한 유적조사의 결과 새로운 유적들이 확인되었고, 포항지역의 역사를 재조명하는데 일조하고 있다. 발굴조사 결과 확인된 유적은 주로 청동기시대 마을유적과 분묘유적, 생활유적이 확인되었다. 그러므로 포항지역은 청동기시대부터 사람들이 생활할 수 있는 환경적 조건을 갖추고 있었던 것으로 판단할 수 있다.

포항지역 발굴유적에 대한 자료정리는『포항시사(浦項市史)』[1]가 크게 참고되며, 그 밖에 여러 연구자들에 의해 정리된 바 있다. 우선 차순철은 흥해지역의

---

1) 浦項市史編纂委員會, 2010『浦項市史』

발굴유적을 정리한 바 있는데, 흥해지역의 지리적 특수성에 주목을 하였다. 즉 이 지역이 신라의 북쪽 국경을 지키는 전초로 성곽의 축조와 고분의 증가현상이 나타나는데 결국 흥해지역의 전략적 위치를 가늠할 수 있는 것으로 보았다. 고분의 양상은 5세기를 거치면서 인접지역에 대규모 고분군이 조성되며, 통일신라시대에 이르러 횡혈식석실분을 중심으로 하는 고분군이 조성되는데, 이 석실분은 대규모 고분군 대신 소규모 고분군이 군집을 이루는 형태로 변화되는 것이라고 하였다.[2]

한편 이한상은 동해안지역(양양-영일 축선)에서 조사된 신라분묘의 조사현황과 성과를 정리하고 확산양상을 검토하였다. 그는 포항 옥성리의 경우 토기뿐만 아니라 묘제도 경주와 거의 같은 변화상을 보이며, 목곽묘에서 적석목곽묘로의 변화가 중복관계에서 나타난다고 한다. 이러한 고고학적 현상은 영덕과 흥해·영일지역은 군사적 요충지로서 재지세력의 협조가 필수적이므로 그들을 매개로 지역을 안정적으로 확보하기 위하여 현지 지배층에 대한 우대책의 결과로 나타난 것으로 보았다.[3]

또한 권용대는 묘제 가운데 위석목곽묘의 구조분석을 통해 구조적 특징과 조영집단의 성격을 파악하였다. 그 결과 포항의 학천리유적 위석목곽묘는 4세기~5세기 전반 대에 중형분, 5세기 중반~후반 대에 소형분이 채용되고, 옥성리 고분군의 경우 5세기 후반에 중형분, 6세기 대에 소형분이 채용되었다고 보았다. 그리고 검토자료에서 위석목곽묘는 4세기에 축조되기 시작하여 6세기대까지 지속되며 포항 학천리유적과 울산 중산동유적에서 가장 먼저 출현하고 위

<hr>

2) 차순철, 2009 「포항 흥해지역의 역사·고고학적 고찰」『浦項 中城里新羅碑 발견기념 심포지엄』, 국립경주문화재연구소
3) 李漢祥, 2003 「동해안지역의 5~6세기대 신라분 확산양상」『嶺南考古學』32

석목곽묘의 평면형태와 유물의 조합관계 분석을 통해 당시 그 지역의 최고지배 집단에서 축조한 것으로 추정하였다.[4]

그리고 김은진은 포항지역 목곽묘의 변천양상을 검토하였다. 그 결과 4세기 영남의 각 지역에서는 지속적으로 목곽묘가 축조되고, 경주분지를 중심으로 해서는 적석목곽분이라는 새로운 묘제가 축조되기 시작하여 5세기에 접어들면서 경주와 영남의 각 지역은 밀접한 관계를 가지면서 주변지역으로 묘제가 확산되어 간다고 보았다.[5] 이처럼 포항지역은 그간 발굴조사된 다양한 유적을 통해 신라의 정치·문화 영역의 확산과 지역집단의 성격 등에 주목하려는 움직임이 활발하였다고 평가할 수 있다.

이하 본고에서는 이러한 선행 연구성과들을 유념하면서 포항지역에서 발굴조사된 고고학적 발굴유적에 대해 정리하고 대표적인 유적을 소개하고자 한다.

Ⅱ. 자연·고고학적 환경

1. 지리적 환경

포항시는 경상북도 동남부의 동해안에 위치하며, 북쪽으로 영덕군, 청송군, 서쪽으로 영천시, 남쪽으로는 경주시, 그리고 동쪽은 동해와 경계를 접하고 있다. 이 지역의 지질학적 특성은 신생대 제3기 말에 이어진 화산활동이 제4기에

---

4) 권용대, 2008 「영남지방 위석목곽묘의 구조적 특징과 성격」 『야외고고학』 4
5) 金銀眞, 2005 「浦項地域 木槨墓 硏究」, 嶺南大學校 大學院 文化人類學科 碩士學位論文

태백산맥이 만들어지면서 동해안이 융기작용으로 일본과 뚜렷한 경계를 이루었고, 형산강과 영일만이 함몰되면서 현재 한반도의 모습이 생성되었다. 지각변동의 결과 장기 반도가 생겨나 강한 바람과 파도를 막아주는 중요한 만으로 존재하게 된다.

포항지역의 지질형성은 크게 3가지 특징이 있다. 첫째 죽장·기계·신광·청하일대는 중생대 말기에 생성된 조륙작용의 연변부에서 퇴적되었고, 화산활동과 불국사통 화강암이 관입 내지 보경사 분암으로 인하여 생성된 지역이다. 둘째 장기면·구룡포·대보·동해면의 일부·오천의 일부 지역은 신생대 제3기의 전기 마이오세에 생성되었다. 셋째 현재 포항을 중심으로 해안에 접한 곳은 해성층 지역이다.[6]

그리고 산계는 크게 13개의 지역으로 나눠지는데, 그중 흥해지역은 북쪽의 매산(191.3m)에서 남북으로 뻗은 주맥이 도음산(383.2m) 형산과 제산으로 이어지며, 동서로 오봉산(178.5m)·양백산(203.9m)이 매산으로 연결된다. 한편 계곡과 능선이 동으로는 해안을 따라 구곡산(163m)·곤륜산(176.4m)·오봉산이 청하와 경계하고 있다. 또한 하천(수계)은 포항시를 남북으로 나누는 형산강이 남서방향에서 동으로 흘러 동해로 유입되고 이에 따른 곡강천, 초곡천 등의 지류가 형성되어 있다. 이곳의 하천은 서고동저의 형태여서 하천수가 대부분 동으로 흘러 동해바다로 흘러 나간다.

---

6) 지층을 퇴적환경에 의하여 육성층(陸成層)과 해성층(海成層)으로 구별할 수 있다. 얕은 바다에 퇴적한 천해성층은 육지로부터 운반된 자갈이나 모래·진흙으로 이루어지며, 파도나 해류의 영향을 강하게 받는다. 심해에 퇴적한 심해성층은 점토와 같은 세립물질이나 플랑크톤의 유해 등이 오랜 시간에 걸쳐 퇴적된 것이다.
건화엔지니어링·대한주택공사, 2006『포항장량지구 대지조성공사 설계용역 지반조사보고서』

포항지역은 선사시대 이래로 중요한 교통로로 이용되어 왔는데, 경주를 중심으로 북쪽으로 안강-포항을 거쳐서 동해안을 따라 영덕-울진-삼척-동해-강릉으로 북상하는 길목에 자리 잡고 있기 때문이다. 이 북상 경로는 두 개의 루트를 상정할 수 있는데, 첫째는 경주에서 형산강을 따라 유강-자명—학전-대련리 초곡천을 따라 흥해에 이르는 길, 둘째는 경주-안강-육통-단구-냉수리-토성리 곡강천을 따라 흥해에 이르러 동해안으로 접근하는 길이다. 특히 이 두 교통로를 따라 청동기시대 지석묘, 주거지(마을유적) 등이 위치해 있으며, 이후로도 냉수리 고분군·대련리 고분군·옥성리 고분군·학천리 고분군 등이 있어 선사시대 이래 중요 교통로임을 짐작할 수 있다.

2. 역사 · 고고학적 환경

1) 역사적 배경

포항지역이 위치한 동해안 지역에는 예족(濊族)이 살고 있었던 것으로 보이며[7] 2세기 초엽에 사로국의 파사왕에 이르러 소국을 병합하면서 영일, 울산 지역으로 세력을 뻗치기 시작하였다. 흥해 일원은 진한 12국 가운데 근기국(勤耆國)에 비정되고 있는데, 사로국이 경주에서 안강, 흥해, 기계, 울산 방면으로 군사적인 활동을 전개한 2세기 무렵 사로국에 복속된 것으로 보인다.

신라가 삼국을 통일하고 지방제도를 전면적으로 재조정하였을 때 이 지역은 9주 중에서 양주의 의창군 소속이 되었고 6개의 속현을 두었다. 당시 소속현

---

7)『三國史記』권1, 신라본기 남해차차웅 16년 "春二月 北溟人耕田 得濊王印獻之"
　『三國史記』권1, 신라본기 유리이사금 17년 "秋九月 華麗不耐二縣人 連謀率騎兵犯北境 貊國渠帥以兵 要曲河西敗之 王喜 與貊國結好"

은 비화현이 안강현, 지답현이 기립(장기)현, 동잉음(신을)현이 신광현, 근오지(오랑우)현 임정(오천·연일)현, 모혜(화계)현이 기계현, 음즙벌국이 음즙화현(안강에 합속)에 각각 비정된다. 흥해읍은 군사적 요충지로 중시됨에 따라 경덕왕 16년(757)에 실시한 행정구역 개편시에 흥해읍이 신관현을 제치고 의창군의 중심지로 자리 잡게 되었던 것으로 보인다.

고려시대 현종 9년(1018) 이후 포항은 경상도의 경주(동경東京)에 속하였다. 『고려사』에 의하면 경주 소속의 4군 10현 중 1군(흥해興海)과 5현(연일·청하·신광·기계·장기)이 영일권에 속하고 있었다. 그중에 흥해군은 경덕왕 16년(757)에 의창군으로 바뀌고, 고려 초에 지금의 이름으로 고쳐져 현종 9년(1018년) 경주에 속하였다.

이후 갑오개혁을 거치면서 1896년 8월 4일에 23부가제가 폐지되고 도제가 부활되어 한성부를 제외한 전국 지방행정구역이 13도 7부 1목 331군으로 바뀌었다. 종래의 8도에서 더 늘어난 당시의 13도는 제주도를 제외한 해방 후의 행정구역과 같다. 이때 경상북도의 관할구역은 41군으로 연일군·흥해군·청하군·장기군 등이 포함되었다.

2) 고고학적 환경

포항지역에서 구석기 및 신석기시대 유적이 발굴조사된 예는 아직 없다. 하지만 장기면 산서리·동해면 임곡리·기계면 구지리·기계면 하대리에서 구석기기대의 유물이 지표상에서 수습된 바 있고, 흥해읍 오도리(사방기념공원 조성부지)에서 외부에서 반입된 것으로 추정되는 무문토기가 발견되어 앞으로 이 시기의 유적이 발굴될 가능성이 충분히 있다. 이 지역의 유적들을 시기별로 일별해 보면 다음과 같다.

우선 청동기시대 암각화는 흥해읍 칠포리·대련리, 청하면 신흥리 오줌바위,

기계면 인비리, 동해면 눌태리·석리 등지에서 확인되고 있다. 이 중 칠포리 암각화는 포항시 북구 흥해읍 칠포리 201번지 곤륜산 아래에 있는 경상북도 유형문화재 제249호로 지정 관리되고 있는 암각화군으로 대표적인 암각화(곤륜산 A지점 a암각화)는 너비 3m, 너비 높이 1.8m로 파기(peeking)와 선각으로 도안을 그렸다. 성혈과 여자의 성기 형태의 그림이 그려져 있으며, 이를 통해서 당시 사람들의 사상과 생활을 유추해 볼 수 있는 중요한 자료이다. 그리고 기계면 인비리 지석묘 암각화는 지석묘의 상석에 새겨져 있으며, 암각화가 새겨진 지석묘군의 남쪽으로 기계천이 흐른다. 암각화은 개석의 남쪽 측면에 마제석검 2점과 삼각형석촉 1점이 새겨져 있다. 지석묘에 석검 등을 새긴 것은 무덤에 부장하는 것과 같은 의미로 해석되며, 전남 여수 오림동, 밀양 신안 유적, 지석묘의 기단석에 새긴 것은 밀양 활성동(살내) 유적 등에서도 확인되었다.[8]

포항시 지역의 지석묘에 관련된 자료는 『영일 지석묘 발굴에 관한 기록』(국립박물관, 1964)과 『동해 문화권 지표조사』(경북대학교박물관, 1985), 『월성군·영일군 지표조사』(국립경주박물관, 1985)가 참고된다. 그리고 『영일군사(迎日郡史)』는 이 지역의 선사문화가 종합적으로 기록된 것이다. 이 지역의 지석묘군은 전 지역에서 평야지대와 하천을 따라 넓게 분포하고 있다. 특히 북구 흥해읍 칠포리 지석묘군을 비롯하여 용천리, 금장리, 흥안리, 용곡리와 북구 기계면 내단리·확대리·학봉리·학야리·고지리·구지리·문성리·성계리 등 군집을 이루면서 분포하는 양상을 보이고 있다.

또한 청동기시대 생활유적도 확인되었는데, 그중 초곡리 유적[9]은 1997년

---

8) 임세권, 1999 『한국의 암각화』, 대원사
9) 嶺南埋藏文化財研究院, 2000 『浦項 草谷里遺蹟』

흥해읍 초곡리 산39-1번지 일대 신동아아파트 신축부지로 약 4,000평에서 주거지 17동과 구상유구 등의 유구가 검출되었다. 이 외에도 남구 호동·원동·지곡동·인덕동을 비롯하여 북구 대련리·남송리·성곡리·이인리 등 여러 지역에서 청동기시대 주거지가 조사되어 많은 마을유적이 발굴조사 되었다.

원삼국시대에서 삼국시대의 유적으로는 초곡리유적의 북쪽 능선에 위치한 옥성리 고분군과 그 인근의 학천리유적이 대표적이다. 특히 고분유적은 내부에서 출토되는 유물은 당시 그 지역사회를 이해하는데 중요한 단서를 제공해 준다. 우선 흥해읍 청사 신축을 위해 긴급 발굴된 옥성리 고분군[10]은 포항에서 정식으로 진행된 최초의 고분발굴조사이다. 조사결과 3~6세기에 이르는 다양한 묘제가 확인되어 원삼국에서 삼국시대에 이르는 분묘 변천 과정 및 구조를 이해하는데 중요한 단서를 주었다.

냉수리고분[11]은 1990년 3월 경상북도 도로관리 사업소에서 시행한 기계-신광간 925번 지방도로 확장공사 도중 시민에 제보로 유적이 확인되었다. 총 3차로 나누어 조사가 실시되었고, 1·2차 조사에는 주로 석실 내부인 현실(玄室)과 주실(主室)에 대한 조사가 이루어졌으며, 3차 조사에서는 봉토 및 연도부에 대한 추가조사가 실시되었다. 냉수리고분은 신라지역에서 횡혈식 석실분이 도입되는 초기 단계에 조성된 고분군으로 삼국시대의 포항의 역사를 복원하는데 매우 중요하다.

방어시설로는 신라의 동북방 전초기지로서 역할을 담당했던 남성리의 남미질부성[12]과 흥안리의 북미질부성이 있다. 그 외 종교시설로는 대련리의 연화사

---

10) 國立慶州博物館、迎日郡, 2000『玉城里 古墳郡 I·II·III』
　　嶺南埋藏文化財研究院, 1998『浦項 玉城里 古墳郡 I, II -나地區-』
11) 國立慶州博物館, 1995『冷水里 古墳』

지, 학천리의 천곡사지, 매산리의 백연사지 등이 확인된다.

포항지역과 관련된 문헌기록으로 『삼국사기(三國史記)』 권34 지리(地理)1의 창군조(義昌郡條)가 있다.[13] 이 기록을 통해 파사왕 23년(102년)에 복속된 음즙벌국(音汁伐國)은 현재의 경주시 안강읍 일대에 위치한 것으로 추정하거나, 초기철기시대부터 삼국시대까지의 유적이 흥해지역에서 조사되고 있어 흥해를 음즙벌국의 고지로 보는 의견도 있다.

또한 『삼국사기』 권3 신라본기3 소지마립간(炤知麻立干) 3년(481) 기사에 고구려군이 신라에 침입하여 호명(狐鳴) 등 7성을 취하고 미질부(彌秩夫)로 진군하다가 나제동맹군의 반격을 받고 퇴각하였다는 기록이다. 이 기록에 의하면 이 당시 고구려군이 경상북도 북부지역의 7성을 취하고 경주부근까지 남진하고 있었던 것으로 보인다. 그래서 문헌기록에 흥해방면으로 고구려군이 침입한 것으로 미루어 동해안을 따라서 남하했을 가능성도 제시되고 있다.

한편 『삼국사기』에 지증왕 5년(504) 9월 주민들을 동원하여 파리성·미실성·진덕성·골화성 등 12성을 쌓았다는 기록이 있다.[14] 미실(彌實)은 흥해에 비정되고 있어 변방지역이 아닌 경주로 들어오는 교통의 요지인 남성리와 흥안리에 남미질부성과 북미질부성을 축성한 것으로 추정된다. 이러한 기록을 통하여 산성은 변방지역을 방어하기 위한 목적에서 축조하기도 하나 변경지역과 경주를 연결하는 주요 교통로상에 축성활동이 이루어졌음을 알 수 있다.[15]

---

12) 慶州文化財研究所, 1993 『南彌秩夫城 地表調査報告書』
13) "義昌郡本退火郡景德王改名今興海郡領縣六…音汁火縣 婆娑王時取音汁伐國置縣 令合屬安康縣"
14) "秋九月 徵役夫 築波里彌實珍德骨火等十二城"
15) 金銀眞, 2005 앞의 논문에서 재인용

그리고 이례적으로 6세기 신라 금석문이 2점이 확인되었다. 냉수리 신라비는 1989년 신광면 냉수2리 소재의 밭에서 발견된 신라 최고의 비로서 국보 제264호로 지정되었다. 비의 연대에 대해서는 비문에 보이는 계미(癸未)라는 간지를 근거로 눌지왕 27년(443)으로 보는 견해도 있지만 지증왕 4년(503)으로 보는 것이 통설이다. 이 비문은 신라 정치사나 사회경제사 방면의 이해를 높이는 데 적지 않은 내용을 담고 있어 기왕에 논란되어 온 사실을 정리하여 주거나 새롭게 이해하여 볼 수 있는 실마리를 제공하여 주는 점에 커다란 의의가 있다. 특히 5세기에서 6세기로 넘어가는 사이에 정치 사회의 변동을 간취할 수 있는 내용을 담고 있는 귀중한 사료로 평가된다.

냉수리 신라비 발견지로부터 동쪽으로 약 8.5㎞ 지점인 흥해읍 중성리에서는 2009년 중성리 신라비가 발견되었다. 비문의 내용을 명확히 알 수는 없지만 지방민이 관여된 재산과 관련된 분쟁, 이에 대해 신라의 지배층들이 합동 판결, 판결 이후 재발 방지를 명하는 문구 등 냉수리 신라비와 유사한 점이 많다. 이 비 역시 제작 시기에 대해 논란이 많지만 비문 첫 대목에 신사(辛巳)라는 간지가 보이며, 비문 내용이나 표기법 등으로 볼 때, 신라 지증왕 2년(501)이거나, 이보다 60년이 빠른 또 다른 신사년인 441년으로 소급될 여지가 있다. 다만 두 비문이 신라 최고의 비라는 점에서는 이론(異論)은 없다. 그러나 출토지를 떠나 입비(立碑)의 상태를 알 수 없는 자료라는 점에서 아쉬움이 남는다. 그러면 다음 장에서는 비가 위치한 일대에 대한 고고학적 조사현황을 일별해 보기로 한다.

Ⅲ. 포항 북부지역의 발굴유적

1. 선사시대

1) 영일 달전리 지석묘군[16]

경상북도 경주시 강동면 다산리와 포항시 남구 연일읍 달전리 일대에 위치한다. 냉수리 신라비 발견지로부터 남동쪽으로 약 7㎞ 지점, 중성리 신라비 발견지로부터 남서쪽으로 약 10㎞ 지점에 위치한다. 포항~청송 간 31번 국도의 확·포장 공사를 실시하던 중 경주-포항 경계부분에서 발견된 8기의 지석묘에 대하여, 국립경주문화재연구소와 국립경주박물관이 1992년 발굴 조사하였다. 포항~청송 간 국도가 지나는 이곳은 소백산맥 줄기의 작은 협곡으로 안강, 기계 지역과 포항지역을 연결하는 길목이다.

지석묘의 상석의 형태는 판석형, 괴석형, 육면입방체형으로, 하부에는 대부분 지석이 확인된다. 1호 지석묘의 매장주체부는 판돌로 잇대어 쌓은 석관형이고, 3호는 묘실이 토광형이다. 그 외 묘실은 석관형, 석곽형 등이 확인되나 벽을 허술하게 축조한 것으로, 영남 중서부지역에서 나타나는 치밀한 구조를 가진 것과는 차이가 있다. 일부 지석묘(5·6호)의 상석은 이동된 것이었다.

유물은 묘실 내부에서 무문토기편 및 석재 등이 출토되고, 주변에서 토기 저부 및 파수가 수습되었다.

---

16) 慶州文化財硏究所·國立慶州博物館, 1994『영일 달전리 지석묘』

2) 포항 초곡리 신동아아파트건설부지내 유적[17]

경상북도 포항시 북구 흥해읍 초곡리에 위치한다. 중성리 신라비 발견지로부터 남쪽으로 약 2.3㎞ 지점이다. 아파트 건축부지로 1998년 영남문화재연구원이 발굴조사를 하였는데, 청동기시대 주거지 17기와 굴립주건물지 1기, 기타 구상유구 3기가 확인되었다. 유적은 동서방향으로 길게 형성되어 있는 해발 20~35m 내외의 나지막한 구릉지로, 주거지는 구릉의 정상부에서 사면에 걸쳐 분포하고 있고, 구릉 정상부 평탄지에는 공지가 있다.

주거지의 평면형태는 세장방형, 장방형, 방형이고, 가장 큰 주거지는 구릉의 동쪽편에 위치한 1호와 2호로 면적이 50~60㎡ 정도이다. 작은 예는 면적 10~25㎡ 정도여서 대형과 소형의 차이가 3배 이상이 된다. 내부시설로는 노지, 벽구, 주혈, 저장공 등이 있다. 노지자리는 수혈식으로 1기를 가지는 것이 일반적이나, 6호에는 2기가 있다. 벽구는 대부분 설치되었고 내부에는 작은 주혈도 확인된다. 기둥은 주주혈(主柱穴)과 보조주혈을 이용해 네 벽 모서리에 치우쳐 설치하였는데 주주혈을 기준으로 4주식, 6주식, 10주식, 다주식으로 구분된다. 바닥시설은 별다른 시설 없이 생토면을 그대로 사용한 것이 일반적이다. 주거지 내의 공간분할을 엿볼 수 있는 주거지는 2호와 6호가 있다. 2호는 북동쪽 단벽에 치우쳐 내부에 깊이를 달리하는 방형의 수혈이 만들어져 있어 수혈과 그 밖의 공간으로 구분이 된다. 6호는 평면 세장방형으로 중앙을 중심으로 동·서 공간 간에는 바닥처리 방식과 복성의 배치 및 주혈과 벽구의 배치양상 등에 차이가 있어 구분된다.

유물은 마제석촉, 마제석검, 반월형석도, 석겸, 편평편인석부(扁平偏刃石

---

17) 嶺南文化財研究院, 2000『浦項 草谷里 遺蹟』

斧), 지석, 찰절석기(擦切石器), 방추차, 원형석기, 박편 등 다양한 유물이 출토
되었다. 출토유물 중 무문토기는 그 수량이 매우 적은 편이다.

초곡리 마을의 전체적인 공간배치는 주거군을 구성하는 최소단위의 주거지
는 2~4기이며, 대형의 주거지는 1개의 주거군에서만 확인된다. 나머지는 중형
1기와 2~3기의 소형 또는 소형 2~3기의 주거지가 결집되어 주거군을 형성하
고 있다.

방사성탄소연대의 측정결과 보정연대 B.C. 1820~B.C. 540이다.

3) 포항 강동-흥해간 도로공사(대련IC)구간내 유적[18]

경상북도 포항시 북구 흥해읍 대련리 일대에 위치한다. 냉수리 신라비 발견
지로부터 남동쪽으로 약 8.3㎞ 지점, 중성리 신라비 발견지로부터 남쪽으로 약
8㎞ 지점에 위치한다. 강동-흥해 간 도로의 대련I/C 건설구간으로 영남대학교
박물관이 2001년 발굴조사하여 주거지 15기, 구상유구 3기를 확인하였다. 포항
과 흥해읍 사이를 가르는 산지에서 북쪽으로 뻗어 내린 해발 60~80m의 비교적
가파른 구릉 북사면에 위치하며 그 말단부는 초곡천에 의해 형성된 좁은 곡간
을 이루고 있다.

주거지의 평면형태는 방형 4기(4-2호, 5호, 7호, 10호)를 제외하면 모두 장
방형으로, 평면적은 13.3㎡~52.2㎡ 등으로 다양하다. 내부시설로는 노지, 주혈,
벽구 등이 있다. 노지는 대부분 무시설식으로 중앙 또는 단벽에 편재되어 1~2
기씩 확인되고, 노지가 4기가 확인된 9호의 경우는 동시기에 사용된 것이 아니
고 시기차가 있는 것으로 추정할 수 있다. 5호 벽도랑 내부에서는 기둥자리와 벽

---

18) 嶺南大學校博物館, 2001『浦項 大蓮里遺蹟』

체의 일부로 보이는 목탄이 확인되었다. 주거지간 중복관계는 장방형인 4-1호를 방형인 4-2호, 5호가, 장방형인 9호를 방형인 10호가 파괴하고 축조되는 등의 양상을 통해, 유적 내 점유시기에 대한 상대적인 단계구분을 설정할 수 있다.

유물은 공열토기편, 구순각목문토기편, 구순각목공열문토기가 출토되었으며, 특히 9호에서는 구순각목공열문토기, 단사선문토기, 공열단사선문토기, 구순각목공열문이 새겨진 이중구연토기 등 여러 문양의 토기가 출토되어 동 유적에서도 이른 단계에 속하는 것으로 판단된다. 기종은 발형토기, 호형토기, 옹형토기, 단도마연토기, 두형토기, 파수부토기편 등이 있다. 석기류는 마제석촉, 석부, 반월형석도, 석착, 지석, 연석 등이 있으며, 이 외에 흙 및 돌로 만든 어망추와 방추차가 있다.

방사성탄소연대의 측정결과 보정연대 B.C. 1170(11호)~B.C. 790(10호)이다.

4) 포항 영일만 신항 배후도로 구간내(남송리) 유적[19]

경상북도 포항시 북구 흥해읍 남송리 827번지 일대에 위치하는 청동기시대에서 청동기시대 취락유적으로, 중성리 신라비 발견지로부터 남동쪽으로 약 2km 지점에 위치한다. 유적의 북쪽에 근접하여 초곡천이 남에서 북으로 흘러 유적지에 이르러 동류하여 곡강천과 합류하며, 곡강천 유역의 평야지대는 풍부한 수원과 비옥한 농경지가 발달하여 곡창지대를 형성하고 일찍이 지역집단의 정착이 활발하게 이루어진 곳이다. 2008년~2009년에 걸쳐 경상북도문화재연구원에서 영일만 신항 배후도로 건설부지에 대한 발굴조사 과정에서 확인된 유적이다. 청동기시대 주거지 39기, 구상유구 32기, 수혈 24기, 노지 2기를 비롯하여

---

19) 경상북도문화재연구원, 2009 『浦項 南松里 Ⅰ 遺蹟』

조선시대 주거지, 토광묘 등 총 155기의 유구가 확인되었다.

청동기시대 주거지는 해발 7.8~18.5m의 비교적 낮은 지대에 6~12기의 주거지가 한 군집을 이루는 크게 4개의 군집을 형성하며 조성되어 있다. 평면형태가 대부분 장방형을 띠는 주거지는 주거지의 속성과 출토유물로 미루어 포항 초곡리 마을유적과 유사시기로 보여 지며, 청동기시대 후기~초기철기시대로 추정된다.

2. 역사시대

1) 냉수리 고분[20]

경상북도 포항시 신광면 냉수리 일대로 냉수리 신라비 발견지로부터 남동쪽으로 약 0.9㎞ 지점에 위치하며 주변에는 다구의 신라 고분들이 분포하고 있다. 이 고분군이 위치한 곳은 경주에서 안강을 거쳐 흥해방면으로 가는 도로 좌우의 해발 50~100m인 야산의 능선과 정상부로, 예로부터 안강방면에서 동해안으로 연결되는 중요한 교통로의 길목이다. 주변의 흥곡리에서 동인(銅印)이 발견(1966년)된 바 있으며, 고분군 북편 900m 지점에서 냉수리 신라비가 발견(1989년)되었다.

고분은 중앙의 계곡에 있는 용천지를 사이에 두고 냉수리에서 흥곡리에 걸쳐 분포하며 이 가운데 A지구가 1990년과 1991년에 국립경주박물관·경주문화재연구소에 의해서 발굴조사된 냉수리 석실분을 포함하는 지역이다. 이 곳에서는 모두 7기의 봉토분이 확인되는데 대부분 도굴로 파괴가 심하지만 7호분이

---

20) 國立慶州博物館, 1995 앞의 보고서

발굴조사되어 '냉수리 석실분'으로 명명되었다. 고분들의 봉토 크기는 대부분 저경이 10~15m이나 1기(1호)는 봉토의 저경이 25m로 발굴된 7호분과 같은 대형이다. 내부주체는 횡혈식석실로 나머지 대부분도 석실분으로 추정된다.

이 고분군 가운데 냉수리 석실분은 A지구 7호분으로 용천지의 동쪽에 위치하며, 지금까지 조사된 한강 이남지역의 횡혈식석실 가운데 최대형 가운데 하나이며, 봉분은 높이 약 7m, 직경 25m로 묘실(墓室)의 위와 주변에 2중으로 천석을 쌓고 다시 흙으로 쌓은 원형분이다. 봉분의 내부에는 현실, 측실, 연도(羨道), 호석과 안쪽 둘레돌을 갖춘 횡혈식석실분이 축조되어 있었다. 현실은 반지상식으로 길이, 너비, 높이가 6.1×3.5×2.9m 정도이고 평면 형태는 장방형이다. 현실 위는 3개의 거대한 괴석을 덮어 천정으로 하였다. 그리고 현실 바닥을 제외하고 전면에 회칠한 흔적이 있었다. 바닥에는 자갈을 깔았으나 별도의 시상대(屍床臺)를 마련하지 않았다. 현실의 북서단벽 중앙에 연도를 설치하고, 입구는 문주석, 문지방석, 중방석의 문시설을 하였다. 연도는 대형의 할석과 사람머리 크기의 돌을 혼용하여 축조하였는데, 입구에서 현실 쪽으로 가면서 약간 넓어지고 연도의 끝은 천석을 이용하여 2중으로 폐쇄하였다.

연도와 묘도(墓道) 조사에서 2차례 이상의 추가장 흔적이 확인되었다.

현실은 도굴되었으나 금은제 지환(指環), 은제과대, 삼루(三累) 환두식, 은제고리 등의 유물과 400여 점에 이르는 다량의 토기들이 출토되었다. 출토 유물로 보아 이 고분은 6세기 전반경에 축조되어 7세기 초에 이르기까지 사용된 것으로 추정되며, 이 고분군의 피장자들은 경주에서 동해안 방향으로 진출하는 길목에 자리 잡은 세력집단의 수장층들로 추정된다.

2) 옥성리 고분[21]

경상북도 포항시 북구 흥해읍 옥성리 산 12-3번지 일대에 위치하는 원삼국시대에서 삼국시대에 걸친 대규모 고분군으로, 중성리 신라비 발견지로부터 남서쪽으로 약 0.9㎞ 일원에 위치한다. 옥성리 고분군은 흥해공업고등학교가 위치하는 신당골과 흥해중학교 서편 갱실골 사이에 동-서로 길게 뻗은 구릉의 정선부와 동편 능선상에 위치한다. 고분군은 1993년 당시 영일군이 흥해읍청사 및 체육관을 건립코자 부지정지작업을 하던 중에 다수의 매장문화재가 출토되고 있음이 국립경주박물관에 알려져 수습 발굴조사되어 원삼국시대 및 삼국시대 고분 140기와 토기류, 철기류, 장신구류 등 다량의 유물이 출토되었다(가지구).

영남문화재연구원 조사지역은 국립경주박물관이 조사한 지역에서 서쪽에 위치하는데 고분군이 축조된 정선부에 해당된다(나지구). 나지구에서도 131기의 고분을 비롯하여 다양한 유물이 출토되었는데, 특히 이른 시기의 갑주와 마구 및 장신구류들이 출토되어 이 일대의 지역집단의 성격을 규명하는데 중요한 자료를 제공하였다.

고분은 나지구에서 주로 옹관묘과 목관묘, 목곽묘가, 가지구에서는 목관묘, 목곽묘 및 적석목곽묘, 석곽묘가 주로 조사되어 나지구에서부터 가지구로 가면서 유적이 조성된 것으로 밝혀졌다.

목관묘단계의 무덤은 가지구에서 3기가 조사되었다. 비교적 잔존상태가 양호한 가-67호는 묘광을 깊게 파고 내부에 관을 설치한 후 관과 묘광 사이의 굴착토를 재충진하였다. 유물은 주로 충전토 위에 부장하였으며 우각형파수부호(牛角形把手附壺)와 주머니호 등의 토기류와 철겸·철부 등의 철기류가 출토되

---

21) 國立慶州博物館, 2000 앞의 보고서
　　嶺南文化財研究院, 2000 앞의 보고서

었다. 이 유물들로 이 무덤은 목관묘단계의 늦은 시기로 편년된다.

목곽묘단계는 적석구조의 여부에 따라 순수목곽묘과 적석목곽묘로 구분된
다. 순수목곽묘는 평면형태에 따라 장방형 목곽묘와 세장방형 목곽묘로 구분되
는데, 후자는 딸린 부곽이 나타나면서 발생하는데 '경주형목곽묘' 또는 '신라식
목곽묘'로 불린다. 세장방형 목곽묘들은 4세기 대에 나타나는데 나-17호는 4세
기 중엽 경에 축조된 무덤으로 묘광의 규모는 길이 7.37m, 폭 1.71m 정도로 매
우 세장한 형태를 취하고 있어 경주형 목곽묘의 전형을 가장 잘 보여 준다고 할
수 있다.

적석목곽묘는 5세기경부터 축조되기 시작하는데, 대부분 국립경주박물관
이 조사한 가지구에서 조사되었다. 구조는 묘광을 파고 내부에 덧널을 설치한
후 덧널과 묘광 사이에 적석을 한 것인데 대부분이 상부에는 적석을 하지 않은
사방적석식 적석목곽묘이다.

석곽묘는 가지구에서만 총 16기가 조사되었는데, 이 중 일부는 적석목곽묘
인 것도 있다. 대체로 5세기 말부터 6세기 중엽에 축조된 무덤들이다. 그 구조는
묘광을 파고 할석 또는 천석으로 쌓아서 축조한 것으로 대부분 바닥에 시상이
깔리며 유물은 머리측과 발치측에 부장하는 것이 일반적이다.

옥성리 고분군은 축조연대로 보아 2세기 말부터 6세기 대까지 조성된 것으
로 주로 사용되어진 묘제는 목곽묘과 적석목곽묘가 주류를 이룬다.

3) 대구~포항간 고속도로 연일JCT 건설공사구간 내 유적[22] · 포항 국도대체우회도로(유강-대련) 건설구간 내 유적[23]

경상북도 포항시 흥해읍 대련리 산24번지 일원의 대구~포항간 고속도로
연일JCT 건설공사구간(대련리 산24번지유적)과 포항시 연일읍 대련리 산176-
1번지에 건설된 국도대체우회도로(유강~대련) 건설공사(대련리 산176-1번

지유적)에서 확인된 유적으로 2008년 경상북도문화재연구원에서 발굴 조사하였다. 중성리 신라비 발견지로부터 남쪽으로 약 8.2㎞ 지점에 위치한다.

대련리 산176-1번지 유적에서는 삼국시대 횡혈식석실묘 1기를 비롯하여 고려시대로 추정되는 석곽묘, 조선시대 및 근대의 건물지 관련시설과 토광묘, 구상유구 등 12기가 조사되었다. 대련리 산24번지유적은 삼국시대 횡혈(구)식 석실묘을 비롯한 석곽묘, 옹관묘, 고려시대 이후 주거지, 토광묘 등 34기가 조사되었다.

유적은 지형적으로 대구~포항간 고속국도의 포항IC와 31번국도가 교차하는 대련IC의 남쪽에 인접한 해발 148.2m의 산 정상부에서 북으로 뻗어 내린 능선들로, 대련리 176-1번지유적은 북동으로 뻗은 능선의 정상부와 경사가 비교적 급한 동쪽 사면인 해발 85~101m에, 대련리 24번지 유적은 북서쪽으로 뻗은 지능선의 동사면인 해발 95~115m에 위치한다.

1호 석실묘에서 호석은 확인되지 않았으나 10·16호 석실묘는 호석이 확인되고, 지표상의 위치는 1호는 지하식을 이루며, 10·16호는 지상식을 이룬다. 연도의 단면위치는 3기 모두 하위를 이루고, 평면위치는 모두 중앙연도식을 이루고 있다. 연도의 폐쇄는 연문부(羨門部)에 할석을 쌓아서 폐쇄하였다. 현실의 평면형태는 중앙연도식의 정방형을 이루고, 평면비는 1:0.72(1호) 1:0.71(10호), 1:0.77(16호)로 일정한 비율을 이루고 있으나, 현실의 면적은 1호가 24.95㎡로 10호(12.65㎡)와 16호(16.01㎡)에 비해 월등한 우위를 보인다. 1호 석실묘에서는 벽석의 틈새 전면에 걸쳐 회를 발라 마무리한 것이 확인되었으나 10·16호에

---

22) 경상북도문화재연구원, 2010『포항 대련리 유적』
23) 경상북도문화재연구원, 2010『문화유적발굴조사보고서 – 自明里·鶴田里·大蓮里遺蹟 –』

서는 일부만이 확인되었다. 천정부의 형태는 벽의 내경도(內傾度) 등으로 보아 궁륭상(穹窿狀) 천정을 의도한 것으로 보인다. 배수시설은 3기 모두에서 확인되었는데 1호는 현실내부에서 묘도까지 전면에 걸쳐서 시설되었으나 10·16호는 연도에서 묘도까지만 시설되었다. 유물의 출토양상과 연도부 폐쇄상태 등으로 보아 추가장이 이루어진 것으로 보인다.

대련리 산176-1번지유적 1호 석실묘의 축조 시기는 출토유물로 보아 경주 보문리 부부총 출토 고배와 유사한 것으로 6세기 전반을 전후로 한 것으로 추정되며, 10·16호를 비롯한 대련리 산24번지유적의 축조 시기는 출토유물로 보아 6세기 중엽경부터 7세기 대까지 꾸준히 사용된 것으로 보인다. 또한, 석실의 현실 규모에 있어 대형에 속하는 신광면 냉수리고분의 현실 면적이 22.1㎡보다 이 유적의 1호 석실묘가 24.95㎡로 다른 지역에 비해 상당히 큰 규모의 석실이 축조된 것이 특징이라 할 수 있다.

4) 포항 흥해 소망교회 신축부지내 유적[24]

경상북도 포항시 흥해읍 마산리 149번지로 흥해중학교 북편에 연접하며, 행정구역상 흥해읍 마산리에 속하나 북쪽 신마산 일원의 마산리고분군과 남쪽 봉안산 일원의 옥성리 고분군 사이의 갱실골 서쪽 지역에 해당하여 옥성리 고분군과도 연결선상에 있다. 포항 소망교회를 신축하기 위해 2003년 경상북도문화재연구원에서 발굴 조사하였다. 중성리 신라비 발견지로부터 서쪽으로 약 0.7㎞ 지점에 위치한다.

발굴조사 결과 380㎡의 협소한 조사면적에도 불구하고 청동기시대 석관묘

---

24) 경상북도문화재연구원, 2006『浦項 馬山里古墳群』

1기, 삼국시대 목곽묘 10기, 옹관묘 3기가 확인되었다.

석관묘의 개석과 벽석은 현지에서 쉽게 채취할 수 있는 니암판석과 니암할석을 사용하였고 바닥에는 니암편이 다량 혼입된 사질점토를 깔아 정지하였다. 출토유물 가운데 무경식삼각만입형석촉은 초곡리유적 2호 주거지, 남송리 3·5호 주거지에서 출토된 석촉과 동일한 형태로 청동기시대 전기 후반에 비정된다.

목관묘는 서쪽과 동쪽에 2개의 군을 형성하고 있으며, 바닥은 암반을 정지한 뒤 그대로 사용한 것과 사질점토로 정지한 것, 천석을 까라 시상을 마련한 것이 있다. 3호 목곽묘에서 출토된 배는 옥성리 고분군 가-66호와 유사형식이고, 8호 목곽묘 출토 철기류는 옥성리 고분군 가-104호, 나-56·65호와 동일한 형식으로 대략 4세기 대에 조성된 것으로 판단된다.

5) 포항 옥성리 산12-1 공동주택건립부지내 유적[25]

경상북도 포항시 흥해읍 옥성리 산12-1번지 일원으로 봉안산에서 동쪽으로 뻗어 내리는 지맥의 남서사면에 지역으로 포항 흥해공업고등학교 진입로를 따라 북쪽 지역에 해당한다. 성림문화재연구원에 의해 2010년에 발굴되었다. 유적은 중성리 신라비 발견지로부터 남서쪽으로 약 1㎞ 지점에 위치한다. 흥해공업고등학교가 위치하는 소구릉 일대는 모두 옥성리 고분군 분포지역에 포함되는 곳으로, 1994년 국립경주박물관, 1995년 영남문화재연구원, 2001년 경상북도문화재연구원의 발굴조사로 원삼국~삼국시대에 조영된 대규모 고분군으로 밝혀짐으로서 학계와 연구자들에 의해 재평가되고 있는 곳이다. 특히 이 유

---

25) 성림문화재연구원, 2010 「포항 옥성리 산12-1 공동주택부지내 유적 문화재 발굴조사 약보고서」

적은 옥성리 고분군 나지구(영남문화재연구원) 고분군과 연결선상에 있고 출토유물로 보아 동일묘역으로 보인다.

이 유적에서 확인된 유구는 목관묘 3기, 목곽묘 60기, 옹관묘 1기, 매납유구 3기, 고려시대 이후 토광묘 21기 등 총 88기가 확인되었다. 목관묘의 묘광 규모는 3기가 대동소이하고 1호 목관묘에서 두형토기와 흑도장경호(黑陶長頸壺), 2호 목관묘에서 세형동검 및 철기, 3호 목관묘에서 목관의 보강토와 목관 내에서 칠기가 출토되었다. 목곽묘는 주로 해발 56m 상부로 밀집되어 있고, 이른 시기의 목관묘와 후대 토광묘가 혼재된 양상이다. 목곽묘의 구조는 봉토, 목곽, 보강토 등의 유물부장양상과 위석된 목곽, 그리고 격벽의 존재가 확인되고, 유구 간 중복관계가 뚜렷하게 나타나고 있다.

6) 포항 학천리 농수산물 도매시장 건립부지내 유적[26]

경상북도 포항시 흥해읍 학천리 야산 일대에 형성된 신라 고분군으로 포항시 농수산물도매시장의 건설이 추진되면서 경상북도문화재연구원에 의해 1998년에 발굴되었다. 학천리 유적은 포항시내에서 7번 국도를 따라 북쪽으로 올라가면 도달하는 흥해읍 소재지 가까운 곳으로 중성리 신라비 발견지로부터 남쪽으로 약 3.5km 지점에 위치한다. 분묘 414기, 건물지 6동, 와요지 1기 등이 확인되었으며, 분묘유구 중에는 청동기시대의 석관묘 4기, 삼국시대의 목곽묘 36기, 옹관묘 1기, 석곽묘 172기, 고려시대 이후 토광묘 32기이다.

석관묘는 구릉의 남쪽 사면에만 분포하며, 네 벽은 니암제 판석을 조립하여 축조하였는데 장벽은 판석 2~3매를 연결시키고 단벽은 1매의 판석으로 가로

<hr>

26) 慶尙北道文化財硏究院, 2002 『浦項 鶴川里遺蹟發掘調査報告書』

막았다. 바닥 처리에도 판석 3매를 깐 것, 자갈을 깐 것, 자연암반을 그대로 둔 것 등 다양한 방식을 사용하였다.

목곽묘는 구릉의 북·동·동남사면의 해발 39~53m 사이에 분포한다. 규모는 길이 2.6~3.0m 정도, 너비 0.6~1.2m 내외의 중소형들이다. 장축은 등고선과 대체로 평행하는데, 묘광과 목곽 사이의 충진 재료에 따라 니암조각과 점토를 채운 것, 니암제의 할석을 채운 것, 천석과 점토를 채운 것 등으로 나눌 수 있다. 목곽묘는 니암조각과 점토로 채워진 목곽묘는 구릉의 남동사면에 주로 분포하고, 니암제 할석이 사용된 것은 구릉 동쪽 사면에, 그리고 천석과 점토를 함께 이용한 것은 능선 북쪽 사면에 주로 분포한다. 목곽묘에서 출토된 철기류로는 환두대도, 철모, 유자이기(有刺利器), 철부 등이 있는데 철모의 비중이 높다.

석곽묘는 구릉 전면에 고르게 분포하며 가장 많은 수가 조사되었다. 구릉의 5부 능선을 경계로 횡구식석곽은 아래쪽에 수혈식석곽은 위쪽에 분포한다. 횡구식의 경우는 경사면을 'ㄴ'자상으로 파내어 묘역을 조성하고 석곽을 축조하였다.

237호 횡구식석곽묘에서 출토된 대부직구호는 어깨와 몸체의 상부에는 사실적인 새와 각종의 기하학적인 문양이 새겨져 있고, 토기의 제작에 사용된 태토도 신라토기에서는 흔히 볼 수 없는 것이다.

학천리 유적의 고분군은 청동기시대 석관묘를 제외한 목곽묘과 석곽묘는 대개 3세기 말부터 축조되기 시작하여 7세기에 이르기까지 묘제를 바꿔가며 지속적으로 조성된 것으로 추정된다.

7) 포항 용흥동 소방도로개설구간내 유적[27]

경상북도 포항시 북구 용흥동 89-46번지 위치하는 동혈주부곽식 목곽묘로 2006년 소방도로 개설 공사 중 절개면에서 토기가 노출되어 국립경주박물관에서 발굴조사하였다. 중성리 신라비 발견지로부터 남쪽으로 약 8.4km 지점에 위치한다.

유구(목곽묘)는 구릉의 최말단부인 해발고도 약 5.6m 지점에서 확인되었으며, 후대 교란으로 매장주체부만 조사되었다. 잔존하는 묘광의 크기는 길이 4.4m, 너비 1.5m로 세장방형의 평면형태를 띠고, 주곽(主槨)은 길이 3.45m, 너비 1.4~1.5m이다. 부곽(副槨)의 남쪽은 대부분 유실되었다. 주곽의 바닥에는 자갈을 1~2겹 깔았으나 주곽 남쪽 유물부장공간과 부곽에는 자갈을 깔지 않았다. 유물은 금동제대관(金銅製帶冠)을 비롯하여 금동제삼엽문환두대도(金銅製三葉文環頭大刀), 금동제허리띠, 고배, 대부장경호 등 토기 42점, 철기 3점, 금동제품 4점 등 총 49점이 출토되었다.

용흥동 무덤에서 출토된 토기 양상으로 미루어 보아 목곽묘는 5세기말에서 6세기초에 조성된 것으로 추측되며, 출토유물 가운데 금동제대관, 금동제삼엽문환두대도, 수식(금동제소환金銅製小環), 금동제허리띠 등의 장신구로 보아 용흥동 무덤 피장자는 이 지역을 지배하는 정치·사회적 권력자로서 신라 중앙의 영향 하에 있는 지역 수장으로 볼 수 있다.

8) 포항 사방기념공원 조성부지내 유적[28]

경상북도 포항시 북구 흥해읍 오도리 산66번지 일원의 '사방기념공원 조성부지'에서 확인된 유적으로 2006년~2007년에 걸쳐 성림문화재연구원에서 발굴조사하였다.

유적은 중성리 신라비 발견지로부터 북동쪽으로 약 7.2km 지점으로 묵은봉

---

27) 國立慶州博物館, 2007『浦項 龍興洞 新羅墓』
28) 聖林文化財研究院, 2008『浦項 烏島里 新羅墓群』

에서 동쪽으로 뻗어 내리는 사면의 해발고도 23~35m 일대의 해안가에 위치한 다. 1,060여 평의 조사면적에서 석곽묘 12기, 석실묘 12기, 토광묘 63기 등 총 95 기의 유구가 확인되었다.

석실묘 가운데 횡구식석실묘는 5기가 확인되었는데 석실의 축조방법에서 ① 최하단석부터 평적하여 석실벽을 축조한 것과 ② 최하단은 와수적하고 2단 부터 평적으로 쌓은 것이 있다. 시상의 형태는 생토면을 그대로 이용한 것(9호 석실)과 전면에 자갈을 깐 것(2·3호 석실), 한쪽 벽면에만 시상을 설치한 것(8· 10호 석실)이 있으며, 바닥전면에 시상을 설치한 석실은 각 1회의 추가장이 확 인되나 나머지는 추가장이 확인되지 않는 단독장이다. 횡혈식석실묘는 3기가 확 인되었는데 1호와 11호 석실묘가 지상식인 반면, 4호 석실은 50㎝ 가량 굴착한 반지하식으로 평면형태 상으로 장방형에서 방형으로 변화되어 가고 있다. 연도 는 모두 오른쪽에 설치된 우편수식(右便袖式)으로 좌편수식(左便袖式) 또는 중 앙연도식의 비율이 높게 나타나는 경주지역 횡혈식석실묘와는 차이를 보인다.

출토된 토기로 볼 때 오도리유적에서 확인된 분묘군은 대체로 5세기 후엽에 서 7세기 중반에 걸쳐 조성된 유적이다. 1호 석곽묘에서 출토된 '팔(八)'자상으 로 벌어지는 대각에 세장방형의 투창이 뚫린 고배와 종집선문(縱集線文)이 시 문된 개(蓋)가 세트를 이루고 있다. 이러한 토기는 월성로 가-4호 출토품과 유 사한 형태를 띠고 있는데 이희준의 편년안에 의하면 5세기 3/4분기로 편년된 다. 4호 석실에서 출토된 이단투창고배의 배신에 'X'자 선문이 시문되고 대각축 소형 꼭지가 붙은 개와 조합되며, 5호 석실묘의 일단투창고배는 각단이 약간 외 반되고, 구연은 길이가 길고 내경이 심한 고배와 대각축소형 꼭지에 투창이 뚫 린 개가 조합되는 유물은 전기양식토기에서 후기양식토기로 이행되는 단계로 6세기 전반경으로 편년된다. 7세기 전반에서 중반으로 편년되는 7·8·11호 석실 묘에서 출토된 고배는 대각에 2조의 돌대가 형성되며, 홍보식의 부가구연장경호(附加口緣長頸壺) 분류에 의하면 Ⅲ형식의 부가구연장경호가 등장한다. 부가구연장경호에 삼각집선문과 원문, 수적형문이 시문되었고, 개에 여전히 삼각집선문과 원점문류이나 문양이 시문되지 않은 개가 많이 나타난다.

오도리유적에서 확인된 석실묘는 축조수법과 출토유물을 비교해 볼 때 횡혈식석실묘가 횡구식석실묘보다 이른 시기에 축조된 것으로 보이며, 석곽묘는 유적 내에서 중심 묘제는 아니지만 석실묘 축조 이전부터 사용되어 왔음을 알 수 있다.

Ⅳ. 조사성과

그동안 각종 개발사업으로 포항지역의 역사를 이해하는데 많은 자료들이 확보되었다. 대부분의 발굴유적은 개발사업에 의한 구제발굴이거나 공사 중 유구·유물이 확인되어 실시된 수습조사로 조사된 유적들이다. 따라서 발굴유적의 분포가 도시확장에 따른 택지개발지역이거나 철도, 도로, 항만시설 등 사회간접자본 시설지역에 편중되는 경향을 보인다.

『포항문화유적분포지도』(국립경주문화재연구소, 2002) 상에 분포하고 있는 유적의 분포범위를 보면 유적은 주로 경주에서 북방으로 연결되는 교통로 주변과 하천(형산강, 기계천, 초곡천, 곡강천, 월포천, 광천, 냉천 등)을 따라 발달한 충적평야(영일평야, 망천평야)와 분지에 집중되어 분포하고 있음을 알 수 있다.

청동기시대에는 평야에 접한 천변 구릉지에 마을이 형성된 것으로 보인다. 초곡천 주변의 대련리(2001·영남대박물관, 2007·성림문화재연구원), 이인리(2011·성림문화재연구원), 초곡리(2000·영남문화재연구원), 남송리(2006·경상북도문화재연구원) 등에서 청동기시대 마을유적이 발굴되었고, 냉천 주변인 원동(2006·한국문화재보호재단), 인덕동(2004·한국문화재보호재단), 호동 (2004·경상북도문화재연구원)에서도 청동기시대 주거지가 확인된 바 있다. 지 석묘도 마을유적과 함께 하천변 또는 해안을 따라 군집을 이뤄 하나의 영역을 이루며 분포하고 있다. 청동기시대 유적이 충적평야가 인접한 하천변 구릉상에 군집된 상태로 확인되는 것은 인구증가와 식량확보에 용이한 측면에서 기인한 것으로 보인다. 특히 초곡천 주변의 대련지 주거지에서는 석촉, 어망추, 방추차 와 같은 수렵도구가 대다수를 차지하고 석부, 지석, 반월형석도 등의 농공구류 와 벌채구는 일부에 그쳐 농경생활은 제한적인데 비해 초곡천 일대에서 어로활 동이 성행하였음을 추정할 수 있다.

원삼국시대에 진한 12국 중 하나였던 소국에 속한 흥해지역에는 당시의 분 묘유적이 다수 분포하고 있다. 3~6세기에 이르는 다양한 묘제가 확인된 옥성 리고분군은 이 시기를 이해하는데 있어서 중요한 유적이다. 이 유적을 통해 이 지역에서 독자적인 세력을 가진 집단이 존재하였고 삼국시대에 접어들어 경주 지역과 밀접한 관련성이 있다는 것을 알 수 있다. 지배자 분묘로 추정되는 대형 목곽묘에서는 다량의 철기가 부장되어 분묘를 조성한 집단의 경제력이 상당하 였음을 보여주고 있다. 목곽묘와 함께 적석목곽분이 새롭게 축조되는데, 이는 고분군 내에서 묘제가 변화하는 모습을 보여준다. 옥성리고분군에서 조사된 목 관묘, 목곽묘, 적석목곽묘, 석곽묘, 옹관묘 등 다양한 묘제가 좁은 지역에서 복잡 한 중복관계를 보이며 변화하는 양상을 확인할 수 있는데 이러한 현상은 원삼 국시대에 존재하였던 소국이 신라의 영역확장으로 병합되어 갔다는 것을 알 수 있는 유적이다.

포항 용흥동 목곽묘의 목관구역에서 출토된 환두대도와 금동제대관, 금동 제소환 등 장신구의 부장조합으로 보아 피장자는 지방의 수장층으로 추정된다. 이러한 위세품이 부장되는 대구, 창녕, 경산, 양산 등에서만 확인되고 특히 금동제대관이 부장되는 경우는 극히 드물다. 따라서 이 피장자는 이 지역을 지배하는 권력자였음을 추론할 수 있다. 그리고 금동관이 중앙에서 지방으로 분여되었다는 일반적인 견해에 따르면 신라 중앙의 영향 하에 있는 지역의 수장으로 볼 수 있다. 포항지역은 경주와 지리적으로 가깝고 중요 북방으로 이어지는 주요 길목에 위치하여 중앙으로부터의 영향력이 이른 시기부터 미쳤을 것으로 보인다. 그리고 지방관도 다른 지역에 비해 일찍 파견되었을 것으로 추정된다.

학천리고분군은 원삼국시대~삼국시대 목곽묘와 석곽묘가 주를 이루며, 목곽묘는 출토된 유물 노형토기·단경호 등과 환두대도·철모·유자이기·철부 등의 철제품들로 유구와 유물로 보아 3세기부터 5세기 대에 조영되었다. 석곽묘는 수혈식과 횡구식 모두 나타나며, 출토유물은 낙동강 동안의 신라양식에 속하는 5세기~6세기로 편년된다.

대련리 횡혈식석실분은 6세기 전반에 축조된 것으로 추정되는 1호 석실분의 현실 면적이 24.9㎡로 국내에서 조사된 횡혈식석실분 가운데 가장 규모가 큰 것으로 고배, 단경호, 기와 등이 출토되었고 10호와 16호 석실분에서는 금동제 관장식과 수하부세환이식(垂下附細環耳飾) 등이 출토되어 이 지역에 상당한 규모의 정치세력이 존재하였음을 유추할 수 있다. 석실분의 구조와 출토유물로 미루어 6세기 중엽에서 7세기 전반까지 수차례의 추가장이 이뤄진 것으로 보인다.

통일신라시대 횡구식석실분과 횡혈식석실분을 주체로 하는 포항 사방기념공원 조성부지내 유적(오도리고분군)에서 확인되는 고분은 지역별로 소규모군을 형성하여 축조되는데 변화된 고분의 성격을 잘 나타낸다.

이와 같이 포항북부지역에서 조사된 유적을 통해 선사시대 취락의 형태, 경제생활을 이해하고, 특히 고분유적에서 획득한 여러 자료들은 이 지역의 묘제변화가 신라 중심부인 경주지역과의 연관관계를 파악하는데 크게 기여하였다고 할 수 있다. 또한 유구와 출토유물을 통해 포항 냉수리·중성리 신라비가 건립되

었던 5~6세기경, 이 지역에 위계가 높은 지역 수장층이 존재하였음을 짐작케
한다.

Ⅴ. 맺음말

최근 포항북부지역에서는 택지개발, 산업단지조성, 공동주택건립, 철도건
설, 도로건설 등 대규모 개발 사업의 증가에 따른 구제발굴과 더불어 청동기시
대로부터 근대에 이르는 여러 유적들이 확인·조사되었다. 이러한 유적들은 대
부분 경주에서 북방으로 이어지는 교통로 주변에 위치하며, 당시 사람들의 생활
터전이었던 것으로 보여진다.

발굴조사 통하여 확인된 청동기시대 주거지 유적은 이미 청동기 전기부터
형성되었으며, 주로 하천변의 구릉지대에 마을을 이루고 살면서 점차 지역의 중
심을 이루는 집단으로 성장해 갔다고 볼 수 있다.

역사시대 발굴유적으로는 대부분 고분이 중심이며, 목곽묘 발굴자료에서
포항지역은 4세기대 이른 시점부터 사로국의 중심집단에 의해 정치적인 지배
력의 영향하에 있었던 것으로 추정된다. 이 지역에서 4세기를 전후로 사로국 중
심으로 재편되는 급격한 정치적 변화가 있었을 것으로 보인다. 이 시기를 기점
으로 경주와 포항지역은 동일 문화권을 형성하게 되고 포항지역을 중앙에서 통
제한 것으로 추정할 수 있다. 그러한 배경에는 사로국이 신라로 형성되어가는
과정에서 해로와 육로 교통의 요충지인 포항을 거점으로 사용한 것으로 보여 진
다. 따라서 용흥동 목곽묘에서 출토된 금동제대관, 금동제삼엽문환두대도, 금동
제허리띠 등의 유물로 미루어 볼 때 높은 위계의 지역 수장층의 존재를 가늠할
수 있고, 대련리 석실분의 금동제 관장식과 수하부세환이식 등도 이 지역에 상

당한 규모의 정치세력을 지닌 수장층의 존재를 짐작케 한다.

지금까지 포항지역에서 조사된 많은 고고학적 유적들이 비록 구제발굴에 의해 조사되었지만 이로 인해 획득한 고고자료들은 이 지역의 역사적 배경을 이해하는데 중요한 단서를 제공하고 있다. 향후 이 지역에 대한 추가적인 조사는 이 지역을 이해하는데 좀 더 거시적인 안목을 제시해 줄 것으로 기대된다.

〈표 1〉 포항시 북구 일원 문화재 발굴조사 유적 일람표

번호	유적명 / 보고서명	발굴지역 / 조사면적(㎡)	조사기간 / 조사기관	청동기·지석묘	청동기·주거지	청동기·석관묘	청동기·기타	원삼국·목관묘	원삼국·목곽묘	원삼국·적석목곽묘	원삼국·석곽묘	원삼국·석실묘	원삼국·옹관묘	원삼국·주거지	원삼국·기타	고려·석곽묘	고려·토광묘	고려·건물지	고려·가마	고려·기타	계
1	포항 기계면 지석묘 金正基, 迎日郡 出土 無文土器, 『考古美術』 4-4, 1963	기계면 일대	1963.2-1963.3 국립박물관	6																	6
2	포항 냉수리 고분 冷水里 古墳, 1995	신광면 냉수리 산78-4	1990.10-1992.6 경주박·경주연									1									1
3	대구-포항간고속도로 건설부지내 유적 永川 莎里守城里遺蹟, 1999	기계면 현내리 산5	1994.4-2000.5 경북문화재																	1	1
4	포항 옥성리 고분 玉城里 古墳群, 2000	흥해읍 옥성리 산3	1994.2-1994.7 경주박물관					112	11	12			3		2						140
5	포항 흥해읍 청사 및 체육관 건립부지 浦項 玉城里古墳群 I, II -나地區-, 1998	흥해읍 옥성리 산12-3,5 1,420	1995.7-1995.12 영남문화재					2	125				3		2						132
6	포항 초곡리 아파트건설부지내 유적 浦項 草谷里遺蹟, 2000	흥해읍 초곡리 산39-1 13,223	1998.2-1998.6 영남문화재		18		3										1				22
7	포항 학천리 농수산물 도매시장 건립부지내 유적 浦項 鶴川里遺蹟 發掘調査報告書, 2002	흥해읍 학천리 산112-3 23,000	1998.10-1999.12 경북문화재		5			128	8	276			8		12		52	3	1		493
8	포항 우회도로 학전IC건설구간내 유적 試掘調査 報告書, 2000	흥해읍 대련리 산170-1	2000.5-2000.6 경북문화재							6	1				1						8
9	포항 강동-흥해간 도로공사(대련IC)구간내 유적 포항 대련리유적, 2001	흥해읍 대련리 산164-9 35,000	2001.3-2001.7 영남대박물관		16		3											3			22

번호	유적명 보고서명	발굴지역 조사면적(㎡)	조사기간 조사기관	청동기시대 이후				원삼국-통일신라시대								고려시대 이후					계
				지석묘	주거지	석관묘	기타	목관묘	목곽묘	적석목곽묘	석곽묘	석실묘	옹관묘	주거지	기타	석곽묘	토광묘	건물지	가마	기타	
10	포항 국도7호선 확장공사구간내 유적 浦項玉城里古墳群發掘調査報告書, 2003	흥해읍 옥성리 산4-2 1,000	2001.5-2001.9 경북문화재연구원					1	42	1	4		7				3				58
11	포항 기계지구 농촌용수개발사업 예정부지내 유적 浦項杞溪地區農村用水開發事業豫定敷地內遺蹟試掘調査報告書, 2004	기계면 구지리 20 2,400	2003.3-2003.4 중앙문화재연구원															1			1
12	포항 흥해소망교회 신축부지내 유적 浦項馬山里古墳群, 2005	흥해읍 마산리 149 380	2003.10-2003.12 경북문화재연구원			1			10				3								14
13	포항 고현리 축사 신축부지내 유적 포항 고현리유적, 2006	청하면 고현리 산236-1 	2004.12-2005.1 경북문화재연구원									1								2	3
14	포항 흥해 일반폐기물매립장 확대조성부지내 유적 浦項 南松里遺蹟, 2006	흥해읍 남송리 산204 3,135	2004.3-2004.7 경북문화재연구원		5		15										12			1	33
15	포항 사방기념공원 조성부지내 유적 浦項 烏島里 朝鮮墓群, 2008	흥해읍 오도리 산6 2,625	2005.12-2006.8 성림문화재연구원										1		5		59				65
16	포항 용흥동 소방도로개설구간내 유적 浦項 龍興洞 新羅墓, 2007	용흥동 89-46 	2006.4-2006.6 경주박물관						1												1
17	포항 사방기념공원부지내(추가) 유적 浦項 烏島里 新羅墓群, 2008	흥해읍 오도리 산66 893	2006.10-2007.1 성림문화재연구원									11	12		7						30
18	포항 장량 택지개발사업 2지구내 유적 浦項 良德洞 遺蹟 Ⅰ·Ⅱ, 2010	양덕동 689 29,700	2007.12-2008.12 성림문화재연구원					3	22					21	1	10		1		2	60

번호	유적명 / 보고서명	발굴지역 / 조사면적(㎡)	조사기간 / 조사기관	청동기시대 이후				원삼국-통일신라시대								고려시대 이후					계
				지석묘	주거지	석관묘	기타	목관묘	목곽묘	적석목곽묘	석곽묘	석실묘	옹관묘	주거지	기타	석곽묘	토광묘	건물지	가마	기타	
19	포항 국도대체우회도로(대련-성곡)건설구간내 유적 浦項 大蓮里 靑銅器時代 聚落遺蹟, 2009	흥해읍 대련리 301 28,195	2007.6-2007.11 성림문화재연구원		39		13				1	2				23	2			4	84
20	포항 영일만신항배후도로구간내 유적 浦項 曲江里 I·II 遺蹟, 2011	흥해읍 곡강리 산47-5 	2008.6-2009.3 경북문화재연구원													1	1				2
21	포항 영일만신항배후도로구간내 유적 浦項 南松里 II·III 遺蹟, 2011	흥해읍 남송리 672-3 7,100	2008.6-2009.3 경북문화재연구원		5		20					1				3	2			10	41
22	포항 영일만신항배후도로구간내 유적 浦項 南松里 I 遺蹟, 2011	흥해읍 남송리 827 10,500	2008.10-2009.3 경북문화재연구원		39		85									6	1			26	157
23	포항 국도대체우회도로(유강-대련) 건설구간내 유적 文化遺蹟發掘調査報告書-大蓮里遺蹟-, 2010	흥해읍 대련리 산176-1 2,754	2008.1-2008.10 경북문화재연구원				4									6				9	19
24	포항 대련리 포항공대송전철탑이설부지내 유적 포항 대련리 유적-부록-, 2010	흥해읍 대련리 산179 100	2008.7-2008.7 경북문화재연구원								3										3
25	대구-포항간고속도로연일JCT건설공사구간내 유적 포항 대련리 유적, 2010	흥해읍 대련리 산24 8,499	2008.1-2008.10 경북문화재연구원								18	10	1			3				2	34
26	포항 성곡지구도시개발사업부지내 유적 약보고서, 2010	흥해읍 성곡리 1036-1 100,300	2008.5-2010.7 한빛문화재연구원		58			14					1	17	2	21	15			25	153
27	포항 영일만신항배후도로구간내 유적 浦項 城谷里 I·II 遺蹟, 2011	흥해읍 성곡리 149 4,400	2008.6-2009.3 경북문화재연구원		5		24									9	5			18	61

번호	유적명 / 보고서명	발굴지역 / 조사면적(㎡)	조사기간 / 조사기관	청동기시대 이후				원삼국-통일신라시대								고려시대 이후					계
				지석묘	주거지	석관묘	기타	목관묘	목곽묘	적석목곽묘	석곽묘	석실묘	옹관묘	주거지	기타	석곽묘	토광묘	건물지	가마	기타	
28	포항 기계-기북간도로공사구간내 유적 약보고서, 2009	기북면 대곡리 210 999	2009.8-2009.10 성림문화재연구원		5		1						1								7
29	동해선 포항-삼척간 철도건설예정지(대련리)내 유적 약보고서, 2010	흥해읍 대련리 산91-3 3,475	2009.11 -2010.4 성림문화재연구원		15												1	3		6	25
30	포항 옥성리 산12-1 공동주택건립부지내 유적 약보고서, 2010	흥해읍 옥성리 산12-1 	2010.1-2010.5 성림문화재연구원					3	61				1							24	89
31	동해선 포항-원덕간 철도건설사업구간내 유적 (이인리 의현마을 유물산포지·성곡리 유물산포지1) 약보고서, 2011	흥해읍 이인리 56-3 10,519	2011.5-2011.8 성림문화재연구원		15		1										3	3	1	13	36
32	포항시 북구 흥해읍 마산리 149-4번지 근린생활시설 신축부지 내 유적 약보고서, 2011	흥해읍 마산리 149-4 약 1,000	2011.10-조사중 한국문화재보호재단						4	1			1		2						80
33	포항 동해선 포항-삼척간 철도건설 망천평야 가구역 유적 조사 중	흥해읍 초곡리 산38-42 	2011.11-조사중 영남문화재연구원																		-
34	포항 초곡지구 도시개발사업부지(1구역) 내 유적 조사 중	흥해읍 초곡리 산35-2 81,105	2011.11-조사중 영남문화재연구원																		-
35	포항 초곡지구 도시개발사업부지(3구역) 내 유적 조사 중	흥해읍 초곡리 산38-42 68,254	2011.11-조사중 동국문화재연구원																		-
36	포항 초곡지구 도시개발사업부지(2구역) 내 유적 조사 중	흥해읍 초곡리 산38-9 82,160	2011.10-조사중 성림문화재연구원																		-
북구 계				6	220	6	169	20	486	21	354	28	29	38	34	0	216	37	2	143	1809

<표 2> 포항시 남구 일원 문화재 발굴조사 유적 일람표

번호	유적명	발굴지역	조사기간	청동기시대 이후				원삼국-통일신라시대								고려시대 이후					계
	보고서명	조사면적(㎡)	조사기관	지석묘	주거지	석관묘	기타	목관묘	목곽묘	적석목곽묘	석곽묘	석실묘	옹관묘	주거지	기타	석곽묘	토광묘	건물지	가마	기타	
37	포항 대각리 삼국시대 석곽묘	대송면 대각리 산54-2	1992.12-1992.12								4										4
	대각리 돌덧널무덤, 1993		경주박물관																		
38	포항 달전리 지석묘군	연일읍 달전리 448-2	1992.8-1992.10	2																	2
	영일달전리지석묘, 1994	2개소	경주박·경주연																		
39	포항 원동 토지구획정리사업 제3지구내 유적	오천읍 원리 산64	2000.12-2001.8		13	1									1		1	2	1	3	22
	포항 원동 3지구 발굴조사 보고서, 2003		한국문화재보호재단																		
40	포항테크노파크조성예정부지내 유적	지곡동 산116	2001		2												1	4	2	9
	浦項 芝谷洞遺蹟, 2003	18,000	경주대박물관																		
41	포항 호동 재활용시설 예정부지내 유적	호동 산18	2001.9-2001.9														7	2		5	14
	浦項 虎洞 遺蹟, 2005	330	한국문화재보호재단																		
42	포항 호동 쓰레기매립장조성부지내 유적	호동 산23	2001.7-2004.2		49									276			76				401
	포항 호동유적 II-Ⅷ, 2008		경북문화재연구원																		
43	포항 철강공단-냉천간 도로개설공사구간내 유적	오천읍 인덕동 산37	2002.5-2003.8		27	1					12	1					10	10		42	103
	浦項 仁德里 遺蹟, 2006	30,083	한국문화재보호재단																		
44	강동-포항간 도로 공사구간내 유적	연일읍 우복리 506외	2003.7-2004.1															5		58	63
	浦項 牛伏·南城里 遺蹟, 2005	14,400	영남문화재연구원																		
45	포항 인덕산절취공사구간내 유적	오천읍 인덕동 산16	2003.9-2004.2		14						6	6	3			1					30
	浦項 仁德山切取工事 第一工區內 發掘調査 報告書, 2007	5,900	한국문화재보호재단																		

번호	유적명 보고서명	발굴지역 조사면적(㎡)	조사기간 조사기관	청동기시대 이후				원삼국-통일신라시대								고려시대 이후					계
				지석묘	주거지	석관묘	기타	목관묘	목곽묘	적석목곽묘	석곽묘	석실묘	옹관묘	주거지	기타	석곽묘	토광묘	건물지	가마	기타	
46	포항 구룡포-대보간 도로 확장 구간내 유적 포항 삼정2리 유적. 2007	구룡포읍 삼정리 270 18,547	2004.4-2005.8 경북문화재연구원		9		1							1	1		40			26	78
47	포항 구룡포-대보간 도로 확장 구간내 유적 포항 삼정1리 유적. 2007	구룡포읍 삼정리 519-1 25,488	2004.4-2005.8 경북문화재연구원		59		13								1		7			54	134
48	포항 구룡포-대보간 도로 확장 구간내 유적 포항 석병리 유적. 2007	구룡포읍 석병리 280 964	2004.4-2005.8 경북문화재연구원		1																1
49	포항 구룡포-대보간 도로 확포장공사구간내 유적 浦項 江沙里 遺蹟. 2007	대보면 강사리 227 14,543	2004.4-2005.8 경북문화재연구원						16		55	1	2	1	21		14			4	115
50	포항 구룡포-대보간 도로 확장 구간내 유적 포항 대보리 유적(1/2), 2009	대보면 대보리 511 13,719	2004.11-2007.8 경북문화재연구원		3		4		5		109	1	2	2	45		10	1		38	220
51	포항 국도대체우회도로(문덕-우복) 건설구간내 유적 浦項 大覺里 遺蹟, 2007	대송면 대각리 산54-4 18,475	2004.8-2005.7 성림문화재연구원		13				37		57	1					48			20	176
52	포항 국도대체우회도로(문덕-유강) 건설구간내 유적 浦項 牛伏里 66-15番地 遺蹟-부록-, 2005	연일읍 우복리 산66-15 2,500	2004.7-2004.8 영남문화재연구원								1						1			2	4
53	포항 국도대체우회도로(문덕-우복) 건설구간내 유적 浦項 大覺里 遺蹟, 2007	오천읍 문덕리 산129-8 1,643	2004.8-2005.7 성림문화재연구원						1		2						5			1	9
54	포항 구룡포-대보간 도로 확장 구간내 유적 浦項 江沙里 遺蹟Ⅱ. 2009	구룡포읍 강사리 202-1 16,918	2005.11-2007.8 경북문화재연구원	1	7		3				1			2			5			18	37

번호	유적명 보고서명	발굴지역 조사면적(㎡)	조사기간 조사기관	청동기시대 이후 지석묘	주거지	석관묘	기타	원삼국-통일신라시대 목관묘	목곽묘	적석목곽묘	석곽묘	석실묘	옹관묘	주거지	기타	고려시대 이후 석곽묘	토광묘	건물지	가마	기타	계
	포항 구룡포-대보간 도로 확장 구간내 유적 포항 구만리 유적, 2009	대보면 구만리 354-20 10,640	2005.11-2007.8. 경북문화재연구원		12		5								2					20	39
	포항 원동 2지구 토지구획정리사업지구내 유적 浦項 院洞 2地區 遺蹟, 2008	오천읍 원리 산46-10 14,000	2005.5-2006.12 한국문화재보호재단		59	1	5								1			7		55	128
	포항 영일 장기읍성 동문지 유적 浦項 迎日 長鬐邑城 東門址 遺蹟, 2008	장기면 읍내리 127-2 1,096	2005.12-2006.4 성림문화재연구원																	1	1
	포항 국도대체우회도로(유강-대련) 건설구간내 유적 포항 국도대체우회도로(유강-대련)-自明里遺蹟-, 2010	연일읍 자명리 106-1 17,314	2007.3-2008.8 경북문화재연구원									1				1	7	1		2	12
	포항 중명리 재가노인복지센터부지내 유적 浦項 中明里 甕棺墓 遺蹟, 2009	연일읍 중명리 741 1,889	2007.8-2007.9 성림문화재연구원		1		4						8	2	11						26
	포항 국도대체우회도로(유강-대련) 건설구간내 유적 포항 국도대체우회도로(유강-대련)-鶴田里遺蹟-, 2010	연일읍 학전리 137-1 5,154	2007.8-2008.1 경북문화재연구원															5		33	38
	포항 국도대체우회도로(일월-문덕)건설구간내 유적 浦項 世界里 新羅墓·高麗瓦窯群, 2010	오천읍 세계리 368-6 6,300	2008.8-2008.12 성림문화재연구원		1							14		1			16	1	4	10	47
남구 계				3	271	1	37	0	59	6	261	8	12	283	85	2	247	35	9	394	1713
포항 계				9	491	7	206	20	545	27	615	36	41	321	119	2	463	72	11	537	3522

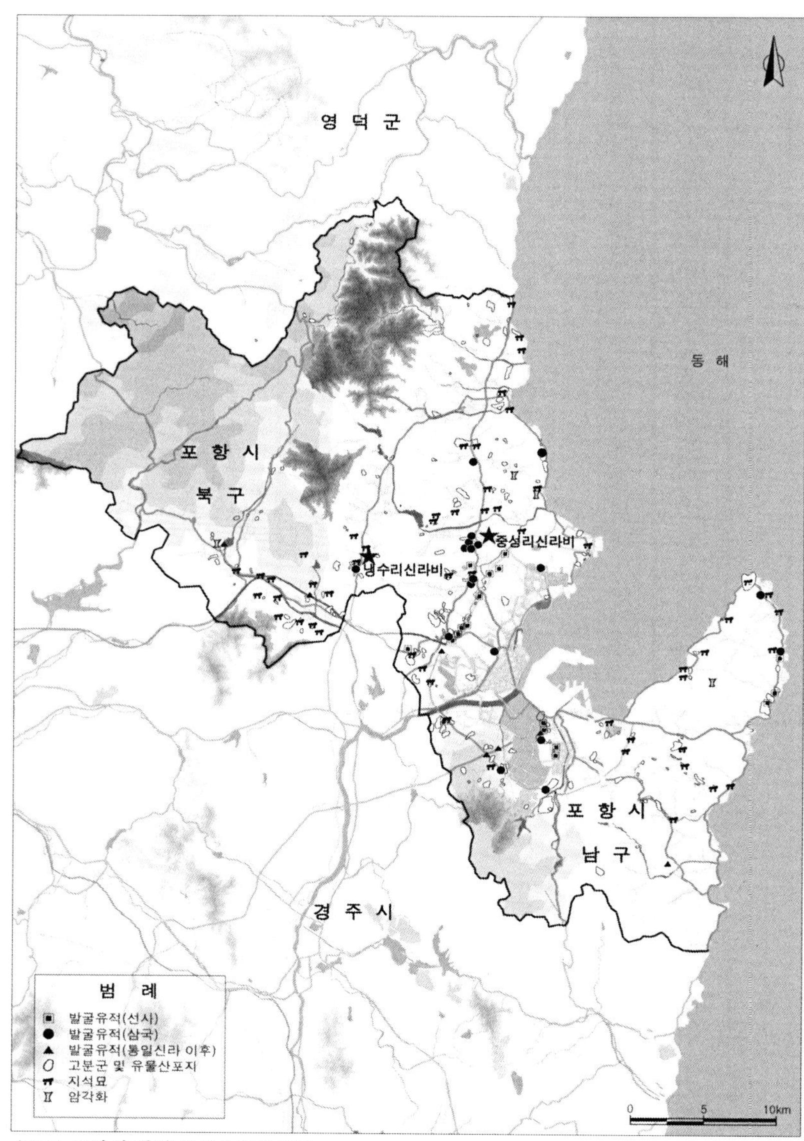

〈도 1〉 포항시 일원 문화유적분포도

〈도 2〉 포항 흥해읍 일원 유적분포도(1/10,000)

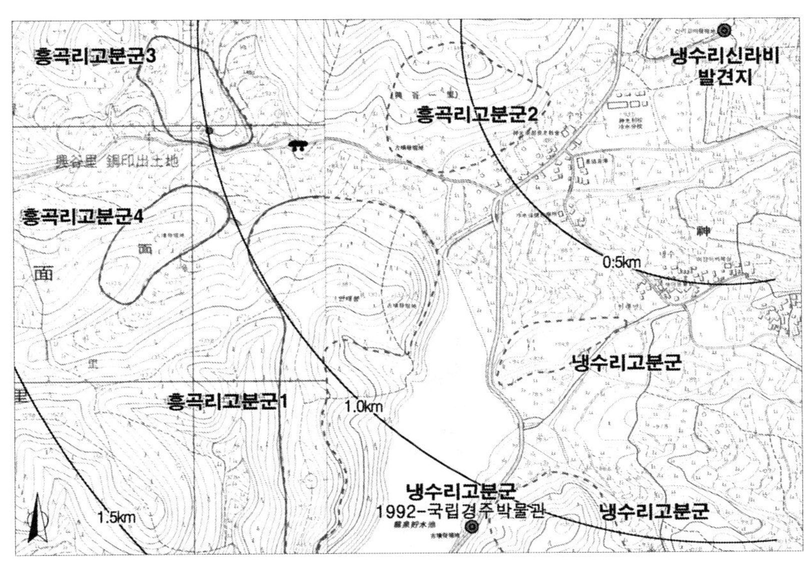

〈도 3〉 포항 신광면 일원 유적분포도(1/10,000)

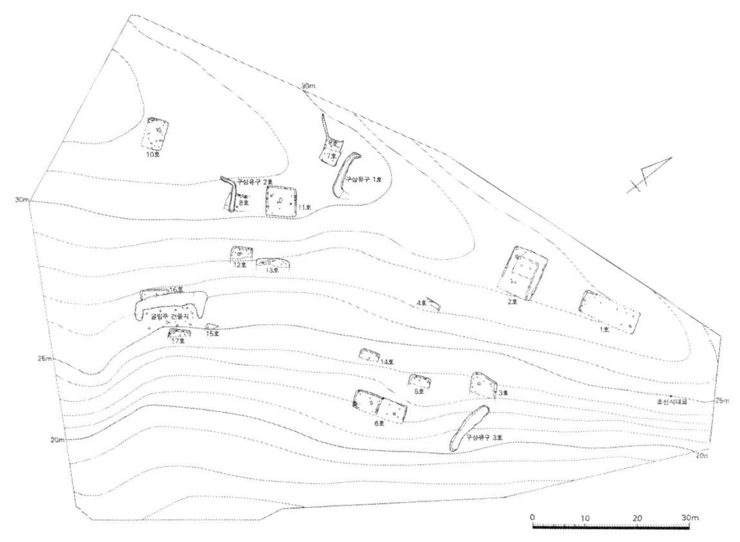

[유구배치도]

[유구배치도]

[2호 주거지]

[출토유물-석검류]

[출토유물-석부·도류]

〈도 4〉 포항 초곡리 신동아아파트건설부지내 유적(포항 초곡리유적)

[유적 원경]

[유적 전경]

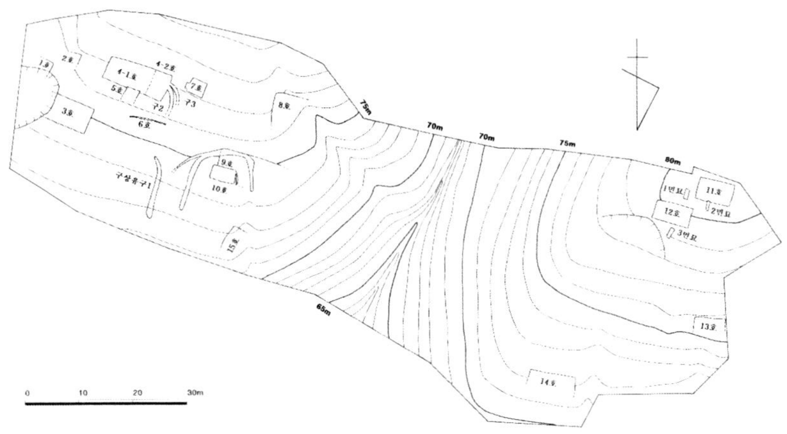

[유구배치도]

[4-1·2 주거지]

[출토유물]

〈도 5〉 포항 강동-흥해간 도로공사(대련IC)구간내 유적(포항 대련리유적)

[유적 전경-가지구]

[가-46호 목곽묘 전경]

[가-119호 적석목곽묘 전경]

[출토유물-토기류]

[출토유물-옥석금속류]

〈도 6〉 포항 옥성리고분군

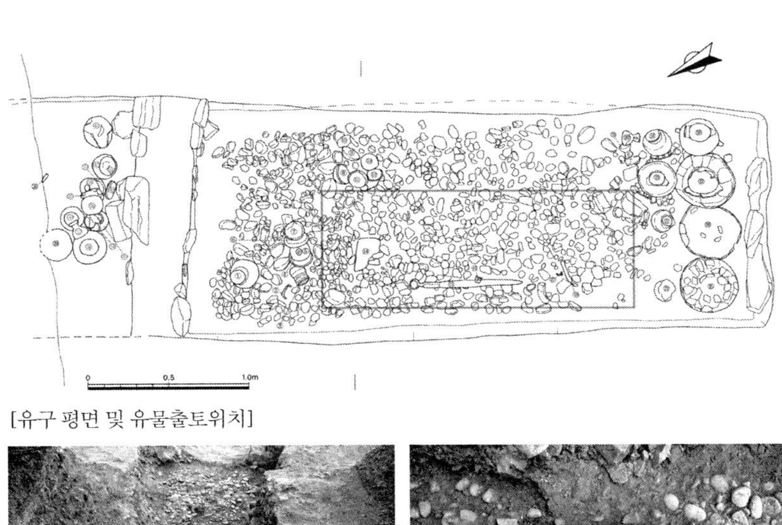

[유구 평면 및 유물출토위치]

[유구 전경]

[① 금동제삼엽문환두대도, ② 금동제대관]

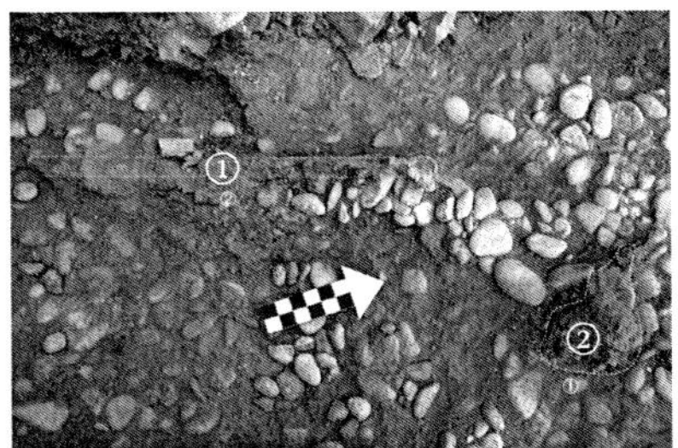

[금동제삼엽문환두대도]

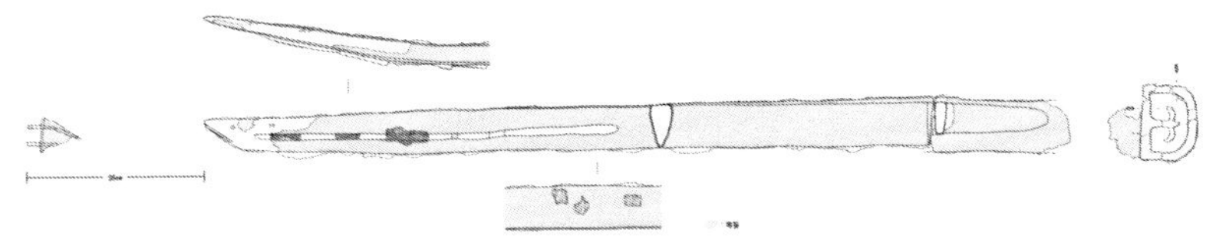

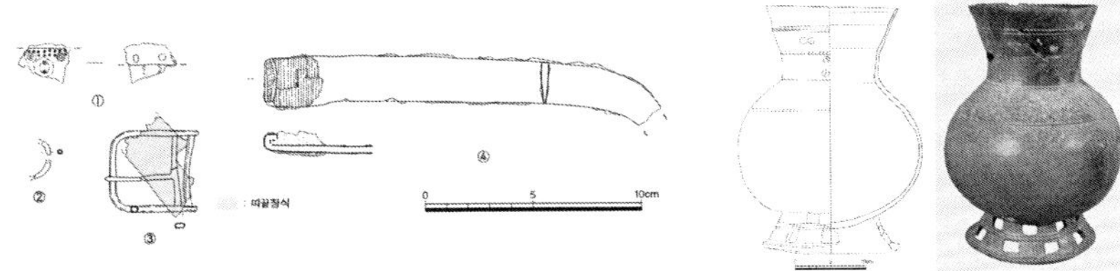

[금동제대관, 소환, 허리띠, 철겸]

[대부장경호]

〈도 7〉 포항 용흥동 소방도로개설구간내 유적(포항 용흥동 신라묘)

[조사광경]

[현실내부]

[봉토단면]

[은제상감유리삼루환두식]

[지환]

〈도 8〉 냉수리고분

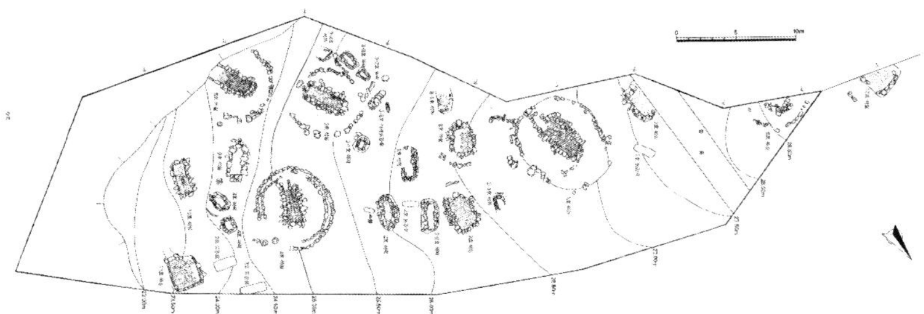

[유구배치도]

[유적 전경 및 1호 석실묘 전경]

[석실묘 출토유물]   [석곽묘 출토유물]

〈도 9〉 포항 사방기념공원 조성부지내 유적(포항 오도리 신라묘군)

이상화, 「浦項 北部地域의 考古學的 發掘遺蹟과 그 成果」에 대한 토론문

강봉원 (경주대학교 문화재학과)

이 논고는 한국고대사학회가 주관하는 포항 중성리비의 내용과 관련하여 고고학적 접근을 시도하는 차원에서 작성한 것으로 사료된다. 이 글에서 그간 포항지역에서 발굴된 선사 및 역사시대의 유적들을 정리하고 대표적인 유적과 유물을 소개하여 조사 성과를 개괄적으로 서술하였다. 아울러 냉수리 및 중성리비가 위치하였던 인근지역에 대한 기왕의 고고학적 발굴성과 및 연구업적을 다루면서 두 비문들의 성립시기를 전후하여 신라의 중앙과 인근지역의 정치적 맥락에 대해서도 다소 언급이 이루어지고 있다. 이 부분에 대해서 한국 고대사학계의 쟁점과 연계하여 천착하였다면 금상첨화가 아니었을까 생각한다. 즉, 두 비문의 내용과 관련하여 신라의 중앙집권제의 형성, 중앙과 지방의 신분계급제도와 정치적 역학관계 등 학계의 비교적 민감한 부분을 고고학적 성과와 구체적으로 접목하여 접근하였다면 좀 더 생산적이었지 않을까 생각된다. 그럼에도 불구하고 포항지역의 고고학적 발굴 및 연구 성과를 세밀하고 일목요연하게 정리하여 향후 역사학자들 혹은 이 방면에 관심있는 학자들이 연구를 진행하는데 출발점을 제시하였고 이 노력이 향후 유용하게 이용될 수 있다는 점은 높이 평가되어야 한다고 생각한다.

본고의 내용이 전반적으로 고고학적 조사성과인 객관적 사실만을 다루고

있기 때문에 논쟁 혹은 토론의 여지가 많은 것은 아니지만 몇 가지 의문 나는 점
이 있어서 질의를 하고자 한다.

첫째, 흥해의 옥성리 분묘유적에서 목관묘 및 목곽묘 등의 다양한 묘제가 확
인되어 발표자는 "이 유적을 통해 이 지역에서 독자적인 세력을 가진 집단이 존
재하였고 삼국시대에 접어들어 경주지역과 밀접한 관련성이 있다는 것을 알 수
있다"(17쪽)고 하였다. 여기에서 "밀접한 관련성"은 고고학적 혹은 역사적으로
구체적으로 무엇을 의미하는 것인지 다소의 보충설명이 필요하다고 사료됩니다.

둘째, 흥해 혹은 포항지역에서 "목곽묘와 함께 적석목곽분이 새롭게 축조되
는데, 이는 고분군 내에서 묘제가 변화하는 모습을…" 그리고 옥성리고분군에서
다양한 묘제가 좁은 지역에서 중복관계를 보이며 변화하는 양상을 확인하고 "이
러한 현상은 원삼국시대에 존재하였던 소국이 신라의 영역 확장으로 병합되어
갔다는 것을 알 수 있는 유적이다"라고 서술하였습니다. 그런데 묘제가 신라의
중심지와 동일한 양상을 보인다고 해서 신라의 영역으로 병합되어 갔다고 해석
하는 것은 다소 피상적인 해석이 아닌가 생각되는 바 이에 대한 고고 및 역사적
설명이 필요하다고 사료됩니다.

셋째, 포항지역은 경주와 지근거리에 있는 북방으로 가는 교통의 요지에 위
치하고 있기 때문에 중앙으로부터의 영향력이 이른 시기부터 미쳤고 또 "지방
관도 다른 지역에 비해 일찍 파견되었을 것으로 추정"하였습니다(18쪽). 그런
데 다량의 철기가 부장된 분묘는 이 지역 집단의 지배자의 것으로 상정되고 또
"경제력이 상당하였음을 보여" 주는 것으로 파악하고 있습니다. 이를 바꾸어 말
하면 흥해지역의 독자적인 정치력도 어느 정도 있는 것으로 이해해야 할 것으

로 생각됩니다. 그렇다면 신라가 일찍부터 이 지역을 무력으로 병합하여 장악하여 영향력을 행사하고 따라서 지방관을 파견하였을 것으로 추정하는 것에 다소 문제가 있을 수 있습니다. 여기에 대한 추가 설명이 필요할 것으로 보입니다.

　　마지막으로, 중성리 및 냉수리 비문의 내용과 연계하여 고고학적 자료를 적용하는 문제를 고려하여 보아야 합니다. 우선, 두 비문의 연대를 이르게 보거나 아니면 대부분의 학자들이 6세기 초로 보는 것에 크게 상관없이 현재 파악되고 있는 비문의 내용을 담은 비석이 그 당시에 세워졌다는 것은 사실은 신라가 냉수리 혹은 중성리 인근 나아가서는 포항지역에 정치력을 크게 행사하지 못했다는 것을 방증하는 것이 아닐까 추정이 되기도 합니다. 더우기 포항 용흥동 목곽묘에서 금동제 대관, 금동제 소환 등의 장신구와 환두대도 등이 출토되었습니다. 아울러 흥해 대련리 1호 횡혈식 석실분은 국내에서 조사된 것들 중 규모가 가장 크고 10 및 16호 석실분에서는 금동제 관장식과 수하부 세환이식 등이 출토되었습니다. 이는 곧 5-6세기경 포항 북부지역에 상당한 정치력을 가지고 있는 수장층이 존재하였을 것으로 추정됩니다. 중성리 및 냉수리 비문의 내용이나 맥락을 이러한 고고학적 현상과 연계하여 지역 수장층과 신라 중앙 세력과의 정치적 역학관계를 이해하는데 중요한 역할을 할 수 있다고 판단됩니다. 이에 대한 발표자의 견해를 피력하여 주시기 바랍니다.

사회(조법종) : 방금 이상화 선생님의 발표를 통해서 포항 북부 지역 일대에서 기왕에 발굴된 유적, 유물의 내용과 성격에 대한 정의를 잘 발표해주셨습니다. 이 발표에 대해서는 현재 경주대학교 문화재학과에 계신 강봉원 교수님께서 바로 토론해 주시겠습니다. 위에 마련된 발표, 토론 자리에서 두 분 발표와 토론을 부탁드리겠습니다.

강봉원 : 안녕하십니까. 이상화 선생께서 발표하신 데 대해 제가 토론문을 준비해 왔습니다. 우리 발표집의 51페이지부터 시작입니다. 이상화 선생님께서 간단하게 발표를 해주셨는데, 저도 간단하게 토론문을 읽어나가면서 진행하겠습니다. (이하 발표문 낭독)

사회 : 예 고맙습니다. 아주 체계적으로 4가지를 지적해주셨습니다. 크게 말씀하셨던 것은 발표의 내용에서 좀 더 현재 우리 학계에서 논점이 되고 있는 문제와 접목된 지적이 있으면 좋지 않을까 하는 바람을 말씀해 주시면서, 발표 내용과 비문 내용상에서 약간 배치 될 수 있는 해석의 가능성, 예컨대 지역 수장 세력과 지방 관리, 중앙에서의 파견 내용을 현실적으로는 오히려 배치되는 상황이 발생하는데, 그것에 대한 구체적인 질문을 해주신 것 같습니다. 이상화 선생님 바로 답변 부탁드리겠습니다.

이상화 : 네 여러 가지로 자료가 부족한 점 죄송하게 생각합니다. 포항 북부 지역 고고학적 조사 성과를 진단하면서 다소 나열적으로 서술된 점 대단히 죄송하게 생각합니다. 더구나 고고학과 역사학의 연계를 말씀하셨는데, 이게 그렇게 쉽지만은 않았습니다. 다만 자료를 정리하는 와중에서 여러 자료들을 보면서 적지 않은 조사 성과들을 검토할 수가 있었습니다. 포항 북부지역에 대한 신라

중앙정부의 관심이랄까 지배 의지의 과시랄까 이런 걸 엿볼 수 있는 자료로서 조사 성과를 이렇게 해서 보여 드렸습니다.

강봉원 선생님께서 크게 4가지를 질문해주셨습니다. 1·2번은 같은 맥락의 질문이어서 묶어서 말씀드리겠습니다. 첫 번째로 경주지역과 포항 북부지역하고의 관련성, 두 번째는 묘제가 신라 중심지와 동일하다고 해서 신라에 병합되어간다고 하는 것은 피상적인 해석이라고 말씀하셨습니다. 묘제는 상당히 보수성이 강합니다. 잘 아시겠습니다만 신라의 묘제, 특히 경주지역에서는 목관묘, 목곽묘, 적석목곽묘, 석실봉토분으로 묘제가 변해갑니다. 이러한 묘제가 고고학적 발전 양상은 대체로 사로국의 성장단계를 반영하고 있다는 점에서 역사학적 관점과 부합된다고 볼 수 있습니다. 이런 보수성이 강한 묘제가 경주가 아닌 흥해 옥성리에서 확인된다는 점, 이것이 결코 가볍게 볼 수 없는 유적입니다. 다시 말해서 흥해지역의 집단이 경주와 모종의 관계를 형성하지 못했다면 이런 묘제가 이곳에서 확인될 하등의 이유가 없지 않을까 생각합니다. 이한상 선생님께서 보신 시각입니다만 신라 지방의 묘제를 임당유형과 옥성리유형으로 구분을 하고 있습니다. 신라의 성장과 더불어 임당지역은 고총(高塚) 크기가 작아지는 반면에, 옥성리 지역은 고총으로는 발전하지 않지만 지역의 목곽묘가 커졌습니다. 이러한 현상이야말로 신라 중앙정부의 이 지역에 대한 관심을 엿볼 수 있는 고고학적인 현상이 아닐까 이렇게 보고 있습니다.

세 번째 질문하신 것은, 철기 부장의 문화가 독자적인 정치체의 존재를 전제하지 않느냐, 일찍부터 지방관이 파견된 것으로 보기에는 문제가 있다고 말씀하셨습니다. 흥해 지역은 고대로부터 중요한 교통요지에 위치하고 있습니다. 『삼국사기』에 보이는 북해통(北海通)도 이 지역을 지났던 걸로 보입니다. 또한 경주 안압지 출토 목간에 보이는 식해도 이런 교통로를 타고 전해진 것으로 추정됩니다. 그리고 고대사회에서 철기는 요즘으로 치면 최첨단의 신소재가 아니었을까 이렇게 개인적으로 생각하고 있습니다. 제철 기술을 장악한다는 것은 권력의 성장과정과 함께 하는 것으로 보입니다. 그런데 포항 북부지역에서 발굴이 전부 이루어지지 않은 상황에서, 제철유적이 확인되지 않았다고 해서 제철유적이 없다고 이야기 하기는 그렇지만, 철기를 제작한다는 것은 지역적으로 상당히 한정되지 않았나 생각합니다.

제 개인적인 소견으로는 흥해 지역의 철기는 경주권에서 이쪽 흥해 지역으로 선물로 준 것이 아닌가 생각합니다. 만약 이런 생각이 타당하다면 신라의 중앙정부는 흥해 지역의 교통상 이점에 주목해서 지역 지배자 집단을 물량으로 회유를 하고, 이 지역 집단 역시 이러한 정책을 받아들였던 것이 아닌가 이렇게 보여 집니다. 앞으로 이 지역에서 철기가 출토되어 철기에 대한 성분 분석이 이뤄진다고 하면 이러한 시각은 더욱 선명하게 밝혀지지 않을까 싶습니다.

네 번째로 비문의 내용과 고고학적 현상과의 연관 관계에 대해서 질문하셨습니다. 사실 냉수리비와 중성리비를 접하면서 참 아쉬움이 많습니다. 특히 두 비석 모두 신라 최고의 비석이지만 제자리를 일단 이탈해서 냉수리비 같은 경우도 발견자의 조부가 옮겼다고 하고 중성리비도 공사 중에 굴러다니던 것이 발견되었기 때문에, 두 비석 모두 제 위치에 있지 않았다는 점이 좀 아쉬운 부분입니다. 하지만 두 비석의 의미에 대해서는 좀 더 신경 쓸 필요가 있지 않나 싶습니다.

제가 사실 비문에 대한 전문지식이 없습니다. 그래서 그 자체에 대해서 거론하는 것 자체가 상당히 두렵습니다. 다만 지금까지 해석되어 온 내용을 봤을 때 경제부분에 관련된 모종의 시비를 신라 중앙정부가 나서서 해결해주고, 이후 다시 시비가 일어나면 중죄를 준다는 그런 내용인 것 같습니다. 이러한 경제권과 관련된 내용들은 신라의 법제적 성장의 모습을 보여주는 것이 아닌가 생각됩니다. 그리고 백성 지향의 움직임이 보인다는 점도 상당히 중요하다고 생각됩니다. 이러한 민(民) 지향의 움직임은 단양적성비의 '야이차(也尒次)' 유족을 어루만져주는 모습에서도 확인됩니다. 결국 이러한 백성을 어루만져주는 움직임을 통해서 종국에는 신라가 삼국 통일을 이룰 수 있는 원동력이 되지 않았나 싶습니다. 그런 의미에서 이 비석은 신라 정부가 흥해 지역에 대한 관심을 확인하는 차원에서 매우 소중하다고 할 수 있습니다. 비록 그 내용에 대해 여러 견해가 있을 수 있겠습니다만 잘 해석해서 좋은 자료가 되었으면 하는 바람입니다.

 : 질문이 더 있으실 것 같은데 한 말씀만 해주시고, 이상화 선생님의 답은 시간관계상 종합토론 시간에 듣도록 하겠습니다.

 : 지금 사회자께서 말씀하신 것처럼 나머지 얘기는 종합토론 때 하기로 하고 간단하게 한 가지만 언급하겠습니다.

묘제의 보수성을 거론을 하시면서 여러 가지 말씀을 하셨는데, 저도 묘제에는 보수성이 있다는 것을 충분히 인식을 하고 과거에 쓴 논문에서도 이야기 한 바 있습니다. 그런데 지금 같은 경우에 묘제에는 사실은 보수성이 있으면서도 그것이 바뀌었기 때문에 경주와 흥해 사이에 모종의 관계가 있지 않을까 이렇게 말씀을 하셨는데, 예컨대 청동기 시대의 묘제를 봤다면 경주지역이나 흥해 지역이나 똑같이 지석묘, 아니면 석관묘 이렇게 같이 나오거든요. 그 다음에 암각화도 약간의 지역성, 아니면 시기성은 보이지만 영일 칠포리(迎日 七浦里) 암각화나 경주 안심리(慶州 安心里) 암각화가 지석묘에 나온다는 거지요. 그럴 경우 지석묘가 경주하고 흥해 지역만이 아니라 한반도 남부지역에서는 거의 동일하게, 예를 들어 기반식, 바둑판식, 지표식, 변형식 등이 동일하게 나오거든요. 물론 이 문제는 여기서 해결될 수 있는 문제가 아니라 시간이 상당히 필요한 문제입니다. 그래서 묘제의 보수성만을 강조해서, 묘제가 바뀌었으니까 이런 경향이 있다 이렇게 하는 게 조금은 성급할 수 있다는 거죠. 그래서 본문에서는 이상화 선생께서 말씀을 안 하셨지만, 발표에서 냉수리 횡혈식 석실분의 어떤 구조적인 면, 유물은 거의 똑같은 것이 나오지만 구조적인 측면에서 고구려의 영향이 보인다고 이렇게 말씀을 하셨는데, 그렇다면 그게 또 모순이 되는 겁니다. 왜냐면 묘제에 보수성이 있는데, 고구려의 묘제가 흥해로 왔다가 경주로 들어가는 식의 논리가 되어 버린단 말입니다. 제가 말씀드렸듯이 여기서 해결될 문제는 아니지만, 의도하지는 않더라도 자칫하면 아전인수 격으로 해석할 우려가 많다는 겁니다. 이 정도만 하고 나머지는 종합 토론시간에 하도록 하겠습니다.

사회 : 고맙습니다. 두 분의 고고학적 해석은 뒤에 발표하실 분들에게도 많은 참고가 될 것 같습니다. 2부 첫 발표와 토론은 여기서 마무리 짓고 바로 다음 발표로 넘어가겠습니다.

〈포항 중성리 신라비〉의 새로운 해석과 신라부체제

-〈울진 봉평리 신라비〉·〈포항 냉수리 신라비〉와의 비교검토-

윤 진 석
계명대학교 강사

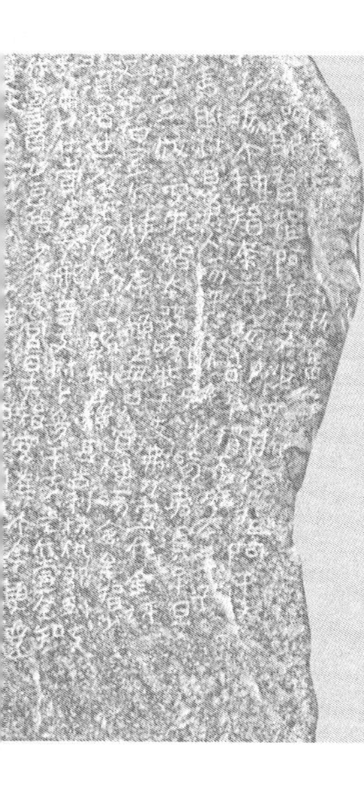

〈포항 중성리 신라비〉의 새로운 해석과 신라부체제
-〈울진 봉평리 신라비〉·〈포항 냉수리 신라비〉와의 비교검토-

Ⅰ. 머리말

사료가 절대적으로 부족한 한국고대사 연구에서 새로운 금석문의 출현은 언제나 단비 같았고, 그때마다 많은 연구성과를 이루어왔다. 20여 년 전 〈울진 봉평리 신라비〉와 〈포항 냉수리 신라비〉의 발견이 대표적인데, 2009년 〈포항 중성리 신라비〉가 발견되었을 때도 이를 재현할 수 있으리라 기대했다.(이하 〈봉평리비〉, 〈냉수리비〉, 〈중성리비〉로 줄임) 그러나 막상 구체적 검토가 시작 되자 해석부터 쉽지 않았다. 〈봉평리비〉와 〈냉수리비〉는 떼어쓰기나 종결사 사 용, 부명·인명 표기의 기준이 일정해 단락구분과 내용파악이 용이했던 데 반해, 〈중성리비〉는 표기기준이 모호하고, 핵심내용조차 분명하지 않았다.

그런 사정에서도 여러 연구자들의 노력으로, 적잖은 연구결과가 발표되었 다. 그런데 대다수의 연구들은 〈봉평리비〉와 〈냉수리비〉의 '연구성과'를 토대로 〈중성리비〉를 살펴보는 데 전념했을 뿐, 〈중성리비〉의 발견을 계기로 세 비문을 분석·대조하여 공통점과 차이점을 살펴보거나, 기존견해를 재검토하고 종합적 으로 접근할 필요성은 소홀히 한 경향이 있다.[1]

그런 점에서 여러 선학들이 〈봉평리비〉와 〈냉수리비〉의 기초적 연구에 임할 때의 자세를 되새길 필요가 있다. 〈봉평리비〉 발견 시에는 기초적인 판독에 임할 때부터 분석·검토에 이르기까지 "선입관을 갖지 말고" "청정하고 순수한 마음"으로 '금석문 자체에' 신중하고 치밀하게 접근해야 한다는 지적들이 있었고,[2] 〈냉수리비〉 발견 시에는 그동안 문헌에 의존한 기계적인 연구방식에 대한 교훈으로 삼아야 한다는 지적도 나왔다.[3]

그런데 지난 20여 년간의 〈봉평리비〉·〈냉수리비〉의 연구경향을 살펴보면, 위와 같은 지적들을 간과한 것이 아닌가 싶다. 대다수의 연구가 문헌에 보이는 내용과 선구적 대가들의 가설을 토대로 분석한 경향이며, 일부 연구에서는 두 비문을 통해 '새롭게 확인된 사실'을 종래의 가설에 억지스럽게 끼워 맞추어 해석하기도 했다.

물론 새로운 금석문의 검토에 임하면서 문헌사료나 기존 연구를 완전히 배제할 수는 없다. 그러나 무조건적인 맹신은 경계해야 한다. 문헌사료나 기존 견해들은 그때그때의 전승자료 및 연구수준에서 비롯된 것이므로, 새로운 사료가 발견되면 종합적인 사료비판을 통해 타당성 여부가 재검토되어야 한다.

〈중성리비〉를 검토함에 있어서는 위와 같은 잘못을 되풀이하지 않기 위해 〈봉평리비〉·〈냉수리비〉 이해에 잘못은 없는지 먼저 확인한 후 세 비문을 종합적으로 검토할 필요가 있다고 본다. 그래야만 〈중성리비〉가 간직한 역사적 진실에

---

1) 최근 주보돈 교수는 〈중성리비〉가 알려주는 정보를 토대로 〈봉평리비〉를 재검토해 볼 여지가 생겼다고 지적하면서, '일금지'를 재검토하였는데, 주목할 만한 연구방법이다(주보돈, 2011 「울진 봉평리 신라비와 신라의 동해안 경영」『울진 봉평리 신라비와 한국 고대 금석문』, 울진군·한국고대사학회, pp.82~93).
2) 朱甫暾, 1989 「蔚珍鳳坪新羅碑와 法興王代 律令」『韓國古代史研究』2, pp.132~133 및 같은 책 〈종합토론〉의 여러 토론자들의 발언(pp.227~231) 참조
3) 한국고대사연구회 편, 1990『韓國古代史研究』3, p.107의 이기동 교수 발언 참조

좀 더 가까이 접근할 수 있고, 나아가 부체제의 전개과정, 관등의 성립과 변화양상, 소송처리방식 등 다양한 연구과제를 올바르게 조명할 수 있지 않을까 싶다.

따라서 이 글에서는 먼저 〈봉평리비〉와 〈냉수리비〉를 재검토하고자 한다.(Ⅱ장) 물론 모든 쟁점을 검토하려는 것은 아니고, 〈중성리비〉의 해석 및 '신라부체제' 관련 사항에 집중하겠다. 다음 Ⅲ장에서는 앞 장에서 검토한 사항들을 참고하여 기존 견해를 비판적으로 재검토하면서 〈중성리비〉의 쟁점들을 정리한 후, 새로운 해석안을 제시하고, 비문의 구조와 서술방식 등을 살펴보겠다. Ⅳ장에서는 이 글의 해당 연구과제인 '신라부체제'의 연구사를 검토한 후, 〈중성리비〉의 발견으로 새롭게 검토할 필요가 있는 논점들을 정리하겠다.

Ⅱ. 〈봉평리비〉·〈냉수리비〉의 재검토

1. 〈봉평리비〉의 주요쟁점

먼저 〈봉평리비〉를 살펴보자. 작성연대로는 〈냉수리비〉가 먼저이지만, 연구시각의 전개과정을 살펴보기 위해 발견순서대로 검토하겠다. 〈봉평리비〉는 줄바꾸기와 띄어쓰기를 기준으로 하면 4~5문단으로 나눌 수 있는데, 여기서는 〈냉수리비〉·〈중성리비〉와의 비교검토를 위해 내용의 성격을 기준으로 7단락으로 나누었다. 추후의 논의를 위해 원문과 해석을 함께 제시하였고, 주요 논점은 밑줄을 그어 표시하였다.

① 甲辰年正月十五日 **喙部牟即智寐錦王沙喙部徙夫智葛文王**本波部△夫智**(五)干支**岑喙部△昕智干支沙喙部而粘智太阿干支吉先

智阿干支一毒夫智一吉干支喙勿力智一吉干支慎宍智居伐干支
一夫智太奈麻一小智太奈麻牟心智奈麻沙喙部十斯智奈麻悉尒
智奈麻等**所教事**

갑진년(524) 정월 15일 탁부 모즉지 매금왕·사탁부 사부지 갈문
왕·본파부 △부지 (오)간지·잠탁부 △흔지 간지·사탁부 이점지
태아간지·길선지 아간지·일독부지 일길간지·탁(부) 물력지 일
길간지·신육지 거벌간지·일부지 태나마·일소지 태나마·모심지
나마·사탁부 십사지 나마·실이지 나마 등이 교하신 바의 일이다.

② **別教令居伐牟羅男弥只本是奴人雖是奴人前時王大教法**道俠阼
隘尒耶界城失火遶城村大軍起若有者一行誓之人備土尊王 太奴
村負共值五其餘事種種奴人法

별교하여 영(令)하기를, 거벌모라 남미지는 본래 노인이었다. 비
록 노인이었으나 전날 왕께서 크게 법을 교하시었다. -이하 28자
는 판독과 해석에 어려움이 있음- 대노촌은 공치 5를 부담하게
하고, 그 나머지는 사안에 따라 노인법을 따르라.

③ 新羅六部煞斑牛△△**處事大人**喙部內沙智奈麻沙喙部一登智奈
麻男次邪足智喙部比須婁邪足智居伐牟羅道使卒次小舍帝智悉
支道使烏婁次小舍帝智居伐牟羅尼牟利一伐尒宜智波旦只斯利
一金智

신라6부가 얼룩소를 잡고 △△했다. 일을 처리한 대인은 탁부 내
사지 나마·사탁부 일등지 나마·남차 사족지·탁부 비수루 사족
지·거벌모라 도사 졸차 소사제지·실지도사 오루차 소사제지·거
벌모라 니모리 일벌·이의지 파단(피일) 지사리 일금지이다.

④ 阿大兮村使人奈尒利杖六十葛尸条村使人奈尒利居△尺男彌只

村使人翼△杖百於卽斤利杖百悉支軍主喙部尒夫智奈麻節

아대혜촌 사인 나이리 장 60대, 갈시조촌 사인 나이리거 △척, 남
미지촌 사인 익△ 장 100대, 어즉근리 장 100대이다. 실지군주 탁
부 이부지 나마가 집행하였다.

⑤ **書人**牟珍斯利公吉之智沙喙部 若文吉之智 **新人**喙部述刀小烏帝
智沙喙部牟利智小烏帝智

글쓴 사람은 모진사리공 길지지와 사탁부 약문 길지지이다. 글을
새긴 사람은 탁부 술도 소오제지와 사탁부 모리지 소오제지다.

⑥ 立石碑人喙部博士于時敎之**若此者獲罪於天**

비석을 세운 사람은 탁부 박사이다. 이때에 교하기를 "만약 이런
짓을 하면, 하늘로부터 죄를 얻을 것이다.(벌을 받을 것이다)"고
하였다.

⑦ 居伐牟羅異知巴下干支辛日智一尺**世中**子三百九十八

거벌모라 이지파 하간지와 신일지 일척, 세중자 398.

먼저 살펴볼 것은 ①단락의 '탁부 모즉지 매금왕'과 '사탁부 사부지 갈문왕'
이다. 전자는 법흥왕이고, 후자는 그 아우이자 진흥왕의 부(父)인 입종(立宗) 갈
문왕인데, 이는 왕의 소속부, 신라 부체제의 운영양상, 갈문왕의 운영원리 등에
대한 이해의 폭을 넓혀 줄 중요논점이라 비(碑) 발견 당시부터 크게 주목받았다.

1970년대 말까지는 왕이 탁부 소속일 것으로 추정하는 견해가 많았는데,
1980년대 들어 〈천전리서석〉에서 사부지 갈문왕이 사탁부 소속인 점에 주목하
여 김씨 왕실은 사탁부 소속이라는 견해[4]가 나온 뒤로 많은 동의를 얻어가던 상
황이었다. 그런데 〈봉평리비〉 발견으로 왕이 탁부 소속인 것이 확인되자 "(1970
년대 말까지의) 종래의 지식이 옳았다"는 지적 및 "본인의 설이 완전히 무너지

게 되었다"는 입론자의 자평으로 일단락되었다.[5]

그런데 과연 이 문제가 합리적으로 해명된 것인지 글쓴이로서는 잘 이해되지 않는다. 기실 위 '김씨 왕실 사탁부 소속설'은 당시의 연구경향에서 특별히 이단적인 것도 아니었다. '왕과 왕제(王弟)가 같은 세력'이라는 시각은 일반적 이해였으므로[6] 〈천전리서석〉에 주목한다면 누구라도 유사한 결론이 나올 가능성이 높았다. 오히려 위 견해는 당시로서는 다른 연구자들이 미처 살피지 못한 점을 주목한 의의가 있었던 것이다. 다시 말해 형제지간인 법흥왕과 입종 갈문왕이 소속부가 다르리라는 것은 위 입론자 뿐 아니라 대부분의 연구자가 예상치 못한 새로운 사실이었다. 따라서 그간의 연구시각을 전면적으로 재검토할 필요가 있다는 지적이 나왔어야 옳지 않을까 싶다.

흥미로운 점은 '김씨 왕실 사탁부설'의 입론자가 '탁부 모즉지 매금왕·사탁부 사부지 갈문왕'에 대한 해석을 내놓았다는 점이다. 이 해석의 요지는, 원래 탁부 소속인 김씨 왕실이 〈봉평리비〉 건립시기 이전에 왕권을 강화하여 사탁부까지 직접 지배하게 되었으며, 본피부·모량부 세력은 쇠퇴에 접어들었다는 것이다.[7] 이 견해는 다른 연구자에 의해 재론되어 신라부체제 해체과정에 대한 유력한 입론의 하나로 자리 잡았는데,[8] 엄밀히 말해 이 역시 '왕과 왕제가 같은 세력'이라는 입장에서 나온 견해이므로 재검토의 필요성이 있다. 이 점과 갈문왕의 운영원리에 대해서는 Ⅳ장에서 다시 살펴보겠다.

---

4) 李文基, 1981「金石文資料를 통하여 본 新羅의 六部」『歷史敎育論集』2
5) 李文基, 1989「蔚珍鳳坪新羅碑와 中古期의 六部問題」『韓國古代史硏究』2,
　　pp.160~169 및 지정토론과 종합토론의 이기동 교수 발언(pp.171~173 및 p.241) 참조
6) 후술하겠지만, 5~6세기 갈문왕에 대한 통설적 이해도 이런 시각에서 나왔다.
7) 李文基, 1989 앞의 논문, pp.168~169
8) 全德在, 1996『新羅六部體制硏究』, 一潮閣

다음으로, ①단락의 '본파부 △부지 (오)간지·잠탁부 △흔지 간지'의 '오(五)' 부분을 살펴보자. 이는 1행의 끝부분인데, 비 발견 당시에는 대부분의 연구자가 판독은 불가능하지만 공간이 남아 있고 각석의 흔적이 있으므로 1~2글자가 있다고 보았다. 일부 연구자는 '본파부 △부지'가 하교자 14인 가운데 세 번째로 기재된 것으로 보아 적어도 태아간지 이상의 관등일 것이며, '잠탁부 △흔지'도 원래 '~간지'인데 각석 시 '~'이 누락되었을 것이라고 추론하기도 했다. 그러다가 이듬해 발견된 〈냉수리비〉에서 탁부와 사탁부의 인물은 아간지·일간지·거벌간지 등의 관등을 가졌으나 본피부와 사피부의 인물은 '간지'라는 점이 확인되자 글자가 없다는 쪽으로 의견이 모아졌다.

그런데 2009년 들어 울진군의 심현용 학예사가 위 부분이 '오(五)'로 판독된다고 보고하였다.[9] 이는 학계의 깊은 반성을 불러 일으켰는데, 최근에는 섣불리 '오'로 확정하기보다는 과학적인 방법의 검토를 거친 후에 판단을 내릴 필요가 있다는 지적도 나왔다.[10]

이러한 신중론이 나오게 된 배경은 '오간지(五干支)'의 성립경위를 합리적으로 해석하기 어려운 데도 있는 것이 아닌가 한다. 그러나 글쓴이는 오히려 '오간지'가 탁부·사탁부를 제외한 여타 부(部) 인물들의 위계화(位階化) 과정을 살펴볼 수 있는 좋은 자료라고 본다. 이에 대해서는 〈중성리비〉 및 『삼국사기』 지마이사금 즉위년조의 기사와 더불어 검토하는 것이 필요하므로 Ⅳ장에서 자세히 언급하겠다.

다음으로, ①단락 끝부분 '소교사(所敎事)'의 해석 문제이다. 연구자에 따라

---

9) 심현용, 2009「고고자료로 본 5~6세기 신라의 강릉지역 지배방식」『문화재』42-3, p.21의 주36
10) 주보돈, 2011 앞의 논문, pp.79~82 및 지정토론(pp.115~131) 참조

일부 이견이 있지만, "교하신 바의 일이다"로 해석하는 것이 타당한데, 이는 〈냉수리비〉와 〈중성리비〉의 해석에도 참조할 논점이다.

다음으로, ②단락의 별교[11]를 살펴보자. 비문의 핵심내용으로 추정되는데, 판독과 해석에 논란이 많은 부분이다. 이 단락에 '우리말 어순'이 혼용되었다는 점은 비 발견 직후부터 지적되었고 최근에도 재론되었다.[12] 그러나 혼용에 어떠한 기준이 있는지는 깊이 검토되지 않았다. 글쓴이는 이 단락이 교의 하나인 별교인 점에 주목할 필요가 있다고 생각한다. 즉 교와 별교에서 우리말식의 어법이 강하게 나타나고, 그것에는 무언가 까닭이 있다고 보는 것이다. 이는 〈냉수리비〉도 마찬가지인데, 다음 절에서 좀 더 자세히 살펴보겠다.

또한 후술할 〈냉수리비〉에서 교 다음에 별교를 기재한 것과 달리 여기서는 교가 선명하지 않고 별교가 서두에 나온다는 점이 이채롭다. 이와 관련하여 '거벌모라남미지본시노인 수시노인 전시왕대교법'에 주목할 필요가 있다. 이 문구는 〈광개토왕비문〉의 '백잔신라구시속민…'과 '동부여구시추모왕속민…'을 연상케 하는데, 두 문장이 광개토왕의 출병 명분을 밝히는 전치문이라는 점을 상기하면, 이 별교는 교를 내린 까닭을 밝히고 훈계하기 위한 목적으로 볼 수 있지 않을까 싶다. 이러한 서술방식은 〈중성리비〉·〈냉수리비〉보다 세련된 모습으로서, 비문 표현양식의 발전상을 살펴볼 수 있는 단초가 된다.

다음으로, ③단락의 '처사대인'은 '처(處)'의 판독에 일부 이견이 있지만, 구체적 실무를 맡은 관료층으로서 〈냉수리비〉의 '전사인(일을 맡은 사람)'과 동일

---

11) 대부분의 기존연구에서는 '율령'을 염두에 두고 '별교령'을 '별도의 교령'으로 해석했다. 그러나 〈적성비〉에서도 '별교'라고만 한 점에서 '별교령'은 '별교하여 영하기를' 일 가능성이 높다.

12) 朱甫暾, 1989 앞의 논문, p.121 ; 강종훈, 2009「울진봉평신라비의 재검토」『東方學志』148, p.25

한 성격으로 볼 수 있다. '처사대인'과 '전사인'의 명단에서 나마와 도사가 동일하게 나타나는 점이 주목되는데, 이 또한 〈중성리비〉의 검토 시 염두에 둘 사항이다.

다음으로 ⑥단락의 '약차자획죄어천(若此者獲罪於天)'이라는 경고 문구에 대해 살펴볼 필요가 있다. 뒷부분의 '획죄어천'은 『논어』 팔일편을 인용한 것이므로, 중국식 표현으로 볼 수 있다.[13] 후술할 〈중성리비〉에서는 '획죄' 대신에 우리말식 표현인 '여중죄(与重罪)'로 쓰였는데, 이는 〈중성리비〉 해석의 중요 논점이므로 Ⅲ장에서 다시 살펴보겠다. 또한 위 경고문구가 '교'라는 점도 주목할 필요가 있다. 글쓴이는 이것이 입비와 동시에 내려진 교라는 점에서, 입비 전후의 의례와 연관될 가능성이 높다고 본다. 이 또한 〈중성리비〉 해석의 중요 논점이다.

다음으로, 후술할 '신라부체제'와 관련하여 매금왕과 갈문왕, 본피부와 잠탁부의 간지 등 4인을 제외한 10명은 탁부 소속과 사탁부 소속이 각 5인씩이며, 글을 쓴 사람과 새긴 사람도 두 부(部)에서 각 1인씩인 점을 기억할 필요가 있다.[14] 더불어 위 10인의 관등을 살펴보면 아간지 이상의 고위 관등 2인은 모두 사탁부 인물이라는 점도 주목할 필요가 있다. 그밖에, ⑦단락 '세중(世中)'의 해석도 〈중성리비〉 해석의 중요 논점이다.

---

13) 『논어』의 문장은 '획죄어천무소도야(獲罪於天無所禱也)'로서 직역하면 "하늘에 죄를 얻으면(지으면) 빌 곳이 없다."지만, 〈봉평리비〉의 '획죄'는 "벌을 받을 것이다."는 의미로 여겨진다. 이처럼 미세하게나마 원전과 다른 의미로 쓰인 것은 '죄(罪)'라는 단어에 다의성이 있기 때문이다.

14) '모진사리공 길지지'는 부명이 나타나지 않지만 탁부 출신일 가능성이 높다.

2. 〈냉수리비〉의 주요쟁점

다음으로 〈냉수리비〉의 내용은 다음과 같다. 〈냉수리비〉는 종결사 이(耳), 동사 백(白)과 기(記)를 기준으로 4~5단락으로 나눌 수 있는데, 여기서는 성격을 기준으로 5단락으로 나누었다. ②와 ①-1은 종결사를 감안하면 한 문장으로 볼 수 있지만, 추후의 논의를 위해 나누었다.

① **斯羅喙斤夫智王乃智王此二王教用珍而麻村節居利爲證尒令其得財教耳**

글쓴이의 해석안 : "사라 탁 사부지왕·내지왕 이 두 왕의 교로써(교를) 진이마촌의 절거리가 그 재물을 얻는 증거를(증거로) 삼는다."고 교한다.

기존해석ⓐ : 사라의 탁 사부지왕과 내지왕 두 왕이 교시를 내려 진이마촌의 절거리로써 증거를 삼아 그로 하여금 재물을 얻게 하라고 교하시었다.

기존해석ⓑ : 사라 탁(부) 사부지왕과 내지왕 이 두 왕의 교를 가지고 증거로 삼아 진이마촌의 절거리가 그 재를 득하도록 교한다.

기존해석ⓒ : 사라 훼부 사부지왕과 내지왕 두 왕의 교시로써 진이마촌에 사는 절거리가 그 재물을 얻도록 하는 증거로 삼으라고 하명하시었다.

② 癸未年九月廿五日 **沙喙至都盧葛文王**斤德智阿干支子宿智居伐干支喙尒夫智壹干支只心智居伐干支本彼頭腹智干支斯彼暮左斤智干支此**七王等** 共論教

계미년(503) 9월 25일 사탁 지도로 갈문왕·사덕지 아간지·자숙

지 거벌간지, 탁 이부지 일간지·지심지 거벌간지, 본피 두복지 간지,

사피 모사지 간지, 이 '칠왕등'이 함께 논의하여 교하시기를,

①-1 **用前世二王敎**爲證尒取財物盡令節居利得之敎耳

　　"전세 두 왕의 교로써(교를) 취한 재물을 모두 절거리가 얻는 증

　　거를(증거로) 삼는다."고 교하시었다.

③ **別敎**節居利若先死後令其弟兒斯奴得此財敎耳 **別敎**末鄒左斤申

　　支此二人後莫更尊此財 **若更尊者敎其重罪耳**

　　별교하기를, "만약 절거리가 먼저 죽으면, 후에는 그 집 아이인 사

　　노로 하여금 이 재물을 얻도록 하라."고 교하시었다. (또) 별교하

　　기를, "말추와 사신지, 이 두 사람은 이후로는 다시 이 재물에 대

　　해 말하지 말라. 만약 말하면 그에게 중죄를 주겠다."고 하시었다.

④ **典事人**沙喙壹夫智奈麻到盧弗須仇休喙耽須道使心訾公喙沙夫

　　那左斤利沙喙蘇那支 此七人賑踪所白 了事煞牛拔誥故記

　　일을 맡은 사람은 사탁 일부지 나마·도로불·수구휴, 탁 탐수도사

　　심자공, 탁 사부·나사리, 사탁 소나지이다. 이 일곱 사람이 무릎

　　을 꿇고 사뢴 바, 일을 마치고 소를 잡아서 고하였기에 고로 기록

　　한다.

⑤ 村主臾支干支須支壹今智此二人**世中**了事故記

　　촌주 유지 간지 수지 일금지 이 두 사람이 세중 일을 마치고 기록

　　한다.

　　먼저 살펴볼 것은 ①의 해석이다. 일반적인 해석은 "사라의 탁 사부지왕과

내지왕 두 왕이 교시를 내려 진이마촌의 절거리로써 증거를 삼아 그로 하여금

재물을 얻게 하라고 교하시었다."(기존해석ⓐ)인데, 앞부분을 주어로, 뒷부분을

'용(用) A 위(爲) B'(A로써 B를 삼는다)구문으로 이해한 것이다.[15] 이를 바탕으로 ①은 사부지왕·내지왕 대의 판결이고, ①-1은 계미년 9월 25일 '칠왕등'의 재심이라는 견해가 통설로 자리 잡았다.

그런데 이렇게 볼 경우 몇 가지 이해되지 않는 점이 있다. 첫째, 해석상 아무런 잘못이 없는데도 우리말로 옮겨 놓고 보니 무척 어색한 문장이 되고 말았다. 의역(意譯)이 필요한 어법상의 차이가 아니라 사건당사자인 절거리를(=절거리로써) 증거로 삼는다는 취지이므로 선뜻 이해되지 않는다. 둘째, 구체적으로 따지면 재심이 아니라 3심인 바, 지방관의 결정을 거쳐 최종적으로 왕이 결정을 내린 것이 아니라 1세기에 걸쳐 세 왕이 직접 결정에 참여했다는 식으므로 이해하기 어려운 면이 있다. 이런 경우는 국가대사라도 흔치 않기 때문이다. 셋째, ①을 사부지왕과 내지왕 대의 판결로, ①-1을 재심으로 보면, 절거리의 생존기간이 의문스럽다. 〈냉수리비〉의 건립연대를 443년으로 본 견해[16]도 이러한 문제의식에서 비롯된 것인데, 〈냉수리비〉의 건립연대(503년)가 확정되면서 문제제기는 외면받고, ①의 문장은 사부지왕·내지왕대에 절거리의 선조(先祖)가 재산권 인정을 받은 판례라는 취지의 다소 억지스런 해석이 통설로 자리잡게 되었다.

이러한 통설과 다른 해석이 나온 바 있다.(기존해석ⓑ)[17] 이 견해에서는 '사부지왕내지왕차이왕교'를 목적어로 보아, ①이 표제문이며, ①-1은 ①과 같은 내용으로서, 두 왕의 교는 절거리 개인의 득재를 위한 교가 아니라 다른 사람의

---

15) 盧重國, 1992 「迎日 冷水里碑」 『譯註 韓國古代金石文』 (제2권 신라1·가야편), 韓國古代社會研究所, p.7. 이는 개인의 견해가 아니라 이전의 연구 성과를 반영한 결과이다.

16) 文暻鉉, 1990 「迎日冷水里新羅碑에 보이는 部의 性格과 政治運營問題」 『韓國古代史研究』 3

17) 李鍾旭, 1994 「迎日冷水里碑를 통하여 본 新羅의 統治體制」 『韓國史學論叢』 上, 李基白先生古稀紀念 韓國史學論叢刊行委員會, p.113

득재를 인정한 것이거나, 득재에 대한 일반적인 내용이라고 이해했다.[18] 이 시각은 위 문제점들을 해명할 수 있는 탁견이라 여겨지는데, 일부 논고에서 연구사적으로 소개한 것 외에는 그다지 주목하지 않았다.

유의되는 것은 기존해석ⓒ이다.[19] 이는 기존해석ⓐ와 더불어 많이 인용되었는데, 실상 큰 오류가 있다. 비문의 구조에 대해서는 "맨 앞에다 교시의 내용을 축약한 다음 본문에 그것을 상세하게 기술하는 방식"이라고 ⓑ와 같은 시각을 드러내면서도, 뒤이은 서술에서는 기존 통설의 시각으로 설명하였다.[20] 이처럼 모순된 서술을 한 원인은 알기 어려우나, 한편으로는 ⓑ의 해석을 재음미할 필요가 있다는 것을 시사한다.

다만 ⓑ의 해석이 설득력을 얻으려면 ①과 ①-1의 차이에 대한 해명이 필요하다. 이 해석에서는 같은 내용을 ①은 우리말 어순으로, ①-1은 한문 어순으로 적었다고 본 셈인데, 그 까닭에 대한 언급이 없었다. 글쓴이는 이를 극복하는 차원에서, 종래 간과되었던 논점들을 검토해 보고자 한다.

앞서 〈봉평리비〉의 검토 시 교의 하나인 별교에 우리말식 어법이 포함되어 있다는 점을 언급한 바 있다. 〈냉수리비〉의 ①단락 역시 교이다. 이 점에서 글쓴이는 ①은 교의 원형이고, ①-1은 글을 맡은 사람이 부연하면서 한문 어법에 맞게 고쳐 쓴 것으로 본다. 즉 '칠왕등'이 내린 교의 원형을 살려 표제문을 구성하

---

18) 이렇게 보면, '사라탁사부지왕내지왕차이왕교'와 '전세이왕교'는 판결근거로서, 현대의 '대통령령'이나 '대법원 판례'에 해당된다.
19) 전덕재, 2002 『한국고대사회의 왕경인과 지방민』, 태학사, pp.28~36
20) "아마도 실성왕과 눌지왕의 재위기간에 … 절거리의 선조와 미추(말추)·사신지의 선조가 서로 다투자, 왕과 6부 귀족들이 함께 의논하여 … 결정하고, … 503년에 다시 절거리와 미추와 사신지 등이 재물을 둘러싸고 다투자, 지도로 갈문왕을 비롯한 7왕들이 전세 두 왕의 교시를 증거로 삼아서 문제의 재물을 절거리의 소유로 한다고 결정하고 그 사항을 비석에 새겨서 영구히 보존하려고 하였다."

고 보니 내용상 오해의 소지가 있으므로 판결 요지를 언급하면서 한문 문법에 맞게 다시 한 번 기술한 것이 아닐까 싶다.

이와 관련하여 교를 어떻게 전달했을지 고려해 볼 필요가 있다. 구술로 전달했을까? 아니면 문서에 준하는 도구를 사용했을까? 글쓴이는 목간에 적어 전달했을 가능성이 높다고 본다. 현재까지 발견된 우리나라 목간의 상한은 6세기 중반이지만, 안악3호분의 〈정사도〉에 보이듯이, 고구려에서는 4세기 중반에 목간을 통한 문서행정을 했으므로, 늦어도 5세기경에는 신라에서도 목간을 사용했을 가능성이 높다.[21]

안악3호분 〈정사도〉는 〈냉수리비〉와 〈봉평리비〉의 교가 우리말 어순으로 적힌 까닭을 미루어 짐작할 수 있는 자료이다. 주목할 것은 묘주의 왼쪽에 있는 '기실(記室-문서기록담당)'이란 직명을 가진 관인인데, 왼손에는 목간을 들고 오른손에는 붓을 들고 묘주의 말을 받아 적고 있다. 이렇듯 구술을 그대로 받아 적었다면 교가 완연한 한문이 아니라 우리말식 어순으로 기재될 수밖에 없지 않을까? 이와 관련하여 목간 내용에 우리말식 어법이 많다는 점도 유의된다. 이는 〈중성리비〉 해석의 중요논점이므로 기억할 필요가 있다.

다음으로 살펴 볼 점은 ②단락의 '사탁 지도로 갈문왕'이다. 이는 지증왕인데, 그가 503년 9월까지 정식으로 즉위하지 않았다는 사실이 새롭게 확인되어 많은 주목을 끌었다. 이에 대해 500년 11월에 지도로 갈문왕이 비상적인 수단을 동원하여 집권하였으나, 반대세력의 저항에 부딪혀 3년 동안 갈문왕에 머물러 있었다는 데 의견이 모아졌다.

---

21) 이는 금석문 연구의 중요논점인데 그동안 간과되어 왔다. 다만 윤선태 교수의 논고를 살펴보면, 이를 간파한듯한데, 논지를 뚜렷이 제시하지는 않았다(윤선태, 2007 「木簡으로 본 新羅 王京人의 文字生活」『新羅文化祭學術論文集』 28, p.120).

그런데 이 결론은 어떤 면에서는 지증왕의 즉위과정이 실질적인 중고기의 시작이라는 종래의 시각이 확인된 데 불과하고, 이보다 더 중요한 문제는 그가 즉위 전에 갈문왕이었다는 사실이다. 갈문왕에 대한 이해는, 왕위계승권이 없는 준왕(準王)과 같은 존재로서, 마립간기와 중고기에는 주로 왕제(王弟)가 책봉되었다는 것이 통설이었는데,[22] 〈냉수리비〉 발견으로 소지왕과 5촌 또는 6촌인 지도로가 갈문왕이었다는 사실이 새롭게 확인된 것이다. 그런데 대부분의 연구자들은 이를 간과한 채, 종래의 이해를 바탕으로 지도로가 '왕제 자격'으로 갈문왕이 된 것으로 이해하면서, 갈문왕의 왕위계승권 소지여부에만 관심을 기울였다. 이는 5~6세기 부체제 및 갈문왕 운영양상과 직결되므로 Ⅳ장에서 다시 살펴보겠다.

다음으로 살펴 볼 것은 '칠왕등' 문제이다. 이에 대해서는 다양한 해석이 나온 바 있는데, 단순한 해석 문제 뿐 아니라 부체제 존부 논란의 쟁점으로 확대되었다. 이 또한 Ⅳ장에서 다시 살펴보겠다.

다음으로 살펴볼 것은 ③단락의 '별교'이다. 앞서 살펴보았듯이, 〈봉평리비〉의 별교 전반부는 교를 내린 까닭을 밝히고 훈계하기 위한 목적의 전치문이다. 그런데 〈냉수리비〉의 별교는 〈봉평리비〉의 별교와는 성격이 다소 다르다. 〈냉수리비〉의 별교에 대해 기존해석ⓑ에서는 '시행세칙'이란 표현을 썼는데, 엄밀히 말해 재론금지의 부칙에 해당한다.

〈냉수리비〉의 별교 2개를 재론금지의 부칙으로 볼 경우 추후 발생 가능한 문제에 미리 대비하는 신라인의 인식을 엿볼 수 있고, 더 나아가 당시 신라사회의 소송절차 및 분쟁해결방식에 대한 이해도 가능해진다. 앞서 살펴 본대로 〈냉수

---

22) 李基白, 1973 「新羅時代의 葛文王」『歷史學報』 58

리비〉의 사안이 1세기에 걸친 3심이었다는 견해가 통설이었고, 최근에는 신라의 분쟁해결방식이 2심제나 3심제였을 가능성이 있다는 견해도 나온 바 있는데,[23] 재론금지의 부칙을 기재하였다면, 재심의 가능성은 거의 없다고 여겨진다.

또한 '약갱도자교기중죄이(若更尊者教其重罪耳)'라는 경고문구 역시 새로운 해석이 필요하다. 이에 대해서는 종래 별다른 언급이 없다가 〈중성리비〉에 '약후세갱도인자여중죄(若後世更尊人者与重罪)'가 나와 주목받았는데, 문제는 대다수 연구자가 이를 '상용구'로 보는 데 그쳤다는 것이다. 글쓴이는 〈봉평리비〉의 경고문구가 교인 것처럼, 여기서도 교의 하나인 별교라는 점에 유의할 필요가 있다고 본다. 재차 강조하지만 이는 후술할 〈중성리비〉 해석의 중요 논점이다.

한편, 세 비문의 경고문구를 비교하면, 〈중성리비〉·〈냉수리비〉는 유사하고, 〈봉평리비〉는 일정의 차이가 있다. 그밖에, 〈봉평리비〉의 검토에서 언급한 바와 같이 ④단락 전사인의 역할과 구성 및 ⑤단락 '세중'도 〈중성리비〉 해석 시 눈여겨볼 대비점이다. 특히 ⑤단락은 비문의 윗면에 별도로 적었다는 점을 주목할 필요가 있다.

이상의 검토와 더불어, 〈중성리비〉의 검토를 위해, 두 비문의 구조를 살펴볼 필요가 있다. 자세히 살펴보면, 두 비문 모두 교와 별교, 날짜와 교를 내린 사람, 처사대인 또는 전사인 집단의 실무 및 살우의식, 비석작성 및 입비·포고, 촌주 등의 지방실무 등이 나타나고, 〈봉평리비〉에는 사건의 특성상 처벌(집행)이 포함되어 있다. 교를 A-1, 별교를 A-2, 날짜와 하교자 명단을 B, 전사인(처사대인) 명단 등을 C, 기록 등 비석작성을 D-1, 입비를 D-2, 촌주 등의 지방실무를 D-3,

---

23) 노중국, 2010「포항중성리비를 통해 본 麻立干시기 신라의 분쟁처리 절차와 六部체제의 운영」『韓國古代史研究』59, p.72. 논문에서는 2심으로 썼으나 3심으로 정정할 필요가 있다고 글쓴이에게 알려주신 바 있다.

교의 집행을 E로 각 명명하여 분석하면, 〈냉수리비〉는 A-1(①), B(②), A-1(①
-1), A-2(③), C와 D-1(④), D-3(⑤) 순으로, 〈봉평리비〉는 B(①), A-2(②),
C(③), E(④), D-1(⑤), D-2와 A-1(⑥), D-3(⑦) 순으로 구성되어 있다. 즉 처
벌유무와 순서차이만 있을 뿐 A·B·C·D가 모두 들어 있다.

　다음으로, 〈봉평리비〉와 〈냉수리비〉의 공통된 특징으로, 사건당사자를 따
로 명시하지 않았다는 점을 기억할 필요가 있다. 이에 대해 혹 〈봉평리비〉에서
는 '거벌모라 남미지' 등이, 〈냉수리비〉에서는 절거리·말추·사신지가 사건당사
자임이 확인되지 않느냐는 반론이 있을 수 있겠다. 그러나 두 비문에서 사건당
사자는 따로 명시되지 않고 판결요지, 즉 교의 내용에서 등장한다는 점이 중요
하다.

　다만 사건경위에 대해서, 〈냉수리비〉에서는 이를 따로 명시하지 않고 판결
근거만 제시한 반면, 〈봉평리비〉에서는 별교로써 언급한 차이가 있다. 또한 구
체적 서술방식에서도 일정의 변화상이 드러난다. 〈냉수리비〉는 수식어가 거의
없고 핵심내용과 제반사항을 나열하는 데 그친 반면, 〈봉평리비〉에서는 교를 내
린 이유를 별교로 명시했고, 경고문구에서도 『논어』의 문구를 인용하는 등 이전
에 비해 높아진 한문 이해 수준이 반영되어 있다. 이후의 〈진흥왕순수비〉는 〈봉
평리비〉보다 진일보하여 전체가 유기적으로 연결된 세련된 문장으로 서술되었
음을 확인할 수 있는데, 이러한 변화는 한문 이해 수준의 향상뿐 아니라 법제의
변화 및 정치운영의 성숙에서 비롯된 것으로 여겨진다. 따라서 〈냉수리비〉·〈봉
평리비〉와 〈적성비〉·〈진흥왕순수비〉 등의 시기별 문장표현의 발전상을 비교해
보는 것도 〈중성리비〉 해석의 단서가 될 수 있다.

Ⅲ. 〈중성리비〉의 쟁점과 해석

1. 〈중성리비〉의 단락구분과 쟁점검토

이상의 검토를 바탕으로 〈중성리비〉를 살펴보자. 제시하는 원문은 기존판독을 많이 따랐는데, 논란이 있는 글자 가운데 1행 6번째 '중(中)'과 2행 11번째 판독불명자 외에는 인명과 지명이 대부분이므로 해석에 큰 영향이 없다.[24] 3행의 첫 글자 '敎'는 유난히 큰 글자로 되어 있다.[25]

원으로 표시된 숫자는 글쓴이의 단락 구분을 미리 제시한 것이다. 〈봉평리비〉와 〈냉수리비〉는 부명·인명의 기재 방법이 일정하고, 종결사 사용, 전세이왕·차칠왕·차칠인 등의 숫자, '전사인' 또는 '처사대인' 명기, 줄바꾸기와 띄어쓰기, 교와 별교의 명시 등이 있어 단락 구분이 비교적 용이하다. 그러나 〈중성리비〉는 띄어쓰기도 없고, 부명과 인명 표기가 모호하여 각양각색의 단락 구분과 해석이 나왔다. 비문해석에 어려움을 느끼기는 글쓴이 역시 마찬가지이지만, 이 분야 전공자들의 시각이 어느 정도 드러났다는 점과 함께, 앞서 재검토한 〈냉수리비〉와 〈봉평리비〉의 구조 등을 참조하면 〈중성리비〉의 본모습에 가까이 다가갈 수 있으리라 본다.

〈중성리비〉의 단락구분 및 해석 시 많은 연구자들이 주목한 것은 교(敎), 백

---

24) 중요 글자를 달리 판독하여 독창적 견해를 제기한 경우도 있는데(박남수, 2010 「浦項 中城里新羅碑」의 新釋과 지증왕대 정치 개혁」『韓國古代史研究』60 ; 윤선태, 2011 「포항 중성리 신라비가 보여주는 '소리'」『신라 最古의 금석문 – 금석문 선도도시 메카 이미지 구축 심포지엄 발표문』, 한국고대사학회), 좀 더 설득력 있는 판독근거가 동반될 필요가 있다.

25) 朱甫暾, 2010 「浦項 中城里新羅碑에 대한 研究 展望」『韓國古代史研究』59, p.28 참조

(白), 영(令), 운(云), 탈(奪), 환(還), 백구(白口), 여(与), 기(記) 등 동사로 여겨
지는 글자들이다. 하지만 위 글자들의 구체적인 의미와 용도는 깊이 검토되지
않은 바, 이를 살펴보는 것이 필요하다. 더불어 〈냉수리비〉·〈봉평리비〉에 보이
는 간지·나마·도사·촌주 등의 역할도 염두에 둘 필요가 있다.

    1행 : ①辛巳△△△中折盧亠△△△

    2행 : 喙部習智阿干支沙喙斯△智阿干支

    3행 : 教②沙喙尒抽智奈麻喙部本智奈麻本牟子

    4행 : 喙沙利夷斯利白③爭人喙評公斯弥沙喙夷須牟旦

    5행 : 伐喙斯利壹伐皮朱智本波喙柴干支弗乃壹伐金評

    6행 : △干支祭智壹伐④使人奈蘓毒只道使喙念牟智沙

    7행 : 喙鄒須智世令干居伐壹斯利蘓豆古利村仇鄒列支

    8행 : 干支比竹休壹金智奈音支村卜岳干支走斤壹金知

    9행 : 珍伐壹昔⑤云豆智沙干支宮日夫智宮奪尒今更還

    10행 : 牟旦伐喙作民沙干支使人卑西牟利白口若後世更

    11행 : 㝵人者与重罪⑥典書与牟豆故記

    12행 : 沙喙心刀哩△

먼저 3행의 첫 글자 '교'까지를 한 단락으로 나눌 수 있다. 이는 〈냉수리비〉
의 ②단락 "계미년 9월 25일 … 공론교(共論教)' 및 〈봉평리비〉의 ①단락 '갑진
년 정월 15일 … 소교사(所教事)'에 해당되는 바, "신사(년) … 탁부 습지 아간
지, 사탁 사△지 아간지가 교하시었다(or 교하신 일이다)"로 해석할 수 있다.

이 단락에서 가장 큰 논란은 판독문제이다. 이 비는 간지가 선명함에도 건립
연대에 논란이 있는데, 1행의 6번째 '중(中)'을 '지(只)'로, 2행의 11번째 글자를

'덕(德)'으로 읽으면, 〈냉수리비〉의 '지도로 갈문왕'과 '사덕지(斯德智)'와 동일 인물로 볼 수 있으므로 건립연대를 501년으로 확정할 수 있다는 견해가 나와 주목을 끌었다. 그러나 그렇게 보기 힘들다는 견해가 우세하다. 501년 건립설의 입장인 논자들 가운데도 '중'과 '판독불명'으로 보는 경우가 많다는 점이 유의된다.[26] 또한 2행 '탁부습지아간지'와 다음 단락의 '탁부본지나마'의 부명(部名) 표기도 논란이 많았는데, 설득력 높은 견해는 아직 나오지 않았다.

두 번째 단락은 4행의 '백(白)'까지로, "(전사인은) 사탁 이추지 나마·탁부 본지 나마·본모자·탁의 사리·이사리가 사뢰었다"로 해석할 수 있다.[27] 이렇게 해석한 근거는 2명의 나마와 동사 백(白)이다. 〈냉수리비〉에서 나마와 '백'을 찾아보면, 공교롭게도 한 문장 안에 들어 있다. 〈냉수리비〉에서는 1인의 나마와 1인의 도사 및 무관등자 5인, 도합 7인의 전사인(일을 맡은 사람)이 무릎을 꿇고 사뢰는 바, 일을 마치고 소를 잡고 있다. 이는 〈봉평리비〉에서 8인의 처사대인들이 얼룩소를 잡고 △△한 것과 유사한데, 여기서도 나마와 도사가 포함된 공통점이 있다.[28]

이 점에서 글쓴이는 〈중성리비〉의 이추지 나마·본지 나마·본모자·사리·이사리가 전사인이며, '백'은 두 비문의 실무 및 살우의식과 관련이 있을 것으로 본다.[29] 이처럼 이추지 나마·본지 나마 등을 전사인으로 볼 경우 〈냉수리비〉·〈봉

---

26) 다만 이렇게 보면 〈냉수리비〉·〈봉평리비〉에서 매금왕·갈문왕이 하교자 명단에 포함되어 있는 것과 달리 〈중성리비〉에서는 2인의 아간지가 교를 내리고 있다는 점이 의문이다. 때문에 1행 뒷부분을 '사로(斯盧)의 모부 모왕'으로 추독한 견해도 나왔지만 (윤선태, 2011 앞의 논문), 1행 말미 'ᆢ△△△' 부분에 7~8자가 들어가기에는 공간이 부족하다.
27) '본모자'는 논란이 있는데, 인명일 가능성이 높다고 본다.
28) 다만 〈봉평리비〉에서는 나마가 하교자 명단 가운데도 2인이 포함되어 있기는 하다.

평리비〉와의 대비도 가능한데, 부체제와 관등제 연구의 중요 논점이므로 Ⅳ장
에서 다시 살펴보겠다.

한편, 습지 아간지와 사△지 아간지를 교를 내린 주체로, 2명의 나마 등을 교
를 받은 주체로 이해하거나, 백과 쟁인을 연결하여 "쟁인은 …라고 사뢰었다"로
해석하는 견해 등이 나온 바 있는데, 이는 비문내용이 유기적으로 연결될 것이
라는 생각에서 비롯된 것으로 여겨진다. 그러나 글쓴이는 이 비문의 서술방법이
병렬식(나열식)이라고 본다. 이에 대해서는 다음 절에서 해석을 마무리한 후 살
펴보겠다.

③단락은 쟁인(爭人) 명단인데, 사인(使人)들을 포함하는 견해도 있지만, 6
행의 '제지 일벌'까지 나누는 것이 타당하다고 여겨진다. 이 단락의 주된 쟁점은
'쟁인'의 성격이다. 일부 논고의 연구사정리를 보면, 기존견해를 '소송당사자'로
보는 견해와 '분쟁조정집단'으로 보는 견해로 나누고 있다.[30] 그런데 구체적으
로 살펴보면 어떤 입장인지 애매모호한 견해도 있는데, 이는 '쟁(爭)'의 의미를
혼동한 것이 아닌가 싶다.[31] 따라서 두 설에서 '쟁'과 '쟁인'을 어떻게 바라보는
지 먼저 살펴볼 필요가 있다.

소송당사자라는 시각은 '쟁'을 '어떤 대상을 놓고 다툰 구체적 행위'로 보므

---

29) 홍승우 선생도 '백'이 '교' 집단에 대한 보고라 보기는 힘들며, 하늘 등에 고하는 것이
라 파악했다(홍승우, 2011「포항 중성리 신라비의 분쟁과 판결」『신라 最古의 금석
문 – 금석문 선도도시 메카 이미지 구축 심포지엄 발표문』, 한국고대사학회). 물론
〈중성리비〉에는 살우의식이 보이지 않지만, 이에 준하는 의식을 행했을 가능성은 있
지 않을까 싶다.

30) 그밖에, '백쟁인'으로 읽은 뒤 '다툼을 아뢴 사람'으로 해석한 견해도 있다(이우태,
2009「포항 중성리 신라비의 건립 연대와 성격」『浦項 中城里新羅碑 발견기념 심포
지엄』, 국립경주문화재연구소, pp.79~85).

31) 본서 〈종합토론〉의 글쓴이 발언 참조

로, '쟁인'이 '원고·피고'라 본다. 반면 분쟁조정집단이라는 견해는 '쟁'을 '소(訴) 가 제기된 후 다투는 법률적 행위, 즉 쟁송(爭訟)'으로 보고, '쟁인'은 '쟁송 참여 자'라 본다.[32]

이 가운데 후자의 견해가 옳다는 것은 비문의 핵심내용인 ⑤단락을 음미하 면 쉽게 파악할 수 있다. 후술하겠지만, 사건당사자는 '두지사간지·일부지'와 '모 단벌탁[33] 작민사 간지'이기 때문이다. 더불어 '쟁'의 뜻 가운데 '변(辯)'이 있고, 심리(審理)를 '다툼'으로도 표현한다는 점도 참조된다.[34]

그런데 쟁송참여자로 보면 이론적으로는 평결자 외에도 사건당사자나 증인 등이 쟁인에 포함될 가능성이 있는데도 실제로는 사건당사자가 포함되지 않은 점이 유의된다. 이는 단순한 불참이 아니라 의도적인 배제로 여겨지는데, 본파 부는 간지와 일벌이 셋트로 2개조가 참여한 반면, 모단벌탁은 간지인 작민사는 참여치 않고 일벌 이하만 참여한 데서 미루어 짐작할 수 있다. 그러므로 '쟁인'이

---

32) 〈중성리비〉의 내용을 '분쟁'으로 파악한 점을 비판하면서 '소송'으로 보아야 한다는 견해가 나온 바 있다(김수태, 2011 「포항 중성리비와 영일 냉수리비에 보이는 소송」 『신라 最古의 금석문 – 금석문 선도도시 메카 이미지 구축 심포지엄 발표문』, 한국고 대사학회). 용어에 대한 문제제기는 수긍이 가지만 '분쟁'이란 단어가 '법률상 소송 행위'도 포함하는 등 다의성이 있으므로 재고가 필요하다. '소송'에 대해서도 비문의 표현을 살려 '쟁송'으로 쓰는 것이 옳다고 본다.
33) 모단벌탁에 대해서는 논란이 있는데, 모탁부로 보는 시각이 많다.
34) 『춘추좌전』 소공 6년조에 따르면, 정(鄭)나라 재상인 자산(子産)이 성문법을 제정하 자 진(晉)나라 재상인 숙향(叔向)이 이를 반대하는 서신을 보낸 바 있는데, 여기에 보 이는 쟁(爭)이 바로 쟁송을 의미한다. "… 옛날 선왕들이 사안의 경중을 따져 통제를 했을 뿐 형법을 제정하지 않은 것은 민(民)이 다투는 마음(爭心)을 가질까 두려워했 기 때문입니다. … 민이 형법이 있다는 것을 안다면 윗사람에게 거리낌이 없게 되어 모두 쟁심(爭心)을 가지고 법조문에 의거하여 자신의 뜻을 이루고자 해도 어찌할 수 가 없게 될 것입니다. … 쟁(爭)의 단서를 알게 되면 민은 예를 버리고 법조문에 의거 하게 될 것입니다. 그렇게 되면 송곳 끝같이 작은 일도 장차 쟁(爭)하게 될 것입니다."

‘평결집단’으로서 〈냉수리비〉에 보이는 공론(共論)집단과 동일한 실체라 본 견해[35]가 부분적이나마 탁견으로 여겨진다. 더불어 ‘평공(評公)’은 평의(評議)를 주도하는 직명(職名)일 가능성이 높다고 본다.

다만 〈중성리비〉의 심리(審理)와 하교(下敎) 과정은 〈냉수리비〉와 일정의 차이가 있다. 〈냉수리비〉에서는 ‘7왕등’이 ‘공론교’한 데 반해, 〈중성리비〉에서는 쟁인들의 심리를 거친 후 2인의 아간지 명의로 교하였다. 아마도 〈냉수리비〉의 사안은 ‘전세이왕교’라는 영(令) 또는 유사판례가 있었던 데 반해, 〈중성리비〉의 사안은 별도의 ‘다툼(쟁)’을 필요로 하는 사안이기 때문이 아닌가 싶다.

한편, 5행의 ‘본파탁시간지’의 끊어 읽기 및 본파(탁)에 2명의 간지가 공존한다는 점[36]은 6부의 성립과정과 部의 내부구성 및 운영과 관련된 중요쟁점인데, Ⅳ장에서 자세히 살펴보겠다.

④단락은 6행의 ‘사인나소독지도사’부터 9행의 ‘진벌일석’까지이다. 이 부분은 논란이 많은 부분인데, 대체로 ‘운(云)’까지 끊어서 “…가 이르기를”로 읽었다. 즉 ‘운’을 증언으로 보고 ‘운’ 앞부분은 증인으로 이해한 것이다.[37]

그러나 ‘운’을 증언으로 본 것은 순진한 발상이 아닐까 싶다. 해당지역이나 인접지역 인물들의 증언이 결정(판시)에 영향을 끼쳤을 수는 있겠지만, 증인들

---

35) 이용현, 2010「중성리비의 기초적 검토 -냉수리비·봉평비와의 비교적 시점-」『포항 중성리 신라비 고찰』, 제113회 한국고대사학회 정기발표회 발표문, pp.31~39

36) ‘금평’을 부명으로 보는 견해도 있는데, 한 부에 2명의 간지가 존재할 수 없다는 선입관에서 비롯된 것이다.

37) 구체적으로는 진벌 일석을 단독 증인으로 보는 견해, 거벌 일사리부터 진벌 일석까지를 증인으로 보는 견해, 진벌 일석이 피고로서 자백했다는 견해, 진벌일 석운으로 읽는 견해 등 다양하지만, ‘운’을 증언으로 보는 데는 큰 차이가 없다. 소수 의견으로는 ‘(사인이 영으로) 이르기를’로 본 견해, ‘운두지사간지’로 본 견해, ‘진벌은 지난날에 이르기를 …’로 읽은 견해 등이 있다.

의 이름을 비문에 명시했다는 것은 이해되지 않는다. 그럴 경우 예기치 못한 일이 발생하거나 추후 번복되어 국가운영에 혼란이 초래될 가능성도 있기 때문이다. 더불어 〈냉수리비〉에서도 증인이 나오지 않는 점도 유의된다.[38] 이 점에서 글쓴이는 '운' 앞의 명단은 증인이 아니며, '진벌일석'에서 단락이 마무리된다고 본다.

따라서 종래의 해석과는 다른 검토가 필요하다. 먼저 살펴볼 것은 '세령(世令)'의 의미이다. 기존연구에서는 이에 크게 주목하지 않고, 단순히 "이 해에(이 때) 영하였다"고 해석했다. 이는 〈봉평리비〉·〈냉수리비〉에 보이는 '세중(世中)'의 기존해석에 따라[39] '세(世)'를 '이 해에', '때에', '시절에' 등 시간부사로 본 것이다. 물론 〈중성리비〉의 '세'와 두 비문의 '세중'이 상통한다는 점은 설득력이 있다. 그러나 두 비문의 검토 시에는 '세중'이 공통적으로 마지막에 쓰였다는 점이 많이 고려되었다. 즉 '세중료사(世中了事)'를 "이해에 일을 마쳤다"로 해석한 것은 비문 앞부분의 날짜와 짝하는 것으로 본 것이다. 그런데 〈중성리비〉의 '세'는 비문 중간 부분에 나타난다는 점에서 '세간' 또는 '세상'의 의미일 가능성도 열어둘 필요가 있다. 어떻게 해석하든 '영(令)'은 '포고'로 볼 수 있겠다.

따라서 해석은 두 가지 가능성이 있다. 우선 '세령(世令)'을 동사구로 보면, "사인 나소독지 도사 탁 염모지·사탁 추수지가 간거벌[40] 일사리 … 진벌 일석에게 세령하였다"로 해석할 수 있다. 이 경우에는 '사인'이 영(令)하거나 영을 전달하는 임무수행자이며, '간거벌 일사리 … 진벌 일석'은 영을 받은 지방민들로 볼

---

38) 〈냉수리비〉의 '증(證)'을 근거로 신라의 재판절차가 증인 또는 증거를 토대로 했다는 견해도 있었지만(노중국, 2010 앞의 논문, pp.66~68), 동의하기 어렵다.
39) '(촌주 등의) 임기 중에'로 해석한 경우도 있으나 소수 의견이다.
40) 7행 7번째 글자를 '우(于)'로 판독할 경우에는 어조사일 가능성도 있다.

수 있다.

그런데 앞서 언급한 바와 같이, 이 비문의 서술방식이 병렬식(나열식)일 가능성을 염두에 두면, "사인은 나소독지 도사 탁 염모지·사탁 추수지이다. 세령한 이는 간거벌 일사리 … 진벌 일석이다"로 해석될 수도 있다. 이 경우 앞부분은 중앙에서 파견한 사인 명단, 뒷부분은 포고의 임무를 맡은 지역 유력자 명단인 셈이다.

글쓴이는 〈봉평리비〉에서 촌의 간지와 일척이 '세중자 398'하고 〈냉수리비〉에서 촌주인 간지와 일금지가 '세중료사'했다는 점에서, 〈중성리비〉에서 세령한 이도 '간거벌 일사리·소두고리촌 구추열지 간지·비죽휴 일금지·나음지촌 복악 간지·주근 일금지·진벌 일석'일 가능성이 높다고 본다. 즉 2가지 해석안 가운데 후자의 가능성이 높다고 보는 것이다.[41]

그밖에, '나소독지'가 지명인지 인명인지, 논란이 있는데, 지명일 가능성이 높다. 이 경우 도사는 탁부의 1인이라는 것이 일반적인데, 문장상으로는 탁부 1인, 사탁부 1인일 가능성도 있다. IV장 말미에서 언급하겠지만, 〈중성리비〉에 보이는 정치운영은 〈봉평리비〉처럼 각 임무마다 탁부·사탁부의 인물을 균등하게 배치한 모습이 유의된다.

⑤단락은 '운(云)'부터 '여중죄(与重罪)'까지이다. 이 부분이 비문의 핵심 내용이라는 것은 이설이 없으나, '운'의 해석문제, 행위의 주체와 객체 및 대상물에 대한 시각차로 온갖 다양한 해석이 있었다.

먼저 '운'은 앞서 살펴본 바와 같이 비문작성 시 글을 맡은 사람이 교를 원형대로 인용하였을 가능성을 염두에 두면, 교의 내용을 드러내기 위한 발어사가

---

41) 특히 〈냉수리비〉에서는 촌주 및 일금지의 '세중료사'를 비문 윗면에 따로 기재한 점을 주목할 필요가 있다.

아닐까 싶다. 즉 '운'의 의미는 "(교에서) 이르기를" 또는 "이르노니"이며, 핵심내용은 그 다음 글자부터라 본다.[42] 이에 대해 앞의 '교'와 '운'의 위치가 너무 차이 나지 않느냐는 반론이 있을 수 있다. 그러나 앞서 언급한 대로 이 비문의 서술방법이 전후 문장을 유기적으로 연결한 세련된 서술이 아니라, 병렬식 서술일 가능성이 높다는 점을 상기할 필요가 있다.

다음, 대상물을 돌려받았거나 돌려받아야 할 이가 누구인가 하는 것은 해석은 물론이고 사건처리방식과 이 비의 건립의도 등에 대한 다양한 시각차를 낳은 원인 중 하나이므로 자세히 살펴볼 필요가 있다. 대체로 '모단벌탁 작민'으로 보는 입장과 '모단벌탁작민사간지'로 보는 입장으로 나뉘는데, 전자는 '경작민'이라는 해석과 '백성을 만들어라'는 해석으로, 후자는 끊어 읽기에 따라 '작민사간지'와 '작민 사간지'로 세분된다. 이 가운데 일단 '작민 사간지'로 읽은 견해는 〈냉수리비〉와 〈중성리비〉에서 아간지·사간지 등의 관등 소지자는 탁부·사탁부에만 보이고 나머지 부는 간지만을 칭하고 있으므로, 가능성이 거의 없다.[43]

전자의 견해는 '작민(作民)'을 인명으로 보기 어색하다는 점과 이 단어를 통해 사건경위의 추론이 가능하다는 점 등이 고려된 것이 아닌가 싶다. 그런데 이렇게 보면 경고문구를 백구(白口)[44]한 비서모리가 패소자인 '(두지) 사간지의

---

42) '운'을 "(사인이 영으로) 이르기를"로 본 견해는 일찍부터 나온 바 있었다(李文基, 2009 「포항中城里新羅碑의 발견과 그 의의 -「冷水里碑」의 재음미를 겸하여-」『韓國古代史研究』 56, p.30). 그동안 그다지 주목받지 못했는데, 이 글을 비롯하여 본서에 수록된 비문연구논문 4편이 모두 이와 유사하게 읽은 것은 흥미로운 시각변화이다. 다만 '교'와 '영'의 관계에 대한 시각차가 있는데, 글쓴이는 교의 내용을 영한 것이라 본다.

43) 노중국, 2010, 앞의 논문, pp.68~69 참조

44) '백구'도 의문점의 하나이다. 여러 시각 가운데 '구'를 '위엄과 권위를 실은 소리'로 이해한 견해(윤선태, 2011 앞의 논문)가 주목된다. 다만 이 견해에서 안악3호분 〈정사

사인(使人)'이 된다는 문제가 있다. 이에 대해 패소자측 사인으로 하여금 재론하지 않을 것을 서약케 한 것으로 본 견해,[45] 패소자측 사인이 패소자에게 보고한 것으로 본 견해[46] 등이 나오기도 했는데, 동의하기 어렵다.

만일 이 '사인'을 '사간지의 사인'으로 본다면, ⑥행의 '사인'과는 다른 성격인 바, 한 비문 내에서 다른 성격의 사인이 공존하는 것도 이해되지 않는다. 이에 대해 '사인'을 성격별로 분류한 견해[47]를 들어 반론할 수도 있겠으나, 기실 이 분류 자체에 착오가 있다. 이 견해에서는 사인을 ①왕경인의 명령전달자 ②지방민으로서 촌의 유력자 ③왕경인으로서 임무수행자로 분류한 후 ①유형은 〈단양적성비〉의 '물사벌성 당주 사인', ②유형은 〈봉평리비〉의 '아대혜촌 사인', ③유형은 〈영천청제비〉의 '사인 탁 육척리지 대사제'를 각 사례로 들었다. '사간지의 사인'으로 본 견해들은 ①유형으로 본 셈인데, 엄밀히 말해 '물사벌성 당주 사인'은 지방지배를 실현하는 데 필요한 재지 조력자이지 물사벌성 당주 개인의 명령전달자는 아니므로,[48] ②유형인 '아대혜촌 사인'과 동일한 성격이다. 이렇게 보면 현재까지 발견된 목간과 금석문의 '사인'은 '지방지배의 재지 조력자'와 '해당 사안의 발신자측 임무수행자'만 남으므로 '사간지 사인'의 실례를 찾을 수 없다.[49]

도〉에 보이는 모습을 구두행정으로 이해한 것은 착오가 아닌가 싶다.

45) 박성현, 2011 「포항 중성리 신라비 비문의 형식과 분쟁의 성격」 『한국문화』 55, pp.9~11

46) 윤선태, 2011 앞의 논문 ; 홍승우, 2011 앞의 논문

47) 金在弘, 2001 「新羅 中古期 村制의 成立과 地方社會構造」, 서울大學校 國史學科 博士學位論文, pp.125~127

48) 원문은 '勿思伐城 幢主 使人 那利村 △△△△△△△△△△人 勿支次 阿尺 …'이다. 한편 '물사벌성 당주 사인'은 〈창녕비〉의 '비자벌정 조인(助人)'과 유사한 면이 있다(이는 노중국 교수께서 일러 주신 바이다).

49) '사인'을 세 유형으로 분류한 입론자도 비서모리를 '사간지의 사인'으로 볼 수 없으며 '소송과 관련된 임무를 수행한 사람'일 것이라는 입장을 밝힌 바 있다(김재홍, 2009

또한 〈봉평리비〉와 〈냉수리비〉에서 경고문구가 '교' 및 '별교'라는 점에 유의하면, 이 비의 경고문구도 교에 준하는 것으로 여겨지는 바, 비서모리가 사간지의 사인이 아닌 것이 분명해진다. 따라서 '대상물을 돌려받았거나 돌려받아야 할 이'는 '모단벌탁 작민사 간지'라 하겠다. 이렇게 보면 '…모단벌탁작민사간지'까지가 주된 교이며, 그 뒷부분은 재론금지의 교로서, '사인비서모리백구'는 〈봉평리비〉의 '탁부박사우시교지(喙部博士于時敎之)'에 해당된다.

그런데 이렇게 나누어 놓더라도 해석의 어려움은 여전하다. 문장 자체가 너무 난해하기 때문이다. 뒷부분은 '백구'의 의미가 불분명하기는 해도 경고문구라는 점에서 큰 어려움이 없다. 문제는 핵심내용인 앞부분인데, 이는 절을 달리하여 자세히 분석하겠다.

마지막 ⑥단락은 글을 쓴 사람과 새긴 사람을 기록한 것으로 여겨지는데, 마지막 글자의 판독, '여모두(与牟豆)'가 인명인지 아닌지 등의 논란이 있다.

2. 〈중성리비〉의 해석 및 구조와 서술방식

이제 앞 절에서 미루어 둔 비문의 핵심부분을 살펴보자. 그동안 각양각색의 해석이 나왔지만, 많은 동의를 얻은 견해는 거의 없다. 문장의 난해함이 주원인이지만, 한편으로는 〈봉평리비〉·〈냉수리비〉의 연구성과에만 의존하거나, 〈중성리비〉가 전하는 메시지를 깊이 숙고하지 않은 데도 원인이 있다고 여겨진다. 후술할 글쓴이의 분석과 해석은 그동안 살펴본 쟁점들과 더불어 〈중성리비〉의 입비 목적, 문법적 접근 등을 종합적으로 고려한 결과라는 것을 밝힌다.

먼저 '두지사간지궁·일부지궁'이 행위자인가 대상인가 하는 문제를 살펴볼 필요가 있다. 기존연구의 대다수는 '두지사간지궁일부지궁탈'에 대해 "두지사간지궁과 일부지궁이 빼앗았으니" 또는 "두지사간지궁과 일부지궁을 빼앗았으니"라고 해석했다. '두지사간지궁·일부지궁'에 대해 전자는 탈(奪)의 행위자로, 후자는 대상으로 본 것인데, 바꾸어 말하면 전자는 목적어가, 후자는 주어가 생략된 문장으로 본 셈이다.

이 가운데 전자의 해석은 '운'을 증언으로 보는 데서 비롯된 한계가 있다. 더불어 두지사간지 등의 부명이 없고, 명칭도 '궁'으로 지칭되었다는 점, 타동사 '탈'이 포함된 문장에서 목적어가 생략될 수 없다는 점에 주목하면 '두지사간지궁·일부지궁'은 행위자가 아니라 대상임이 분명해진다.

그렇다면 후자의 견해가 옳을까? 그런데 이 해석은 '두지사간지궁·일부지궁탈'을 '원인을 나타내는 부사절'로 보면서도 원인을 일으킨 행위자가 생략된 점이 의문스럽다. 물론 내용상 두지사간지와 일부지가 누군가의 궁을 빼앗아 자신들의 궁으로 한 사건임을 미루어 짐작할 수 있다는 반론이 있을 수도 있겠다. 하지만 이런 해석이라면 두 '궁'은 당초 두지사간지의 소유가 아니었으므로 '두지사간지궁일부지궁탈'이 아니라 '두지사간지일부지…궁탈(or 탈…궁)'이 되어야 한다. 또한 이 사안이 무언가를 탈취한 사건이라면 처벌이 없는 것도 의문이다.[50] 이와 관련하여 〈봉평리비〉에서는 구체적 형벌집행이 나타나는 것이 유의된다.

이와 같이 기존의 해석들은 저마다의 문제점이 있는데, 눈여겨 볼 것은 2가지 시각 모두 '두지사간지궁일부지궁탈'이 판시이유이며, 문법적으로는 '원인을

---

50) 박성현 선생도 이 점을 지적했는데, 신분과 관계되는 것으로 추정하는 데 그쳤다(박성현, 2011 앞의 논문 p.10).

나타내는 부사절'이라 본 것이다. 즉 대다수 기존 견해는 하교 및 입비 목적이 사실을 밝히고 바로잡는 데 있다고 본 것이다.

하지만 이어지는 내용에서 '약후세갱도인자여중죄(만약 후세에 다시 말하는 자가 있으면 중죄를 주겠다)'라고 재론금지를 천명했다는 점에 주목하면, 주된 입비 목적은 사실규명보다는 국가가 결정을 포고하고 다시 재론치 못하도록 하는 데 있었던 것이 아닌가 한다. 더불어 성문법의 제정과 공포가 '통치계급의 법독점'에서 '법제원칙의 수립과 추구'로의 전환이라는 점[51]을 참조하면, 율령 반포 19년 또는 79년 전에 건립된 이 비는 '통치계급의 법독점'을 반영한다고 여겨진다.

따라서 이 부분의 해석은 전혀 다른 각도에서 바라볼 필요가 있다. 앞서 검토한 바와 같이, '운'이 교의 내용을 드러내는 발어사라는 점, '두지사간지궁·일부지궁'이 사건의 대상물이라는 점, '돌려받았거나 돌려받아야 할 이'가 '모단벌탁 작민사 간지'라는 점, 건비의 주목적이 포고와 재론방지라는 점 등에 주목하면 다음 2가지 해석이 가능해진다.

첫째는 '두지사간지궁·일부지궁'이 목적어이고 '탈'이 서술어일 가능성인데, 이 경우는 "두지사간지궁과 일부지궁**을 빼앗아(몰수하여)** 이제 다시 모단벌탁의 작민사 간지에게 돌려주노라.(주어라)"로 해석할 수 있다. 둘째는 '두지사간지궁·일부지궁**탈이(奪尒)**'가 자격을 나타내는 부사구일 가능성인데, 이 경우는

---

51) 중국 은주시기에는 법의 신비성 부여와 비밀성 유지를 위해, "법은 알려서도 안 되며 위세를 짐작할 수 있어서는 안 된다."는 것을 강조했는데, 춘추전국시대 성문법의 제정과 공포를 추진하면서 "친소를 구분하지 않고 귀천을 달리 대하지 않으며 모두 법에 따른다."는 법제원칙의 실행을 주장했다고 한다(張晋藩 주편, 한기종 외 옮김, 2006『중국법제사』, p.42 및 p.56 참조). 이와 관련하여『춘추좌전』소공6년조에 보이는 진나라 숙향이 정나라 자산에게 보낸 편지가 주목된다(주34 참조).

"두지 사간지궁과 일부지궁<u>은 빼앗은 것이니</u>, 이제 다시 모단벌탁의 작민사 간지에게 돌려주노라.(주어라)"로 해석할 수 있다. 이 해석안들은 공통적으로 주어가 생략되었지만, 판결문이나 포고문으로서는 결함이 없는 문장이다.

먼저 첫째 해석안은 앞 절이 목적어와 서술어로, 뒷 절이 부사구와 서술어로 구성된 복문(複文)으로 본 것인데, 뒷부분의 경고문구에서 '여중죄(与重罪)'를 쓴 점에 주목한 데서 비롯되었다. 〈봉평리비〉의 경고문구에서는 '획죄(獲罪)'로 썼는데, '여(与)'는 한국어적인 표현이며, 중국문헌에서는 득(得)과 획(獲)만 찾아진다는 지적[52]이 참조된다. 즉 중국측 기록에서는 수신자 입장의 동사를 쓴 반면 〈중성리비〉와 〈냉수리비〉에서는 발신자 입장의 동사를 썼다는 점을 염두에 두면, '탈'의 행위자는 교의 발신자, 즉 국가 또는 하교자들이 될 가능성에서 나온 해석이다.[53] 다시 말해 '탈'은 쟁송의 '원인'이 아니라 '결정(판결 또는 처결)'으로서 '몰수'를 의미한다고 보는 것이다.

이 해석안에 대해 "두지 사간지궁과 일부지궁을 빼앗아"를 다시 한문으로 옮기면 '탈두지사간지궁일부지궁'이 되므로 동의할 수 없다는 반론이 있을 수 있겠다. 그러나 앞서 살펴보았듯이 〈냉수리비〉와 〈봉평리비〉의 교와 별교에서는 우리말식 어법이 강하게 나타나는데, 이는 교의 원형을 살려 인용하였기 때문일 가능성이 높다는 점을 상기할 필요가 있다. 즉 '두지사간지궁일부지궁**탈**'은 우리말 어순으로 기재된 데서 비롯되었다고 보는 것이다. 이 해석대로 하면, 빼앗는 행위(탈), 즉 몰수 자체가 처벌이므로 앞의 의문이 해소될 수 있다는 장

---

52) 권인한, 2009 「『포항 중성리 신라비』의 어문학적 검토」 『浦項 中城里新羅碑 발견기념 심포지엄』, 국립경주문화재연구소, p.68. 더불어 〈봉평리비〉에 보이는 '획죄어천'의 출전이 『논어』라는 점도 유의된다.
53) 글쓴이의 시각과 일정의 차이가 있지만, 기존연구에서도 '탈(奪)'을 "빼앗아"로 본 견해가 나온 바 있다(이우태, 2009 앞의 논문, pp.79~83).

점도 있다. 따라서 글쓴이는 이렇게 해석될 가능성이 좀 더 높다고 본다.

둘째 해석안은 앞의 "두지사간지궁과 일부지궁을 빼앗았으니"와 내용은 유사하나 해석법은 엄연히 차이가 있다. 위 견해가 '두지사간지궁일부지궁탈'을 판시이유로 본 데 반해 이 해석은 '두지사간지궁일부지궁탈이' 자체가 성격을 규정하는 결정이라 보는 시각이다.[54] 이는 '탈이(奪尒)'를 명사형 '빼앗은 것'으로 본 견해[55]를 참조한 것인데, 타당성 여부는 좀 더 논의가 필요하다. 유의할 것은 이 해석안 역시 우리말 어순이라는 점이다.

〈냉수리비〉와 〈봉평리비〉의 발견 초기에 두 비문이 정통 한문이 아니라 우리말식 어법이 간섭한 초기적 이두문(吏讀文)이라는 견해가 제기된 바 있었다.[56] 그러나 두 비문이 완전한 한문 문장이라는 견해가 대세를 이루었고, 최근에는 이를 확정하는 논고까지 나왔다.[57] 이러한 시각은 〈중성리비〉의 해석에도 큰 영향을 끼쳤다. 〈중성리비〉의 발견 직후부터 판독에는 큰 어려움이 없는데도 내용파악이 쉽지 않은 것은 작성자의 한문기술능력의 미숙이 주원인이라 판단했다. 그러나 글을 맡은 사람(典書)을 특기했다는 점에서 이런 시각은 동의하기 어렵다. 살펴보았듯이 〈중성리비〉의 판결요지를 우리말 어순에 따른 문장으로 보면, 그

---

54) 홍승우 선생은 "두지사간지궁과 일부지궁은 (모단벌훼가) 빼앗은 것이니 … "라는 독특한 해석안을 제시했는데(홍승우, 2011 앞의 논문) 추기(追記)가 많아 동의하기는 어려우나, '두지사간지궁일부지궁'을 대상으로 본 점, 이 문장 앞부분이 원인이 아니라 성격규정이라 보고 해석을 시도한 점 등은 시사하는 바가 있다.
55) 박성현, 2011 앞의 논문, pp.7~8. 다만 이 견해는 '두지사간지궁·일부지궁'을 '탈'의 행위자로 보았으므로 이 논의와는 일정의 거리가 있다.
56) 南豊鉉, 1989「蔚珍鳳坪新羅碑에 대한 語學的 考察」『韓國古代史研究』 2, p.50 ; 한국고대사연구회 편, 1990『韓國古代史研究』 3 pp.78~85 및 pp.221~225의 남풍현 교수의 발언 참조
57) 金永萬, 2007「迎日冷水里新羅碑文의 文章分析 試考 - 吏讀的 요소는 얼마나 되는가 -」『口訣研究』 18, 口訣學會

동안 난점으로 여겨왔던 문제들이 어느 정도 해소될 수 있지 않을까 한다.

한편, 이 단락에서 또한 논란이 된 것은 '궁(宮)'의 실체 문제이다. 이에 관한 한 글쓴이는 판단을 유보코자 한다. 끊어 읽기와 해석을 위와 같이 하면 사실상 실체를 알기 어렵다. 기존연구에서는 『삼국사기』에 보이는 '궁'의 용례에 주목하기도 하였고, 한편에서는 '작민'을 염두에 둔 시각이 나오기도 했지만, 해석상의 논쟁이 마무리된 후 다시 논의될 필요가 있다고 본다. 더불어 환(還)의 대상이 '궁' 자체인지, '궁'이 포함하고 있는 동산 등인지도 추후 논의되어야 할 사항이다.

이와 같은 검토를 바탕으로 〈중성리비〉의 글쓴이의 해석안을 제시하면 다음과 같다. ⑤단락은 앞서 언급했듯이 2가지의 해석 가능성이 있으므로 2안을 주석으로 제시해 둔다.

① 신사년 … 탁부의 습지 아간지와 사탁의 사△지 아간지가 교하 시었다.(교하신 일이다) **(B-1 : 하교자 명단)**

② 사탁의 이추지 나마·탁부의 본지 나마·본모자·탁의 사리·이사 리가 사뢰었다.**(C : 전사인 명단 및 '백')**

③ 쟁인은 탁의 평공인 사미·사탁의 이수·모단벌탁의 사리 일벌·피 주지·본파의 탁시 간지(or 본파탁의 시 간지)·불내 일벌·금평△ 간지·제지 일벌이다.**(B-2 쟁인 명단)**

④ 사인은 나소독지 도사인 탁의 염모지·사탁의 추수지이다. 세령 한 이는 간거벌의 일사리·소두고리촌의 구추열지 간지·비죽휴 일금지·나음지촌의 복악 간지, 주근 일금지, 진벌의 일석이다.(C, **D-3 : 사인 명단과 지방포고자 명단)**

⑤ (교에서) 이르기를,(or 이르노니) 두지 사간지궁과 일부지궁을 빼

앗아(몰수하여),[58] 이제 다시 모단벌탁의 작민사 간지에게 돌려 주노라(or 주어라). 사인인 비서모리가 백구(白口)하기를, 만약 후세에 다시 말하는 자가 있으면 중죄를 주겠다.(A-1, A-2 : 교)

⑥ 글을 맡은 사람 여모두가 고로 기록한다. 사탁의 심도리가 … (D. **비석작성 절차)**

위 해석안을 토대로 이 비의 구조와 서술방식을 살펴보자. 앞서 〈냉수리비〉와 〈봉평리비〉의 구조를 살펴볼 때, 교(敎)를 A-1, 별교를 A-2, 날짜와 교의 하교자 명단을 B, 전사인(처사대인) 명단 등을 C, 기록 등 비석작성을 D-1, 입비를 D-2, 촌주 등의 포고를 D-3, 교의 집행을 E로 명명한 바 있다. 같은 방식으로 〈중성리비〉를 살펴보면, 두 비문에 비해 '쟁인'이 눈에 띄며, 실무진의 역할 및 살우의식 여부가 뚜렷하지 않다는 차이가 있으나, 크게 보면 〈냉수리비〉와 유사하게 A·B·C·D가 포함되어 있다. 서술방식은 앞서 언급했듯이 병렬식(나열식)인 바, ①단락은 하교자 명단, ②단락은 전사인 명단, ③쟁인 명단, ④단락은 사인 명단과 지방포고자 명단, ⑤단락은 교 ⑥단락은 비석작성자 순으로 구성되었다.

이러한 병렬식 비문작성양식은 후대로 가면서 점차 세련된 서술방식으로 변모되어 갔다. 〈봉평리비〉에서는 교를 내리고 처벌하고 비문을 작성한 이유를 밝히는 별교를 서두에 내세웠고, 〈적성비〉에서는 "만약 그가 아들을 낳건 딸을 낳건 나이가 적건 (많건) … 형제이건 이와 같이 아뢰는 자가 대인인가 소인인가?"라는 반문법이 사용되기도 했고, 이후의 〈진흥왕순수비〉에서는 전체를 유기적으로 연결한 세련된 문장으로 서술하였다.

58) 2안 : 두지 사간지궁과 일부지궁은 빼앗은 것이니

글쓴이가 보기에, 이러한 변화는 한문 이해 수준의 향상뿐 아니라 법제의 변화 및 정치운영의 성숙에서 비롯된 것으로 생각된다. 앞서 언급했듯이, 성문법의 제정과 공포가 '통치계급의 법독점'에서 '법제원칙의 수립과 추구'로의 전환을 의미한다는 점은 신라 비문의 서술방식 및 정치운영방식의 변화상을 살피는 새로운 시각을 제공한다. 〈중성리비〉에서 〈진흥왕순수비〉까지의 문장 표현의 변화를 살펴보면, 단순한 나열식 문장에서, 상속 규정, 사건의 원인에 대한 기술, 반문법을 사용한 여론 형성 등 점차 법제의 공유 및 정치운영방식의 성숙으로 이행된 것을 확인할 수 있다.

Ⅳ. 〈봉평리비〉·〈냉수리비〉·〈중성리비〉와 신라부체제

1. 기존연구의 몇 가지 문제

'부체제론(部體制論)'은 초기고대국가, 즉 집권적 영역국가 이전 단계 국가의 성격 및 정치형태를 바라보는 이론으로, 1974년 노태돈 교수에 의해 제기된 것이다.[59] 신라 6부에 대한 검토는 1930년대부터 이루어졌지만, 초기의 연구는 부의 성격이나 6촌과의 관계 등을 중심으로 추정하는 데 그쳤다. 이에 반해, '부체제론'은 '부'를 지연성을 토대로 한 반(半)독립적인 단위정치체로 본 특성이 있다. 핵심논리를 요약하면, '고대국가'는 부의 연합체로 구성되었고, 이러한 정치구조가 상당 기간 지속되다가 집권적 영역국가로 성장함과 동시에 단위정치

---

59) 盧泰敦, 1974 「三國時代의 部에 關한 研究-成立과 構造를 中心으로-」, 서울大學校 碩士學位論文

체로서의 부는 해체되거나 행정구역으로 전환되었으므로 '부체제'로 규정할 수 있다는 것이다.[60] 이 입론 이후 부의 정치·사회적 성격과 기능 및 6부의 내부구조와 박·석·김 3성(姓)과의 관련을 중심으로 검토되었는데, 〈봉평리비〉·〈냉수리비〉 발견 이후 전면적으로 재검토되었다.[61]

두 비문의 발견 이후 주요 쟁점으로 다루어진 것은 6부체제의 성립과 해체, 탁부와 사탁부의 관계 등이었다. 성립시기에 대해서는 이사금기로 보는 견해도 있으나 대다수 연구자는 마립간기로 보며, 특히 내물왕대와 눌지왕대를 주목하는 연구자가 많았다. 해체시기에 대해서는 중대초로 본 견해와 520~530년대로 본 견해로 나누어졌다. 전자는 인물들의 부명관칭에 주목한 것이고, 후자는 17관등제와 신분제의 정비 또는 '간지(干支)' 칭호의 소멸에 주목한 것인데, 대체로 후자가 타당하다고 여긴다.

주목되는 연구로는 이른바 '분화설'과 '통합설'을 들 수 있다. 전자는 사탁부·모탁부는 탁부에서, 사피부(습비부)는 본피부에서 분화되어 6부가 구성되었을 것으로 이해한 시각이다.[62] 후자는 〈냉수리비〉·〈봉평리비〉에 보이는 정치운영이 탁부·사탁부 중심이고 여타 부는 미약한 모습인 것은 5세기 중후반경 왕실이 탁부·사탁부를 모두 장악하는 등 6부가 정치적으로 통합되어 갔기 때문으로 이해한 시각이다.[63] 단순히 생각하면 분화는 성립과 관련되며, 통합은 해체와

---

60) 노태돈 교수는 1999년에 이르러 자신의 입론을 13개 항목으로 재정리하였다(노태돈, 2000 「초기 고대국가의 국가구조와 정치운영 -부체제론을 중심으로-」『韓國古代史研究』17).

61) '부체제론'의 연구사는 개설서 등에서 여러 번 정리된 바 있다. 노태돈 교수의 입론 배경과 〈봉평리비〉·〈냉수리비〉 발견 이전까지의 이해 정도는 朱甫暾, 2006 「신라의 部와 部體制」『釜大史學』30, p.319~328이 참조된다.

62) 朱甫暾, 1992 「三國時代의 貴族과 身分制 -新羅를 中心으로-」『韓國社會發展史論』, 一潮閣

관련되므로 양립 가능성도 있어 보이나, 성립시기에 대해 전자는 마립간기를 주목한 반면, 후자는 이사금기를 주목하는 등 견해차가 크다.

분화설은 부명(部名)상 탁·사탁·모탁이 '탁'을, 본피·사피가 '피'를 공유한다는 점에 주목한 것으로, 신라 6부의 성립배경 및 운영양상을 살펴보려 한 특색이 있는데, 가설적 측면이 강해 입론이후 대다수 연구자들이 주목되는 견해로 소개하면서도 가부를 판단하기는 어려웠다.

그런데 최근 〈중성리비〉에 보이는 '본파탁시간지(本波喙柴干支)'를 근거로 분화설을 재검토할 필요가 있다는 주장이 제기되었다.[64] 이에 대해 분화설 입론자는 다른 금석문에서는 본파(本波)나 본피(本彼)로만 나온다는 점, 위 문제제기자가 이전 연구에서 본파를 본동(本洞)과 같은 뜻으로 이해한 점 등을 들어 위 내용은 '본파의 탁시 간지'로 읽어야 한다고 반론하기도 했다.[65] 현재로서는 어느 주장이 맞는지 결론을 내릴 수 없는 바, 다수의 논자가 '본파탁의 시 간지'로 끊어 읽는다는 점에서 위 문제제기가 받아들여진 것처럼 이해되지만, 이렇게 읽으면 인명이 외자라는 문제도 제기될 수 있기 때문이다.

사실 분화설과 관련하여 재검토가 필요한 부분은 〈봉평리비〉·〈냉수리비〉와 마찬가지로 〈중성리비〉에서도 탁부·사탁부가 정치운영을 주도하고 모단벌탁(모탁부)은 본파(피)부와 유사한 위상인 점이 아닐까 싶다. 분화설 입론자도 〈봉평리비〉·〈냉수리비〉를 토대로 이 시기 정치운영이 탁부·사탁부 중심이며, 부명 기재 순서도 탁-사탁-본피-잠탁(모탁)·사피·(한기) 순서로 서열화되었

---

63) 全德在, 1996 앞의 책
64) 전덕재, 2009 「포항 중성리 신라비의 내용과 신라 6부에 대한 새로운 이해」 『韓國古代史研究』 56, p.107
65) 주보돈, 2010 앞의 논문, pp.22~24. 그런데 같은 논문에서 '본모자탁'의 가능성을 제기한 점은 이해되지 않는다(p.17의 주13).

다고 이미 언급한 바 있는데,[66] 그렇다면 이 현상에 대한 추가설명이 필요하기 때문이다.

통합설은 입론자의 박사학위논문에서 정리된 것이다. 이 논문은 기존연구와 관련금석문을 꼼꼼히 검토하여 6부의 성립·구조, 6부체제의 전개과정, 6부의 성격변화와 정치체제의 변동 등을 정리한 수작으로 평가받고 있는데, 연구성과에 비례하여 재검토가 필요한 부분도 적지 않다고 여겨진다. 따라서 이 연구를 통해 통설화한 논점들을 재검토하는 데 지면을 일정 할애하고자 한다.

기실 통합설의 기본원리는 이문기 교수가 낸 견해에 기초하고 있다. 앞서 살펴본 바와 같이, 이문기 교수는 왕과 왕제(王弟)가 같은 부일 것이라는 시각에서 '신라왕실 사탁부 소속설'을 내었다가, 〈봉평리비〉 발견직후 "왕실의 원래 소속부는 탁부이나 왕권의 강화에 따라 사탁부까지 직접 지배하게 된 것"이라고 수정하였다. '같은 부'를 '같은 세력'으로 수정한 것이므로, 시각면에서는 기존입장을 그대로 유지한 셈인데, 당시로서는 누구라도 동의할만한 것이었다.

하지만 이듬해 〈냉수리비〉의 발견으로 소지왕과 5촌 또는 6촌 관계인 지도로가 '사탁부 갈문왕'이었다는 점을 확인했을 때는 다시 살펴볼 필요가 있었다. 그런데 아무런 의심없이 이를 원용하여 지도로가 '왕제자격'으로 갈문왕이 된 것으로 해석하고 통합설을 완성했던 것이다. 글쓴이는 통합설의 이러한 입론과정에 문제가 있다고 본다.

위 논문(통합설)에서는 한 걸음 더 나아가 갈문왕의 지위와 성격을 정리하였는데, 기본 논지는 부체제론이 제기되기 1년 전에 발표된 이기백 교수의 「신라시대의 갈문왕」을 토대로 한 것이었다. 그런데 「신라시대의 갈문왕」은 선구

---

66) 朱甫暾, 2006 앞의 논문

적 업적이지만 『삼국사기』와 『삼국유사』 및 당시까지 발견된 금석문을 바탕으로 분석한 한계가 있으며, 또한 후학들에 의해 당초의 논지와는 달리 해석된 점도 있었다.

그에 반해 80년대 후반부터 제기된 '매금왕·갈문왕 병립설'은 돌이켜보면 왕과 왕제를 다른 세력으로 파악한 새로운 문제제기로 평가할 수 있다.[67] 이 견해들은 〈천전리서석〉·〈봉평리비〉·〈냉수리비〉를 토대로 한 것으로, 5세기 후반에서 6세기 초반의 갈문왕은 사탁부를 기반으로 독자적인 권력을 행사하였던 존재이며, 당시 신라왕권은 매금왕과 갈문왕의 '2왕 병립구조'로 볼 수 있다는 것이 요지이다.

그런데 위 논문(통합설)에서는 갈문왕이 준왕적 존재라는 종래의 가설(이기백 교수의 시각)을 근거로 위 견해를 반론하면서, 갈문왕은 부왕(副王)의 위치에 있으면서 왕을 보좌하는 것이 주된 임무였고, 눌지왕대 이후부터 탁부와 사탁부는 국왕(마립간)의 관할로서, 왕제를 갈문왕에 책봉하여 사탁부를 관리케 했을 것이라는 결론을 내렸다. 또한 몇 년 뒤 발표한 논문에서는 "매금왕의 궐위(闕位) 시에는 갈문왕이 그를 대행하여 탁부와 사탁부를 직접 관할하였을 뿐만 아니라 신라국가를 대표하는 국왕의 역할도 수행할 수 있었다."[68]고 서술하기도 했다. 대다수 연구자들은 이 반론과 서술이 타당하다고 봤지만, 실상 이는 지증왕의 즉위과정에 대한 일반적 이해와 부합하지 않는다. 지도로가 갈문왕으로서 국정운영을 대행한 것은 비상적 상황에서 나온 것이기 때문이다.[69]

---

67) 문경현, 1987「蔚州 新羅 書石銘記의 新檢討」『慶北史學』10, pp.51~52 ; 武田幸男 1990「新羅六部와 그 展開」『民族史의 展開와 그 文化』上, 碧史李佑成教授停年退職紀念論叢刊行委員會, p.188
68) 전덕재, 2000「6세기 초반 신라 6부의 성격과 지배구조」『韓國古代史研究』17, p.286 의 주56

글쓴이가 보기에, 〈냉수리비〉와 〈봉평리비〉에 나타난 탁부·사탁부 중심의 정치운영이 부체제의 해체 또는 통합에서 기인하였다고 본 것은 처음에는 부간(部間) 우열이 크지 않다가 해체 또는 통합이 시작되면서 우열이 드러나게 되었다는 시각에서 비롯된 것이 아닌가 싶다. 그러나 2~3개 부가 여타 부에 비해 위상이 우월한 것은 신라만의 특성이 아니었다. 『삼국지』 고구려전에 보이듯이, 고구려의 경우에도 왕이 소속된 계루부가 월등하고, 다음으로 전왕족인 소노부, 왕비족인 절노부 등이 두드러진다. 그러므로 부간 우열이 선명한 것이 바로 부체제의 전형이라 보는 것이 타당하지 않을까 싶다.[70]

통합설에서는 6부체제의 성립시기를 이사금기로 이해했는데, 이 또한 위와 같은 시각에서 비롯된 것이 아닌가 싶다. '6부'는 『삼국사기』 초기기록에서부터 등장하고, 부체제적 정치운영을 연상케 하는 기사도 이른 시기부터 보이므로, 이사금기에 부체제가 성립되었다는 논지는 일견 설득력이 있다. 그러나 '6부의 성립'과 '6부체제의 성립'이 반드시 부합하는 것인지, 또한 이사금기의 정치운영이 부체제를 기반으로 했는지는 논의가 필요한 부분이라 여겨진다.

한편 통합설에서는 〈냉수리비〉의 '칠왕등'을 유난히 강조한 점 등이 유의된다. '칠왕등'에 대해서는 '일곱 왕들'이라는 견해, '등'을 대등(大等)의 전신으로 보는 견해, '왕과 그 밖의 인물 일곱 명'으로 보는 견해, '일곱님들'로 보는 견해 등 다양한 해석이 나온 바 있다. '일곱 왕들'이란 해석은 〈냉수리비〉 발견 직후부터 제기된 것인데, 부체제론에서 이를 강조한 바, 503년 9월까지도 6부의 부장

---

69) 지도로 갈문왕의 집권과정 및 5~6세기 갈문왕제의 운영양상에 대해서는 글쓴이가 새롭게 검토한 바 있다(윤진석, 2009 「신라 至都盧葛文王의 '攝政'」 『韓國古代史研究』 55 ; 윤진석, 2010(a) 「5~6세기 신라 사탁부 갈문왕」 『大邱史學』 100).
70) 부간 우열이 선명한 것이 바로 부체제의 전형이라는 시각은 노중국·주보돈 두 분 선생님의 가르침에서 얻은 바가 크다.

들이 모두 '왕'을 칭하고 있었으므로 이 시기 정치운영은 부체제가 확실하다는 것이 기본논지이다. 그런데 이 주장을 하면서 '등'이 '복수존칭접미사'라 언급한 때문에 부체제 존부 논란의 쟁점으로 확대되었다.[71)]

글쓴이가 보기에, '칠왕등'을 '일곱 왕들'로 해석한 것은 소국연맹단계의 유제로 본 시각이 아닐까 싶다. 그렇다면 통합설의 논리로는 〈냉수리비〉에서 소국연맹단계의 유제와 집권화 전환이 함께 나타나는 셈인데, 이 역시 부체제 부정론의 근거가 될 수도 있으므로 재고할 필요가 있다.

2. 신라부체제의 연구과제

이제 〈중성리비〉의 발견이후 부체제의 운영양상과 관련하여 재검토할 필요가 있는 논점 몇 가지를 살펴보겠다.

먼저 5~6행의 '본파(탁)'에 간지와 일벌이 각 2인이라는 점이다. 간지와 일벌의 관계는 기존연구에서 많이 언급되었는데, '일벌'이 경위인지 외위인지 논란이 있으나, 기재 순서로 보아 불내 일벌은 (탁)시 간지에, 제지 일벌은 금평△ 간지에 종속된 존재라는 것은 이설이 없다. 문제는 같은 부에 2명의 간지가 공존하는 것인데, 비교 대상으로 자주 제시된 것은 다음의 기사들이다. 이 가운데 '나'는 지마이사금 즉위년조의 기사이지만, 태자시절 혼인한 사실의 서술인 바, '가'와 동시대의 일이라는 점이 유의된다.

---

71) '등'이 존칭의 의미라는 견해는 이노우에 히데오(井上秀雄)가 개진한 것이다. 통합설에서는 처음에 '복수존칭접미사'라고 하였다가(全德在, 1996 앞의 책, p.57의 주2) 훗날 '복수접사'로 수정하였는데(전덕재, 2000 앞의 논문, p.261), '존칭'에 문제가 있음을 간파한 것으로 여겨진다. '칠왕등'의 해석에 대한 연구사 및 문제제기는 윤진석, 2010(b) 「한국고대 '부체제'의 기초적 이해와 과제」『계명사학』21, pp.71~75 참조

가. (파사이사금) 비(妃)는 김씨 사성(史省)부인으로 허루(許婁) 갈
   문왕의 딸이다. … 23년 8월에 … 이에 왕은 6부에 명하여 모여
   서 수로(首露)를 향연할 때 6부 중 5부는 다 이찬(伊湌)으로 접
   빈의 주(主)를 삼되, 오직 한지부 만이 지위가 낮은 자(位卑者)
   를 주(主)로 하였다. 수로가 노하여 종인 탐하리(耽下里)에게 명
   하여 한지부주(主) 보제(保齊)를 죽이게 하고 돌아갔다. … (『삼
   국사기』 파사이사금)

나. (지마이사금) 비(妃)는 김씨, 애례(愛禮)부인으로 갈문왕 마제
   (摩帝)의 딸이다. 처음에 파사왕이 유찬택에서 사냥할 때 태자
   (지마)도 수종하여 사냥이 끝난 뒤 한기부를 지날 때 이찬 허루
   (許婁)가 잔치하여 대접하였다. 술이 취할 때, 허루의 처가 한 소
   녀를 이끌고 나와 춤을 추었다. 마제 이찬의 처도 또한 그의 딸을
   데리고 나오자 태자가 보고 기뻐하니 허루는 좋아하지 아니하
   였다. 왕이 허루에게 말하기를, 공이 여기에 성찬과 미온을 베풀
   어 즐겁게 잔치하니, 마땅히 주다(酒多)에 위(位)하여 이찬의 위
   에 있게 하리라 하였다. 마제의 딸로 태자의 짝을 짓게 하였다.
   주다는 후에 각간(角干)이라 일렀다. (『삼국사기』 지마이사금
   즉위년조)

  '가'는 부체제론과 관련하여 일찍부터 주목받은 기사이다. 종래에 이 기사를
토대로, 한기부 내 부주(部主)-이찬(伊湌)-위비자(位卑者)의 존재를 확인할 수
있고, 이 가운데 이찬은 〈봉평리비〉·〈냉수리비〉에 보이는 간지에, 위비자는 일
벌·일척·피일(파단)·아척 등으로 여겨진다는 추정이 나왔고, 많은 이들이 동의

한 바 있다. 〈중성리비〉 발견 이후에는 이러한 추정을 이제 증명할 수 있게 되었다는 주장도 나왔다.[72] '나'는 〈중성리비〉 발견 이후 새롭게 조명 받은 기사로, 여기에 보이는 '한기부에 이찬 2명'과 〈중성리비〉 '본파(탁)에 간지 2명'이 같은 유형이며, 위 '가' 기사의 해석과 더불어 이해하면 〈중성리비〉의 본파(탁) 간지 2명 가운데 1인이 부주(部主), 즉 부장(部長)이라는 견해가 나왔다.[73]

하지만 이런 해석이 타당한지는 의문이다. 기년상의 문제는 접어두더라도, 궁극적으로 두 기사에 쓰인 용어가 어떤 의미인지, 두 기사를 통해 간취할 수 있는 역사상의 핵심이 무엇인지를 숙고할 필요가 있다. 다시 말해 이찬, 주다 등 위 기사들에 보이는 관등명이 국가 내 서열을 가리키는지 해당 부(部)내 서열을 가리키는지 살펴볼 필요와 함께 이 기사들이 이사금기의 역사상을 온전히 전하는지, 아니면 후대의 여러 사건들이 혼재되어 2가지 이야기로 정리되어 전승된 것인지 재고해 볼 필요가 있다.

먼저 이 기사들에 보이는 '이찬'은 한기부장 아래의 이찬이 아니라 '국가의 이찬'으로, 정확하게 말하면 '국가의 최고 관등'이라는 의미로 쓰였다. 이는 당대의 명칭이 아니라 『국사』 등의 역사편찬 시의 관등명이 소급된 것인 바, '나'의 내용상 주다(酒多), 즉 각간 설치 이전에는 '이찬'이 최고관등이므로 허루와 마제를 이찬으로 지칭한 것이다.[74]

---

72) 전덕재, 2009 앞의 논문 pp.108~109 참조
73) 노태돈, 2010 「포항 중성리 신라비와 外位」 『韓國古代史研究』 59, p.46. 〈냉수리비〉에 보이는 두복지 간지까지 염두에 두면 3인중 1명이 부장의 위치에 있었을 가능성이 있다고도 하였다.
74) 이처럼 역사서술에서 후대의 관등이 소급된 것은 17관등을 정할 때 소국 또는 부의 관등명이 외위명으로 정리된 이유(〈중성리비〉에 보이는 '일벌'이 후대에는 외위가 된 예를 들 수 있다) 등으로 인해 혼동의 우려가 있었기 때문이거나, 혹은 신라가 일

다음으로, 한기부 내의 서열을 부주-이찬-위비자로 이해한 것은 해석상의 착오에서 비롯되었다. 종래의 해석에서는 금관국주 수로가 노하여 탐하리를 한기부에 보내어 그 부장인 보제를 죽인 것으로 이해했다. 그러나 여기에 보이는 '한기부주 보제'는 한기부의 부장이 아니라 한기부에서 나온 접빈의 주(主), 즉 호스트(=위비자)이다.[75] 이러한 점들에 유의한 후, 〈중성리비〉와 위 기사들을 대비하면, 부내의 위계와 부장의 존재 등 종래의 추정을 증명할 수 있다는 견해는 재고의 필요가 있다 하겠다.

기실 위 기사들에서 주목해야 할 것은, 첫째, 허루와 마제가 모두 한지부 소속의 이찬이라는 점, 둘째, 파사이사금의 비(妃)가 허루의 딸이라는 점, 셋째, 허루와 마제가 파사이사금대에 태자비 자리를 두고 각축을 벌였다는 점, 넷째, 왕실과의 통혼권을 마제에게 빼앗긴 허루를 위해 파사왕이 주다를 주어 이찬의 위에 있게 했다는 점 등이 아닌가 한다.

기년상의 문제가 있고, 여러 전승의 혼재가 있을 수 있다는 시각으로 위 4가지 사항에 유의하여 위 기사들을 다시 살펴보면, 탁부·사탁부를 제외한 여타 부에는 2명 이상의 간지가 공존하는 경우도 있었는데[76] 이들은 법제적으로는 동일한 위상이었지만, 통혼 등 왕과의 관계에 따라 실질적으로는 우열이 있을 수 있고, 경우에 따라서는 왕권 주도로 서열지어지기도 했다고 정리할 수 있다. 따

찍부터 집권적 고대국가였다는 것을 나타낼 의도였을 가능성이 있다.

75) 강종훈, 2000 『신라상고사연구』, 서울대학교출판부, pp.124의 주34. 이는 10여 년 전에 나온 탁견인데, 이상하게도 주목받지 못했다.

76) 최근 고구려 부체제를 검토하면서, 모든 나부에 부장이 존재하지는 않았고, 단지 복수의 부장급 협의체에 해당하는 기구나 회의체가 존재하였을 것이라는 견해가 제기된 바 있다(조영광, 2011 「고구려관제의 기원과 초기 관제검토」, 한국고대사학회 제119회 정기발표회 발표문). 단순한 추론에 그친 한계가 있는데 공교롭게도 글쓴이의 '가'·'나' 해석이 이 견해에 부합한다.

라서 이 기사에 보이는 한기부 내 복수 이찬과 〈중성리비〉의 본파(탁) 복수 간
지를 연관지을 수 있다면, "한기부·본피부 등에는 여러 명의 간지가 공존했고,
경우에 따라 각축하기도 했다."는 결론이 나오는 것이 합리적이라 여겨진다.

이 가운데 왕권으로 여타 부 유력자들을 서열짓는 것은 실상 집권력의 기반
이 전제되어야 가능하다. 이 점에서 앞서 언급한 〈봉평리비〉의 '오(五)간지'를
새롭게 주목할 필요가 있다. 〈중성리비〉와 〈냉수리비〉에서는 탁부·사탁부의 인
물만 아간지·사간지 등으로 위계화 했고, 여타 부의 인물들은 단순히 간지만을
칭하면서 그 아래에 일벌 등을 두었는데, 이는 부가 반(半)독립적이라는 부체제
론의 기본 이해에 부합한다. 그런데 〈봉평리비〉에서 본파부의 인물이 '오간지'
를 칭한 것은 비로소 이 시기에 이르러 여타 부의 간지도 왕권 아래 귀속되어가
는 현상으로 이해할 수 있지 않을까 싶다. 물론 이는 앞서 언급한대로 정확한 판
독이 전제되어야 하므로, 추후 학계의 종합적 검토가 필요하겠다.

마지막으로 금석문들에 나오는 인물들의 소속에 주목할 필요가 있다. 〈중성
리비〉·〈냉수리비〉·〈봉평리비〉의 인물구성을 대조해보면, 정확하게 맞아 떨어
지지는 않더라도 큰 흐름이 발견된다. 전체적으로 탁부·사탁부 인물들이 균등
하게 배치된 가운데, 〈냉수리비〉에서는 사탁부 우위가 두드러지고, 〈봉평리비〉
에서는 아간지 이상의 관등자는 사탁부 인물뿐이지만, 그밖에는 대체로 균등하
다는 점이 눈에 띈다.[77] 즉 〈중성리비〉에서는 비교적 동등하다가 〈냉수리비〉단
계에서 일시적으로 사탁부 우위였다가 다시 환원된 형태이다.

이는 종래 주목하지 않았는데, 글쓴이는 〈중성리비〉 검토 및 신라부체제 연

---

77) 전사인과 처사대인에 포함된 나마의 예를 들면, 〈중성리비〉에서는 사탁부·탁부에서
   각 1인, 〈냉수리비〉에서는 사탁부 소속 1인, 〈봉평리비〉에서는 탁부·사탁부에서 1인
   씩이다(〈봉평리비〉에서는 사족지도 각 1인씩인 점이 유의된다).

구의 새로운 과제를 제공한다고 본다. 〈중성리비〉와 관련한 그동안의 논박을 살펴보면, 건립연대를 어떻게 보느냐에 따라 기본 입장이 같은지 다른지를 나눈 경향이 짙었다. 단순한 시각 문제가 아니라 건립연대에 따라 5~6세기 신라의 변화상이 다르게 해석될 수 있다는 이해를 기반으로 하기 때문이었다. 그런데 건립연대를 어떻게 보든, 이 비문의 기재방법이나 간취되는 역사상이 〈냉수리비〉와 일정의 차이가 있다는 데는 큰 이견이 없다. 엄밀히 말해, 60여 년 동안의 변화인가, 2년 동안의 급격한 변화인가 하는 차이뿐이다.

이와 같이 건립연대를 어떻게 보든 〈중성리비〉에 보이는 정치운영은 〈냉수리비〉에 보이는 '변화'가 있기 전 모습이라는 점에 유의하면, 〈중성리비〉는 마립간기의 정치운영 및 의사결정 방식이 반영된 것인 바, 탁부와 사탁부가 비교적 균등한 권리를 가지는 형태라 하겠다. 글쓴이는 이것이 바로 신라부체제의 특성이라 보는데, 이 점에서 앞서 소개한 '2왕 병립설'을 유연한 자세로 재검토할 필요가 있다고 생각한다. 특히 문경현 교수의 견해는 부분적으로 난점이 있지만, 〈봉평리비〉·〈냉수리비〉 발견 전에 왕과 왕제, 또는 매금왕과 갈문왕을 다른 세력으로 본 점에서 큰 의의가 있다. 다만 매금왕과 갈문왕의 위상 차이가 있는 '2부 2왕 중심의 6부체제'로 수정해 보는 편이 설득력이 높지 않을까 싶다.

이러한 부체제적 정치운영은 사탁부 지도로 갈문왕의 집권 이후 사탁부 우위로 전환되었다가 점차 집권화로 이행되어 갔다. 그렇지만 집권화와 부체제의 해체가 동시에 이행된 것은 아니라고 여겨진다. 〈봉평리비〉에서 최상위관등은 사탁부가 독점하지만 탁부·사탁부의 인원 배분은 대체로 균등하다는 점은 지도로 갈문왕을 낳은 사탁부 인물들을 중심으로 집권화를 모색했지만, 법제적으로는 부체제적 정치운영을 한동안 유지하였다는 것을 말해준다.[78]

V. 맺음말

이 글은 〈포항 중성리 신라비〉 발견 2주년을 기념하여 한국고대사학회가 주관하고 포항시·포항문화원이 후원하여 개최한 〈금석문 선도도시 메카 이미지 구축 심포지엄 -포항 중성리 신라비와 냉수리 신라비-〉의 연구과제 중 하나로 발표한 것을 수정·보완한 것이다. 글쓴이에게 주어진 과제는 〈냉수리비〉·〈중성리비〉의 검토와 이를 통해 본 신라부체제 문제였다. 글쓴이는 위 과제를 수행하기 위해서는 〈봉평리비〉와 〈냉수리비〉를 재검토한 후 〈중성리비〉와 비교검토해 볼 필요가 있다는 생각에서 〈봉평리비〉의 검토에 지면을 일정 할애하였다.

언급한 쟁점 가운데 일부는 글쓴이의 시각을 분명히 드러내었고, 나머지는 여러 가능성을 제시하거나 판단을 유보하였다. 특히 건립연대와 관련하여, 의사를 분명히 하지 않는 것은 올바른 연구자세가 아니라는 선학의 지적이 있기도 했지만, 어떤 면에서는 잘 모르는 것을 무리하게 추리하는 것보다 그대로 두는 것이 더 바람직한 연구자세라는 생각에서 특별한 언급을 하지 않았다.

그동안 대다수 연구자들이 501년설을 지지하는 가운데, 441년설은 소수 의견으로 이해되었다. 그런데 최근 들어 단순히 501년으로 확정할 것이 아니라 441년설에서 제기하는 문제에 대해 귀를 기울일 필요가 있다는 지적이 나왔다.(한국목간학회 제6회 국제학술회의의 김수태 교수 발표문 참조) 글쓴이는 2010년 4월 경북대학교에서 개최된 제113회 한국고대사학회 정기발표회에서 〈중성리비〉가 501년에 건립되었을 가능성이 높다고 발언한 바 있는데, 위 지적

---

78) 글쓴이는 〈봉평리비〉에서 상위관등을 사탁부가 독점하고 있는 점을 토대로 6세기 초반 탁부·사탁부의 재편과정에 대해 살펴 본 바 있다(윤진석, 2010(a) 앞의 논문, pp.41~44).

을 받아들여 지난 발언 내용을 철회하고자 한다. 그렇다고 441년설로 선회하겠다는 것은 아니고 판단을 유보하고 추후 연구과제로 남긴다.

지면관계상 본문 내용을 요약하는 것은 생략하고 각 장의 분석과 Ⅳ장 말미의 연구과제 제시로 갈음한다. 전술한 내용 가운데 기존연구에서 주목하지 않았던 논점들이 적지 않은데, 이 글의 제목과 목차에서 '새로운 해석'과 '새로운 시각'이란 표현을 쓴 이유이기도 하다. 하지만 이는 결코 억지로 새롭게 보려한 데서 비롯된 것이 아니라, 기존견해에서 부분적으로 간파했음에도 깊이 숙고하지 않은 바를 재음미한 점이 대부분이라는 것을 밝힌다.

윤진석, 「포항 중성리 신라비의 새로운 해석과 신라 부체제」에 대한 토론문

하일식 (연세대학교 사학과)

2009년 5월에 발견된 「포항 중성리 신라비」는 6세기 초 신라 왕경 지배층과 지방인이 한데 얽힌 어떤 분쟁을 재결(裁決)한 뒤에 그 내용을 돌에 새긴 것이다. 그러나 비문의 형식은 물론, 인명·관등과 지명, 분쟁의 내용과 대상물 등에 관해 연구자들의 이해 방향이 일정하게 수렴되지 못한 상태이다. 기존에 보지 못하던 어투도 많기 때문에 「봉평비」나 「냉수비」와 비교·대조하여 이해하는 것도 현재로서는 한계가 있다. 따라서 현재로서는 비문 자체를 정확히 이해하기조차 어려운 상태이다.

이런 상황에서 중성리비를 신라 6부 문제와 연관하여 분석하는 일은 매우 어려운 일이다. 물론 6부 문제와 관련하여 중성리비를 언급한 견해들이 없지 않으나, 이 주제와 관련하여 비문을 상세히 분석하여 널리 공감할 만한 이해가 얻어지지 않았기 때문이다. 따라서 발표자의 애로가 적지 않았으리라 짐작된다. 봉평비·냉수비에 관한 기왕의 연구 성과를 검토하면서 중성리비의 내용을 살피고, 신라 부체제와 관련한 몇 가지 문제를 제기하는 것만으로도 현재 연구 상황에서는 의미 있는 일이 아닐까 생각한다.

토론자도 이 주제와 관련하여 중성리비의 내용을 분석한 적은 없었고, 아직 비문의 전체 내용조차 원만하게 이해하는 수준에 이르지 못하고 있다. 그래서 발표문을 작성하는 입장 못지않게, 토론문을 만드는 일도 쉽지 않다는 점을 이야기해둔다. 다만, 토론자의 역할을 하기 위하여 발표문을 읽으면서 생긴 자잘한 의문들과 함께 이 주제를 검토할 때 유의해야 할 몇 가지를 짚어보았다.

사소한 것이지만, 발표자는 냉수비와 봉평비 등이 우리말식 어순으로 기록된 이유를 구술을 그대로 받아 적었기 때문이라고 하였다. 그러나 당시 금석문에 우리말투와 한문투가 섞여 있는 것은, 당시의 한문 사용 수준이나 기록의 관행으로 말미암는 것이지 명령이 구두로 내려졌기 때문은 아니다. 명령자가 직접 문장을 작성해도 비슷한 문장이 되었을 것이다. 조선시대에도 국왕이 말로 지시하면 승지가 격조 높은 한문으로 작성하여 내려 보내는 경우가 대부분이었다.

또 발표자는 봉평비의 '획죄어천(獲罪於天)'이란 구절이 『논어(論語)』 팔일편(八佾篇)을 인용한 것이라 강조하였다. 그러나 발표자 스스로도 이야기했듯이, 봉평비의 이 표현은 『논어』의 문맥이나 내용과 다른 의미로 쓰였다. 4글자가 같다고 해서 '인용'이라고 간주하고, 『논어』의 내용과 다른 맥락에서 쓰인 점에 특별한 의미를 두는 것이 자연스런 판단일까? 하는 생각이 들었다. 물론 발표자는 이 점을 근거로 다른 사실을 해석하는 데까지 직접 연결짓지는 않았지만, 토론자의 입장에서는 '획죄어천(獲罪於天)'이란 구절을 『논어』의 '인용'이라고 판단하는 것조차 조심스럽다. 고대 중국이든 한국이든, 천관념(天觀念)을 공유하던 상황에서는 어디든 사용될 수 있는 자연스런 표현이라 생각하기 때문이다.

또 발표자는 봉평비의 '훼부박사우시교지(喙部博士于時敎之)'의 교(敎)에 특별한 의미를 두고 검토하였다. 박사가 임의로 교를 내린 것인지, 중앙의 교를 전달한 것인지… 봉평비 발견 당시에도 이런 논란은 있었다. 교(敎)는 국왕만이 내릴 수 있는 것이라는 판단으로부터 다수의 공론자(共論者)와 '유일의 하교자(下敎者)'를 분리하려는 견해였다. 그러나 토론자는 월성해자 출토 목간에 나오는 '전대등소교사(典大等所敎事)'라는 구절로부터, 신라인의 한자 사용에서 교(敎)라는 표현은 유일의 왕자(王者)만이 전용(專用)하던 것이 아니라 '일반 적인 명령이나 지시'라는 뜻으로 널리 쓰였다는 점을 지적한 적이 있었다(1998 『新羅 官等制의 起源과 性格』, 연세대학교 사학과 박사학위논문 ; 2006 『신라 집 권 관료제 연구』, 혜안). 따라서 봉평비의 경고 문구에 교(敎)라는 표현이 쓰인 것은 특별히 주목할 비중 있는 요소는 아닌 듯하다.

다음으로 짚어볼 것은, 발표자가 냉수비의 내용을 현대 재판의 2심·3심 등 에 빗대서 생각하고 판단한 점이다. 토론자는 냉수비를 세운 계기가 된 분쟁은 동일한 다툼이 같은 서류로 2심·3심으로 진행된 것이 아니라 생각한다. 즉 ① 과 거에 한 번 재결된 사안이지만, (과거와 달라진 상황이 생겼을 수도 있고) 자신 의 권리를 다시 주장할 여지가 있다고 판단한 자들이 문제를 제기하고, ② 이런 문제제기를 접한 결정권자·판결자들이 과거의 판결내용을 참고하고 활용하여 이전의 결정이 여전히 유효하다고 결정하였고, ③ 나아가 절거리(節居利) 사후 에는 누가 재(財)를 득(得)한다고까지 판결하며 분쟁을 매듭지은 것이 냉수비 라고 생각한다.

따라서 현대 재판의 2심·3심을 연상하며 냉수비의 내용을 검토하면 곤란하 다는 생각이다. 오히려 다른 각도에서 이해하면 더 합리적인 해석의 여지가 마 련될 수 있지 않을까 한다. 분쟁이라는 점에서는 냉수비와 중성리비가 비슷한 경 우이지만, 둘 사이에 뚜렷한 차이가 있다는 것도 세밀하게 파악할 필요가 있다.

개인적인 생각은 이렇다. 즉 냉수비의 경우, 예전에 다툼이 생겨서 이미 재 결이 내려진 적이 있었지만, 냉수비 건립 직전에 뭔가 다른 상황이 조성되자 말 추(末鄒)·사신지(斯申支) 2인이 새로이 자신의 권리를 주장하며 제소했고, 중 앙정부의 결정권자들은 이 사안을 놓고 과거의 재결내용을 찾아 검토한 끝에, 현 재의 상황도 과거의 결정을 뒤집을 정도는 아닐 뿐 아니라 앞으로도 그럴 수 없 을 것이라 판단하여 말추와 사신지가 다시는 이의를 제기하지 못하도록(~莫更

噵此財) 하고, 만약 다시 거론하면 중죄를 주겠다고 못박았다. 그 조치의 결과물이 냉수비라고 생각한다. 이 경우, 말추·사신지는 그 재(財)를 탐내기는 했지만 완력이나 강압으로 '취(取)한 상태'가 아니라 '취(取)하고 싶어 한 상태'에서 일어난 분쟁이다.

그러나 중성리비의 분쟁은 이와 다르다. 중성리비는 A가 B로부터 이미 뭔가를 빼앗았고(탈奪), 그로 인해 분쟁과 논란이 발생하자 중앙정부에서 사태를 조사하여 A로 하여금 B에게 뭔가를 되돌려주도록(개환更還) 결정한 내용이다. 또 냉수비는 과거 결정에서 중앙정부의 갈문왕 등 왕급(王級) 인물 2인이 나오고, 현재의 결정에서 갈문왕을 포함한 고위급 인물들이 관여할 정도로 비중 있는 일이었다. 또 과거의 비슷한 일이 (상황을 달리하여) 반복된 경우였다. 그러나 중성리비는 그보다는 조금 낮은 인물들이 결정에 관여하고 있으며(첫 행의 갈문왕葛文王이 인정된다고 해도), 분쟁 자체가 이번에 처음 발생한 것이었다. 그래서 혹시 추후에 반복될 가능성이 있을지도 모르기 때문에, 사인(使人) 비서모리(卑西牟利)가 구두로(백구白口) "만약 나중에 다시 거론하는 사람이 있다면 중죄를 주겠다"고 언표하였다. 어쨌든 냉수비와 봉평비의 현재 문장으로 파악되는 이런 차이은 면밀하게 염두에 둘 필요가 있다고 생각된다.

다음, 발표자가 중성리비의 쟁인(爭人)을 사건의 심리(審理)를 맡은 사람으로 이해한 점에 대해 짚어보려 한다(비슷한 착상이 이전에도 제시된 적이 있음). 발표자는 별도의 쟁인을 두어 평결한 뒤에 2인의 아간지(阿干支) 명의로 교(敎)를 내린 것이라 해석하였다. 토론자의 생각으로는, 6세기 초 금석문의 표현에서 쟁(爭)의 자전적 뜻을 기준으로 판단하는 것이 합리적인 것인지 회의스럽다. 설사 쟁(爭)에 변(辯) 또는 사건의 심리라는 자전적 뜻이 있다 해도, 이것이 중성리비의 '쟁인(爭人)'을 평결 집단으로 간주할 근거는 되지 못한다.

어떤 분쟁이 발생하고 그를 정부 차원에서 재결할 필요가 있다면, 분쟁의 내용을 살피고 심리한 뒤에 결정을 내리고, 그 결정을 최종 지시하는 정부 책임자가 있는 것은 당연하다. 그런데 여기서 분쟁의 내용을 따지고 심리한 실무자의 명단을 열거하는 것이 자연스러운가? 하는 의문이다. 더구나 최종 결정자인 2명의 아간지(阿干支, 혹은 갈문왕을 포함한 3인)가 교(敎)한 다음에 바로 이어 이들을 열거한다는 것은 어색할 뿐 아니라, 그 뒤에 이어지는 使人과 어울리지도 않으며 문맥도 어색하다고 생각된다.

더구나 발표자는 중성리비 6~9행에 증인(證人)이 기재된 것으로 보는 견해를 "매우 순진한 발상"이라고 간주하고 "예기치 못한 일이 발생할 우려"를 간과한 것이라 언급하였다. 그렇다면 발표자 스스로의 입론을 따르더라도, 분쟁을 심리한 사람을 일일이 기록한 것은 예기치 않은 일이 발생할 우려를 더욱 높여주는 행위가 아닐까?

한편, 발표자는 중성리비 9행의 '운(云)'을 3행의 '교(敎)'를 이어받아 "(교敎에서) 이르기를"이라고 풀이했다. 발표자 스스로도 두 글자 사이의 위치가 너무 멀다는 점을 의식하여 언급하면서도 "비문의 내용이 유기적으로 연결된 세련된 서술이 아니라 명시적 서술"이라는 판단을 내세웠다('명시적 서술'이 무엇인지 잘 이해되지 않는다). 문제는, 3행의 '교(敎)'와 9행의 '운(云)'은 거리가 멀다는 것에 그치지 않는다. 그 사이에 많은 인명이 열거되고 있으며, 동사로 생각되는 글자만 '백(白)' '(세)령((世)令)' 등이 중간 중간에 나온다. 이를 무시하고 한참 건너 띄어서 9행의 운(云)이 3행의 교(敎)를 이어받는 글자라고 보기는 어렵지 않을까 한다.

이와 직결되는 문제가 또 있다. 발표자가 중성리비 9~10행을 해석한 내용에 대해서도 의문을 제기하고 싶다. 발표자는 "이르기를, 두지 사간지궁(豆智 沙干支宮)과 일부지궁(日夫智宮)을 빼앗아(몰수하여) 지금 모단벌훼(牟旦伐喙)의 작민사(作民沙) 간지(干支)에게 다시 돌려주노라(주어라)"고 해석하면서,

이렇게 해석할 때는 "무엇을 빼앗았는지 알 수 없게 되는 문제점이 있다"고 부연하였다. 이렇게 보면 두지 사간지궁(豆智 沙干支宮)과 일부지궁(日夫智宮)이 탈(奪)의 목적어가 되는 셈인데, 오히려 무엇을 빼앗았는지가 분명해지는 해석이 된다. 모순으로 생각된다.

토론자는 이렇게 해석한다면, 무엇을 빼앗았는지만 알 수 없는 것으로 그치지 않고 더 많은 의문이 생겨날 수밖에 없다고 생각한다. 그 이유는 다음과 같다.

발표자는 모단벌훼(牟旦伐喙)를 왕경의 모량부로 비정하였다. 이는 기왕의 몇 연구에서 제시된 해석이기도 하다. 또 궁(宮)이 무엇인지에 대해서도 기왕의 견해들이 나와 있다. 그런데 '왕경의' 두지 사간지궁(豆智 沙干支宮)과 일부지궁(日夫智宮)을 뺏어 '왕경의' 모량부 작민사 간지(作民沙 干支)에게 돌려주는 결정이었다면, 왜 포항의 중성리에 비를 세우게 되었을까? 왕경에서 재결하여 왕경인 당사자들에게 처분 결과를 통고하는 것으로 충분하지 않았을까? 더구나 왕경이 아니고 지방임이 분명한 나소독지(奈蘇毒只)에 파견된 지방관인 도사(道使) 등이 뭔가를 세령(世令)하며, 마찬가지로 지방임이 분명한 소두고리촌(蘇豆古利村)·나음지촌(奈音支村) 등의 유력자들까지 그 세령(世令)을 받는 대상처럼 기록한 것을 또 어떻게 이해할 수 있을 것인가? 발표자는 궁(宮)의 실체에 대해 판단을 유보한다고 했지만, 이를 유보하고서 "무엇을 빼앗아서 누구에게 준다"는 식의 문장으로 해석할 수는 없는 것 아닌가 생각한다. 만약 비문에서 '탈(奪)'자가 두지 사간지궁(豆智 沙干支宮) 앞에 놓여 있다면 발표자의 해석을 수긍할 수도 있었겠다.

이상 발표문에 대해 두서없이 몇 가지를 언급해보았다. 토론자 스스로도 중성리비를 온전히 이해하지 못하고 있는 상태라서 실수나 오해가 있지 않을까 걱정스럽다.

 : 윤진석 선생님의 발표에 대한 토론은 연세대학교의 하일식 선생님께서 해주시겠습니다. 시간 관계상 짧게 해주시길 부탁드립니다.

 : 예 하일식입니다. 시간이 많이 지체되어서 저라도 좀 시간을 짧게 해야 할 것 같습니다. 우리 윤선생님께서는 부체제하고 관련된 분석을 중요하게 보셨을 거라고 짐작이 됩니다. 결과적으로 지금 발표문을 보면, 냉수리비, 중성리비에 대한 기존의 연구들을 두루두루 살펴서 여러 가지 문제제기 하고 있습니다. 불가피하게 저도 자료집에 실린 발표문을 놓고서 몇 가지 좀 다른 생각들을 메모할 수밖에 없었는데, 발표문을 전부 다 읽을 수는 없고 사소한 것 하고 큰 것 한 두 세 가지만 이야기를 하려고 합니다.

아까 발표하시면서도 윤선생님이 자꾸 이 시기 금석문의 문장이 우리말식으로 되어 있다, 그 이유에 대해서 결정권자가 말로 지시한 것을 문자로 받아 적다 보니까 그렇게 됐다는 식으로, 마치 그것이 원인인 것처럼 자꾸 말씀을 하시는데, 저는 그렇지 않다고 생각을 합니다. 조선시대도 왕이 다 말로 명령하고 받아 적은 게 확인됩니다. 제 기억이 선명치는 않지만, 한글을 사용하자고 이야기하면서 단재 신채호가 그런 예를 들었던 기억이 납니다. 숙종 때인가 언젠가 국왕이 친국을 하면서 흥분해서 "저 놈을 이리 저리 묶어서 뭉툭한 돌로 내리쳐라" 그랬더니 옆에 있던 사관이 그 말을 제대로 한문으로 못 받아 적어서 우물쭈물하고 있는데, 나머지 똑똑한 사관 하나가 한문으로 옮기기를 '이효자형박지(以爻字形縛之)'하여 '무우석격지(無隅石擊之)'라고 썼던가 그랬습니다. 이렇게 적으니까 왕이 "너 참, 기특하다" 이런 이야기를 접한 적이 있습니다. 자기 문자가 없으니까 생기는 어려움인데요. 중성리비의 경우도, 이 당시에 말로 명령해서 그런 것이 아니고, 명령은 다 말로 되는 것인데요. 명령권자가 직접 목간이든 종이에 써도 그런 문장이 나오는 거지요. 우리 문자가 없으니까요. 그래서 그걸 자꾸 원인처럼 강조화시키는 것은 문제가 있다고 생각을 했습니다.

또 하나는 냉수리비도 그랬고 중성리비를 비교를 하시면서, 자꾸 현대 재판의 2심, 3심을 거론을 했는데, 전 그게 연구 방법에 있어서 적절한 비유는 아니라고 생각을 해왔습니다. 냉수리비하고, 중성리비의 차이점도 좀 비교를 할 때는 분명하게 전제할 필요가 있다, 그 차이점이라고 하는 것은 뭐냐? 2심, 3심처럼 같은 사항에 대해서 같은 서류를 가지고서 상급법원으로 가는 게 아니라, 냉수리비 같은 경우도 과거에 이런 판결이 내려져서 절거리가 무엇을 가지고 있는데, 어떤 새로운 상황이 조성되었을 수도 있고, 그렇지 않은 다른 틈새를 노렸을 수도 있는데, 말추와 사신지라는 사람이 다시 또 이의 제기를 한 번 했고, 그래서 그 문제를 놓고서 중앙의 결정권자들이 보니까 옛날에 한번 판결이 되어졌다는 것을 확인을 하고, 그걸 재확인 해주고, 이러다보니까 앞으로 또 비슷한 일이 발생할 수 있을 것 같으니까 "앞으로도 이런 문제를 제기하지 말아라" 하고 이야기를 해 준 것입니다. 그러니까 뺏고 빼앗기고 하는 일들이 발생하지 않은 상태가 된 것이라고 생각을 하고요. 근데 중성리비는 분명히 뭔가가 원래 상태에서부터 A에서 B로 빼앗겨서 넘어갔고, 그걸로 인해서 분쟁이 발생하니까 다시 되돌리려는 조치를 한 것이기 때문에 양자의 차이점을 분명하게 전제하지 않으면 분석단계에서부터 혼란이 오게 됩니다. 분석단계에서부터 혼란이 오면 결과는 상당히 다른 부분이 될 가능성이 크거든요. 그런 부분에 대해서 문제제기를 하고 싶습니다.

또 방금 발표를 하시면서 강조를 하셨는데, 기존의 연구들 중에서 중성리비에서 6행에서 9행을 "증인이 개입을 했다" 이렇게 해석한 견해가 있었는데, 거기다 증인을 기재하면 어떻게 하느냐, 자기한테 불리한 증언을 한 증인을 비문에다 새겨놨다면 예기치 못한 일이 발생할 수 있으니까 그런 점을 감안하지 못한 견해다고 비판을 하셨습니다. 쉽게 이야기하면 그런거죠. 편하게 표현을 하자면, "니가 나한테 그렇게 불리한 증언을 했단 말이야? 밤길 조심해' 이런 식이 되는 거지요. 그렇게 따지면 윤선생님 스스로도 지금 그 앞부분에서 쟁인을 해석을 할 때 사건의 심리를 맡은 사람으로 판단을 하셨거든요. 그렇게 강조를 하셨는데, 증인뿐만 아니라 사건의 심리를 맡은 사람을 비문에다가 적어두면 예기치 않은 사태가 더 심각하게 더욱 잘 발생할 수 있는 거죠. 그건 논리적 모순이 아닌가 이런 생각을 해봤습니다.

그 다음에 마지막으로 문제제기를 하고 싶은 것이, 물론 윤선생님만의 견해는 아닌데, 중성리비 제9행, 제10행 그 다음에 그 앞부분 3행 '교(敎)'에서 '운(云)' 이렇게 넘어가는 그 중간에, 굉장히 많은 문장이 들어있고, 촌락이름도 나오고 동사도 2개나 들어있습니다. 그런데 그걸 '교(敎)'라고 한 다음에 그 중간에 훌쩍 건너뛰어서 그 교(敎)의 내용이 두 행이나 뒤에 '운(云)'으로 이야기가 된다고 하는 해석이 합리적인가 하는 의문을 던져 봤고요. 그 다음에는 제 발표문 88페이지의 중간쯤에 "이르기를 두지사간지궁과 일부지궁을 빼앗아(몰수해서) 지금 모단벌훼의 작민사 간지에게 돌려준다" 이렇게 해석을 하셨는데, 발표자 스스로도 이 '탈(奪)'의 목적어가 두지사간지궁하고 일부지궁이 되는데, 이게 제가 생각하기에는 굉장히 모순이거든요. 만약에 그렇다면 다 왕경에 있는 사람들인데, 왕경에서 판결하고 왕경에서 해결하고 왕경에서 통지하고 그러면 끝날 일을, 왜 포항까지 와 가지고 비를 세우고 도사까지 등장하고 포항 인근이었음이 분명한 촌락 이름도 2개가 나오는 등, 도저히 납득할 수 없는 그런 비문의 기재내용이 되는데 이건 설명이 안 된다, 이 점을 의문으로 제기하고 싶습니다.

사회 : 예. 발표문에서는 아홉 가지를 하선생님께서 지적하셨는데, 토론에서는 크게 한 3가지를 이야기를 하셨습니다. 윤선생님 시간관계상 많은 것은 어렵고 세 가지 정도만 답변해주십시오.

윤진석 : 질문하신 내용만 답변을 해 드리면요. 첫 번째 목간 이야기인데, 사실은 제 발표는 이해를 돕기 위해서 목간을 든 것이지, 전체적 문장을 보면 "목간에 적었기 때문에 우리말 어순이다" 이 말을 하고 싶은 게 아니고, 봉평비만 보더라도 '교(敎)'만 유독 우리말 어순이 들어 있다, 이것을 어떻게 봐야할 것인가에 대한 것이지 목간 이야기는 사실은 부차적인 설명이었습니다. 그 다음에 선생님이 지적하신 목간 이야기에서 아까 조선시대의 경우를 썼는데, 왕 옆에 있는 서인(書人)이 최고의 한문 능력을 가져서 왕이 우리말로 이야기를 했더라도 받아 적을 때는 한문 어순으로 적지 않겠나 하는 추론을 하셨습니다. 그런데 문제가 되는 것은 그렇게 받아 적어가지고 주면 받는 입장에서 이해를 못 합니다. 지금 현재 발견된 목간이 거의 절반 이상이 우리말 어순이 상당히 많이 포함되어 있습니다. 이렇게 보면 실제 목간 자체가 우리말 어순으로 되어 있는데, 조선시대 사안을 들이대서 하는 것은 전 좀 이해가 안 된다고 생각합니다. 그 부분에 대해서 실제 목간은 우리말 어순으로 썼다는 것을 분명히 기억할 필요가 있다 이렇게 생각합니다.

두 번째 2심, 3심에 대해서 빗대어서 이렇게 말씀하셨는데, 제 문장을 조금 잘못 읽으셨습니다. 제 문장을 읽어드리면 "구체적으로 따지면 재심이 아니라 3심인 바, 지방관의 결정을 거쳐 최종적으로 왕이 결정을 내리는 것이 아니라, 1세기에 걸쳐 세 왕이 직접 결정에 참여했다는 식이므로 이해하기 어려운 면이 있다" 여기까지가 주된 것이고, 이해를 돕기 위해서 그 다음은 부차적으로 넣었습니다. "현대적으로 말하면 최상급 법원에서만 세 차례 판결을 내린 셈인데, 이런 경우는 국가 대사라도 흔치 않기 때문"입니다. 이렇게 되면 제가 했던 말은 이건 비유였지, 현대적인 관념을 갖고 이야기 한 것이 아닙니다. 전근대 사회에서도 왕이 세 번이나 참여했다면 이건 국가대사입니다. 그렇게 되면 냉수리비에 대한 이해는 완전히 달리 해야 된다, 이런 입장이기 때문에 제가 현대적인 이해를 갖고 접근했다고 말씀하신 것은 조금 오해라고 생각합니다. 현대적인 이해를 적용을 많이 해보고 이렇게 저렇게 고민을 해 보면서 역사전공자로서 역사적인 이해를 갖고 접근을 했습니다.

다음에 '운' 앞부분을 증인으로 보는 경우에 대해 순진한 발상이라고 한 저의 표현에 선생님께서 조금 불편하셨던 것 같습니다. 앞서 발표할 때 말씀드렸듯이 실제 권력을 가진 사람들이 사건을 이렇게 처결하노라, 그래서 교를 내리는 아간지라든지 그리고 소송에 대해서 심의를 맡은 사람들의 이름을 적는 것은 너무도 당연할 겁니다. 그런데 뒤에 여러 촌의 사람들을 증인으로, 또 인근 지역에 같이 사는 사람들로 보게 되면 이건 더 심각한 문제가 발생하게 됩니다. 더욱이 상황에 따라서 실질적으로 말을 바꿀 수가 있습니다. 그래서 제가 하고 싶은 말은 국가가 말썽꺼리의 증인을 적어 놓으면, 새로운 말썽이 생기고 국가운영 상에 문제가 있다, 같은 선에서 권력을 가진 최상위권의 중앙의 관료하고 촌주나 이런 사람들을 증인과 쟁인에 비교해서 똑같은 논리가 발생하지 않느냐, 이런 부분은 이해가 조금 이해가 안 됩니다.

그 다음 "운(云)에서 교(敎)를 이어받아" 이것에 대해서는 드릴 말씀이 조금 많은데, 지금 보는 것은 종합 토론에서 또 다루어지리라고 생각을 또 하니까 일단 이것은 접어두도록 하고요.

그리고 두지사간지궁(豆智沙干支宮)과 일부지궁(日夫智宮)에 대한 해석이 모순된다고 말씀하셨는데, 이것도 문장을 완전히 잘못 읽으셨습니다. 제가 생각하기에는, 저는 어떻게 썼느냐 하면, 두지사간지궁과 일부지궁을 목적어로 보면 무엇을 빼앗았는지 알 수 있는데, 기존의 해석처럼 하면 무엇을 빼앗았는지 알 수 없는 문제가 있으니까 목적어로 봐야 된다는 말씀을 드린 것이지, 제 해석이 무엇을 빼앗았는지 알 수 없다고 한 것은 아니었습니다. 문장을 완전히 잘못 읽으셨습니다.

마지막에 '왕경의' 이런 부분에 대해서는 제가 말씀드리고 싶은 것은, 이게 실제 사건이 이 지역에 관련된 것이기 때문에 이 지역에 비석을 새긴 것이지, 아간지가 여기까지 와서 실제로 시비를 했는지 말았는지에 대해서는 이 비석만 봐서는 판단을 내리기 어렵습니다. 기존에 여러 선생님들 의견은 비를 새기는 데는 직접 참여하지 않고 중앙에서 교를 내려서 지방 실무자 선에서 처리하지 않았나, 그런 정도로 이해를 하고 있습니다. 여기까지입니다.

사회 : 예, 조금 더 보충 질문이 더 필요하신가요? 한 3분 정도 남은 것 같은데 주최측에서 12시 10분에 끝내 달라는 요청이 있었습니다.

하일식 : 한 가지만 여쭤 보겠습니다. 윤선생님께서는 같은 동네에 사는 사람들을 증인으로 세워서 어떤 판결이 났다고 했을 때, 그 이후의 문제가 굉장히 불편했을 수 있다, 예기치 못한 일이 있을 수 있다, 주먹다짐이 있을 수 있다, 이렇게 말씀하셨습니다. 같은 논리로 본다면, 이 사항을 심리하고, 판결에 중요한 판단이 될 수 있는 자료, 그런 자료를 제공했고 최후 결정권자가 결정을 내리게 되는 과정에서 지대한 영향력을 미쳤던 사람들, 쟁인을 사건을 심리하는 사람이라고 한다면, 그 심리하는 사람들은 거의 내가 가지게 될 것을 저 사람들에게 뺏기게 된 조치를 실제로 두둔한 사람들인 셈이 되는 거지요. 그런 논의를 주도한 사람들을 비문에 적게 되면 예상할 수 없는 일이 더 발생할 가능성이 있는 거라고 저는 생각을 했거든요. 그런데 그 점을 전혀 접수를 하지 않고서 답변을 하시니까 조금 곤혹스럽네요.

윤진석 : 앞부분에 쟁인의 이름을 적어놓은 것은 각 부의 간지, 일벌 이렇게 되어 있습니다. 같은 식으로 이해를 하시면, 냉수리비, 봉평비에도 왕들이나 본

피부 간지, 잠탁부 간지, 이 사람들 이름을 다 적으면 심각한 문제가 발생을 한다, 이런 식의 이해인 것 같아서 저 개인적으로는 좀 동의하기 어렵습니다.

 : 예. 지금 오늘 발표와 토론 보시면서 느끼셨겠습니다마는 지금 신라사하시는 분들이 거의 다 합의되기보다는 다 각양각색입니다. 백가쟁명이라고 할까요? 오늘의 자리도 그 연장선상에 있다고 이해해 주시고요. 그래서 아무래도 합의보다는 좀 더 논점을 명확하게 해야 할 시점이 조금 필요할 것 같으니까 있다가 오후 종합토론 때 마무리 논의를 부탁드리겠습니다. 자 그래서 이상으로 주제 발표 및 두 분의 발표와 토론을 마무리 짓고, 오후 발표로 이어지도록 하겠습니다.

浦項中城里新羅碑

〈포항 중성리 신라비〉가 보여주는 '소리'

– 정보전달에 있어 구두와 문자의 기능 –
口頭　文字

윤 선 태
동국대학교
역사교육과 부교수

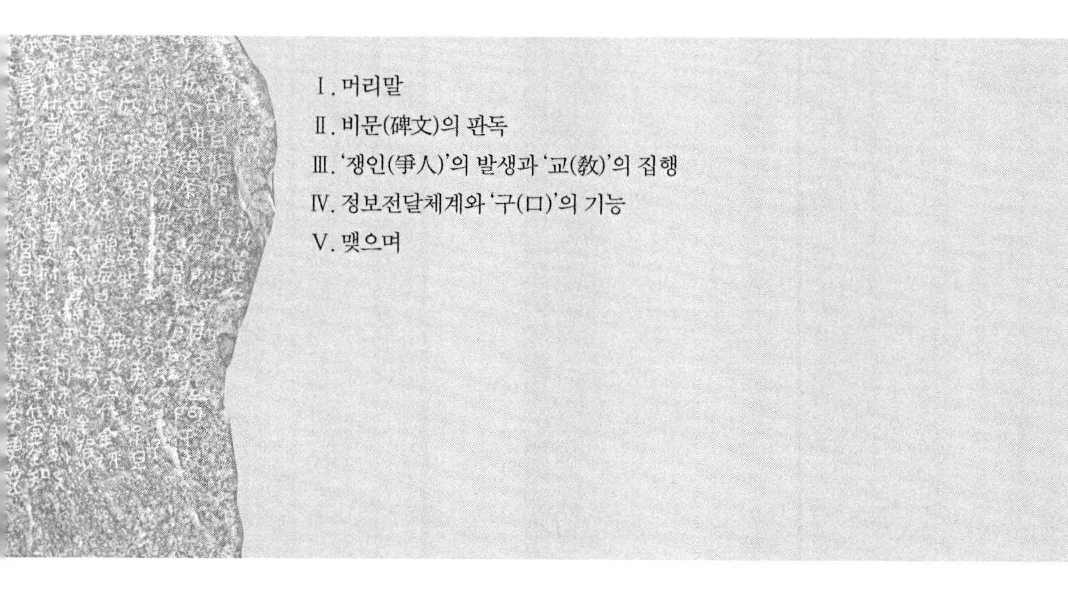

〈포항 중성리 신라비〉가 보여주는 '소리'
- 정보전달에 있어 구두(口頭)와 문자(文字)의 기능 -

Ⅰ. 머리말

〈포항 중성리 신라비〉(이하 '중성리비'로 약칭함)가 발견된 이후,[1] 판독을 진행하면서 필자를 사로잡은 단 하나의 글자는 이 비문의 마지막 글자인 '구(口)'였다.[2] 이 비는 전체 12행인데, 마지막 행은 '사탁심도리구(沙喙心刀哩口)'

---

1) 그간 〈포항 중성리 신라비〉에 대해서는 세 번에 걸쳐 학술발표회가 있었다. 첫 번째는 국립경주문화재연구소 주최의 『浦項 中城里新羅碑 발견기념 학술심포지엄』(2009. 9. 3)이다. 여기에는 선석열, 2009 「포항 중성리 신라비의 금석학적 위치」; 권인한, 2009 「『포항 중성리 신라비』의 어문학적 검토」; 이우태, 2009 「포항 중성리 신라비의 건립 연대와 성격」; 고광의, 2009 「포항 중성리 신라비 서체와 고신라 문자생활」 등의 연구 발표가 있었다.

두 번째는 한국고대사학회 주최의 중성리비학술대회(2009. 10. 7)인데 발표 논문들은 『韓國古代史硏究』 56에 수록되었다. 이에는 李文基, 2009 「포항中城里新羅碑의 발견 과 그 의의 –「冷水里碑」의 재음미를 겸하여–」; 배용일, 2009 「포항 중성리 신라비의 발견경위와 고대의 포항과 흥해」; 전덕재, 2009 「포항 중성리 신라비의 내용과 신라 6 부에 대한 새로운 이해」; 강종훈, 2009 「포항 중성리 신라비의 내용과 성격」; 하일식, 2009 「포항 중성리 신라비와 신라 관등제」; 李泳鎬, 2009 「興海地域과 浦項中城里新 羅碑」 등이 있다.

세 번째는 한국고대사학회 주최의 중성리비 관련 정기발표회(113회, 2010. 4. 10)인로 판독된다. 이 마지막 글자인 '구(口)'에 대해서는 그간 학계에서 거의 주목하지 않았다. 바로 앞 행인 11행은 '전서여모두고기(典書与牟豆故記)'로 판독되는데, 이는 '전서(문서기록 담당자)인 여모두가 고(故)로 기(記)했다'고 해석되기 때문에, 마지막 12행의 '사탁심도리구(沙喙心刀哩口)'도 "사탁 소속의 심도리가 구(口)했다"로 해석하는 것이 합리적이다. '구(口)'는 인명어미로는 아직 예가 없으며, 그 반대로 '리'는 인명어미로 빈번히 확인된다. 당시 신라에서 문서를 '기(記)'하는 것과 대비되는 '구(口)'는 어떤 행위를 의미하는 것일까?

한편 이 비의 10행에도 16번째 글자인 '백(白)' 다음에 '구(口)'가 기록되어

데, 당시 발표논문은 金昌錫, 2010「新羅 法制의 형성 과정과 律令의 성격-포항 중성리 신라비의 검토를 중심으로-」『韓國古代史研究』58 ; 朱甫暾, 2010「浦項 中城里新羅碑에 대한 研究 展望」『韓國古代史研究』59 ; 노태돈, 2010「포항 중성리 신라비와 外位」『韓國古代史研究』59 ; 노중국, 2010「포항 중성리비를 통해 본 麻立干시기 신라의 분쟁처리 절차와 六部체제의 운영」『韓國古代史研究』59 ; 이용현, 2011「중성리비의 기초적 검토 -냉수리비·봉평비와의 비교적 시점-」『考古學誌』17 등이 있다. 이외 기타 개별적으로 발표된 논문으로는 선석열, 2009「인명표기방식을 통해본 포항 중성리 신라비」『인문학논총』14권 3호, 경성대학교 인문과학연구소 ; 金昌錫, 2009「포항 中城里新羅碑에 관한 몇 가지 고찰」『韓國史研究』147 ; 김희만, 2009「浦項 中城里新羅碑와 新羅의 官等制」『東國史學』47, 東國史學會 ; 박남수, 2010「「浦項 中城里新羅碑」의 新釋과 지증왕대 정치 개혁」『韓國古代史研究』60 ; 박성현, 2011「포항 중성리 신라비 비문의 형식과 분쟁의 성격」『한국문화』55, 서울대학교 규장각한국학연구원 등이 있다. 이하 이들 논문의 인용은 본문에서 필자의 이름을 직접 언급하는 것으로 대신한다.
2) 종래 학계에서는 이 글자의 판독에 대해 거의 주목하지 않았다. 이 글자를 '점(占)'으로 판독한 견해도 있지만(고광의), 후술하듯이 '口' 위의 획은 필획이 아니어서 '구(口)'가 분명하다. 필자는 2012년 2월 27일 한국목간학회가 주최한 〈포항 중성리 신라비〉 판독회'에 참여하여 직접 비의 명문을 확인하였다. 비의 조사를 허락해준 국립경주문화재연구소 관계자 여러분께 이 자리를 빌어 감사의 마음을 표한다. 이 판독회에는 권인한, 김영심, 서영교, 여호규, 윤선태, 윤진석, 이영호, 정재영, 정현숙, 홍승우(가나다 순) 등의 연구자가 참여하였다.

있어 주목된다. 그리고 이 '구(口)'에 이어 "만약 후세에 다시 말하는 사람은 중죄를 준다"는 구절이 기록되어 있다. "다시 이의를 제기하는 자에게 중죄를 준다"는 이 구절은 503년에 건립된 〈영일 냉수리 신라비〉(이하 '냉수리비'로 약칭함)에도 '별교(別敎)'라는 형식으로 기록되어 있다.

중성리비의 건립연대에 대해서는 논란이 있지만, 501년 또는 441년에 만들어진 신라 최고(最古)의 비임에는 틀림없다. 시공간을 달리하는 두 비에 마치 '주문(呪文)'처럼 비슷한 구절이 적혀 있다는 것은 이 구절이 당시 신라 사회를 이해하는 중요한 열쇠임을 암시한다. 5~6세기 신라사회에서 중앙의 판결은 지방에 어떠한 방식으로 전달되고, 관철되었던 것일까? 한 가지 분명한 것은 이 과정에서 앞서 주목했던 '구(口)'의 행위가 분명 어떤 역할을 수행하였을 가능성이 크다는 점이다.

중성리비는 보존상태가 양호해, 비문의 판독은 몇 글자를 제외하면 큰 어려움이 없다. 그러나 이 몇 글자들이 내용이해의 관건이어서 판독에 보다 신중할 필요가 있다. 또 내용 해석도 끊어 읽기에 따라 연구자마다 이견(異見)이 분분하여, 합리적인 해석 기준을 제시하고 기존 연구의 방법적 타당성을 검토해야만 한다.

현재 비문의 내용에 대한 전체적인 윤곽은 이미 잡혔다. 즉 두지사간지궁(豆智沙干支宮)과 6부(部) 사이에 발생한 어떤 쟁송(爭訟)에 대해 중앙에서 '교(敎, 판결)'를 내렸고, 이를 집행한 사실을 비에 기록하였다는 점에 대해서는 대부분의 연구자들이 동의하고 있다. 이러한 대체적인 내용으로 볼 때, 중성리비가 냉수리비나 〈울진 봉평리 신라비〉(이하 '봉평비'로 약칭함)와 동일한 목적에서 제작 건립되었음을 알 수 있다. 이 두 비 역시 중앙의 교(敎)를 지방사회에 관철시키고, 그 집행 사실을 기록한 비들이기 때문이다.

따라서 중성리비의 내용을 이해하는데 있어 냉수리비와 봉평비는 매우 중요한 기준이 될 수 있다. 이 글에서는 이러한 비들을 종합적으로 분석해, 5~6세기 신라 중앙과 지방 사이에 정보전달이 어떠한 방식으로 이루어졌는지, 또 신라에서 시공간을 달리해 펼쳐진 정보전달의 다채로운 양상과 변화과정까지도 입체적으로 규명해보고자 한다. 이러한 검토를 통해 신라의 정보전달 과정에서 '문자(文字)' 외에 '구두(口頭)'가 수행했던 기능을 이해해보았다. 제현(諸賢)의 질정(叱正)을 바란다.

Ⅱ. 비문(碑文)의 판독

아래에 제시한 중성리비에 관한 필자의 판독문은 비의 사진과 탁본을 면밀히 조사한 다음, 실제 비를 통해 필획 여부를 재확인한 것이다. 또 필자의 판독안은 이미 기존 연구에서 제시한 판독안에 큰 도움을 받았으며, 연구자들의 이견을 수렴하려고 노력했다.

한편 중성리비는 원래 줄과 칸을 맞추어 글자를 쓰지 않았고, 각행의 첫 글자를 비면의 맨 위 가장자리에서부터 시작하는 방식으로 썼기 때문에, 편의상 각 행의 첫 글자를 서로 나란히 정렬하는 방식으로 판독문을 만들었다. 우선 아래 판독문 중 중성리비의 내용해석에 영향을 주는 중요한 글자부터 검토해보려고 한다.

Ⅰ행 2번째 글자인 '사(巳)'와 '중*(中*)' 사이는 파손으로 인해 몇 글자를 새겼는지 정확히 알기는 어렵다. 그러나 '사(巳)'와 '중*(中*)'의 글자 크기로 볼 때 세 글자 정도가 더 있었다고 추정된다. Ⅰ행 6번째 글자인 '중*(中*)'을 '지(只)'로 읽은 견해도 있다. 그 이유로는 현재 남아있는 ㅣ획이 구(口)를 관통하지 않았다는 점을 강조하고 있다(전덕재). 그러나 이 주장은 ㅣ획의 관통여부를 확인

할 수 있는 구(口)의 해당 부분이 파손되었기 때문에 설득력이 없다(그림1). 현재 남아있는 이 글자의 자형과 Ⅵ행 13번째의 '지(只)'를 비교하면 서로 다른 글자라는 것을 분명히 알 수 있다. 이 글자의 현재 남아있는 필획은 오히려 '중(中)'에 가장 가깝다. '중(中)'이 아닐 수는 있지만, '지(只)'는 더더욱 아니다.

〈표 1〉 포항 중성리 신라비 판독문 (비고: *기호가 붙은 글자는 판독이 불확실한 글자이다)

	XII	XI	X	IX	VIII	VII	VI	V	IV	III	II	I	
1	沙	薻	車	珍	干	喙	ノ(?)	伐	喙	教	喙	辛	1
2	喙	人	旦	伐	支	鄒	干	喙	沙	沙	部	巳	2
3	心	者	伐*	壹	沸	須	支	斯	利	喙	習	×	3
4	刀	与	喙	普*	竹	智	祭	利	夷	尒	智	×	4
5	哩	重	作	云	休	世	智	壹	斯	抽	阿	×	5
6	口	罪	民	豆	壹	令	壹	伐	利	智	干	中*	6
7		典	沙	智	金	干	伐*	皮	白	奈	支	斯*	7
8		書	干	沙	知	居	使	朱	爭	麻	沙	盧	8
9		与	支	干	那	伐	人	智	人	喙	喙		9
10		車	使	支	音	壹	奈	本	喙	部	斯		10
11		豆	人	宮	支	斯	蘇	波	評	卒*	德*		11
12		故	卑	日	村	利	毒	喙	公	智	智		12
13		記	西	夫	卜	蘇	只	柴	斯	奈	阿	?	13
14			車	智	岳	豆	道	干	弥	麻	干	·	14
15			利	宮	干	古	使	支	沙	本	支	·	15
16			白	奪	支	利	喙	弗	喙	车		?	16
17			口	尒	乞	村	念	乃	夷	子			17
18			若	今	斤	仇	车	壹	須				18
19			後	更	壹	鄒	智	伐	车				19
20			世	還	金	列	沙	金	旦				20
21			更		知	支		評					21

Ⅰ행 6번째 글자를 '지(只)'로 읽는 연구자들은 글자의 객관적인 판독 이전에 이미 그 아래의 글자들과 연결하여 '지절로(只折盧)' 즉 지증왕의 이름으로 보려는 의도가 전제되어 있다. 그리고 '신사(辛巳) 다음에 지절로 소속의 부명인 '사탁(부)(沙喙(部))'가 기록되었을 것으로 보고 있다. 그러나 이러한 추론에는 많은 문제가 있다. 첫째, '지(只)'의 음이 과연 '지(至)'나 '지(智)' 등 지증왕의 이름으로 사용된 글자들과 음통할 수 있는지가 우선 설명되어

〈그림 1〉 Ⅰ행 中·斯

야만 한다. 일반적으로 '지(只)'는 지명어미 '-기'와 통하며, 조선시대까지도 '기' 음이었다. 둘째, 냉수리비, 봉평비를 비롯해 적어도 중고기의 신라비를 보면 모두 연(年)간지만이 아닌 월(月) 또는 일(日)까지도 기록한 것이 당시 비문(문서)의 기본서식이었다.[3] 따라서 문맥상으로 볼 때 '신사(辛巳)' 다음의 판독불능 글자는 모월(某月)을 기록하였을 가능성이 가장 크다. 이러한 취지에서 필자

---

3) 중고기에 연(年)만을 기록한 것으로는 현재 〈천전리서석〉의 원명(原銘)이 유일하다. 그러나 원명은 을사(乙巳) 아래 부분이 훼손되었고, 또 추명(追銘)에서 을사 아래의 월일까지 모두가 기록되어 있어 훼손부에 월일이 있었을 가능성이 크다. 유일하게 "을사년 아랑도 사부지행"이나 인명만 나열한 사례가 많지만, 연기를 기록한 것은 대부분 연월일을 반드시 표기하는 것이 일반적이었다. 더욱이 "을사년 아랑도--"의 사례는 중성리비와 같은 레벨에서 비교할 수 없다. 중성리비와 같은 국가의 명령집행과 관련된 비문, 중앙이 지방에 세운 비문 중에는 연(年)만을 기록한 사례가 하나도 없다는 점을 반드시 명심해야 한다. 예외 없이 모두 연월일을 기록하였고, 〈단양적성비〉처럼 연월만 기록한 사례는 있지만, 그것조차 2개 정도밖에 안 되는 소수다. 그만큼 당시 신라에서는 특히 국가의 명령을 집행하는 절차에서 연월일의 기입이 중요했음을 알 수 있다.

는 기존에 '지(只)'로 본 글자는 판독을 확정할 수는 없지만, 그 자형상이나 문맥상 오히려 '중(中)'일 가능성이 있다고 생각한다.[4]

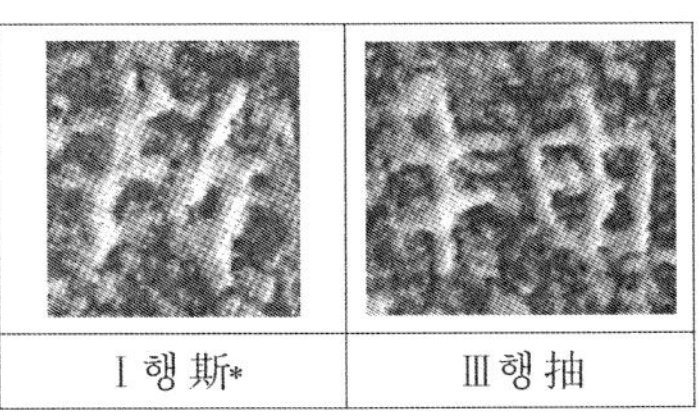

Ⅰ행 斯*	Ⅲ행 抽

〈표 2〉 扌변의 탁본비교

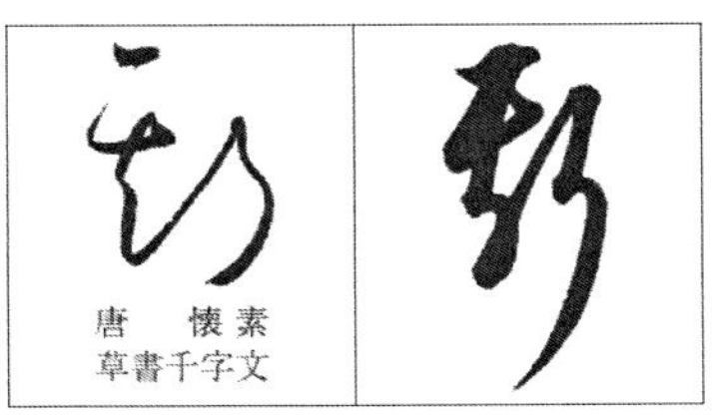

唐　懷素
草書千字文

〈표 3〉 초서체 斯

Ⅰ행 7번째 글자 '사*(斯*)'는 연구자들이 일반적으로 '절(折)'로 많이 읽고 있지만, '사(斯)'로 읽은 견해도 있다(권인한). 이를 단순히 문맥상으로 냉수리비와 비교해 '사로(斯盧)'로 읽은 것이라 간주하는 경향이 있지만(강종훈), 실제 이 글자 중 扌변으로 읽은 부분의 필획은 이

비문 내 Ⅲ행 5번째 글자인 '추(抽)의 扌변과는 필획이 완전히 다르다(표2). 즉 '추(抽)'는 扌의 세로획 丨이 일직선으로 똑바를 뿐만 아니라, 첫 번째 가로획 一 위로 세로획이 상대적으로 더 돌출되어 있다. 하지만 Ⅰ행 7번째 글자 '사*(斯*)' 는 세로획의 돌출부분이 적고, 세로획의 아래 부분이 ' ㅎ '처럼 S자로 휘어져 있다(그림1 및 표2). 이는 초서체에 영향을 받은 '기(其)'부분의 초서 필획에 매우 가깝다(표3). 물론 첫 번째 가로획 一 위로 세로획이 돌출된 斯의 초서체는 없다. 그러나 ' ㅎ '처럼 S자로 휘어져 있는 扌변도 분명 없다. 따라서 이 글자는 '절(折)'일 수도 있지만, '사(斯)'일 가능성도 열어놓을 필요가 있다.

Ⅰ행 8번째 글자 '노(盧)' 아래에 '⺍(卄)'라는 글자의 상단 일부 획이 남아있

---

4) 고광의는 '중(中)'으로 보기에는 '구(口)'가 작다는 의문을 제기하였지만, Ⅰ행은 '신사(辛巳)'부터 다른 행보다 글자크기가 작다는 점도 고려할 필요가 있다. 자형상 '지(只)'보다는 '중(中)'이 보다 옳지 않은가 생각된다.

다. 그러나 이를 '지절로(只折盧)'와 연결해 갈문왕(葛文王)의 '갈(葛)'로 읽는
것은 남아있는 필획만으로는 무리한 발상이다. 이 필획만을 가지고 이 글자를
'갈(葛)'로 확정하는 것은 성립할 수 없다. 한편 Ⅰ행에는 10번째 이하에도 글자
가 더 있었을 가능성이 있다. 그러나 몇 글자가 더 있었는지 확정하기 어려워
'?…?'로 표기하였다.

Ⅱ행 11번째 글자 '덕(德)'은 '사(使)'로 보는 견해도 있다. 글자의 우하단부
가 파손되어 글자를 확정하기가 어렵지만, 중성리비의 '사(使)'와는 자형이 다
른 글자로 생각된다. 이 글자의 남아있는 필획으로 볼 때 이는 '덕(德)'일 가능성
이 가장 크다(고광의).

Ⅵ행 1번째 글자는 파손이 심해 글자를 읽기 어렵다. 다만 丿획만은 확실히
남아있다. 이 글자를 '사(沙)'로 판독한 견해가 있지만(하일식), '사(沙)'는 분명
아니다. 왜냐하면 현재 남아있는 '사(沙)'의 丿획은 예외 없이 모두 45도 정도로
기울어져 있는데, Ⅵ행 1번째 글자의 丿획은 거의 80도에 가까워 중성리비에 보
이는 沙의 서사방식과는 다르기 때문이다. 현재의 비면 상태에서 이 글자를 확
정하는 것은 무리다. 필자는 이 글자를 판독불능 글자로 처리하였다. Ⅸ행 4번
째 글자는 '석(昔)' '진(晉)' '보(普)' (이문기) 등으로 읽은 견해가 있지만, 현재의
자획으로 볼 때, '석(昔)'은 될 수 없으며, '진(晉)'과 '보(普)'의 초서체에 가깝다.
필자는 첫 번째 가로획이 짧게 처리되어 있다는 점에서 '보(普)'로 읽었다.

한편 Ⅹ행 3번째 글자는 '대(代)'로 새겨져 있다(고광의, 박남수). 그런데 문
맥상 일벌(壹伐)이 분명한 Ⅵ행의 7번째 글자 역시 '벌(伐)'이 아니라, 丿획이 약
화되어 '대(代)'에 가깝게 서사되었다. 또 문맥상 Ⅳ행 쟁인(爭人)의 모단벌탁
(牟旦伐喙) 부분과 Ⅹ행 판결의 모단벌탁(牟旦代喙) 부분은 서로 조응하기 때
문에, 필자는 Ⅹ행 3번째 글자를 벌(伐)의 결획자로 보고자 한다(고광의). 서사
자에 따라서는 한 비면 내에서도 같은 자형이 아닌 이체(異體)나 결획((缺劃)·

가획(加劃)한 글자를 일반적으로 쓴다.

XII행 6번째 글자는 연구자들이 일반적으로 판독불능 글자로 처리했지만, 이 글자는 '구(口)'가 분명하다. 이 글자를 '점(占)'으로 읽은 견해도 있는데(고광

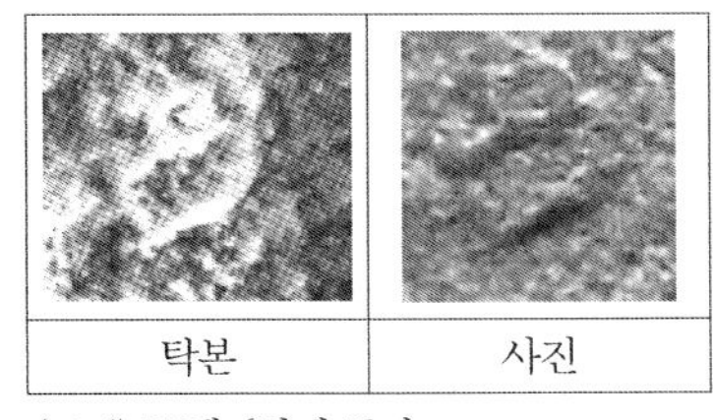

| 탁본 | 사진 |

〈표 4〉 XII행 6번째 글자

의), '구(口)' 위의 '복(卜)'으로 보이는 부분을 비에서 직접 확인해보면, 이 부분은 '구(口)'획과 달리 획의 깊이도 얕고 매우 짧아서, 필획이 아니라 무언가의 충격이나 풍화로 떨어져나간 흔적이 분명하다(표4). 이 '구(口)'는 바로 앞 행의 '기(記)'에 대비되는 매우 중요한 동사(動詞)로서, 당시 신라의 정보 전달체계와 관련해 매우 중요한 위상을 갖는다.

끝으로 중성리비의 내용해석에는 지장을 주지 않지만, 기존에 다양한 판독안이 제시되었던 글자들을 재검토하려고 한다. III행 11번째 글자는 '본(本)' '모(牟)' 등으로 읽은 견해가 있지만, '졸(卒)'로 보인다(박남수). 중성리비의 本, 牟 등의 글자들과 이 글자는 분명히 다르다. 이 글자는 '운(云)' 아래에 '십(十)'을 쓴 글자로(하일식), 봉평비 13행의 거벌모라 도사인 '졸차(卒次)'의 '졸(卒)과 자형이 매우 유사하다. 물론 봉평비의 이 글자에 대해서도 논란이 있지만, 필자는 이 역시 '졸(卒)'이라고 생각한다.

V행 8번째 글자를 '말(末)'로 읽은 견해도 있지만, '주(朱)'의 첫 점획이 분명히 확인된다. 한편 VII행의 7번째 글자를 '우(于)'로 읽은 연구자도 있지만, 이 글자는 세로획이 일직선으로 똑바른 ㅣ획이 분명해 '간(干)'이라고 생각된다. 또 X행의 12번째 글자를 '과(果)'로 읽은 견해도 있지만, 아래 '목(木)'처럼 보이는 점획은 획이 아니라 파손되어 떨어져나간 흔적이어서 '비(卑)'라고 생각된다.

이제부터는 앞서의 판독안을 기초로 비문에 구두(句讀)와 단락(段落)을 지어, 내용이해를 시도해보고자 한다. 각 단락의 해석을 시도하면서, 교(敎)의 집

행과정과 당시 신라의 정보전달 체계를 이해해보려고 한다. 이러한 검토 속에서 그동안 중성리비를 둘러싸고 의견이 분분했던 세세한 쟁점들까지도 하나하나 짚어보려고 한다.[5]

Ⅲ. '쟁인(爭人)'의 발생과 '교(敎)'의 집행

중성리비는 기존 연구에서 상당히 합리적인 해석이 이루어졌지만, 끊어 읽기를 어떻게 하느냐에 따라 내용이해가 완전히 달라질 수 있어, 여전히 이견(異見)의 수렴작업이 필요하다. 이러한 상황에서는 비문 해석의 기준을 동일한 비문 내에서나 유사한 성격의 다른 신라비문들과 비교해 체계적으로 확보하는 작업이 무엇보다도 중요하다. 중성리비에 대한 필자의 끊어 읽기와 단락구분은 다음과 같다.

> 〈1〉辛巳…中. 斯盧. ……, 喙部 習智 阿干支, 沙喙 斯德智 阿干支, 敎.
> 신사(년 모월) 중에 사로(斯盧)의 (판독불능), 탁부(喙部) 습지 아간지(習智 阿干支), 사탁(沙喙) 사덕지 아간지(斯德智 阿干支) 등이 교(敎)한다.

〈1〉단락이 여기에서 끊어진다는 것에 대부분의 연구자가 동의한다. 이는 교

---

5) 특히 비문에 6부(部)의 명칭 및 성격, 그리고 외위(外位)의 수여범위 등이 기존의 일반적인 견해와 배치되는 내용이 있어 세세한 부분의 해석과 문장 끊어 읽기에 많은 이견이 제기되었다.

(敎)를 내린 날짜와 주체를 기록한 부분이다. 비를 건립한 '신사(년)'에 대해서는 441년설, 501년설 등 그 시기를 둘러싸고 논란이 있다.[6] 교(敎)자 앞에 기록된 인물들이 교를 내린 주체라는 것은 이미 6세기의 다른 신라비를 통해 일반화된 사실이다.

기존에 '중(中)'을 '지(只)'로 읽은 견해에서는 "신사(년) (사탁) 지절로갈문왕(=지증왕)"으로 파손된 부분을 추독하였다(이우태; 전덕재). 그런데 6세기 신라 중앙에서 지방에 건립한 비에는 예외없이 연·월·일, 적어도 연·월은 기록되었다(주보돈). 판독만 확실하다면 중성리비만은 예외적으로 연도만 기록했다고 말할 수 있지만, 판단 근거가 추독이라는 점에서 무리한 점이 없지 않다. 6세기 신라비에서 교(敎)를 내린 일자를 빠짐없이 기록한 것은 교(敎)의 실재성(實在性)을 통해 그 권위를 높이기 위해서였다고 생각된다. 이하 〈2〉단락부터 중앙 3인의 교가 내려지기까지의 과정이 기술되어 있다.

〈2〉 沙喙 尒抽智 奈麻. 喙部 卒智 奈麻. 本牟子. 喙 沙利. 夷斯利. 白.

사탁(沙喙) 이추지 나마(尒抽智 奈麻), 탁부(喙部) 졸지 나마(卒智 奈麻), 본모자(本牟子), 탁(喙) 사리(沙利), 이사리(夷斯利) 등이 보고[白]했다.

'백(白)'은 '사뢴다(아뢴다)'는 뜻으로 신라비나 목간에서 예외 없이 하위자가 상위자에게 보고할 때 사용한 어휘이며, 이 '백(白)' 앞에 기록된 인물들이 〈1〉단락의 교(敎)처럼 '백(白, 보고)'의 주체라고 생각된다. 한편 기존에 '본모자

---

6) 비의 건립연대에 대한 필자의 입장에 대해서는 맺음말에서 상술하려고 한다.

(本牟子)'를 직명(職名)으로 보는 견해가 우세하지만(선석열), 필자는 인명(人名)으로 본 견해가 옳다고 생각한다(전덕재). '자(子)'는 유명한 비령자(丕寧子)를 비롯해 사자(沙子, 〈흑치상지묘지〉) 등 당시 한어(韓語)의 인명어미를 표현한 차자(借字)로 사용된 사례가 있다.

본모자를 직명으로 보는 견해는 우선 '모(牟)'를 '모(眸)'로 치환해야하는 문제가 있다. 더욱이 '모(牟)'가 '모(眸)'의 뜻으로 사용된 다른 사례도 제시되어 있지 않다(선석열). 그런데 이 백(白)의 주체들을 냉수리비나 봉평비의 유사 역할자들과 비교해보면, 본모자가 직명이 아님을 분명히 알 수 있다. 왜냐하면 봉평비 단계에도 관인의 역할은 세분화되었지만, 그에 대한 직명의 부여는 아직 본격화되지 않았기 때문이다. 이를 위해 중성리비의 백(白)의 주체들과 냉수리비의 '전사인(典事人)', 봉평비의 'ㅁ사대인(ㅁ事大人)'을 서로 비교해보자.

〈표 5〉 냉수리비의 '전사인(典事人)'과 봉평비의 'ㅁ사대인(ㅁ事大人)'

직명	부명	인명	관등
(냉수리비) 전사인(典事人)	사탁(沙喙)	일부지(壹夫智)	나마(奈麻)
		도로불(到盧弗)	
		수구휴(須仇休)	
	탁(喙)	(탐수도사耽須道使) 심자공(心訾公)	
	탁(喙)	사부(沙夫)	
		나사리(那斯利)	
	사탁(沙喙)	소나지(蘇那支)	
(봉평비) ㅁ사대인(ㅁ事大人)	탁부(喙部)	내사지(內沙智)	나마(奈麻)
	사탁부(沙喙部)	일등지(一登智)	나마(奈麻)
		남차(男次)	사족지(邪足智)
거벌모라도사 (居伐牟羅道使)	탁부(喙部)	비수루(比須婁)	사족지(邪足智)
		졸차(卒次)	소사제지(小舍帝智)
실지도사(悉支道使)		오루차(烏婁次)	소오제지(小烏帝智)

위 표에서 냉수리비의 전사인(典事人)을 보면 관등이 없는 자들을 부별(部別)로 모아서 기록하지 않았다. 이는 전사인 내에서도 '나마 이하의 3명'과 '탐수도사 이하의 4명'이 서로 다른 역할을 했던 전사인 내의 다른 하위그룹이었음을 알려준다. 즉 이러한 표기방식은 이 하위그룹들이 모두 동일한 전사인이면서도 그 내에서 서로의 역할이 달랐기 때문에 나타난 현상이라 할 수 있다. 이는 봉평비의 □사대인(□事大人)을 보면 더욱 명확해진다. 거벌모라도사 위의 사족지 2명은 표기방식상 그 위의 나마 2명의 예하인임이 분명하다.[7] 따라서 냉수리비 전사인의 나마 아래 2명도 나마의 예하인으로서 나마를 도와 어떤 역할을 수행했다고 생각된다.

이를 중성리비와 비교하면, 냉수리비 전사인의 전자그룹의 역할은 중성리비에서는 나마 이하 백(白, 보고)의 주체들과 조응하며, 전사인의 후자그룹은 후술하는 중성리비의 나소독지도사(奈蘇毒只道使) 이하 사인(使人)들과 조응한다. 즉 중성리비를 통해 냉수리비의 전사인들이 서로 어떤 역할을 수행했는지도 보다 분명히 알 수 있다고 생각된다.[8]

한편 냉수리비단계까지는 아직 나마 이하의 경위(京位) 체계가 확립되지 않았는데, 봉평비단계 직전에 나마 이하의 경위 관등이 일괄적으로 정비되었다.[9] 이렇게 짧은 시간 내에 나마 이하의 경위 관등이 완비되었다면, 이미 냉수리비

---

7) 나마 소지자는 봉평비에서 교의 주체로도 참여하고 있다는 점에서, 당시까지 고위층이었음을 알 수 있다.

8) 한편 〈냉수리비〉에는 전사인(典事人) 속에 중성리비와 달리 사인(使人)적 성격의 관인까지도 모두 함께 기록하였지만, 냉수리비 단계에서도 인명표기방식으로 볼 때, 중성리비처럼 실제로는 정보 전달을 담당한 나마와 그 예하 관인, 그리고 사인에 해당하는 도사 이하의 지방에 대한 직접적인 조사와 교의 집행을 담당했던 관인의 역할이 구분되어 있었을 가능성이 매우 크다.

단계의 무관등자들은 동일한 무관등이라고 하더라도 관인의 연공이나 서열상에서 서로 동일한 지위에 있지 않았을 가능성이 매우 크다. 이와 연관하여 냉수리비의 탐수도사 다음의 탁부 소속인이 탐수도사와 부가 같음에도 불구하고 부명을 특별히 표기한 사실이 주목된다. 이러한 표기방식은 탐수도사와 그 아래 인물의 지위와 역할을 구분하고자하는 의도가 담긴 것이라 해석된다.

본모자를 인명으로 보면 그와 소속부가 같은 탁부임에도 이어지는 인물에 특별히 부명을 표기한 것이 문제라는 지적은(김창석) 이러한 점에서 달리 생각해볼 수 있다. 동일한 '백(白, 보고)'의 주체라도 중성리비의 나마 2명, 본모자, 그 이하 2명은 각각 관인서열과 역할에 구분이 있었을 가능성이 있다고 생각된다.

한편 중성리비에서 '백(白)'의 주체에 최고책임자인 나마 소지자가 2인인 것으로 볼 때, 냉수리비보다 중성리비의 사안이 더욱 중대했음을 알 수 있다.[10] 한편 '본모자'는 그 이하 무관등자 2인을 통솔하여 나마 소지자를 행정적으로 보좌했다고 생각된다. 이들 5인은 권력 중추부인 '교(敎)'의 주체와 지방에 간 사인(使人)들 사이에서 신라사회의 '정보전달'을 매개, 소통시켰던 관인들이었다.

〈3〉爭人. 喙 評公斯弥. 沙喙 夷須. 牟旦伐喙 斯利 壹伐. 皮朱智. 本波
喙 柴干支. 弗乃壹伐. 金評口干支. 祭智壹伐.

쟁송한 사람[쟁인爭人]은 탁(喙)의 평공사미(評公斯弥). 사
탁(沙喙)의 이수(夷須). 모단벌탁(牟旦伐喙)의 사리 일벌(斯
利 壹伐)과 피주지(皮朱智). 본파탁(本波喙)의 시 간지(柴 干

9) 南希叔, 1991「新羅 法興王代 佛敎受容과 그 主導勢力」『韓國史論』25, pp.10~13
10) 물론 나마 2인의 직임이 정보의 보고와 명령을 전달하는 역할로 분화되어 있었을 가능성도 있다.

*支)와 불내 일벌(弗乃 壹伐). 금평(金評) □ 간지(□ 干支)와
제지 일벌(祭智 壹伐)입니다.*

쟁인(爭人)은 쟁송(爭訟)한 사람들을 나열한 것이다(노태돈). 쟁인을 쟁송한 사람들로 보지 않는 연구자도 있다. 이들은 쟁인을 쟁송에 대한 판결(=교)을 내리는데 일정한 도움을 준 평결심의와 관련된 일군의 인물들로 보고 있다(전덕재; 김창석). 이러한 추론은 아마도 냉수리비에서 교(敎)를 공론(公論)하는 방식에 사탁, 탁, 본피, 사피 등 6부 중 4부가 참여하였고, 봉평비에서도 역시 4부의 부장(部長)이 참여하였던 사례를 염두에 둔 것으로 짐작된다. 그러나 고구려의 '제가평의(諸加評議)'가 상징하듯이, 교(敎)의 주체는 '제가(諸加)'층만이 가능했다고 생각된다. 냉수리비의 쟁인은 관등 등 그 면면으로 볼 때, 냉수리비에 보이는 교(敎)의 주체들과 비교될만한 인물이라 볼 수 없다.

더욱이 냉수리비에 기록된 탁부가 주도했던 5세기에 이루어진 "전세이왕(前世二王)의 교(敎)"를 염두에 둔다면, 중성리비처럼 탁부와 사탁부만으로 교를 내렸다는 것도 의심할 필요는 없다고 생각된다. 오히려 탁부와 사탁부 중심으로 굳어진 신라 6부의 권력구조를 설명하는데, 냉수리비에 보이는 '전세이왕의 교'와 중성리비의 '교'가 직접적인 증거가 될 수 있다.[11] 따라서 냉수리비나 봉평비에 4부가 구색을 갖춰 정치의 전면에 등장하는 모습은 6부 해체기에 퇴장하는 다른 부(部)의 부장(部長)에 대한 통제된 씁슬한 정치적 배려일 가능성이 있다.

---

11) 후술하지만 이점도 중성리비의 건립연대가 441년으로 올라갈 수 있음을 말해주는 증거 중의 하나이다.

쟁인이 쟁송한 사람이라는 것은 이 속에 거론된 '모단벌탁'이 후술하는 쟁송에 대한 판결 내용인 〈5〉단락 '운(云)' 이하에도 중출(重出)하고 있는 것으로 잘 알 수 있다. 또 〈3〉단락과 뒤의 〈5〉단락 판결 부분을 연결시키면 '모단벌탁'으로 붙여 읽어야 함도 더욱 분명해진다. 물론 〈3〉단락 자체만으로도 그렇게 읽을 수밖에 없다는 걸 알 수 있다.

모단벌탁을 '모단벌(牟旦伐, 인명)-탁(喙, 부명)-사리(斯利, 인명)'와 같이 끊어 읽는 연구자도 있지만, 이렇게 되면 같은 탁부의 인물이 왜 나뉘어져 기록되었는지를 설명할 수 있어야 한다. 또 '모단벌(인명)-탁사리(喙斯利, 인명) 일벌(壹伐)-피주지(皮朱智, 인명)'로 끊어 읽을 경우에는 일벌 소지자가 왜 무관등자 사이에 기록되었는지를 설명할 수 있어야 한다. 끝으로 '모단벌(牟旦伐, 지명)-탁사리(喙斯利, 인명) 일벌'로 끊어 읽을 경우에는 왜 모단벌이라는 지방의 인물이 6부 세력인 사탁과 본파(탁) 소속 인물들 사이에 기록되었는지를 설명할 수 있어야 한다.

따라서 문맥상 '모단벌탁'은 붙여서 읽는 것이 합리적이다. 이 경우 모단벌탁은 신라 6부 중 하나인 '모탁(牟喙)'이라고 생각된다. 모탁의 원래 어원이 '모단벌탁'이었다는 사실은 부명의 기원을 이해하는 데 시사 하는 바가 크다. '모단벌(牟旦伐)'은 '한지벌'처럼 그 자체로도 완전한 지명이 분명하므로(전덕재), 모단벌이라는 지명에 '탁(喙)'이 의도적으로 덧붙여졌음을 알 수 있다.[12] 이러한 추론이 옳다면 '본파탁(本波喙)'도 역시 붙여서 읽어야 한다고 생각된다.

---

12) 이는 '탁(喙)'이 '부리'라는 훈차(訓借)에서 온 지명어미(전덕재)가 아닐 가능성을 말해준다. 기존에 이 탁(喙)이 '닭'을 의미하며 사로국의 토템을 상징한다는 견해가 제기되었는데, 이와 관련해 다시 한 번 주목할 필요가 있다. 무리한 추론일 수 있지만, 닭을 토템으로 표방했던 탁(喙)인 사로소국(斯盧小國)이 주변 소국을 아우르면서

끝으로 '금평(金評)'에 대해서는 6부의 하나로 보는 견해가 있지만(이용현; 박남수), 모단벌탁, 본파탁으로 끊어 읽을 경우 당시에 '탁(喙)'이 부가되지 않은 6부명을 상정하는 것은 곤란하다고 생각된다. 그런데 '금평'이 인명의 일부라면 본파탁(本波喙) 예하의 두 공동체가 쟁송에 참여하는 것이 되어 문제의 소지가 있다. 결국 금평이 지명이라면 탁, 사탁, 모단벌탁, 본파탁 외에 금평이라는 6부 외의 지역공동체가 쟁송에 참여한 셈이 된다.[13]

이와 연관하여 중성리비의 쟁인 중 모단벌탁과 본파탁의 인물들이 각각 2명씩 간지(또는 일벌) 등과 셋트로 연결되어 있는 점이 주목된다. 후술하지만 판결에서 개인의 이름이 아니라 모단벌탁 자체가 언급되었다는 점에서도 이들은 개인 자격이 아니라, 지역 공동체를 대표하는 자격으로 쟁송에 참여한 것이 아닌가 생각된다. 이들이 개인 자격으로 쟁송에 참여했다면, 봉평비 단계에 명확히 보이지만, '외위의 순'으로 나열되어 있어야 한다.

그러나 이러한 해석이 맞는다고 해도, 쟁인(爭人) 중 맨 처음 기록된 탁과 사탁의 무관등자는 어떻게 해석할 것인가 하는 점이 여전히 문제로 남는다. 이와 관련하여 쟁인 중에 쟁송과 직접적으로 관련된 후술하는 '두지사간지궁(豆智沙干支宮)'과 '일부지궁(日夫智宮)'의 존재가 전혀 확인되지 않는다는 점이 주목된다. 이들이 쟁송에 참여하지 않았다고는 볼 수 없기 때문에, 쟁인 중에 보이는 탁과 사탁의 무관등자는 이 두 궁(宮)을 대리한 존재일 가능성이 있다고 생각된다.[14]

이들을 여섯 개의 '닭들'(탁평喙評)로 재편하였고, 이후 원래의 탁(喙)은 다른 탁(喙)들과 구분하기 위해 '及喙(급탁, 큰닭)'으로도 이칭되었다고 생각된다. 신라의 구법 승려가 인도에 자신의 나라를 '닭의 신라'라고 소개한 것은 바로 이 때문이다.

13) 필자는 후자 즉 금평이 지명일 가능성이 크다고 생각한다. 어쨌든 이것이 인명인지, 아니면 지명인지 현존 자료만으로는 확정하기가 어렵다.

<4> 使人 奈蘇毒只道使 喙 念牟智, 沙喙 鄒須智. 世令. 干居伐 壹斯
利. 蘇豆古利村 仇鄒列支 干支, 沸竹休 壹金知. 那音支村 卜岳
干支, 乞斤 壹金知. 珍伐 壹普.

사인(使人)(으로 파견한) 나소독지도사(奈蘇毒只道使)인 탁
(喙) 염모지(念牟智)와 사탁(沙喙) 추수지(鄒須智) 등이 이
해[世]에 간거벌(干居伐)의 일사리(壹斯利); 소두고리촌(蘇
豆古利村)의 구추열지 간지(仇鄒列支 干支), 비죽휴 일금지
(沸竹休 壹金知); 나음지촌(那音支村)의 복악 간지(卜岳 干
支), 걸근 일금지(乞斤 壹金知); 진벌(珍伐)의 일보(壹普)
(등)에게 영(令)했다.

사탁(沙喙) 추수지(鄒須智)도 도사(道使)로 보고 2인의 도사체제를 상정하
는 견해도 있지만(이문기), 냉수리비의 탐수도사가 1인이라는 점에서 볼 때, 이
역시 탁부 소속의 염모지(念牟智)만 도사였다고 생각된다. 이후 시기에도 도사
하에는 경위를 가진 부관적 성격의 인물이 존재하지 않았다는 점에서 사탁 추
수지는 이번 일과 관련하여 중앙에서 파견되어 나소독기도사를 보좌하고, 또 지
방에 체류했던 도사와는 달리 중앙과 지방을 오가며 정보전달과 소통을 매개했
던 임시직이 아니었나 생각된다.

'세령(世令)'을 "그 해 안에 명령을 내린" 것으로 해석하는 것은 6세기 신라
비의 '세(世)'가 '세상'이 아니라, '시점'을 나타내는 용례로 대부분 사용되었다는
점에서 가장 적절한 해석방법이라고 생각된다(이문기). 또 간거벌(干居伐) 일

---

14) 이점은 '운(云)' 이하의 판결을 해석하는 가운데 다시 한 번 검토할 것이다.

사리(壹斯利) 이하 진벌(珍伐) 일보(壹普)까지를 명령[영(令)]을 받은 객체(대상)로 파악한 것(이문기) 역시 다음의 〈5〉단락 이하와 연결해볼 때 가장 합리적이라고 생각된다.

〈5〉云. 豆智沙干支宮 日夫智宮 奪尒, 今更還 牟旦伐喙 作民

〈6〉沙干支 使人 卑西牟利 白

〈7〉口. 若 後世 更噵人者 与重罪

〈8〉典書 与牟豆 故記. 沙喙心刀哩 口.

(교敎에) 이르기를[운(云)], "두지사간지궁(豆智沙干支宮)과 일부지궁(日夫智宮)이 빼앗은 것[탈이(奪尒)]을 지금[今] 모단벌탁(牟旦伐喙)의 작민(作民)으로 다시 되돌린다[갱환(更還)]."

사간지(沙干支)의 사인(使人)인 비서모리(卑西牟利)는 (이 교敎를 두지 사간지께) 보고[백(白)]했다.

구(口)했다. "만약[약(若)] 후세(後世)에 다시[갱(更)] 말하는[도(噵)] 사람은 중죄(重罪)를 준다.[여(与)]"

전서(典書, 서사담당자)인 여모두(与牟豆)가 고(故)로 기(記)했다. 사탁(沙喙)의 심도리(心刀哩)가 구(口)했다.

우선 '운(云)'의 주어를 그 앞 〈4〉단락의 간거벌(干居伐) 이하 진벌(珍伐) 일보(壹普) 전부나 그 일부로 보아, 〈4〉단락과 〈5〉단락이 끊어지지 않고 연결되는 것으로 보는 견해가 있다(김창석; 박성현). 그러나 이런 설정은 〈1〉단락에서 교했다는 내용 자체가 무엇인지 불분명해지는 문제가 있다. 〈냉수리비〉에는 다음 문장처럼 그 무엇보다도 교(敎)의 내용을 명확히 한정해 표현하였다.

此七王等 公論教. 用前世二王教 爲證尒,取財物盡令節居利得之. 教耳.
이 7왕들이 공론(公論)해 교(敎)했다. "전세(前世) 2왕의 교
(敎)로써 증거를 삼아, 재물(財物)을 취하여 모두 절거리(節
居利)가 갖게 하라"는 교(敎)이다.

냉수리비에는 '전세이왕의 교'와 '차칠왕등의 교' 등 교(敎)를 두 번 기록하
였는데, 모두 위와 동일한 형식으로 교의 내용(따옴표처리)을 분명히 알아볼 수
있게 기록하였다. 이는 지방사회에 교를 집행하는 과정에서는 교의 내용을 명확
히 보여주는 것이 무엇보다도 중요했기 때문이다. 중성리비 역시 냉수리비와 마
찬가지로 교의 내용이 '명확히' 표현되었을 것으로 생각된다.

이와 관련하여 중성리비에서도 '운(云)'과 '구(口)'라는 글자가 주목된다. 이
두 글자는 모두 "말한다"는 의미로 특히 '운(云)'은 인용 화법에 흔히 사용되는
어휘다. 필자는 이 '운(云)' 이하가 바로 교(敎)의 내용이라고 생각된다. 그런데
어디까지가 이 '운(云)'에 걸리는지를 확정하기가 어렵다.

우선 교의 해석에서 '탈이(奪尒)'와 관련해 앞서 인용했던 냉수리비의 '증이
(證尒)'가 주목된다. 이는 냉수리비 내에서 두 군데 반복적으로 사용되었는데,
'이(尒)'는 '증(證)'을 명사화하는 문법적 요소로 사용되었다. 이에 의거한다면,
'탈이' 역시 '탈(奪)'의 명사, 즉 '빼앗은 것'으로 볼 수 있다(박성현). 이에 의하면
'운(云)' 내의 구절은 "두지사간지궁 일부지궁이 빼앗은 것" 이어서 "지금 다시
되돌린다"로 해석되고, 자연히 모단벌탁(牟旦伐喙) 이하는 다시 되돌려주는 대
상으로 연결된다.

한편 모단벌탁(牟旦伐喙) 이하의 해석과 관련해, 모단벌(牟旦伐)과 탁(喙)
으로 끊어 읽으면 탁부 소속의 "작민 사간지"라는 중성리비에서는 언급된 바 없
는 생소한 인물이 등장하게 된다. 이미 필자는 앞서 쟁인(爭人) 그룹의 자체 기

록방식을 분석해 모단벌탁으로 붙여 읽어야만 합리적이라는 점을 설명한 바 있다. 그렇다면 모단벌탁 이하 어디까지가 '교(敎)(운云)'의 내용일까?

이를 확정하기 위해 〈냉수리비〉의 기록방식에 다시 주목해보자. 냉수리비에는 "다시 이의를 제기할 때 중죄를 준다"는 대목이 '별교(別敎)'로 분리되어 있고, 말추와 사신지라는 애초 쟁송을 제기했던 2명을 구체적으로 거론하고 있다. 그런데 중성리비 해석에서 "탁부 소속의 작민 사간지"를 상정하면,[15] 중성리비에는 중죄를 준다는 말을 반드시 들어야 할 사람이 전혀 거론되지 않는 문제가 발생한다. 따라서 이 '사간지'는 앞서 언급된 '두지 사간지'를 가리킨다고(이문기; 이영호; 박성현) 보는 것이 〈냉수리비〉와 연관 지어 볼 때 가장 적절한 해석이라고 생각된다.

또 냉수리비에서는 "중죄를 준다"는 대목이 '별교'로 구분되어 있는데, 중성리비에서도 이 구절이 명확히 구별되었을 가능성이 있다. 중성리비에서 이 구절은 '백구(白口)' 이하 '전서(典書)' 앞까지가 이에 해당된다. 그런데 '백(白)'은 '사뢴다'는 뜻으로 앞서 언급하였듯이 하위자가 상위자에게 보고하는 형식에 사용하는 어휘다. 하위자가 중죄를 준다는 구절의 주어가 될 수는 없기 때문에, '백구(白口)'는 그 앞 문장으로 붙이든지, '백(白)'과 '구(口)'를 끊어 읽어 중죄를 준다는 구절과 '백(白)'을 구분해야 한다고 생각된다. 기존에는 일반적으로 '백구(白口)'를 연결해 해석하였지만, '백(白)' 자체가 보고한다, 사뢴다는 의미로 중성리비 자체에서 이미 단독으로 사용된 바 있다. 이 '백(白)'의 주어가 바로 사간지 사인 비서모리라고 생각된다.

---

15) 이를 '모단벌탁(牟旦伐喙, 부명)-작민사(作民沙, 인명)-간지(干支)'로 끊어 읽어도 (노중국), 필자가 지적한 문제는 여전히 남는다.

이러한 입장에서 필자는 위와 같이 〈5〉, 〈6〉, 〈7〉단락으로 중성리비를 구분하게 되었다. 우선 〈5〉는 교(敎)의 내용이며, 〈6〉과 〈7〉은 두지사간지의 사인을 통해 사간지에게 교의 내용과 집행과정을 알리고, 이에 대해 다시 이의를 제기하지 못하도록 경고한 내용이다. 이처럼 교(운)의 내용이 두 궁이 빼앗은 것을 지금 다시 모단벌탁의 작민으로 되돌린다고 풀이할 수 있다면, 두 궁이 빼앗은 것은 애초 모단벌탁의 작민(作民)이 되고, 이 작민은 사인(使人)이 명령을 내린 〈4〉단락의 간거벌(干居伐) 이하 진벌(珍伐) 등 촌락공동체의 민이었다고 추론된다.

한편 앞서 쟁인(爭人) 중 탁과 사탁의 인물이 두지사간지와 일부지의 대리인들이 아닐까라고 상정하였는데, 이렇게 본 이유 중의 하나도 바로 두지사간지에게 직접적으로 경고한 것이 아니라, 사간지의 '사인(使人)'을 통해 보고케 하였던 필자의 해석에 의거한 것이다. 두지사간지궁, 일부지궁처럼 개인의 이름 대신에 그들의 '거소(居所)(택宅으로서의 궁宮)' 또는 '궁(宮)(재정기구로서의 궁)'이 거론되었다는 점에서, 그들의 정치적 위상은 신라 권력의 최상층부였음이 분명하다. 중성리비로 볼 때 이들은 예하의 촌락(즉 간거벌干居伐 이하 진벌珍伐 등 촌락공동체)에 사인을 파견해 관리, 수취하였던 것으로 짐작된다.[16]

이 장면에서 당시 신라사회에는 두지사간지, 일부지라는 귀족과 모단벌탁, 본파탁의 6부 공동체가 서로 대등한 정치적 위상으로 격돌하고 있었음을 확인할 수 있다. 6부 중 탁·사탁부 주도권이 더욱더 강력해지면서, 이 2부는 예하 단위공동체를 해체하고 수장들을 자신들의 탁·사탁 지역으로 이주시켰다. 예를

---

16) 이는 〈영천청제비〉로 알 수 있듯이 왕실직할지에 파견된 사인(使人, 후의 소내사所內使)과 동일한 방식으로 귀족들이 자신의 예하 촌락과 작민을 경영하고 있었음을 의미한다.

들어 골벌국왕 아음부처럼 저택(邸宅)과 전장(田莊)을 사여하면서 수장을 귀족화시키는 작업을 진행하였다. 이는 '왕경'의 탄생이면서,[17] 동시에 개인을 편제하는 '관위(관등)'의 탄생으로 이어졌다. 관위의 명칭도 타부의 부장(部長)급을 의식한 간지의 분화 형태로 표출되었다. 탁·사탁부의 두지사간지 및 일부지가 원래 모단벌탁 예하였던 단위 촌락공동체의 작민을 탈점하였던 사건은 중성리비 단계에 단위공동체에 기초한 재래의 6부 체제가 해체되고 있었음을 극명하게 보여주고 있다.[18]

Ⅳ. 정보전달체계와 '구(口)'의 기능

이제부터는 이러한 중성리비에 대한 필자의 해석을 바탕으로 당시 신라에서 정보전달이 어떻게 이루어지고 있었는지는 검토해보려고 한다. 이를 위해 우선 지금까지 검토한 중성리비의 내용을 전체적으로 연결해 해석해보면 아래와 같다.

> 신사(년 모월)중에 사로(斯盧)의 (판독 불능), 탁부(喙部) 습지 아
> 간지(習智 阿干支), 사탁(沙喙) 사덕지 아간지(斯德智 阿干支) 등

---

17) 중성리비에서 탁(喙)에만 부(部)가 부가된 것도 이 대목에서 유념할 필요가 있다. 왕경화도 애초 탁에서 출발해 사탁 등으로 확대되었던 것을 암시하는 것은 아닌지 모르겠다.

18) 503년에 건립된 냉수리비의 분쟁은 진이마촌이라는 촌락 내의 개인 사이에 재물의 소유권를 둘러싼 분쟁이었다. 이는 공동체적 질서가 상당히 해체된 이후의 양상을 보여준다. 이 점도 중성리비를 501년으로 볼 수 없는 근거로 유념할 필요가 있다.

이 교(敎)한다.

사탁 이추지 나마(介抽智 奈麻), 탁부(喙部) 졸지 나마(卒智 奈麻), 본모자(本牟子), 탁(喙) 사리(沙利), 이사리(夷斯利) 등이 보고[백백(白)]했다. 쟁송한 이[쟁인爭人]는 탁(喙)의 평공사미(評公斯弥). 사탁의 이수(夷須). 모단벌탁(牟旦伐喙)의 사리 일벌(斯利 壹伐)과 피주지(皮朱智). 본파탁(本波喙)의 시 간지(柴 干支)와 불내 일벌(弗乃 壹伐). 금평(金評) □ 간지(□ 干支)와 제지 일벌(祭智 壹伐)이다.

사인(使人)(으로 파견한) 나소독지도사(奈蘇毒只道使)인 탁(喙) 염모지(念牟智)와 사탁 이추지(鄒須智)가 이 해(세世) 안에 간거벌(干居伐)의 일사리(壹斯利); 소두고리촌(蘇豆古利村)의 구추열지 간지(仇鄒列支 干支), 비죽휴 일금지(沸竹休 壹金知); 나음지촌(那音支村)의 복악 간지(卜岳 干支), 걸근 일금지(乞斤 壹金知); 진벌(珍伐)의 일보(壹普) 등에게 영(令)을 내렸다.

(교敎에) 이르기를[운(云)], "두지사간지궁(豆智沙干支宮)과 일부지궁(日夫智宮)이 빼앗은 것[탈이(奪尒)]을 지금 모단벌탁의 작민(作民)으로 다시 돌린다(갱환更還)" 했다.

사간지(沙干支)의 사인(使人)인 비서모리(卑西牟利)는 (이 교(敎)의 내용을 두지 사간지께) 보고[백白]했다.

구(口)했다. "만약[약(若)] 후세(後世)에 다시 말하는[도(噵)] 사람은 중죄(重罪)를 준다."

전서(典書, 서사 담당자)인 여모두(与牟豆)가 고(故)로 기(記)했다.

사탁(沙喙)의 심도리(心刀哩)가 구(口)했다.

이렇게 해석하여도 여전히 미진한 점이 있다. "구(口)했다", 즉 구두(口頭)

로 전달했다, 즉 입으로 말했다는 것으로 해석할 수 있는 '구(口)'는 도대체 무엇을 의미하는가? 입으로 말하지 않는 것은 없지 않은가? 구태여 입으로 말했다는 것을 표현한 이유는 무엇 때문일까? 필자의 위 해석이 옳다면 앞서 기록된 '운(云)'과 마찬가지로 이 '구(口)'도 교(敎)의 또 다른 전달방식의 하나임에 분명하다고 생각된다. 이제 '구(口)'의 의미와 기능을 추적하면서 당시 신라사회의 정보전달체계를 확인해보자.

신라에 문자(文字)가 수용되기 이전에, 하위자의 보고는 당연히 구두(口頭)로, 또 그에 대한 상위자의 명령도 구두로 이루어질 수밖에 없었을 것이다. 그런데 문자가 수용된 이후에도 이러한 구두를 통한 정보전달 방식은 소멸되지 않고, 문자와 함께 병행되었다. 이는 구두와 문자가 각각 다른 기능을 수행하였기 때문이다.

자료가 풍부한 고대일본의 사례를 보면 특히 권력 중추부에서 보고와 명령의 정보전달 과정에 '구두'가 중요한 역할을 수행하였음을 알 수 있다. 물론 그에 병행하여 문자로도 정보가 정리되었지만, 어디까지나 구두를 통한 정보전달이 병행되었다. 이는 각각이 서로 보완적이며, 각각의 고유한 기능이 존재하고 있었음을 의미한다.

예를 들어 축사(祝詞)[19]나 천황의 명령은 표기할 때 반드시 선명체(宣命體)를 사용하였다.[20] 선명은 천황의 명령 등을 구두로 말하는 것처럼 기록하는 표기법이다. 이는 천황의 생생한 소리를 구두로 전달하고자 하는 의지에서 비롯된

---

19) 제사의 장에서 신덕을 찬양하고, 신께 종종의 공물을 바칠 때 올리는 신의 은혜(죄나 부정으로부터의 해방을 포함하는)를 기원하기 위해 구창(口唱)에 의해 관용구를 이어서 매우 성스럽게 말하는 것을 말한다.
20) 榎村寬之, 2005「祝詞の世界」『文字と古代日本』4, 吉川弘文館

것인데, 이를 위한 특별한 구두의 전달방식이 학습 전승되었다. 말의 억양, 간격, 성색, 표정, 시선 등은 문자화될 수 없다. 문자자료를 읽는 행위, 식자능력과 구두명령의 권위는 서로 다른 층위를 갖고 있다. 이러한 권력 중추부에서의 구두를 통한 보고와 명령은 청중을 의식한 것으로, 시각적으로 대중들에게 상위자의 권위를 강하게 보여주기 위해서였다.[21]

우리의 경우 고구려 〈안악3호분〉의 정사도(政事圖)가 이를 잘 보여준다(그림2). 4세기 중반에 축조된 안악 3호분의 정사도에는, 묘주 좌우에 각각 두 사람의 예하 관인이 그려져 있다. '성사(省事, 문서보고 담당)'라는 직명이 주서(朱書)된 오른쪽 관인은 깔개 위에 무릎을 꿇고 두 손으로 편철간을 든 채 문서의 내용을 구두로 묘주에게 보고하고 있다. 한편 '기실(記室, 문서기록 담당)'이라는 직명이 주서된 왼쪽 관인은 왼손에 목간을 들고, 오른손에는 붓을 들고 묘주의 구두 명령을 받아 적고 있다. 그 주변으로도 묘주의 명령을 듣고 보고 있는 다른 인물들이 그려져 있다.

한편 중성리비단계에 신라사회에는 이미 문자가 수용되었지만, 기존에 기능했던 구두를 통한 정보전달체계나 권위체계가 여전히 지속되고 있었다. 이는 중성리비의 서사자(書寫者)가 선택한 문자·어휘 등을 통해 충분히 짐작할 수 있다. 그것이 바로 〈2〉, 〈6〉단락의 '백(白)'과 〈5〉단락의 '운(云)', 그리고 〈7〉단락의 '구(口)'와 '도(導)' 등이다.

우선 '도(導)'는 '말하다'는 뜻으로, 냉수리비에도 똑같은 글자가 사용되어

---

21) 이에 관한 최신의 성과로는 早川庄八, 1986 「前期難波宮と古代官僚制」『日本古代官僚制研究』, 岩波書店 ; 平川南, 2005 「傳達·記錄方法と外交·軍事」『文字と古代日本』 2, 吉川弘文館 ; 鐘江宏之, 2006 「口頭傳達と文書·記錄」『言語と文字』, 岩波書店 등이 주목된다.

〈그림 2〉 안악3호분의 정사도(政事圖)

흥미롭다. 그런데 정작 한문에서는 말하다는 뜻으로 '언(言)' 등이 주로 사용되고, 도(瞢)는 잘 사용되지 않는 글자이다. 최근의 연구에 의하면 이 도(瞢)는 한역불경에서 주로 백화문, 구어체로 대화를 표기할 때 사용한 특수한 어휘라는 사실이 밝혀졌다.[22] 문자수용기의 초기 신라사회에서 굳이 이 글자를 선택해서 일반적으로 사용했다는 것은 신라의 한자수용에서 불경이 차지하는 영향력을 잘 말해주며, 동시에 '말하다'는 구어적 상황 그 자체를 문자로 표기하려는 의지가 당시 신라 식자층의 의식에 충만해 있었음을 알려준다.

　　한편 '백(白)'은 '사뢰다(아뢰다)'는 의미로 이 어휘 역시 당시 구두에 입각

---

22) 森博達, 2010「日本書紀에 보이는 고대한국 한자문화의 영향」『목간과 문자』6, 한국목간학회

한 정보전달체계를 잘 알려준다. 물론 중성리비나 월성해자목간으로 볼 때 이
당시 이미 구두 정보는 대체로 문자로도 정리되었음을 알 수 있다. 그러나 당시
신라 식자층들이 굳이 상위자에 대한 정보 보고를 '백(白)'이라는 어휘로 표현
하려고 했던 것은 실제 구두(口頭)로 이루어졌던 상위자에 대한 정보 보고를 문
자 자체로도 그대로 표현하고자 하였던 의지와 관련 있다고 생각된다.

이는 신라 초기 문자수용자들의 문자선택과 문장기술이 당시의 정보전달
현장을 보다 사실적으로 표현하려고 했던 것에서 비롯된 것이라 생각된다. '운
(云)'과 '구(口)' 역시 바로 그러한 현장의 '사실성'을 담지한 글자였다. 우선 '운
(云)'은 말하다는 뜻도 있지만, 일반적으로 인용 화법에서 주로 사용하는 글자
이다. 이는 사인(使人)들이 중앙에서 판결한 교(敎)를 지방의 관련 현장으로 가
져와 중앙의 지배층을 대신해서 구두로 읽어주었던 상황을 표현하기 위해 선택
했던 글자였다고 생각된다. 그렇다면 '구(口)'는 어떠한 정보전달행위를 말하는
것일까?

앞서 언급하였지만, 이 구(口)는 냉수리비에서는 '별교'로 표현되어 있다. 냉
수리비에서 그 앞의 교와 구분하여 특별히 '별교'라고 한 이유는 무엇일까? 이를
이해하는데 봉평비의 말미에 기록된 다음과 같은 구절이 주목된다.

立石碑人 喙部博士 于時敎之 若此者 獲罪於天
석비를 세운 이는 탁부의 박사(博士)다. 이때 교(敎)했다. 이
와 같은 자는 하늘에 죄(罪) 얻을 것이다.

표현방식은 조금 다르지만, 이 교 역시 내용상 "어기면 중죄를 준다"는 중성
리비나 냉수리비의 별교와 동일한 성격의 구절로 이해된다. 그런데 주목되는 것
은 이 교가 '이때', 즉 비석을 세울 때 내려졌다는 점이다. 교라는 문자로 표기되

었지만, 이 교는 봉평비 서두에 기록된 어떤 사건에 대해 내려진 중앙의 판결적인 교와는 다른 성격의 것임을 알 수 있다. 중성리비, 냉수리비, 봉평비 단계까지 공통적인 경고의 교가 주문처럼 말미에 부가되었다는 점에서 이 교는 교라는 권위적인 문자를 빌려왔지만, 당시 사회에서는 판결적인 교와는 다른, 일상화되어 있었던 하나의 관행화된 교였다. 냉수리비에서 이를 별교라고 한 것은 그러한 측면을 나타낸다고 생각된다.

그런데 위 봉평비의 관련 구절에서 더욱 유념해야 될 것은 "하늘에 죄 얻을 것이다"고 말한 점이다. 이와 관련해 신라인 2명이 과실 없기를 맹세(서誓)하고, 만약 어기면 하늘에 죄를 얻는다고 '서(誓)'한 〈임신서기석〉이 주목된다. 봉평비에는 서약(誓約)한 사실이 기록되어 있지 않지만, "이와 같은 자는 하늘에 죄 얻을 것이다"라는 말 속에 이미 범법자를 비롯한 지방민들 앞에서 이 교가 내려졌고, 이때 이를 받아들이는 긍정의 절차, 즉 맹세의 의식이 진행되었을 것은 불문가지의 일이다. 실제로 〈남산신성비〉에는 역부들에게 삼년 뒤에 무너지면 죄를 준다는 교를 들려주고 맹세(서誓)하게 하였다.

增淵龍夫가 이미 지적하였지만, 전국시대 이래 군(君)과 신(臣)이나, 개인과 개인의 신뢰를 결합시키는 형식이었던 서(誓)와 약(約)은 신명(神明)의 힘을 보증으로 하는 주술적 구속력으로 유지되지만, 인적 결합관계 속에서, 집단 내에서 법적 구속력을 가지며, 집단의 구심력을 내면으로부터 지탱하고, 강화하는 기능을 수행하였다.[23]

혹 중성리비, 냉수리비, 봉평비의 기록처럼 당시에 맹세의 절차가 없었다고 하더라도, 중성리비나 냉수리비에서 경고의 교를 내리기 전에 쟁송의 발단이 된

---

23) 增淵龍夫, 1960「戰國秦漢時代における集團の約について」『中國古代の社會と國家』, 弘文堂

인물을 반드시 거론하고 있는 것은 그들에게 이 교를 듣게 하고 주지시키는 행위임이 분명하다. 봉평비의 "이와 같은 자"도 앞에 있는 관계자를 직접 예시한 것이다.

결국 맹세를 하지 않더라도 경고를 특정한 자에게 말하는 행위 자체에 그들이 이 경고를 받아들여야 한다는 긍정의 절차가 강요되어 있다. 이 경우 이러한 경고의 교를 관계자에게 들려주는 전달방식 자체가 매우 중요해진다. 이와 관련해 봉평비의 비석을 세우고 이때 교를 내린 '탁부의 박사(博士)'가 주목된다. 기존에 지적한 것처럼 이 '박사(博士)'가 무당적인 '박수'와 연결되지 않는다 하더라도 박사라는 인명 자체가 갖고 있는 상징성은 반드시 고려되어야 한다고 생각된다.

더욱이 중성리비에는 이 구절을 "구(口)했다"고 표현하고 있다. 이 구(口)는 누구나의 입이 아니라, 경고의 교를 내릴 때 발성이나 표현력이 특별한 입을 강조한 것이다. 한문에서도 "입(口)이 있다"는 표현은 "지혜로움(혜유구慧有口)"과 연결되어 '구재(口才)'를 함축한다. 중성리비 말미에 기록된 "사탁(沙喙)의 심도리(心刀哩)가 구(口)했다"는 표현은 바로 그러한 기능을 수행한 직임자(職任者)가 당시에 실재로 존재하고 있었음을 말해준다. 봉평비의 탁부 박사처럼. 중성리비의 '구(口)'는 구두(口頭)로 시각화된 권위적 세계를 눈앞에 연출하였던, 교를 내린 주체의 '소리'를 보여준다.

지금까지 검토한 중성리비에 나타난 분쟁의 처리과정을 통해, 당시의 정보전달체계를 정리하면 다음과 같다.

(1) 쟁인(爭人)이 구두(嚻)로 소송을 제기한다.

(2) 쟁송의 내용은 판결하는 주체에게 구두로 보고(白)되며, 문자
로 기록(記)된다.

(3) 판결의 주체가 구두로 명령한 내용이 교(敎)로 기록된다.

(4) 도사(道使)나 사인(使人)이 지방 관계자에게 교를 구두로 전달(云)한다.

위엄과 권위를 실은 중심의 소리(口)를 전달하는 기능자가 별도로 존재한다.

(5) 그러한 소리(口)로, "다시 어기면 중죄를 준다"는 별교(別敎)를 내린다.

(6) 관계자는 이러한 교를 받아들이는 맹세(誓)를 한다.

(8) 전서(典書)는 이러한 일련의 사실을 기록(記)한다.

V. 맺으며

비를 건립한 신사(년)에 대해서는 그 시기를 둘러싸고 논란이 있다. 이를 501년으로 보는 견해는 Ⅰ행의 '중(中)'을 '지(只)'로 읽고 이를 지절로(=지증왕)로 파악했다. 또 중성리비의 사탁(沙喙) 사덕지 아간지(斯德智 阿干支)를 냉수리비에 기록된 사탁(沙喙) 사덕지 아간지(斯德智 阿干支)와 동일인물로 간주해 신사년(辛巳年)을 501년으로 보았다(이우태; 전덕재).

그런데 6세기 신라 중앙에서 지방에 건립한 비에는 예외 없이 연·월·일, 적어도 연·월은 빠짐없이 기록되었다. 중성리비가 아무리 신라 최고(最古)의 비라고 하더라도 그 용도가 지방에서 중앙의 교를 집행하기 위해 세운 것이라면, 비에 교를 내린 날짜를 빠뜨렸을 가능성은 거의 없다고 생각된다. 연·월 다음에 '중(中)'을 기록하는 방식은 이미 서봉총에서 발견된 고구려의 〈연수명은합(延壽銘銀盒)〉(451년)에서도 확인된다. 또 신라에는 동명이인(同名異人)에 관한 적지 않은 사례가 있기 때문에(이문기), 중성리비와 냉수리비의 사덕지 아간지를 동일인물로 보는 것은 조심할 필요가 있다.

한편 기존에 이 신사년을 441년으로 올려보는 견해가 제기되었는데(이문기; 노중국), 필자도 이를 지지하며 또 다른 증거를 제시하고자 한다. 우선 냉수리비는 의도적으로 어조사 '이(耳)'를 사용해 문장의 단락을 끊어놓았다. 봉평리비를 비롯한 그 이후의 비에도 공통적으로 이러한 경향성을 발견할 수 있다. 이러한 문장작성방식은 이후 신라 '이두'의 탄생에 매우 중요한 단초를 제공한다. 그런데 중성리비의 서사자는 문장작성에서 이러한 점을 전혀 의식하지 않고 있다.

또 신라 중앙의 정보전달을 문자로 표현하는데 있어, 냉수리비는 '교(敎)'라는 문자를 일관되게 사용하고 있고, 이는 봉평리비와 그 이후의 비에도 적용된다. 그런데 후술하지만 중성리비는 중앙의 정보전달을 '교(敎)' '운(云)' '구(口)' 등 매우 다양한 문자를 사용해 표현하고 있다. 이는 중성리비 단계에는 아직 문자를 통한 권력표출 의지가 냉수리비보다 상대적으로 약했음을 의미한다. 중성리비의 이러한 문장작성방식이나 어휘사용방식 등으로 볼 때, 중성리비는 냉수리비보다 2~3년이 아니라 훨씬 이전에 작성되었을 가능성이 크다.

냉수리비로 알 수 있지만, 신라에는 503년 이전에 이미 '전세이왕(前世二王)의 교(敎)'가 있었다. 503년 단계에 절거리의 사망을 걱정해 재물의 상속방법까지도 별교(別敎)로 내린 걸 보면, 냉수리비에 기록된 '전세(前世)'의 시점은 적어도 한 세대 이상 올라간다고 생각된다. 이는 신라에서 교를 문자로 기록한 시점이 441년 무렵으로 올라갈 수 있음을 암시한다.

윤선태, 「〈포항 중성리 신라비〉가 보여주는 '소리'」에 대한 토론문

전덕재 (단국대학교 사학과)

1. 총괄

본 발표문은 중성리비에 보이는 '운(云)' 과 '구(口)', '백(白)'의 해석에 초점을 맞춘 다음, 당시에 문자뿐만 아니라 구두로 교령(敎 令)을 내리거나 정보를 전달하는 것이 널리 성행하였음을 전제로 하여 비문을 새롭게 해석 하고, 비문의 건립연대를 441년으로 추정한 것이 핵심 요지입니다. 기존에 나왔던 해석문

〈그림 1〉 1행 6번째 줄 글자

보다 진일보한 측면이 적지 않아 중성리비 연구사상에서 커다란 주목을 받을 것 으로 기대됩니다. 발표자가 제시한 판독과 해석에서 문제로 제기될 수 있는 점 을 중심으로 질의하고자 합니다. 논지를 잘못 이해하여 질의하였다고 하더라도 너그러이 양해주시기 바랍니다.

2. 1행의 6번째와 7번째 줄의 글자를 '중(中)'과 '사(斯)'로 판독한 것에 대하여 토론자는 초기에 탁본한 것을 근거로 '중(中)'으로 판독하려고 하였다. 그러 나 비석을 실견한 결과, 'l'획이 구(口)를 관통하지 않았음을 확인할 수 있었다.

'구(口)'와 '丿' 사이에 턱이 존재하였음이 확인된 것이다(〈그림 1〉 참조). 발표자는 '구(口)' 위에 'ㅗ'와 같은 흔적을 발견할 수 있다고 하였는데, '구(口)'자의 위쪽 면이 깨져 나갔기 때문에 'ㅗ'자가 비석 상에 잔존하였을 가능성은 희박하다. 한편 발표자는 종래에 '절(折)'로 판독한 글자를 '사(斯)'의 초서체로 판독하였다. '사(斯)'의 초서체로 판독하려면, 그 글자의 왼쪽 획이 'ㅑ'가 아니라 '우(于)'에 가까워야 한다. 그런데 중성비에는 분명히 'ㅑ'의 획이다. 그리고 이 획의 밑부분이 S자

〈그림 10〉 I 행 '중(中)'·'사(斯)'

로 휘어지는 느낌을 주나, 비석을 실견한 결과, 이것은 각자(刻字) 과정에서 생긴 뭉김 현상으로 판단되었다. 그 부분은 획의 일부로 보기 어려웠다는 의미이다. 그리고 발표자는 '노(盧)'자 밑에 'ㅗ'획이 보이지 않는다고 했지만, 〈그림 3〉에서 보듯이 분명히 그 획이 보인다. 비석을 실견(實見)한 결과도 마찬가지였다.

3. '훼(喙)'의 어의에 대하여

발표자는 '훼(喙)'의 어의를 닭을 의미하는 사로국의 토템과 연결시켜 이해하였다. 이러한 견해는 종래 주보돈선생님의 견해를 수용한 것이다. 그러나 이러한 경우 고려시대에 '훼(喙)'를 모두 '양(梁)'으로 개칭한 사실, 오늘날 경북 경산시를 '압량(押梁)'·'압독(押督)'이라고 표기하면서도 관문성석각과 영천 청제비 정원명에서 보듯이 '押(口그+木 또는 口크+木)'로 표기한 사실에 대한 설명이 필요하다. 특히 '(口그+木 또는 口크+木)'는 '양(梁)'으로 보기 어렵고, '훼(喙)'의 이자체일 가능성이 높기 때문에 6부명에 사용된 '훼(喙)'가 '들, 들판'을 의미하는 '부리'의 훈차(訓借)일 가능성을 높게 해주는 측면으로 작용하여 주목

된다. 이와 더불어 『삼국사기』에서 '사벌국(沙伐
國)'을 '사량벌국(沙梁伐國)'이라고 표기한 사례
가 발견되는데, 여기서 '양(梁)'은 '벌(伐)'과 관련
이 있을 뿐이지, 닭과 전혀 관계가 없다. 동일한 의
미를 지닌 '벌(伐)'과 '양(梁)'을 한 지명에 사용한
사례에 해당한다. 모단벌훼(牟旦伐喙)의 경우도
'벌(伐)'과 '훼(喙)'가 동일한 의미이지만, 중복되
어 사용할 수 있다고 볼 수 있다. 참고로 『양서』 신
라전에 '육탁평(六啄評, 또는 육훼평六喙評)'이란
표현이 보이는데, 여기서 '평(評)'은 '들'이란 의미

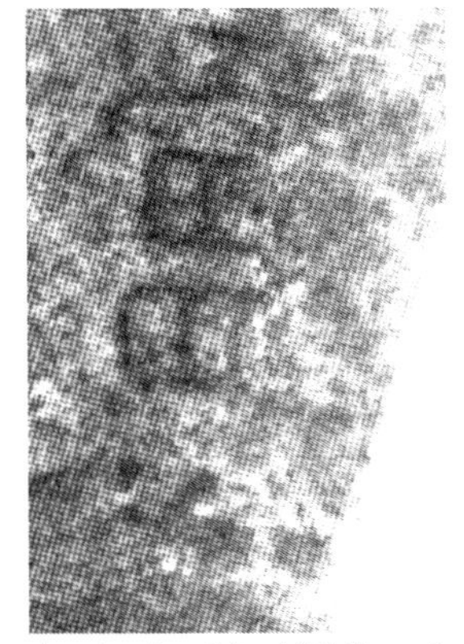

〈그림 13〉 1행 '노(盧)'와 그 다
음 글자의 획

가 아니라 행정단위로서 '부(部)'의 의미로 보아야 한다. 따라서 발표자가 '훼평
(喙評)'을 '닭의 벌'로 해석한 것은 재고의 여지가 많다고 하겠다. 아울러 종래에
주보돈 선생님은 계림(鷄林)에서 태어났다고 전하는 김알지 탄생 설화를 근거
로 '김씨(金氏)'의 경우만 닭을 토템으로 하는 성씨집단으로 이해하였지, 사로
국 전체가 닭을 토템으로 하는 나라라고 인식하지 않았다. 발표자가 '훼(喙)'의
어의를 닭과 연결시켜 이해하려면, 이점에 대한 해명도 필요할 듯싶다.

4. 발표자의 비문 해석에 대하여

1) 일부지궁(日夫智宮)의 실체에 대하여

발표자는 두지사간지궁과 일부지궁을 여러 촌에 거주하는 '작민(作民)'을
빼앗은 주체라고 이해하였다. 두지의 경우는 사간지라는 관등을 가지고 있기 때
문에 정치적 주체로서 충분이 인정이 되고, 그 가문을 가리키는 용어로서 두지
사간지궁이라는 표현도 사용하는 것이 적절하다는 점에 대하여 이의를 달지 않

아도 좋을 것이다. 그런데 문제는 일부지궁의 경우이다. 일부지는 관등을 가지지 않는 존재이다. 냉수리비에도 관등을 가지지 않은 존재들이 나오는데, 이들은 주로 실무직에 종사하는 존재들로 추정된다. 중성리비에도 관등을 가지지 않는 존재들이 여럿 발견된다. 그러나 이들은 관등을 지닌 존재들과 차별되는 존재였음이 분명하다. 참고로 눌지왕대에 미사흔이 파진찬(『일본서기』)의 관등을 가진 사실이 발견되는데, 이것은 왕자들의 경우도 일반적으로 관등을 지녔음을 시사해주는 참고 자료로 추정된다. 이밖에 『삼국사기』 신라본기에서 왕자들이 관등을 소유한 경우를 여럿 발견할 수 있다. 다만 천전리석각 추명에서 후에 왕위에 오른 '심○부지(深○夫知=진흥왕)'는 관등을 보유하고 있지 않았음이 확인된다. 당시 그가 나이가 어렸기 때문에 그러하였을 가능성이 높다. 일반적으로 관등은 신하가 군주를 섬김에 충성을 다하고 공적을 쌓은 연후에 군주로부터 수여받는 것에 해당한다. 일부지의 경우 관등이 전혀 없기 때문에 그를 연로(年老)한 신라의 귀족 관리로 보기 어렵다. 이렇다고 한다면, 일부지가 당시 중앙정계에서 막강한 권력을 행사하면서 하나의 가문(家門)을 이끌던 존재로 볼 수 있을까가 의문으로 제기된다. 일부지가 관등이 없었던 점으로 미루어 보아, 그는 간지(干支) 관등을 수여받을 수 없는 나이가 어린 왕족일 가능성이 높다고 생각되기 때문이다. 만약에 토론자의 추정에 잘못이 없다고 한다면, 일부지궁을 일부지로 대표되는 저택, 또는 가문의 의미를 지닌 것으로 이해하는 것은 재고의 여지가 있지 않을까 한다.

2) 작민(作民)의 실체에 대하여

발표자는 두지사간지궁과 일부지궁이 빼앗은 것은 간거벌 이하 진벌 등의 촌락에 거주하는 작민(作民)이었다고 파악하고, 그것을 모단벌훼에게 돌려주라고 지시한 것이 교의 핵심 요지라고 이해하였다. 여러 자료에 전하는 '작민(作

民)'은 '경작민'의 의미로 사용되거나 또는 '백성들을 부역에 동원한다(作民)'는 의미로[1] 사용되고 있다. 일반적으로 중국의 사서에는 경작민의 의미로 '작민(作民)'을 사용한 예는 그리 흔하지 않고, 우리나라의 경우 조선시대에서 그러한 개념이 널리 사용되었다. 발표자는 여기서 경작민의 의미로 '작민'을 해석하고 있다. 이렇다고 한다면, 두지사간지궁 등이 간거벌 등의 작민을 모단벌훼에게 돌려준다고 할 때, 모단벌훼는 작민을 구체적으로 어떻게 지배하였고, 작민이 촌민 일반을 가리키는 것인지, 아니면 또 다른 존재를 가리키는 것인지 분명하게 설명할 필요가 있다. 참고로 작민을 촌민 일반으로 볼 때, 굳이 그들을 '작민'이라고 표현하는 것은 매우 어색한 듯하고, '육상궁(毓祥宮) 등의 궁장(宮庄)을 경작하고 있는 여물일평(餘勿一坪)의 작민은 영구히 환(還)하게 할 것을 청하는 비변사(備邊司)의 계(啓)'라는 표현에서[2] 보듯이 그들을 어떤 특정 토지에 긴박된 '경작민'이라는 의미로 해석할 때 보다 쉽게 이해될 수 있는 개념이라고 토론자는 생각하고 있다. 이러한 측면에서 '모단벌훼의 작민'을 간거벌 등의 주민을 총칭하는 것으로 이해하는 것은 좀 더 신중할 필요가 있다는 것이 토론자의 판단이다.

---

1) 凡作民則 掌其戒令〈作民謂師田行役也 戒其怠忽令其稟行〉(『周禮句解』卷四).
   作民 役使民衆. 《周禮·地官·鄙師》: "鄙師各掌其鄙之政令祭祀 凡作民 則掌其戒令. 鄭玄注: "作民, 謂起役也."
2) 이밖에 '本州三田坊麻田坪作民還完文' '驛土作民 金正化 金德一 白元西 朴京三 金宗完 趙斗七 等 配附 驛遞所 農商工部大臣 閣下' '首面弓村山城作民報狀 --- 城主嚴明 下題明於各洞作民 --- 金履信 作民 柳東奎' 등의 표현이 보인다. 이들 자료에 등장하는 작민은 특정 지목의 토지를 경작하는 농민 또는 소작인을 가리키는 개념으로 사용되었다.

3) 쟁인(爭人)의 성격에 대하여

발표자는 쟁인을 쟁송당사자로 이해하였다. 그런데 발표자는 원고-모단벌 훼, 피고-두지사간지궁, 일부지궁으로 이해하였다. 쟁송당사자로 지목된 인물 가운데 모단벌훼 소속 2인만이 원고와 관련이 있고, 나머지 사람들은 원고, 피고와 직접 관련이 없음을 알 수 있다. 그렇다면 나머지 쟁인 6인의 이해관계는 어떻게 조정되었을까가 궁금하다.

4) '사간지사인비서모리백(沙干支使人卑西牟利白)'에 대한 해석

발표자는 이것을 '(두지)사간지의 사인 비서모리는 (이러한 교의 내용을 두지사간지게) 보고하였다'로 해석하였다. 발표자의 해석에 따르면, 매우 합리적인 의역으로 이해되는 측면도 없지 않지만, 그러나 과연 이러한 의역이 가능할지에 대한 의문이 제기된다. 만약에 비서모리가 두지사간지의 사인이 아니고, 정부에서 보낸 사인이라면, 의역이 어느 정도 성립될 수 있을 것으로 보이나 비서모리가 두지사간지의 사인이라고 본다면, '백(白)' 즉 그가 보고하는 대상을 두지사간지로 보는 것은 약간 어색하다는 느낌이다.

5. 6부의 성격과 외위 문제에 대하여

발표자는 발표문 11쪽에서 4장에서 중성리비 당시 6부의 성격과 외위 문제를 살펴본다고 하였는데, 정작 4장에서는 이에 대한 언급을 찾을 수 없다. 이에 대한 보충 설명이 필요할 듯싶다.

6. 중성리비의 건립 연대 문제에 대하여

토론자도 전에 첫 번째 행의 글자를 '중사로(中斯盧)'로 판독하여 중성리비의 건립연대를 441년이라고 잠정적으로 추정하고, 논지를 전개하려고 노력한

적이 있었다. 실제로 이와 같이 판독된다면, '중(中)' 앞에는 연(年) ~월(月)(또는 ~월月 ~일日)이 새겨져 있다고 보아야 하고, '노(盧)' 다음은 王名이 새겨져 있어야 한다. 만약에 이것이 501년에 건립되었다고 한다면, '노(盧)' 다음에 '사훼지도로갈문왕(沙喙至都盧葛文王)'이 새겨져 있다고 보아야 한다. 그런데 '노(盧)' 다음에 비문이 깨져 나갔는데, 깨진 부분 아래에는 글자를 새기지 않았음이 확인된다. 2행에 이와 대비되는 부분에는 '사훼사덕지(沙喙斯德智)'가 새겨져 있다. 이에 의거할 때, 첫 행의 깨진 부분에 새길 수 있는 글자는 5~7자에 불과하다. 따라서 여기에 사훼지도로갈문왕이 새겨져 있을 가능성은 매우 낮다고 볼 수밖에 없고, 501년을 건립연대로 보기 어렵게 된다. 일단 거기에 새길 수 있는 글자는 '훼내지왕(喙乃智王)' 또는 '훼내지매금왕(喙乃智寐錦王)' 정도가 되는데, 이렇다고 한다면, 중성리비의 건립 연대는 441년이라고 보아야만 한다. 그런데 앞에서도 지적하였듯이 과연 '중사(中斯)'로 판독될 수 있는가가 문제로 제기된다고 하겠다. 이밖에 종래에 501년 설을 지지한 연구자들이 지목한 또 하나의 사항이 바로 '사훼사덕지아간지'가 냉수리비에도 나온다는 사실이었다. 만약에 441년을 제기한다면, 이에 대한 보충 설명도 필요할 듯싶다. 한편 발표자는 '사부지왕 내지왕 전세 이왕교(斯夫智王 乃智王 前世 二王敎)'를 441년 설을 뒷받침하는 논거로 제시하였으나 냉수리비와 봉평비의 사례를 참고하건대, 이것은 당시에도 여러 6부 지배자들이 함께 교시한 사항을 단지 그 대표자인 사부지왕과 내지왕이 교시한 것처럼 간략하게 기술한 것으로 볼 수 있는 측면이 있기 때문에 절대적인 논거로 삼는 것은 조심하여야 한다는 것이 토론자의 판단이다.

사회(선석열) : 발표자이신 윤선태 선생님께서는 6세기 금석문에 연월이 기록되는데 중성리비에는 연월이 없다고 지적하시면서 새로운 판독을 통해 건립연대를 441년으로 보고 있습니다. 이에 대한 토론은 단국대 전덕재 선생님께서 해주시겠습니다.

전덕재 : 예. 방금 소개받은 전덕재입니다. 발표 토론문은 자료집 110 페이지에 있습니다. 토론문을 읽는 것을 중심으로 해서 토론을 해보도록 하겠습니다. 윤선태 선생님은 잘 아시다시피 독특한 아이디어를 많이 내서 학계에 큰 공헌을 하고 계시며, 새로운 연구 방향을 제시하기로 유명합니다. 제목의 '보여주는 소리'라는 것도 일반적으로 쓰지 않는 논문제목인데, 새로운 아이디어를 아마 찾으신 것 같습니다.

선생님께서는 '운(云)'과 '구(口)' 특히 '구(口)'에 초점을 맞춰서 나름대로 새로운 해석을 하고 계십니다. 제가 생각하기에는 이런 해석을 바탕으로 '구(口)' '백(白)'처럼 구두로 전달되는 명령체계가 중성리비에는 많이 보였기 때문에 그 연대가 좀 더 앞으로 소급되지 않겠느냐 하는 견해를 가지고 계신 것 같습니다. 이런 것들에 대해서 저는 몇 가지 판독과 해석에서 조금 생각해 봐야 할 것들을 중심으로 토론을 진행하도록 하겠습니다. 참고로 제가 발표문이 오가는 과정에서 제가 완성된 발표문을 보고 한 것이 아니라 불완전한 발표문을 보고 토론문을 작성했다는 점 미리 말씀드립니다.

먼저 판독의 문제입니다. 저도 사실 처음에 초탁본(初拓本)을 봤을 때 '중(中)' 또는 '사(斯)'로 판독했기 때문에 그럴 경우 441년이 된다는 전제 하에서 논문을 준비했었습니다. 그러다가 중간에 비석을 실견한 이후 이성시 선생님 등이 문제제기를 했는데, 거기에 보시는 것처럼 '구(口)'를 관통하지 않습니다. 턱이 존재합니다. 제가 토론문에 올려드린 사진을 보면 분명히 관통하지 않는다는 것이 확실합니다. 윤선태 선생님께서 'ㅗ'자 같은 것이 위에 있다고 하셨는데, 그 것은 깨져 나간 것이거든요. 그러므로 그것은 글자일 수는 없는 거죠.

그 다음에 '사(斯)' 부분과 관련해서, 윤선태 선생님은 '사(斯)'의 초서체라고 보았습니다. 그런데 초서체로 '사(斯)'자를 쓸 때는 좌변을 토론문에 제시한 것 처럼 '우(于)'에 가깝게 써야 합니다. 그리고 밑에 보면 S자처럼 생긴 게, 저도 그 게 글자인줄 알았는데, 실제로 가서 보면 뭉개진 부분임이 확인됩니다. S자 부분 에 대해서는 나중에 한번 선생님께서 논문을 완성하실 때 실제 비석을 보시고 판단을 해주셨으면 하는 것이 제 생각입니다.

그리고 111페이지를 보면, 맨 끝에 초두변의 경우, 초두변이 보이는 사람들 은 보인다고 하고, 저처럼 안 보인다고 하는 사람들은 안 보인다고 합니다. 제가 '중(中)'이나 '사(斯)'로 보지 않게 된 결정적인 계기는, '갈문왕(葛文王)'에서 '갈 (葛)'의 초두변이 처음에 비문을 육안으로 봐서는 전혀 확인되지 않습니다. 하 지만 3D 스캔이라든가 이런 것을 통해서 볼 때는 획이 남아 있는 그런 모습이 보여서, 앞이 '절로(折盧)'가 된다면 이건 '갈(葛)'로 봐야한다는 것이 제 판단이 었습니다. 이 부분의 경우 보이지 않는다는 사람들은 또 보이지 않는다고 얘기 하기 때문에 제가 어떻게 얘기하기 좀 어려운 부분이 있습니다.

그 다음에 이제 설명할 부분이 '부리 훼(喙)'자입니다. 한문에서는 '부리 훼' 인데, 이걸 '탁'자로 읽는 사람도 있고 저와 같이 '훼'로 읽는 사람도 있어서 상당 히 혼란이 많은데요. '탁'자로 읽는 분들의 가장 큰 특징은 이것을 '닭'을 가리키 는 차자, 음차자라고 이렇게 보는 겁니다. 그러니까 닭이라고 하는 것을 한문으 로 쓸 때 이 글자를 썼다, '탁' 비슷한 모양으로 썼다고 하는 것인데요. 이렇게 썼 다고 한다면 고려시대에 쓰인『삼국사기』『삼국유사』에서 이것을 '양(梁)'자로 바꾸게 된 것에 대한 설명이 필요하게 됩니다. 예를 들어서 '사량벌국(沙梁伐 國)'을 '사벌국(沙伐國)'이라고 표현합니다. 그때 사량벌은 '닭'과는 아무 상관이 없는 아마 '벌(伐)'을 뜻하는 용어로 쓰이는 것 같습니다. 그리고 영천 청제비라든가 관문성석각 등 통일신라 금석문에서는 앞서 제가 제시한 글자로 판독이 됩니다. 그런데 예전에는 '양(梁)'으로 판독했는데 좌변은 물 수(水)가 아니라 입 구(口)가 확실하고 우변 위는 머리 계(彐)의 끝 부분이 나오고 있습니다. 그래서 그건 '훼'의 이체자로 보는 게 옳다고 생각합니다. 그렇다면 역시 통일신라 때 6부명에만 쓰인 것이 아니고 '압훼' '압독'이라고 하는 지금의 경산(慶山)에도 이런 글자가 쓰이기 때문에, 신라를 닭의 토템과 연관짓고 그래서 이 글자를 썼다고 보려면 이 문제에 대한 해명이 필요하다고 봅니다. 그래서 모단벌훼의 '벌'과 '훼'는 같은 '들'이라는 뜻이라면 '사량벌'도 '사벌국' 같이 중복해서 쓸 수 있는 가능성이 충분히 있기 때문에 저는 여전히 '부리 훼'로 봐야한다는 생각이구요.

또한 '6탁평(啄評)'할 때 '평(評)'을 자꾸만 '들'로 해석을 하는데, 여기서 탁평(啄評)은 부(部)입니다. 부(部)는 '들'로 해석되지는 않습니다. 그것은 행정단위입니다. 그래서 여기서의 평은 고구려의 내평(內評)과 외평(外評), 그리고 나중에 군(郡)이 되는 일본의 평(評)과 같이 행정단위입니다. 이 점을 분명하게 해야 하고 앞의 것은 다른 의미로 해석해야 하는 부분이 있다는 게 제 생각입니다.

그 다음에 일부지궁에 대한 해석입니다. 기존에 해석 중에 두지사간지궁과 일부지궁을 주어로 해석하는 분들이 상당히 많이 있어서 문제제기를 했던 건데요. 두지사간지궁은 사간지라는 관등을 가지고 있습니다. 그러나 일부지궁은 관등이 없는 존재입니다. 제가 보기에는 관등이 없는 존재가 중요한 국가의 운영에서 정치적 발언권을 행사한다는 것은 불가능합니다. 그렇다면 그가 관등을 갖지 않는 이유는 무엇인가, 저는 그가 어렸기 때문에 관등을 갖지 않지 않았을까 생각합니다. 그렇다면 이 존재는 아마 어린 왕족일 가능성이 상당히 높습니다. 따라서 저택과 같은 의미, 또는 귀족을 상징하는 의미로 해석하기는 어렵지 않나 생각합니다.

그 다음엔 '작민(作民)'에 대한 해석입니다. 작민을 저는 이름으로 보는 것은 반대하기 때문에 그것을 이제 동사로 봅니다. '작(作)'을 동사라고 봤을 때, 작민은 두 가지 의미가 있습니다. "사람을 동원한다" "부역을 시킨다"는 의미고 또 하나는 경작민의 의미입니다. 대부분 후자로 많이 해석을 하는데, 그럴 경우 어떤 땅을 경작하는 소작민의 개념에 가까운 것으로 쓰고 있습니다. 중국이라든가 고려시대까지 이런 개념들을 거의 쓰지 않았습니다. 그래서 참고로 작민에 대한 해석을 할 때 이 점도 고려했으면 합니다.

또 선생님께서는 쟁인(爭人)을 쟁송자라고 이야기를 하셨습니다. 그런데 쟁송자라면 피고와 원고에 해당되어야 되는데, 모단벌훼 사람은 모단벌훼가 원고가 되든 피고가 되든 이해관계가 얽힐 수 있고, 두지사간지궁이나 일부지궁이 만약에 훼부나 사훼부 출신이면 앞의 두 사람은 훼부나 사훼부와 이해관계에 얽힐 수가 있습니다. 그러나 본파훼라고 하는 4명의 사람은 전혀 이해관계가 얽히지 않고, 그들이 어떤 이익이나 피해를 받았는지 전혀 언급이 없습니다. 그래서 저는 이해관계가 얽힌 사람과 거기에 얽히지 않는 제3자가 모여서 문제를 해결하지 않았나하는 식으로 해석 했었습니다.

그 다음에 윤선태 선생님의 해석이 설득력을 가지려면 사간지의 사인보다는 정부의 사인으로 봐야 하지 않겠는가, 그리고 다섯 번째는 제가 완성된 발표문을 보지 않았기 때문에 이런 문제가 빠져도 되나 생각해 본 것입니다.

다음은 연대 문제입니다. 연대문제는 아까 말씀처럼 '중'이나 '사'로 판독된다면 441년으로 봐야 한다는 게 제 생각입니다. 그러나 역시 판독의 문제가 남아 있고요. 그 다음에 또 '전세이왕의 교'가 441년 설을 주장하는 중요한 근거인데요. 저는 냉수리비나 봉평비를 봤을 때 집단적으로 논의를 한 이후 그 주재한 사람의 이름으로 마치 사부지왕이나 내지왕이 교시한 것처럼 간단하게 비문에 정리한 것이지, 그게 결정적으로 441년 설을 주장하는 근거라고 보기는 어렵지 않느냐 하는 것이 제 생각이었습니다.

 : 토론하시는 선생님이 시간을 너무 많이 쓰셔서, 답변은 4분 내로 끝내주시면 좋겠습니다.

 : 예. 지금 판독이 제일 문제가 되는데요. 지금 한번 파냈기 때문에 깨어져 나가도 일부분들은 남을 수 있습니다. 제가 비석을 못 봤기 때문에 확인을 못해서 '중(中)'자는 이 수준에서 답변할 수밖에 없습니다. 다만 '사(斯)'자는 좀 다릅니다. 현재 사진 상태가 굉장히 좋은 편인데, 사진을 보면 밑에 마지막 돌아가는 획 아래를 정확하게 칼로 깎은 흔적이 보입니다. 그게 뭉쳐서 된 부분이 아닌지는 나중에 보겠습니다. 물론 제 주장에서 윗부분이 튀어나온다는 점을 약점이라고 할 수 있지만, 왼쪽의 '扌'에는 분명히 꺾여 있는 부분이 있습니다. 만일 꺾여 있는 부분이 확실하다면 거기에 필획의 포인트를 둬야하지 않을까 생각합니다.

그 다음에 '탁'의 어원에 대한 건데요. 이것은 '훼'로 읽고, '부리'로 보게 되던 2단계를 건너가야 됩니다. 부리와 발음이 같은 부리로 가는 건데요. 이건 국어에서도 훈차(訓借), 훈가(訓假)라고 해서 두 단계로 넘어가는 과정입니다. 그렇다면 과연 그런 과정이 이 시기에 이루어졌을까 하는 고민들이 더 필요합니다. 두 번째는 뭐냐면 최치원의 자료가 있는데요. 최치원은 '탁'의 어원을 몰랐습니다. 그 점이 굉장히 중요한데요. 신라 하대인들이 '탁'의 어원을 몰랐으므로 '양'자로 바뀐 부분들은 발음과 관련됩니다. 다시 말해 발음과 똑같은 부분들을 대체한 것입니다. 최치원이 그것을 몰랐다는 말은 '양'으로의 교체를 '훼'의 발음과 관련지어 바라봐야 한다는 것을 의미합니다. 또한 6훼평의 경우도 일본과 고구려의 사례들을 들고 있지만, 이 '평'이라는 부분들이 고유명사인지에 대해서는 논란이 있을 수 있겠습니다.

　그리고 일부지궁에 관등이 없는 것은, 선생님께서 잘 답변하셨듯이 관등이 없는 사람이 존재할 수 있는 거죠. 그렇지만 자기 아버지가 전공(戰功)을 세우고 죽을 수도 있고, 그런 경우에 자기 아들이 그걸 승계하면서 어떤 집안의 재정 기구들을 관할해 갈 수 있다고 생각됩니다. 대표적으로 혜공왕대 벌어진 대공(大恭)의 난에서 그는 일길찬입니다. 그것은 관등의 순서가 올라갈 때, 신라 내에서도 아무리 고위 귀족이라도 어떤 절차가 필요하다는 것을 잘 보여주고 있습니다.

　다음으로 작민에 대한 것인데요. 이것은 모단벌훼가 부리는 민(民)이죠. 이것은 물론 자료가 없어서 단정할 수 없지만, 촌락지역 전체일 수도 있고, 거론되고 있는 지역 전체에 대한 장악 과정이라고 볼 수도 있지 않을까 생각하고 싶습니다.

　그리고 쟁인의 성격에 관해서 본파탁이 왜 설명이 될 수 없는가, 저도 확실치는 않지만 어느 정도 추론은 할 수 있습니다. 두지사간지가 강력하게 권력으로 그것을 빼앗았기 때문에, 이미 모단벌탁과 나머지 주변 본파탁이나 이런 사람들이 그 지역에 과거의 어떤 연고권들이 조금이라도 있으면 이 기회에 자기들이 그걸 차지하기 위해서 서로 쟁투를 벌였을 가능성이 있다고 생각합니다. 여기서 그것을 구태여 설명할 수 있는가는 그렇게 중요하지는 않다고 생각됩니다.

　사실 중성리비를 생각할 때 그 문자를 쓰는 방향에 대해서 고민해 볼 필요가 있습니다. 이 '지(之)'자 또는 '이(耳)'자와 같은 어조사를 냉수리비를 쓴다는 것은 상당히 진전된 단계임을 보여준다고 할 수 있습니다. 그런데 중성리비에서 이런 어조사를 쓰지 않는다면 과연 중성리비와 냉수리비가 2년 밖에 차이가 나지 않는다고 할 수 있을지 저로서는 매우 의문스러운 점입니다.

사회 : 나머지 말씀이 많겠지만 일단 종합토론으로 넘기겠습니다. 수고 많으셨습니다.

〈포항 중성리 신라비〉의 분쟁과 판결

浦項 中城里 新羅碑

홍 승 우

서울대학교 강사

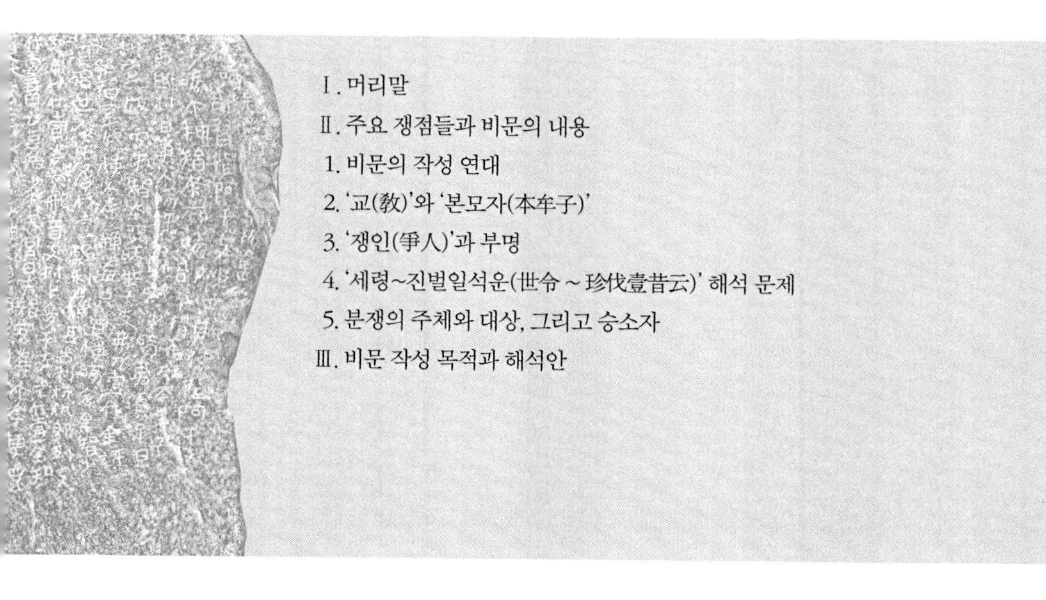

〈포항 중성리 신라비〉의 분쟁과 판결*

Ⅰ. 머리말

경상북도 포항시 북구 흥해읍 중성리 167-1번지에서 2009년 5월에 발견된 〈포항 중성리 신라비〉(이하 〈중성리비〉로 칭함)는 현존하는 신라 최고비(最古碑)로, 발견 이래 세간의 주목을 받아왔고, 학계에서도 많은 학자들이 관심을 가지고 견해들을 발표해 왔다.[1] 2009년 8월 최초로 사진 자료와 판독안 및 해석안

---

* 이 글은 2011년 10월 7일 포항에서 열린 〈(금석문 선도도시 메카 이미지 구축 심포지엄) 신라 最古의 금석문 : 포항 중성리 신라비와 냉수리 신라비〉에서 발표한 글을 일부 수정·보완한 것이다. 주된 수정 내용은 새로운 판독과 연구사 정리의 추가 및 당시 지정 토론과 종합토론 등에서 제기된 문제에 대한 보완 설명인데, 당시 토론문이 같이 실리기 때문에 수정은 주로 각주를 이용했음을 미리 밝혀 둔다.

1) 지금까지 발표된 〈중성리비〉에 대한 논고들은 다음과 같다. 김보상, 2009 「포항 포항 중성리 신라비의 발견경위 및 향후 과제」『浦項 中城里新羅碑 발견기념 학술심포지엄』; 차순철, 2009 「포항 흥해지방의 역사, 고고학적 고찰」 위의 책 ; 선석열, 2009a 「포항 포항 중성리 신라비의 금석학적 위치」 위의 책 ; 권인한, 2009 「포항 포항 중성리 신라비의 어문학적 검토」 위의 책 ; 이우태, 2009 「포항 포항 중성리 신라비의 내용과 건립연대」 위의 책 ; 고광의, 2009 「포항 포항 중성리 신라비의 서체와 고신라 문자 생활」 위의 책 ; 李文基, 2009 「포항中城里新羅碑의 발견과 그 의의」『韓國古代史硏

을 공개한 도록이 국립경주문화재연구소에서 나왔으며,[2] 9월3일에는 최초의 학술심포지엄이 열리고 6편의 논문이 발표되었다. 한국고대사학회에서도 2009년 10월과 2010년 4월 두 차례의 발표회를 가진 후, 『한국고대사연구(韓國古代史硏究)』 56과 59집에 특집으로 논문들을 게재하였다.

그간 적지 않은 논문들이 발표되었고, 주요한 쟁점들에 대해서도 많은 논의들이 있었다. 필자도 발견 당시부터 관심을 기울이며 주목해왔으나, 비문의 난해함 때문에 쉽사리 내용을 파악할 수 없었다. 이에 선학들의 연구 성과가 축적

究』56 ; 배용일, 2009 「포항 중성리 신라비의 발견경위와 고대의 포항과 홍해」 위의 책 ; 전덕재, 2009 「포항 중성리 신라비의 내용과 신라 6부에 대한 새로운 이해」 위의 책 ; 강종훈, 2009 「포항 중성리 신라비의 내용과 성격」 위의 책 ; 하일식, 2009 「포항 중성리 신라비와 신라 관등제」 위의 책 ; 李泳鎬, 2009 「興海地域과 浦項中城里新羅碑」 위의 책 ; 金昌錫, 2009 「포항 中城里新羅碑에 관한 몇 가지 고찰」 『韓國史硏究』 147 ; 선석열, 2009b 「인명표기방식을 통해본 포항 포항 중성리 신라비」 『인문학논총』 14-3 ; 김희만, 2009 「浦項 中城里新羅碑와 新羅의 官等制」 『東國史學』 47 ; 金昌錫, 2010 「新羅 法制의 형성 과정과 律令의 성격 -포항 포항 중성리 신라비의 검토를 중심으로-」 『韓國古代史硏究』 58 ; 전덕재, 2010 「6세기 금석문을 통해 본 신라 관등제의 정비과정」 『木簡과 文字』 5 ; 朱甫暾, 2010 「浦項 中城里新羅碑에 대한 硏究 展望」 『韓國古代史硏究』 59 ; 노태돈, 2010 「포항 중성리 신라비와 外位」 위의 책 ; 노중국, 2010 「포항중성리비를 통해 본 麻立干시기 신라의 분쟁처리 절차와 六部체제의 운영」 위의 책 ; 박남수, 2010a 「「浦項 中城里新羅碑」의 新釋과 지증왕대 정치 개혁」 『韓國古代史硏究』 60 ; 박남수, 2010b 「『浦項 中城里新羅碑』에 나타난 新羅 六部와 官等制」 『史學硏究』 100 ; 선석열, 2011 「6세기 초반 신라 금석문을 통해 본 『梁書』 新羅傳의 관등 사료 비판」 『지역과 역사』 28 ; 박성현, 2011 「포항 포항 중성리 신라비 비문의 형식과 분쟁의 성격」 『한국문화』 55 ; 李成市, 2011 「浦項中城里新羅碑の基礎的研究」 『上代文学』 106(2011 「신라 포항 中城里碑에 보이는 6세기 신라비의 특질」 『특별전 문자, 그 이후 기념 심포지엄 발표문』, 국립중앙박물관) ; 橋本繁, 2011 「浦項中城里新羅碑の研究」 『朝鮮学報』 220 ; 이용현, 2011 「중성리비의 기초적 검토-냉수리비·봉평비와의 비교적 시점-」 『考古學誌』 17

2) 국립경주문화재연구소, 2009 『浦項 中城里新羅碑』. 〈중성리비〉에 대한 일반적인 사항은 이 책을 참조할 것. 이하 본고의 『도록』은 이 책을 지칭하는 것이다.

되기를 기다릴 뿐이었다. 다만 몇몇 부분에서 〈중성리비〉에서 새롭게 밝혀진 사실을 이용한 연구들을 발표하였다.[3] 그러는 과정에서 비문에 대한 생각이 정리되어 가고 있었는데, 마침 좋은 기회가 주어졌기에 이 논문을 작성하게 되었다.

일단 지금까지 연구성과들을 총정리한다는 입장에서 주요 논쟁점들을 정리하였고, 그에 부가하여 본인의 견해를 첨가하였다. 다만 〈중성리비〉에 나타난 신라 관등 문제는 이미 기존에 정리한 바 있어[4] 이 글에서는 다루지 않기로 한다.

이 글이 이미 제기된 많은 설들에 새로운 설을 하나 추가하는데 그치는 것이 아닌가 하는 두려움이 들기는 하지만, 기존 성과들을 한번 정리한다는데 의의를 두는 한편, 새로운 시각을 제시하여 논의의 폭을 넓히는데 도움이 되었으면 한다. 선학제현들의 많은 질정을 바란다.

Ⅱ. 주요 쟁점들과 비문의 내용

비문에 대한 연구는 글자 판독이 우선적으로 이루어져야 한다. 전반적으로 글자 판독에 대해서는 많은 검토가 있었으므로, 여기에서 다시 글자 하나하나의 판독에 집중하기보다는, 문장 구성에 유의하여 전체 판독문을 제시하고자 한다.[5] 일단 〈중성리비〉의 전문에 대한 필자의 판독안을 제시하면 다음과 같다.[6]

---

3) 홍승우, 2009 「4~6세기 신라의 동해안 지역 진출과 지방 지배방식」 『4~6세기 영남 동해안 지역의 문화와 사회』, 동북아역사재단 ; 洪承佑, 2011 「韓國 古代 律令의 性格」, 서울大學校 國史學科 博士學位論文.
4) 洪承佑, 2011 위의 박사학위논문
5) 2012년 2월 27일 국립경주문화재연구소에서 한국목간학회팀과 함께 〈중성리비〉를 실견할 기회를 가질 수 있어, 기존 발표문의 판독안을 수정하였다. 국립경주문화재연

[A]　　辛巳…(가)中(나)折(다)盧亠…「喙部-習智-阿干支」「沙喙-斯德智
　　　　-阿干支」敎

[B-1]「沙喙-尒抽智-奈麻」「喙部-卒(라)智-奈麻」本牟子-「喙-沙利
　　　　夷」「斯利」白

[B-2] 爭人-「喙-評公-斯弥」「沙喙-夷須」「车旦伐喙-斯利-壹伐」
　　　　「皮朱(마)智」「本波喙-柴-干支」「弗乃-壹伐」「金評△(바)-干支」
　　　　「祭智-壹伐」

[B-3] 使人-「奈蘇毒只道使-喙-念牟智」「沙喙-鄒須智」

[B-4] 世令「于(사)居伐-壹斯利」「蘇豆古利村-仇鄒列支-干支」「沸
　　　　竹休-壹金智」「那音支村-卜岳-干支」「乞(아)斤-壹金知」「珍
　　　　伐-壹昔(자)」云

[B-5]「豆智-沙干支」宮「日夫智」宮 奪尒 今更還 车旦伐喙 作民

[C]　　沙干支使人-「卑(차)西牟利」白口 若後世更噵人者 与重罪

[D]　　典書-「与牟豆」故記「沙喙-心刀哩(가)」△(타)

　　위의 판독문은 『도록』에 실린 것을 기본으로, 같은 책에 실린 비문 사진과 탁
본을 참고하는 한편 실제 비문을 보고 약간의 수정을 가한 것이다. 수정한 판독
과 관련하여 약간의 언급을 해보면, 먼저 (가)의 경우 『도록』에서는 두 자로 추
정했지만, 최소 3자 이상이 들어갈 공간이 있다고 판단하여 글자수 미상으로 하

　　구소와 한국목간학회에 감사드린다.
6) 범례는 다음과 같다. ① … 훼손으로 인한 글자수 미상의 판독 불능, ② △ 판독불능,
　③「 」는 한 사람이며, - 로 직명, 부명(지명), 인명, 관등을 구분, ④ 이체자를 정자로
　교체한 경우 있음.

였다. (나)가 가장 논란이 되었던 글자 중 하나인데, 이를 '지(只)'로 판독하는 견해들이 있으나, 하단의 획이 직선으로 내려오며, [B-3]의 '지(只)'와 자형이 확연히 틀리기 때문에, 이 글자는 '중(中)'이 분명하다.

(다)는 좌변에 따라 '사(斯)'의 초서체로 판독할 가능성도 있지만, 일단 좌변을 '扌' 보고, 『도록』의 '절(折)'자를 따르겠다. (라)의 경우 '졸(卒)'의 이체자로 보는 것이 합리적이며, (마)는 '주(朱)'로 파악된다. (바)의 경우 『도록』에서는 '사(沙)'로 판독하여 '금평 사간지(金評-沙干支)'로 보았으나, 남아 있는 자형상 도저히 '사(沙)'로 볼 수 없으며, 이에 대해 많은 연구자가 동의하고 있어 미상자로 처리하였다.

(사)의 경우 기존에 필자는 '간(干)'으로 판독했으나, 비문을 실견한 결과 '우(于)'로 변경하였다. 다만 글자의 판독은 바뀌었지만, 뒤의 '거벌(居伐)'과 연결하여 하나의 지명으로 보는 입장에는 변함이 없다. (아)는 비문의 자형상 '걸(乞)'의 이체자로 보는 것 바르다고 판단된다. (자)의 경우 연구자에 따라 여러 글자로 판독하고, 또 그에 따라 여러 가지 의미를 부여한 바 있다. 그러나 이 문장에서는 일관되게 '지명-인명(-위계호)' 형태가 나열되고 있는 점을 고려할 때, 어떤 글자로 판독하던지 인명의 일부로 볼 수 있다. 따라서 해당 글자를 독자적으로 판독하기보다는 『도록』의 판독안 '석(昔)'을 그대로 받아들인다.[7]

(차)는 자형상 '비(卑)'로 보아야 하며, (카)는 좌변의 'ㅁ'가 분명히 확인된다. (타)의 경우 글자를 새긴 흔적을 확인할 수 있는데, '구(口)'자로 볼 여지가

---

7) 기존에는 이 글자를 '석(昔)'으로 판독하기는 힘들다고 생각했지만, 비문에서 보면 위의 '일(壹)'자와 붙어서 새겨진 듯한 인상을 주는데, 그 과정에서 오각(誤刻)이 있었을 가능성이 크다고 판단된다. 즉 '석(昔)'을 새기는 과정에서 실수가 있었던 것으로 생각할 수 있어서, '석(昔)'일 가능성도 충분하다고 본다.

있으나 미약하지만 상단에 획이 있는 흔적이 있어 무슨 글자인지 확정하기 힘
들다. 따라서 일단 판독불능으로 남겨둔다.

이제 비문의 순서대로 기존 연구들을 종합하고, 또 제기되는 문제점들을 정
리하면서, 비문에 쓰여 있는 분쟁과 판결이 무엇인가를 살펴보겠다.

1. 비문의 작성 연대

먼저 [A] 파트에서 간지 '신사(辛巳)'가 나온다. 이 비문에 나오는 관등명이
'~간지(干支)'인 점이나 부명에 '부(部)'자가 붙지 않는 점에서 524년의 〈울진
봉평리 신라비〉(이하 〈봉평리비〉로 칭함) 이전에 작성된 것이 분명하므로, 작
성연대인 '신사'년은 늦어도 501년이라고 볼 수 있다.

『도록』에서는 이 부분을 '辛巳[年]△[月]中折盧[이하 결실]' 정도로 판독하
였으나, '중(中)'을 '지(只)'로 보고 '辛巳[年沙喙只]折盧[葛文王]'으로 판독하는
견해가 제시되었다.[8] 이것은 이 〈중성리비〉의 연대를 501년으로 결정짓는 판독
안이라고 할 수 있다. 아울러 [A]의 '사훼-사덕지-아간지(沙喙-斯德智-阿干
支)'도 〈냉수리비〉의 등장 인물과 동일한 사람으로 보아 501년 건립설의 근거
로 보았다.

그러나 기존 연구들에서 이미 지적한 바 있듯이, 이 판독안을 근거로 501년

---

8) 전덕재, 2009 앞의 논문, pp.89~90 ; 李泳鎬, 2009 앞의 논문, pp.228~229 ; 이용현,
　　2011 앞의 논문, pp.417~418 ; 李成市, 2011 앞의 논문, pp.4~5 ; 橋本繁, 2011 앞의
　　논문, pp.36~39. 한편 선석열도 '절로(折盧)'를 '지도로(至度盧)'의 다른 표기일 가능
　　성을 제시하였지만, 본인이 바로 그 가능성을 부정하였다(선석열, 2009a 앞의 논문,
　　p.42). 또 구체적인 논증은 없지만, 이우태 역시 첫 행의 인물을 지증왕으로 볼 가능성
　　이 높다고 언급하였다(이우태, 2009 앞의 논문, p.84).

설이 확정되기는 힘들다.[9] 인명을 고려한다면 오히려 501년으로 보기 힘든 면이 있다. 우선 훼손 부분을 '지절로갈문왕(只折盧葛文王)'으로 판독하기에는 인명 나열 순서가 문제가 된다. 503년에 만들어진 〈포항 냉수리 신라비〉(이하 〈냉수리비〉)에서 인명 나열은 소속부 순서에 따랐으며, 같은 부 소속인들은 첫 사람만 부명을 관칭하였고, 이하는 생략하였다. 즉 '사훼 지도로갈문왕 사덕지아간지 자숙지거벌간지 / 훼 이부지일간지 지심지거벌간지(沙喙 至都盧葛文王 斯德智阿干支 子宿智居伐干支 / 喙 尒夫智 壹干支 只心智居伐干支)'와 같이 부별로 모아서 나열하고 있다. 만약 〈중성리비〉가 2년 전인 501년에 세워진 것이라면, 역시 같은 방식이었을 것이다. 실제로 같은 부 소속인들이 나열될 때 동일하게 표시하고 있는 것을 확인할 수 있다([B-2] 참조). 따라서 결손 부분이 '사훼-지절로-갈문왕(沙喙-只折盧-葛文王)'이라면 뒤이어 나오는 아간지(阿干支) 2인의 나열은 사훼-훼(沙喙-喙) 순서가 되어야 한다. 하지만 그렇지 않다는 것을 지적할 수 있다.

다음으로 4부 간지들의 인명이 〈냉수리비〉와 너무나 다른 점을 들 수 있다. 〈냉수리비〉 등의 다른 금석문에서 4부의 간지 및 관등소지자의 이름은 '~지(智)'로 끝나는 것이 일반적이다. 그런데 〈중성리비〉에서는 그렇지 않은 예가 확인되어, 아직 4부인들에 존칭접미사 '지(智)'가 일반화되지 않았다고 볼 여지가 있다. 또 본파부의 간지 이름이 두 비문에 서로 다르게 나오는 점도 지적할 수 있다.

이상에서 보았을 때 비문의 작성 연대가 〈냉수리비〉와 아주 가까운 시기라

---

9) 기존 연구들의 비판 내용에 대해서는 洪承佑, 2011 앞의 박사학위논문, p.153 참조. 한편 필자가 〈중성리비〉를 실견하고, '지(只)'자가 될 수 없다고 보았는데, 그렇다면 이후의 논의는 별다른 의미가 없을 수 있다. 하지만 해당 글자가 파손에 의한 결실이어서 '지(只)'자가 절대로 될 수 없다고 단정할 수는 없다. 따라서 이후 내용을 그대로 남겨둔다.

보기 힘든 면이 많아서 501년으로 단정하기는 힘들다. 하지만 더 이른 시기로 볼 별다른 근거도 사실 없는 편이기는 하다. 일반적으로 시기를 앞당기는 견해들은 〈중성리비〉가 여러 가지 면에서 〈냉수리비〉와 다른 면모를 보여 주는데 그 변화가 2년이라는 짧은 시간에 이루어진 것으로 보기 힘들다는 데에서 출발한다.[10]

즉 441년설은 모두 정황상의 근거만이 있는 것이다. 사실 몇몇 연구가 지적했듯이 이 비문이 501년의 것이고, 지증마립간(智證麻立干)이 즉위 이후 급격한 변혁을 가져왔고, 그 결과가 〈냉수리비〉와 〈중성리비〉의 차이라고 본다면 2년 사이에도 큰 변화가 있을 여지는 얼마든지 있는 것이다. 따라서 여전히 501년의 가능성도 높다. 다만 비문 첫머리가 '지절로(只折盧)'가 될 가능성이 크지 않으므로, 인명을 근거로 작성 시기를 단정하기 보다는, 비문에 나오는 신라 사회의 모습을 면밀히 검토하여 추정할 필요가 있다. 비문의 작성연대 확정은 추가적인 성과를 기다리는 것이 좋을 것이다.

2. '교(敎)'와 '본모자(本牟子)'

[A]에서 '교(敎)'를 내리는 주체는 '훼부-습지-아간지(喙部-習智-阿干支)'와 '사훼-사덕지-아간지(沙喙-斯德智-阿干支)' 2명이다. '신사(辛巳)' 다음을 '사훼-지절로-갈문왕(沙喙-只折盧-葛文王)'으로 판독한다면 교를 내리는 주체는 '지절로갈문왕'을 포함한 3인이 된다. 그런데 주목할 점은 어느 경우이든 교를 내리는 주체는 훼(喙), 사훼(沙喙) 2부인으로만 구성되어 있다는 것이다.

---

10) 洪承佑, 위의 박사학위논문, pp.153~154

이는 〈냉수리비〉나 〈봉평리비〉에서 '교'를 내리는 '공론집단'이 4개 부인으로 구성되었던 것과는 분명한 차이이다. 이러한 차이에 대하여 필자는 분쟁의 성격이 다르기 때문이라고 추정한 바 있다.[11]

'교'에 이어서 [B-1]에는 '사훼-이추지-나마(沙喙-介抽智-奈麻)'와 '훼부-졸지-나마(喙部-卒智-奈麻)' 2인의 이름이 있고, 뒤이어 '본모자(本牟子) 훼-사리이(喙-沙利夷), 사리(斯利)'가 보이며, 마지막에 '백(白)'이라는 동사가 나온다. 두 명의 나마에 대해서는 직접 교를 받는 사람으로 파악하거나,[12] '본모자(本牟子)' 이하와 함께 뒤에 나오는 '백(白)'의 주어로 보는 견해가 제기되어 왔다.[13] 교를 받는 사람으로 보는 견해들은 대체로 '나마(奈麻)' 관등의 성격을 실무진으로 이해하면서, 교를 받아 전달 내지는 집행하는 자로 상정한다.[14] 이에 비해 '본모자(本牟子)'와 같이 '백(白)'하는 사람으로 본 견해들은 〈냉수리비〉나 〈봉평리비〉와 마찬가지로 '교'를 받는 사람들이 별도로 존재하지 않는다고 본 것이다. 하지만 '교'를 받는 사람이 없다고 보는 견해들도, 나마 관등 소지자가 실무진으로 일을 처리한 것으로 보는 데는 거의 동의하고 있다. 결국 양자의 차이는 나마 2인과 '본모자' 이하 인물들의 역할이 구분되는가 아닌가의 문제라고

---

11) 洪承佑, 위의 박사학위논문, p.193
12) 『도록』; 선석열, 2009a 앞의 논문, p.42 ; 이우태, 2009 앞의 논문, p.82 ; 李文基, 2009 앞의 논문, pp.14~15 ; 강종훈, 2009 앞의 논문, pp.147~148 ; 하일식, 2009 앞의 논문, p.181 ; 李泳鎬, 2009 앞의 논문, p.232 ; 김희만, 2009 앞의 논문, p.5 ; 박성현, 2011 앞의 논문, pp.5~6
13) 권인한, 2009 앞의 논문, p.66 ; 고광의, 2009 앞의 논문, p.105 ; 전덕재, 2009 앞의 논문, pp.95~97 ; 金昌錫, 2009 앞의 논문, p.382 ; 이용현, 2011 앞의 논문, pp.420~422 ; 노태돈, 2010 앞의 논문, p.42 ; 노중국, 2010 앞의 논문, pp.63~64 ; 박남수, 2010a 앞의 논문, pp.144~145 ; 李成市, 2011 앞의 논문, p.11 ; 橋本繁, 2011 앞의 논문, p.40
14) 〈냉수리비〉의 '전사인(典事人)'이나 〈봉평리비〉의 '[전]사대인([典]事大人)' 역시 나마 관등 소지자가 중심인 것을 볼 수 있다.

할 수 있다.

이에 대한 해답을 얻기 위해서는 우선 '본모자(本牟子)'의 성격을 규정할 필요가 있다. 일단 '본모자'에 대한 기존 견해들을 정리하면 다음의 표와 같다.

〈표 1〉 '본모자(本牟子)'와 '백(白)'에 대한 기존 견해

	나마와의 관계	본모자의 의미	'백(白)'의 주어와 의미
『도록』	나마2인과 별도의 역할	인명	본모자외 2인 총 3명이 아뢰다.
선석열	나마2인과 별도의 역할	본래 모자(眸子, 감시자·조사자)	본 모자인 2명이 아뢰다.
권인한	나마2인과 같은 역할	인명	나마2인과 본모자외 2인 총 5명이 아뢰다.
이우태	나마2인과 별도의 역할	본래 주인	'쟁'이 있다고 아뢰는
고광의	나마2인과 같은 역할	인명	나마2인과 본모자외 2인 총 5명이 아뢰다.
이문기	나마2인과 별도의 역할	본모의 아들(뒤에 나오는 2인의 신분)	본모의 아들인 2명이 아뢰다.
전덕재	나마2인과 같은 역할	인명	나마2인과 본모자외 2인 총 5명이 아뢰다.
강종훈	나마2인과 별도의 역할	본디 모자(하급 관원 직명)	본디 모자인 2명이 아뢰다.
하일식	나마2인과 별도의 역할	–	아뢰다.
이영호	나마2인과 별도의 역할	본래 모자(선석열의 견해 수용)	본 모자인 2명이 아뢰다.
김창석	나마2인과 같은 역할	쟁인(爭人), 사인(使人)과 같은 직임(職任)	나마2인과 본모자인 2인 총 4명이 아뢰다.
김희만	나마2인과 다른 역할	본 소유자(?)	본모자인 2명이 아뢰다.
이용현	나마2인과 같은 역할	인명	나마2인과 본모자외 2인 총 5명이 아뢰다.
노태돈	나마2인과 같은 역할	–	나마2인과 본모자인 2인 총 4명이 아뢰다.
노중국	나마2인과 같은 역할	인명	나마2인과 본모자외 2인 총 5명이 아뢰다.

박남수	–	'모자(牟子)'를 지명으로 보고, 본래 '모자(지방)'의 모모(某某)였다로 이해	나마2인이 자신들의 처지를 아뢰다.
박성현	나마2인과 다른 역할	뒤에 나오는 두 사람의 역할	본모자인 2인이 사뢰다.
李成市	나마2인과 같은 역할	인명	나마2인과 본모자외 2인 총 5명이 말을 전하였다.
橋本繁	나마2인과 같은 역할	인명	나마2인과 본모자외 2인 총 5명이 아뢰다(말하다).

위의 표에서 볼 수 있듯이, 기존 연구들에서 '본모자'에 대한 이해는 인명으로 보는 설과 뒤에 나오는 두 사람의 신분 내지는 역할을 의미하는 단어로 파악하는 설로 나뉘어 있다.[15] 먼저 '본모자'가 인명인지 여부를 검토해보자. 같은 부 소속인들의 인명을 나열할 때, 2번째 사람부터는 부명을 생략하는 것이 〈중성리비〉의 표기 방식이다. 해당 부분에서 인명 나열을 볼 때, 만약 '본모자'가 인명이라면 앞에 따로 부명이 나오지 않아 소속부는 '훼부'로 볼 수 있다. 그런데 뒤이어 나오는 인명들을 보면 '훼-사이리(喙-沙利夷), 사리(斯利)'로 되어 있어,

---

15) 박남수, 2010a 앞의 논문만 '모자(牟子)'를 지명으로 이해하면서 완전히 다른 견해를 제시하였는데, 흥미로운 의견이지만 몇 가지 문제점이 있다. 먼저 '나마' 관등 소지자들을 원래 지방 출신인으로 이해한 것인데, 아직 6부 중 훼(喙)·사훼(沙喙) 2부를 제외한 나머지 부인들조차 경위에 포괄되지 않았던 시점에, 지방인들을 훼·사훼 양부에 속하게 하면서 경위 관등을 사여했다고 보는 것이어서, 그간의 신라 관등제에 대한 이해와 상당히 배치되는 면이 있다. 또 지방인들을 적극적으로 중앙 6부에 포섭한 것으로 이해되는데, 6부와 지방을 엄격히 구분하였다는 그간의 일반론을 부정하는 것이어서 보다 많은 논증이 필요할 것이다. 더구나 쟁송의 이유가 2인의 나마가 원래 신분인 지방인의 지위로 돌아가겠다는 것이라고 설명하는데, 그렇다면 강제로 지방인들을 중앙 6부인으로 바꾼 후 특권으로서 경위를 사여했는데, 지방인들은 이를 거부하였다고 볼 수밖에 없어, 일반적으로 이해하기 힘든 상황이다. 따라서 현재로서는 '모자(牟子)'를 지명으로 보는 견해는 받아들이기 힘들다.

'훼부-졸지-나마(喙部-卒智-奈麻)' 이하는 모두 훼부가 된다. '본모자'가 인명이라면 뒤의 '훼(喙)'도 생략되었을 것이다.[16] 따라서 '본모자'를 단순히 인명이라 보기는 힘들다. 그렇다면 뒤에 나오는 '훼-사리이(喙-沙利夷), 사리(斯利)'와 관계된 호칭으로 보는 것이 합리적일 것이다. 다만 구체적으로 그 의미가 무엇인가는 〈중성리비〉의 내용만으로는 알 수 없다. 현재로서는 별다른 해석 없이 '본모자'로만 해두고자 한다.

다음으로 나마 2인이 '본모자'와 구분되는가 하는 문제를 생각해 보자. 나마 2인은 앞에 아무런 단어가 붙어 있지 않다. 뒤이어 나오는 '쟁인'과 '사인'의 경우들처럼 맡은 직무가 있다면 앞에 표시되었을 텐데 그렇지 않다. 또 나마 2인과 '본모자' 사이는 아무런 동사가 없이 그냥 병렬되어 있다. 나마 2인만이 구분되는 존재라면 그 역할을 문장 상으로는 알 수 없는 문제가 생긴다. 그렇다면 나마 2인과 '본모자'가 구분되어 있다고 보기 힘들며, 나마 2인을 '본모자' 2인과 같이 '백(白)'의 주어로 보는 것이 합리적이라고 생각한다. 한편 나마가 교를 받는 주체가 될 수 있는가 하는 문제가 남는데, 나마 2인과 '본모자' 2인의 역할이 구분되지 않는다면, '교'를 받는 인물을 상정한다고 해도 '본모자' 2인까지 포함한다

---

16) 이에 대해 '훼사리(喙沙利)' '이사리(夷斯利)'를 인명으로 보는 견해도 있다(『도록』 ; 권인한, 2009 앞의 논문, pp.65~66 ; 고광의, 2009 앞의 논문, p.105 ; 박남수, 2010a 앞의 논문, pp.131~132 ; 李成市, 2011 앞의 논문, p.9 ; 橋本繁, 2011 앞의 논문, p.57). 하지만 '부'를 뜻하는 '훼'가 인명으로 사용되었다고 보기는 힘들다고 여겨진다. 또 〈냉수리비〉의 "典事人 (중략) 喙 軏須道使 心訾公 喙 沙夫那斯利 (후략)"에서 이미 같은 부명인 '훼(喙)'가 중복되는 사례가 있으므로, 훼(喙)의 중복이 큰 의미가 없다고 보는 입장도 있다(이용현, 2011 앞의 논문, pp.421~422). 하지만 〈냉수리비〉의 해당 사례는 탐수도사(軏須道使)가 심자공(心訾公) 혼자임을 분명히 보여주기 위한 특별한 사례라 볼 수 있다. 그리고 오히려 직명을 가진 사람의 경우 소속 부가 같아도 부명을 따로 적을 수 있다는 것을 보여주는 사례라고 할 수도 있다.

고 보아야 할 것이다. 즉 '교'를 받는 주체가 있는지 여부와 상관없이, 나마 2인과 '본모자'의 역할은 같다고 할 수 있다.

남는 문제는 '백(白)'의 의미가 무엇인가 하는 것이다. 이는 해당 문장만으로 정확히 파악하기는 어렵다. 비문 전체의 구조를 통해 파악해야 하는데, 이에 대해서는 후술하기로 한다.

3. '쟁인(爭人)'과 부명

다음으로 [B-2]의 '쟁인(爭人)'에 대하여 생각해 보자. 이에 대해서도 여러 가지 견해들이 제시된바 있는데, 정리하면 다음 표와 같다.

〈표 2〉 '쟁인(爭人)'에 대한 제견해

	'쟁인(爭人)'의 의미	구분
『도록』, 선석열, 권인한	소송 당사자	분쟁 당사자
이우태	'백쟁인(白爭人)'- 소송 제기자	
이문기	다툼을 벌인 사람들	
강종훈	분쟁을 일으킨 사람	
하일식	분쟁 관련자로서 소송 제기자	
이영호	다툼을 벌인 사람들	
김희만	소송 당사자와 후원세력	
노태돈	쟁소를 한 이들	
노중국	분쟁에 관여된 사람	
박성현	다툰 사람들	
李成市	분쟁에 관계된 왕경의 이해관계자	공론·심의집단
전덕재	평결집단	

김창석	평의원	
이용현, 橋本繁	공론집단	공론·심의집단
박남수	쟁의 소임을 맡은 사람	

    표현이 조금씩 다르기는 하지만, 크게 '분쟁 당사자'로 보는 견해와 분쟁을 조종하는 집단, 곧 '공론·심의집단'으로 파악하는 견해로 대별된다.[17] 하지만 '쟁인(爭人)'을 분쟁 당사자로 볼 경우, 이들이 모두 분쟁에 대한 판결결과 부분에 등장하지 않아서 문제가 된다.[18] 이러한 문제가 있기 때문에 분쟁 당사자와 소송을 제기한 사람들을 별도로 파악한 견해가 나온 것이다.[19] 그러나 여전히 최종 판결에 '쟁인'이 아무도 등장하지 않는 것을 설명할 수 없다. 따라서 '쟁인'을 분쟁 당사자로 보기는 힘들며, 현재로서는 '공론·심의집단'으로 보는 것이 타당하다고 생각된다.[20] 이와 관련하여 '쟁인'을 일반 명사가 아니라, 뒤이어 나오는

---

17) 李成市는 쟁인을 분쟁의 이해관계자로 보면서도, 쟁인 자체는 직명(職名)의 일종으로 보고 있다. 이해관계자가 쟁인을 구성한다고 보는 입장으로 생각되는데, 크게 보아 공론·심의집단으로 보는 견해에 넣을 수 있겠다.

18) 쟁인을 분쟁당사자로 보는 견해 중 '모단벌'을 인명으로 파악하는 견해들은 분쟁당사자 중 하나인 '모단벌'이 분쟁 해결 내용에 등장한다고 본다. 하지만 후술하듯이 모단벌을 인명으로 보기는 힘들다.

19) 이 견해는 다시 분쟁과 소송에 시간적인 차이가 있다고 본 견해와(李文基, 2009 앞의 논문, pp.37~38), 직접 뺏고 뺏긴 당사자만이 아니라 다른 세력들도 분쟁에 연관되어 혹은 조정을 위해 쟁인에 포함되었다는 주장으로 나뉜다(하일식, 2009 앞의 논문, p.195 ; 李泳鎬, 2009 앞의 논문, pp.238~239 ; 노태돈, 2010 앞의 논문, p.43) 하지만 이렇게 보아도 역시 승소자가 소송 제기자에 보이지 않는 점이 설명되지 않는다. 또 쟁송이 개인 간의 것이 아니라 개인들은 '부'를 대표 내지는 대변할 뿐 실제로는 부 사이의 분쟁이었기 때문에, 개인의 이름이 그다지 중요하지 않다고 볼 수도 있겠다. 그렇게 볼 여지가 없다고는 할 수 없지만, 무리한 해석이라고 생각된다.

20) '공론·판결집단'으로 보는 입장에 대해서는 왜 〈냉수리비〉나 〈봉평리비〉와 다르게

'사인(使人)'이나 〈냉수리비〉의 '전사인(典事人)', 〈봉평리비〉의 '[전]사대인([典]事大人)', '신인(新人)' 등과 같은 직명(職名)으로 본 견해가 주목된다.[21]

'쟁인' 명단에서 또 주목되는 것은 '부(部)'명의 표기 방식이다. 문제의 핵심은 '모단벌(牟旦伐)'이라고 할 수 있다. '모단벌'에 대해서는 인명으로 보는 견해와 부명으로 보는 견해로 나뉘어 있다.(다음 표 참조)

〈표 3〉 '모단벌(牟旦伐)'에 대한 제견해

	의미	전체글자
『도록』, 선석열, 이우태, 고광의, 강종훈, 김희만	인명	牟旦伐
권인한, 이문기, 전덕재, 이영호, 김창석, 이용현, 주보돈, 노태돈, 노중국, 박성현, 李成市, 橋本繁	부명	牟旦伐喙
하일식	지명(중앙 부와 관련 있는 작은 자연촌락일 가능성)	牟旦伐喙
박남수	부명	牟㽵伐

'모단벌(牟旦伐)'을 인명으로 보는 견해들은 판결 부분에서 '모단벌'이 승소자로 다시 등장하는 점에 주목한다. 하지만 '쟁인' 집단에서 '모단벌'과 함께 판결에 나오는 두지사간지(豆智沙干支)나 일부지(日夫智)가 등장하지 않는 점을 설명하지 못한다. 또 기존 연구들에서 많이 지적된 바와 같이 '모단벌'은 지명을 나타내는 '벌(伐)'로 끝나는 것을 볼 때, 인명일 가능성이 크지 않다. 그리고 일관되게 뒤에 '훼(喙)'가 붙는데, '모단벌'을 인명으로 보는 견해들은 이 '훼'를 뒤

판결집단과 교사집단이 이원적으로 구성되어 있는가라는 의문이 제기될 수 있다. 이에 대해서 필자는 분쟁의 성격이 달라, '교'집단의 구성이 달랐기 때문이라고 추정한 바 있다(洪承佑, 2011 앞의 박사학위논문, pp.193~194).

21) 이용현, 2011 앞의 논문, p.432 ; 박남수, 2010a 앞의 논문, p.133 ; 李成市, 2011 앞의 논문, p.8 ; 橋本繁, 2011 앞의 논문, p.42

에 나오는 인물의 소속 부명으로 본다. 하지만 역시 '쟁인'에 등장하는, 6부 중 하나인 '본파(本波)' 뒤에도 훼(喙)가 붙어 나온다. 이 '본파' 뒤의 '훼' 역시 뒤에 나오는 인명 중 일부로 보기도 하지만, 세 사례 모두 우연히 뒤에 '훼'가 왔을 뿐이라고 볼 수는 없을 것이다. 따라서 '모단벌'을 인명으로 보기 보다는 '본파훼'처럼 훼가 붙어있는 부명으로 보는 것이 좋을 것 같다.

〈중성리비〉 단계에서 부명은 공통되게 뒤에 '훼(喙)'가 붙는 표기 방식이라고 할 수 있으며, 이후 〈냉수리비〉와 〈봉평리비〉로 이어지면서 '모모훼(某某喙)' → '모모(某某)' → '모모부(某某部)'식으로 표기 방식이 변화했다고 볼 수 있다. 그런데 부명 표기와 관련하여 또 주목되는 것은 '쟁인'의 가장 첫머리에 나오는 '훼-평공-사미(喙-評公-斯弥)'이다. 이 부분에 대해서는, 끊어 읽는 방법에 따라 1명 내지는 2명으로 보는 차이가 있지만, 훼부 소속 인물을 지칭하는 것으로 보는 것에 대부분 동의하고 있다. 다만 문제는 '훼평(喙評)'으로 끊어 읽고, 이를 '훼부'와 같은 실체를 가리키는 것으로 본다면, 이 비문에서 부의 표기는 훼(喙), 부(部), 평(評) 3가지가 같이 사용된다고 할 수 있다.[22]

하지만 '부(部)'의 경우 이를 부정하는 견해가 존재한다. 즉 '부(部)'가 사용되는 것은 [A]와 [B-1]의 '훼부-습지-아간지(喙部-習智-阿干支)' '훼부-졸지-나마(喙部-卒智-奈麻)'에 한정되는데, '부'를 뒤에 나오는 인명의 첫 글자로 보면, 〈중성리비〉의 모든 부명에는 '훼'와 '부'가 사용되지 않아 〈냉수리비〉의 부명 표기 방식과 같다는 것이다.[23] 물론 유독 '훼부'인 2명만 같은 첫 글자를 가질 가

---

22) 전덕재, 2009 앞의 논문, pp.102~105 ; 이용현, 2011 앞의 논문, pp.428~429 ; 박성현, 2011 앞의 논문, pp.6~7 ; 李成市, 2011 앞의 논문, pp.7~8. '평(評)'을 부와 동일하지는 않지만 '부'의 거주지역명으로 본 견해도 있다(박남수, 2010a 앞의 논문, pp.135~136).

23) 강종훈, 2009 앞의 논문, pp.145~146

능성이 적은 점, 다른 부들이 '훼'로 끝날 가능성이 큰 점, 인명에 '부'자를 쓰는 다른 예들이 확인되지 않는 점 등을 고려하면 선뜻 동의하기는 힘들다. 하지만 표기방식의 통일이라는 측면에서 볼 때, 그 가능성을 완전히 배제하기도 힘들다.

'평(評)'의 경우도 인명의 일부나, 뒤의 '공(公)'과 붙어 어떠한 직임을 뜻하는 용어나 인명으로 볼 여지도 있어 확정하기 힘들다. 또 왜 유독 '훼부'만 다양한 표기 방법이 있는지에 대한 분명한 이유가 없기 때문에[24] 결론을 유보할 수밖에 없다. 필자는 추가적인 자료의 발견이 없다면, 어느 견해가 옳다고 결론 내리기 힘들다고 생각하며, 또 이 문제가 비문 전체 내용 파악에 큰 문제가 되지 않기 때문에, 부명 표기에 '훼(喙)'가 붙는 표기 방식이 있었고, 모단벌훼가 훼, 사훼와 같이 나열되어 있는 점을 볼 때, 6부 중 하나이며 아마 모량부(牟梁部, 곧 岑喙部)라고 추정하는데 그치고자 한다.

마지막으로 '쟁인' 집단에서 문제가 되는 것은 '금평△간지(金評△干支)'이다. 이에 대한 기존의 견해들은 다음의 〈표 4〉와 같다.

우선 '금평-사간지(金評-沙干支)'나 '금평-△간지(金評-△干支)'로 보아 '인명+경위'로 파악하는 견해가 있는데, 판독불능자를 뒤의 '간지'와 연결하여 관등으로 보는 것이다. '사간지(沙干支)'로 보는 견해는 앞서 언급한 바와 같이 남은 자형을 '사(沙)'로 보기 힘들 뿐 아니라, '본파부' 소속인이 '사간지'의 경위를 받았다고 보기 힘들기 때문에 배제한다. 또 뒤이어 '제지-일벌(祭智-壹伐)'이 나오는 것을 고려한다면, 바로 앞의 '본파훼-시-간지(本波喙-柴-干支) 불내

---

24) 훼부(喙部)만 '부(部)'를 칭한 이유에 대해서는 훼부의 정비 내지는 정형화가 6부 중 가장 빨랐기 때문이라고 보거나(李文基, 2009 앞의 논문, p.44), 훼부가 가장 우세한 부였기 때문이었다고 보는 견해(李泳鎬, 2009 앞의 논문, p.232) 등이 있다. 개인적으로는 '훼'의 경우 뒤에 다시 '훼'를 붙이는 것이 어색하기 때문에 다른 표기법이 나왔고, 그것이 점차 다른 부에도 사용되어 간 것이 아닌가 추정할 뿐이다.

<표 4> '금평△간지(金評△干支)'에 대한 제견해

	판독 및 구성	'금평(金評)'의 의미(전체글자)
『도록』, 이우태, 하일식	金評-沙干支	인명(金評)
강종훈	金評-△干支	인명(金評)
선석열, 권인한, 고광의, 이문기, 전덕재, 이영호, 김창석, 주보돈, 노태돈, 노중국	金評△-干支	인명(金評△)
김희만	金評沙-干支	인명(金評沙)
이용현, 박성현, 李成市, 橋本繁	金評-△△-干支	부명(金評)〈후의 斯彼〉
박남수	金評-△-干支	부명(金評)〈후의 漢只〉

-일벌(弗乃-壹伐)'과 같이 '간지-일벌(干支-壹伐)'의 조합으로 보는 것이 합리적이라고 판단되므로, 다른 경위로 보는 견해 역시 성립하기 어렵다. 따라서 그냥 '간지'라고 볼 수밖에 없다.

그렇다면 '금평△(金評△)' 전체를 인명으로 보거나, '금평(부명)+△(인명)'으로 보는 견해가 남는데, 현재로서는 많은 연구자들이 전체를 인명으로 보고 있다. 이 경우 본파훼(本波喙)에 2명의 '간지(干支)'가 존재하는 것이 된다. 부명으로 볼 경우 심의에 5개부의 유력자가 참여하고 있는 것이 되어 〈냉수리비〉나 〈봉평리비〉에 비해 1부가 더 많은 양상이다.

그러나 '금평'을 부명으로 보기에는 다른 부명들과 이질적이라는 점, 또 본파훼와 달리 '훼'가 붙지 않는 점이 걸린다. 물론 '훼평(喙評)'을 훼부와 동일어로 본다면, '금평' 역시 부명이 될 가능성이 있지만, 이 경우 '평'이 부(部)의 의미가 되며 '금'만이 부명이 되어야 하는데, 그렇게 보기는 힘들다.[25] 따라서 필자는

25) 이용현과 李成市는 금평(金評)을 사피부(斯彼部)로 보았는데, 이 경우 금=사(金=

일단 '금평△'를 인명으로 보고, 본파훼에 2명, 혹은 그 이상의 간지가 있었다고
파악하고자 한다.

결국 [B-2]는 공론·심의집단인 '쟁인'이 훼, 사훼, 모단벌훼, 본파훼 4부의
인물들로 구성된 것을 말하고 있다.

4. '세령~진벌일석운(世令 ~ 珍伐壹昔云)' 해석 문제

[B-3]은 실무진으로서 '사인(使人)' 2인의 명단이다. 이 부분을 '사인'과 '도
사(道使)' 두 집단의 명단으로 보는 견해도 있으나,[26] 〈냉수리비〉나 〈봉평리비〉
에서 도사는 지명을 앞에 붙이고 있으므로, '나소독지(奈蘇毒只)'는 사인의 이
름이 아니라 도사의 관할 지역명으로 보는 것이 옳겠다. 한편 '사인'을 뒤에 나오
는 인물이 아닌 앞의 인물로 보는 견해도 있지만,[27] 〈냉수리비〉의 '전사인'이나
〈봉평리비〉의 '[전]사대인' '신인(新人)' 등이 모두 뒤에 나오는 인물의 직임임
을 고려하면, '나소독지도사-훼-염모지(奈蘇毒只道使-喙-念牟智)'와 '사훼-
추수지(沙喙-鄒須智)' 2인을 '사인'으로 보는 것이 합리적이다. 그러면 '나소독
지도사'는 몇 명으로 보아야 할까. 즉 '훼-염모지'가 '나소독지도사'인 것은 분명
하지만, '사훼-추수지'가 도사인지가 문제인데, 〈냉수리비〉나 〈봉평리비〉에서

斯), 평=피(評=彼)로 보는 것이다. 그렇다면 앞서 나오는 훼평은 곧 훼피가 되어야
되는데, 그렇게 보기는 곤란하다.

26) 『도록』; 선석열, 2009a 앞의 논문, pp.42~43 ; 권인한, 2009 앞의 논문, p.66 ; 이우태,
2009 앞의 논문, p.81 ; 고광의, 2009 앞의 논문, pp.104~105 ; 李泳鎬, 2009 앞의 논
문, p.236 ; 김희만, 2009 앞의 논문, p.10

27) 강종훈은 '나소독지(奈蘇毒只)'를 도사(道使)가 관할하는 지명으로 보았지만, '사인
(使人)'은 뒤에 나오는 도사가 아니라 앞에 나오는 인물로 보았다(강종훈, 2009 앞의
논문, pp.155~156).

도사가 1명이었던 것을 고려하면, '훼-염모지'만을 도사로 보는 것이 타당할 것으로 여겨진다.

[B-4]에서는 '우거벌-일사리(于居伐-壹斯利)', '소두고리촌-구추열지-간지(蘇豆古利村-仇鄒列支-干支), 비죽휴-일금지(沸竹休-壹金智)', '나음지촌-복악-간지(那音支村-卜岳-干支), 걸근-일금지(乞斤-壹金知)', '진벌-일석(珍伐-壹昔)' 등 지방 유력자 6인의 명단을 확인할 수 있다. 이중 마지막 '진벌일석운(珍伐壹昔云)'에 대해서는 여러 가지 다른 견해들이 제기된 바 있는데, '진벌(일석)'을 앞에 나열된 인명과 동일한 지방 유력자로 보는 설과 앞의 지방 유력자들과 구분되는 존재로 보는 설로 크게 나뉜다. 전자는 다시 명령을 받아 조사, 집행 혹은 공표하는 존재로 보는 설과[28] 판결의 근거가 되는 증언을 하는 자들로 보는 설로 나뉜다.[29] 후자는 분쟁의 대상,[30] 분쟁의 당사자,[31] 증인으로[32] 보는 설로 갈린다.

그런데 '진벌(珍伐)'을 지명으로 보는 것에는 거의 모든 연구자들이 동의하고 있다.[33] 그렇다면 앞에 나오는 인물들의 표기처럼 '지명(珍伐)-인명(壹昔)'

---

28) 선석열, 2009a 앞의 논문, p.43 ; 고광의, 2009 앞의 논문, p.105 ; 李文基, 2009 앞의 논문, pp.21~23 ; 김희만, 2009 앞의 논문, p.10 ; 박남수, 2010a 앞의 논문, p.145 ; 橋本繁, 2011 앞의 논문, pp.49~50

29) 이용현, 2011 앞의 논문, p.439 ; 노태돈, 2010 앞의 논문, pp.42~43 ; 노중국, 2010 앞의 논문, p.67 ; 박성현, 2011 앞의 논문, p.11. 한편 李成市는 이들 6인이 분쟁의 당사자(빼앗은 주체)로서, 판결에 따라 돌려준다는 내용을 말한 것으로 이해하였다(李成市, 2011 앞의 논문, pp.13~14).

30) 『도록』; 권인한, 2009 앞의 논문, p.67 ; 이우태, 2009 앞의 논문, p.83 ; 강종훈, 2009 앞의 논문, pp.158~159 ; 李泳鎬, 2009 앞의 논문, pp.237~238

31) 김창석, 2009 앞의 논문, p.383

32) 전덕재, 2009 앞의 논문, pp.97~98 ; 하일식, 2009 앞의 논문, p.185

33) 橋本繁는 '벌(伐)'의 판독에 의문을 제기하면서, '진△(珍△)'을 인명으로 파악하여,

으로 보는 것이 타당하지 않을까 한다. 비록 바로 앞에 나오는 4인처럼 '촌간지
-일금지(村干支-壹金知)' 등의 위계호를 가지지는 않지만, 이는 맨 앞의 '우거
벌-일사리(于居伐-壹斯利)'도 마찬가지여서 문제가 되지 않는다. 따라서 앞에
나열된 인물들과 그 위상이나 역할이 동일하다고 보아야 할 것이다.

다음으로 고려해봐야 할 것은 이 지방 유력자 6인의 역할이 무엇일까 하는
점이다. 앞에서 언급했다시피 기존 연구들에서는 판결에 대한 영(令)을 받는, 혹
은 받아서 지역 사회에서 시행하는 역할로 보거나, 판결의 근거가 되는 증언을
하는 인물들로 파악하였다. 이 중 어느 것이 맞다고 확신하기는 힘들지만, 필자
는 전자의 입장을 취하고자 한다. 그 이유는 '운(云)'의 내용이 '금경환(今更還)'
으로 이어지는 판결에 해당하기 때문이다. 그럴 경우 '운(云)'의 주어는 지방 유
력자 6인이 될 수 없다고 판단한다. '운(云)' 이하는 '세령(世令)'의 내용으로 보
아야 하며. 결국 이 부분의 문장구조는 '世令 (지방 6인) 云 (판결내용)'으로 파
악된다. 즉 지방 6인에게 '영(令)'을 내린 내용이 '운(云)' 뒤에 나오는 것으로 결
론지을 수 있다. 마지막으로 '세령(世令)'의 주어가 무엇인가 하는 문제가 남는
데, 이에 대해서는 후술하겠다.

5. 분쟁의 주체와 대상, 그리고 승소자

[B-5]에서는 이 비문의 가장 중심이 되는 내용인 판결이 나온다고 할 수 있
다. 어떻게 보면 비문 전체에서 가장 중요한 부분이라고 할 수 있으나, 또 이 부
분이 비문 해석에 가장 문제라고 할 수도 있다. 분쟁의 내용은 고사하고 주체와

뒤의 '일보(壹普)'와 구분하였다(橋本繁, 2011 앞의 논문, pp.52~53).

대상조차 알기 힘들기 때문이다. 역시 이 문제에 대해서도 많은 연구자들이 제각기 견해를 개진했지만, 아직 의견이 좁혀지지 못하고 있다. 그간 연구들을 정리하면 다음 표와 같다.

〈표 5〉 분쟁의 주체와 대상

	분쟁 주체	분쟁 대상	승소자
『도록』	爭人(~祭智-壹伐까지)	珍伐壹(지번 혹은 里)	牟旦伐(인명)
선석열	爭人(~祭智-壹伐, 使人-奈蘇,毒只까지) / 豆智沙干支宮, 日夫智宮 vs 牟旦伐		牟旦伐(인명)
권인한	爭人(~祭智-壹伐까지) / 豆智沙干支宮, 日夫智宮 vs 牟旦伐	珍伐壹(地番 이나 里?)	牟旦伐喙 作民 沙干支
이우태	爭人(~祭智 壹伐까지)	珍伐의 豆智沙干支宮, 日夫智宮(금광)	牟旦伐(인명)
고광의	爭人(~祭智 壹伐까지) / 豆智沙干支宮, 日夫智宮 vs 牟旦伐, 喙作民沙干支		牟旦伐(인명), 喙作民沙干支
이문기	爭人(~祭智 壹伐까지) / 豆智沙干支宮, 日夫智宮 vs 牟旦伐喙	居伐 등 4개 촌락에 살고 있던 주민	牟旦伐喙(부명)
전덕재	豆智沙干支, 日夫智 vs 牟旦伐喙	豆智沙干支宮, 日夫智宮(食邑)	豆智沙干支, 日夫智
강종훈	爭人(~牟旦伐까지) / 云豆智沙干支宮, 日夫智宮 vs 牟旦伐	珍伐壹(식읍과 유사한 왕경인의 私領地)	牟旦伐(인명)
하일식	爭人(~祭智 壹伐까지) / 豆智沙干支宮, 日夫智宮 vs 牟旦伐喙, 作民沙干支	收租權과 같은 수취권	牟旦伐喙(지명), 作民沙干支
이영호	爭人(~祭智 壹伐까지) / 喙, 沙喙 vs 牟旦伐喙	珍伐(지역의 토지 소유권이나 경작권)	牟旦伐喙 作民(농민)
김창석	珍伐 壹昔 vs 豆智沙干支, 日夫智	豆智沙干支宮, 日夫智宮(田莊의 莊舍)	豆智沙干支, 日夫智(牟旦伐喙 소속)
김희만	爭人(~牟旦伐까지) / 喙評公斯弥, 沙喙 夷須 vs 牟旦伐 / 豆智沙干支宮, 日夫智宮 vs 牟旦伐	없음	牟旦伐(부명)의 공동체 또는 사람들

이용현		豆智沙干支宮, 日夫智宮 (屯倉)	车旦伐喙(부명)
노태돈	爭人(~祭智 壹伐까지) / 豆智沙干支宮, 日夫智宮 vs 车旦伐喙作民沙干支	4개 촌락에 대한 수취권이나 노동력 징발권	车旦伐喙 作民 沙干支
노중국	爭人(~祭智 壹伐까지) / 豆智沙干支宮, 日夫智宮 vs 车旦伐喙 作民沙 干支	불명	车旦伐喙 作民沙 干支
박남수	豆智沙干支宮, 日夫智宮 vs 沙喙 介抽智 奈麻, 喙部 -卒智-奈麻	지방인 신분	沙喙 介抽智 奈麻, 喙部卒智 奈麻
박성현	豆智沙干支宮, 日夫智宮 vs 车旦伐喙	4개 촌락에 걸쳐 분포하는 대상물	车旦伐喙 作民
李成市	4개 지방 6인의 首長 vs 车旦伐喙 豆智沙干支, 日夫智	豆智沙干支宮, 日夫智宮 (귀족의 재화, 전장, 노복 등을 포함하는 경영체)	车旦伐喙 作民 沙干支
橋本繁		豆智沙干支宮, 日夫智宮 (왕경의 귀족이 지방에 가지고 있던 재산)	车旦伐喙 作民 沙干支

이 중 박남수의 견해를 제외하면, 모두 [B-5]~[C]의 문장을 어떻게 끊어 읽느냐에 따라 견해가 나뉜다고 할 수 있다. 다시 한 번 해당 부분을 적시하면 다음과 같다.

豆智沙干支宮 日夫智宮 奪尒 今更還 车旦伐喙作民沙干支使人卑西
牟利白口 若後世更導人者 与重罪

먼저 '두지사간지궁(豆智沙干支宮)'과 '일부지궁(日夫智宮)'을 검토해 보자. 두 궁이 그간 분쟁의 주체나 대상으로 파악되어 왔기 때문이다. '인명(-관등)+궁' 형태의 표기인데, 일단 궁을 '택(宅)'과 동의어로 보아 집으로 보며, 건물로서 집 자체의 의미라기보다는, 주인인 개인이나 그 귀족가문 내지는 그 대표자 혹은 가문의 재산을 관리하는 조직 등의 의미로 보는 견해가 많다.[34] 궁을 개인이

사는 집으로 보고, '~궁'은 그 주인인 개인 내지는 그 개인이 속한 집단을 의미하기도 한다고 본 것이다. 이는 두 궁을 분쟁의 주체로 보는 입장이다.

그런데 주목되는 점은 두지사간지(豆智沙干支)와 일부지(日夫智)가 부명을 관칭하고 있지 않다는 것이다. 이 두 사람을 사간지(沙干支)라는 경위 관등에 주목하여 훼부(喙部)나 사훼부(沙喙部)인으로 볼 수도 있겠고, 모단벌훼(牟旦伐喙)의 소속으로 보는 견해도 있다.[35] 소속부가 당연하기 때문에 굳이 표기하지 않았다고 보는 것이다. 하지만 지금까지 6세기 전반 금석문들에서 6부인들은 바로 앞에 동일 부 소속인이 있어 구태여 적을 필요가 없을 경우를 제외하고는 빠짐없이 부명을 관칭하며, 이 원칙은 〈중성리비〉에서도 마찬가지이다. 관등을 소지하지 못한 사람들 역시 부명을 붙여서 표시하는 것을 볼 수 있다. 그렇다면 이 두 사람에게 부명이 붙지 않는 것은 특별한 이유가 있기 때문이라고 생각할 수밖에 없다.

또 같은 비문의 다른 사람들은 모두 인명만으로 개인을 칭하는데, 이 두 사람만 궁호를 쓴다는 점도 납득하기 힘든 점이다. 따라서 이 두 궁을 어떠한 개인을 지칭하는 궁호로 보기는 힘들다. 아울러 귀족가문이나 그와 관련한 관부와 같은 집단으로 볼 수도 있겠는데, 이 경우도 비문의 다른 6부인들과 차별화된 모습으로, 왜 이 두 사람만 개인이 아니라 관부 같은 집단으로 지칭되어야 하는지 의문이며, 부명을 왜 관칭하지 않는지도 여전히 해명되지 않는다.

이렇게 볼 때, 이 양 궁은 해당 개인과 관련이 있기에 그 인명을 칭하고 있지

---

34) 선석열, 2009b 앞의 논문, pp.132~133 ; 李文基, 2009 앞의 논문, pp.25~26 ; 강종훈, 2009 앞의 논문, pp.158~160 ; 하일식, 2009 앞의 논문, pp.187~188 ; 김희만, 2009 앞의 논문, pp.10~11

35) 김창석, 2010 앞의 논문, pp.201~202 ; 이용현, 2011 앞의 논문, p.439 ; 李成市, 2011 앞의 논문, p.14

만, 그 개인 자체를 가리키거나, 그의 관부와 같은 개인과 동격의 의미를 가진 실체로 보기는 힘들다. 그리고 부명 관칭이 없는 것은 사람 그 자체를 가리키는 것이 아니기 때문일 것이다. 그렇다면 '두지사간지궁'과 '일부지궁'은 '두지사간지'와 '일부지'(혹은 그들과 관련한 집단)와 관련 있는 토지나 건물 혹은 기관으로서 '궁(宮)' 그 자체라고 볼 수 있겠다. 따라서 이 양 궁이 분쟁의 당사자로 비문에 등장했다고 보기 힘들며, '탈(奪)'의 대상, 곧 분쟁의 대상이 될 수밖에 없다.

한편 비석이 발견된 흥해 근방의 촌락명으로 보이는 4개 지역의 유력자들이 영(令)을 받는 이유는, 분쟁과 관련이 있기 때문일 것이다. 그러나 이들 지방 세력이 6부와 직접 분쟁을 벌였다고 상정하기는 힘들므로 분쟁 당사자가 될 수 없다. 그렇다면 분쟁의 대상과 관련이 있다고 볼 수밖에 없으며, 분쟁 대상이 이들 지역에 소재하고 있었다고 판단된다. 이 지역의 유력자들은 분쟁 대상이 소재한 지역을 책임지고 있는 자들로서 그 처리과정을 지시받았다고 할 수 있다. 따라서 두 궁이란 이 4개 촌락에 걸쳐 존재하는 어떠한 대상물이라고 하겠다. 분쟁 대상이 4개 촌락에 걸쳐서 존재한다고 한다면, 이는 4개 촌락의 토지나 백성 내지는 그에 관계된 권리로 귀결될 수 있을 것이다. 결국 지방에 존재하는 6부인의 '궁(宮)'이라고 한다면 역시 전장(田莊) 및 그것을 관리하는 기관이라고 볼 수 있겠다.[36]

물론 양 궁은 그 이름에서 '두지-사간지(豆智-沙干支)'와 '일부지(日夫智)' 개인들과 밀접한 관련이 있다는 점은 분명하며, 그들은 '궁'의 소유권을 가졌다고 볼 수 있다. 분쟁이 양 궁을 '탈(奪)'하여 일어난 것이라고 한다면, 분명 '탈

---

36) 전덕재, 2009 앞의 논문, pp.112~120 ; 李泳鎬, 2009 앞의 논문, p.57 ; 김창석, 2009 앞의 논문, pp.387~388 ; 이용현, 2011 앞의 논문, pp.439~440 ; 李成市, 2011 앞의 논문, p.12

(奪)'한 측이나 '탈(奪)' 당한 측 중 하나, 곧 분쟁의 당사자 중 한 쪽은 '두지사간지'와 '일부지'가 될 수밖에 없다.

다음으로 분쟁의 다른 측이 누구이며, 판결에서 승리한 측이 누구인가를 생각해 보자. 이 문제는 전적으로 '금경환(今更還)' 이후를 어떻게 끊어 읽느냐에 달려있으며, 그 중에서 '모단벌훼작민사간지(牟旦伐喙作民沙干支)'를 어떻게 이해하느냐가 관건인 문제이다. 이에 대해서 그간 연구들의 견해를 정리하면 다음의 표와 같다.

〈표 6〉 '今更還牟旦伐喙作民沙干支使人卑西牟利'에 대한 제견해

『도록』, 선석열, 이우태, 강종훈	판독	今更還 牟旦伐 / 喙-作民-沙干支의 使人-果西牟利
	해석	이제 다시 모단벌(인명)에게 돌려주어라. 喙의 作民 沙干支의 使人 果西牟利가
고광의, 하일식	판독	今更還 牟旦伐 & 喙-作民-沙干支 / 使人-果西牟利
	해석	이제 다시 모단벌(인명 / 촌락명)과 喙의 작민 사간지에게 돌려 주라. 使人 果西牟利가
김희만	판독	今更還 牟旦伐 / 喙-作民-沙干支 / 使人-果西牟利
	해석	지금 다시 모단벌(인명)에게 돌려 주라. 喙의 作民 沙干支(가 비문을 작성). 使人 果西牟利가
권인한, 노태돈, 李成市, 橋本繁	판독	今更還 牟旦伐喙-作民-沙干支 / 使人-果西牟利
	해석	이제 다시 牟旦伐喙의 작민 사간지에게 돌려 주라. 使人 果西牟利가
노중국	판독	今更還 牟旦伐喙-作民沙-干支 / 使人-果西牟利
	해석	이제 다시 牟旦伐喙의 작민사 간지에게 돌려 주라. 使人 果西牟利가
이문기	판독	今更還 牟旦伐喙 作民 / (豆智-)沙干支 使人-果西牟利
	해석	이제 다시 돌리니, 牟旦伐喙은 백성을 만들어라. (豆智) 沙干支의 使人 果西牟利가
이영호	판독	今更還 牟旦伐喙 作民 / (豆智-)沙干支 使人-果西牟利
	해석	이제 牟旦伐喙의 경작민에게 다시 돌려 주라. (豆智) 沙干支의 사인 果西牟利가
전덕재	판독	今更還 / 牟旦伐喙 作民 (豆智-)沙干支 使人-卑西牟利 白口
	해석	지금 즉시 돌려 주라. 牟旦伐喙가 백성들을 일으켰다고 (豆智) 沙干支의 使人 卑西牟利가 구두로 아뢰었는데

김창석	판독	今更還 / 牟旦伐喙-作民-沙干支의 使人-卑西牟利
	해석	이제 고쳐 돌려주게 하라. 牟旦伐喙의 作民 沙干支의 使人 卑西牟利가
이용현	판독	今更還 / 牟旦伐喙-作民-沙干支 & 使人-果西牟利 白口
	해석	지금 다시 돌려 주라. 牟旦伐喙의 作民 沙干支와 使人 果西牟利가 구두로 보고함.
박남수	판독	今更還至 / 且 代喙-作民-沙干支 使人-果西牟利
	해석	다시 돌이켜 이르게 하라. 또 喙의 作民 沙干支를 대신하여 使人 果西牟利가
박성현	판독	今更還 牟旦伐喙 作民 / 沙干支 使人-果西牟利
	해석	지금 다시 牟旦伐喙 作民에게 돌려 주라. (잘못을 저지른) 두지 사간지 측의 사인 과서모리가

이를 참고로 하여 필자의 견해를 정리해 보겠다. 먼저 '모단벌(牟旦伐)'이 인명이 아니기 때문에 뒤에 나오는 '훼(喙)'는 '모단벌'과 붙어서 하나의 부명으로 보아야 할 것이다. 그럴 경우 뒤에 나오는 '작민사간지(作民沙干支)'가 '인명+관등'이라고 한다면, 이는 '모단벌훼-작민-사간지(牟旦伐喙-作民-沙干支)'라고 볼 수밖에 없다. 그런데 그렇게 보기에는 문제가 있다. 먼저 '사간지(沙干支)'라는 경위 관등을 모단벌훼 소속인이 소지할 수 있었는가 하는 문제를 들 수 있다. 6세기 초 금석문들에서 경위 소지자들은 훼·사훼부에 한정되어 있었으며, 〈중성리비〉에서도 모단벌훼 사람 '사리(斯利)'는 '일벌(壹伐)' 위계호를 사용하고 있어, 경위와는 다른 위계제가 모단벌훼 유력자들에게 적용되고 있었다고 볼 수 있다. 이는 모단벌훼인이 '사간지' 관등을 소지하고 있었다고 보기 힘든 점이 된다. 또 '작민(作民)'이라는 인명이 다른 신라 관등 소지자들의 이름과 이질적이라는 점도 들 수 있다.[37]

---

37) 李文基, 2009 앞의 논문, pp.28~29 ; 전덕재, 2009 앞의 논문, p.100

따라서 '모단벌훼-작민-사간지(牟旦伐喙-作民-沙干支)'로 파악할 수 없다고 생각되며, '부명-인명-관등'의 표기 방식이라고 볼 수 없기 때문에, '사간지'는 '모단벌훼 작민'과 붙여 쓸 수 없고, 뒤에 나오는 '사인(使人)'과 연결될 수밖에 없다. 위의 표에서 볼 수 있듯이 경고의 문구를 말하는 '사인'의 성격에 대해서도 의견이 분분하다. 그런데 일 전체를 처리하는 중앙의 '사인'으로 보기에는 앞서 '사인' 명단에 등장하지 않는 문제가 있다. 물론 경고라는 새로운 직무를 맡은 다른 '사인'으로 볼 수도 있는데, 그 경우 다른 '사인'들과 마찬가지로 6부인으로 보아야 할 것이다. 그런데 이 '사인'은 부명을 관칭하고 있지 않다.

결국 표기 방식을 볼 때 그냥 '사인'으로 보기는 힘들며, '사간지-사인(沙干支-使人)'으로 보는 것이 합리적일 것으로 판단된다. '사간지'는 앞에 나오는 '두지사간지'를 가리키는 것으로 볼 수밖에 없는데, 다만 '사간지'가 부명을 관칭하지 않는 것을 고려하면, 개인으로서의 '두지사간지'라기 보다는 '두지사간지궁'으로 보아야 하지 않을까 한다. 또 부명을 관칭하지 않는 점을 고려한다면, 재지인일 가능성도 있다. 따라서 이 경고는 중앙에 대한 것이라기보다는 지방 사회에 대한 선언의 의미가 강하지 않을까 여겨진다.[38]

한편 '사간지(궁)-사인 비서모리(沙干支(宮)-使人 卑西牟利)'는 '약후세갱

---

[38] 종합토론 중에 이 경고의 문구를 지방의 두지사간지궁의 사인이 공시할 수 있는가라는 의문이 제기되었으며, 또 구체적으로 비문 중 누구에게 경고하는가를 적시하라는 요청이 있었다. 이 경고의 문구는 중앙 6부인들에 대한 경고라기보다는 지방 사회에 대한 경고로 볼 수 있으며, 따라서 사간지궁 사인이 지역사회에 공시할 수 있었다고 생각한다. 경고의 문구는 차후 발생할 수 있는 분쟁에 대한 선언적 의미로, 불특정 다수를 대상으로 했다고 할 수 있지만, 굳이 비문 중에서 찾자면 4개 지역 6인의 수장 혹은 모단벌훼의 작민이 구체적인 대상이라고 할 수 있겠다. 이들 지역에 존재하는 궁(宮)에서 문제가 발생하지 않도록 지역사회에 분명히 공시하는 목적을 가졌다고 생각되기 때문이다.

도인자 여중죄(若後世更尊人者 与重罪)'라는 경고 문구를 말하고 있다. 이를 통해 분쟁 당사자 중 한 측인 '두지사간지궁'이 판결에서 어떠한 입장인지에 대한 단서를 찾을 수 있다. 만약 '두지사간지궁'이 빼앗은 주체이며 이제 판결에 따라 다시 돌려주어야 하는 입장이라면, 이 경고 문구는 상식적으로 이해하기 힘들다.[39] 그렇다면 '두지사간지(궁)'은 패소자로 빼앗은 것을 다시 돌려주어야 하는 입장이라기보다는 승소자로 권리를 되찾은 측으로 보는 것이 합리적일 것이다.

이제 남은 것은 '모단벌훼 작민(牟旦伐喙 作民)' 이다. '사간지'가 뒤의 '사인'과 연결되면 '모단벌훼(牟旦伐喙)'와 '작민(作民)'은 분리되지 않고 연결되는 것으로 보아야 한다. 그렇다면 '작민'은 말 그대로 '(경)작민'일 가능성이 크고, '모단벌훼(牟旦伐喙)의 작민(作民)'으로 보는 것이 자연스러울 것이다.[40] 그러면 '금경환모단벌훼작민(今更還牟旦伐喙作民)'은 어떻게 해석해야 할까. '환(還)'을 "돌려주다"로 보는 일반적인 해석 방식에 따라 "모단벌훼(의 작민)에게 돌려준다"로[41] 할 경우 승소자는 '모단벌훼 작민(牟旦伐喙 作民)'이 되어 경고 문구의 주체와 배치되는 결과가 된다. 또 승소자이자 돌려받는 주체가 실체가 불분명한 '(경)작민'이 되므로 문제가 있다.

이러한 점 때문에 '금경환(今更還)'과 '모단벌훼 작민(牟旦伐喙 作民)'을 나누어서 이해한 견해가 제기되기도 하였다. 즉 "지금 즉시 (두지사간지와 일부지

---

39) 이에 대해 패소자가 '다시는 빼앗으려는 잘못을 저지르지 않겠다'는 입장을 사인을 통해 맹세했다고 보는 입장이 있다(박성현, 2011 앞의 논문, pp.9~10). 다만 이 경우 맹세로서 '중죄를 주다[与重罪]'라는 문구가 가능한가라는 의문이 제기될 수 있겠다.

40) 실제 당시 작민(作民)이 일반적인 용어로 사용되었을 가능성이 큰 것은, 357년으로 편년되는 집안 우산하 3319호분 출토 고구려 권운문와당(卷雲紋瓦當)의 명문 중 '作民四千'에서 확인할 수 있다(余昊奎, 2010 「1990년대 이후 고구려 문자자료의 출토 현황과 연구동향」 『韓國古代史研究』 57, pp.87~90 참조).

41) 李泳鎬, 2009 앞의 논문, p.239 ; 박성현, 2011 앞의 논문, pp.9~11

에게 그것들을) 돌려주어라. 모단벌훼가 (이에 불만을 품고) 백성들을 일으켰다
고"로 해석하여, 패소자인 모단벌훼가 백성을 동원한 실력행사를 한 것으로 본
것이다.[42] 그러나 이러한 해석은 '판결에 대한 불만의 표출'이 이루어질 수 있는
정황을 인정한다고 해도, 그 처리 과정, 즉 '작민' 행위에 대한 사후 처리가 어떻
게 되었는지가 나오지 않는 점을 지적할 수 있다. 특히 '작민'이라는 표현을 쓸
정도면 단순한 불만의 표출로 보기 힘들 텐데, 이에 대한 처리가 '이후 다시 언급
하는 사람들은 중죄를 준다.'는 경고에 머무를 것이라고 보기는 힘들 것 같다.[43]
따라서 '금경환'과 '모단벌훼 작민'은 분리되지 않고 하나의 문장을 이룬다고 보
아야 한다.

그렇다면 '모단벌훼 작민'은 '환(還)'의 목적어로 볼 수 있는데, 앞서 살펴본
바와 같이 '금경환 모단벌훼 작민(今更還 牟旦伐喙 作民)' 문구에서 '환(還)'을
'돌려주다'로 해석하기 힘들다면, 결국 '환(還)'을 다르게 해석해야만 할 것이다.
필자는 '환(還)'을 '돌려보내다'나 '되돌리다'로 해석하는 것이 타당하다고 판단
한다. 즉 '모단벌훼 작민', 곧 모단벌훼가 양 궁에서 경작에 종사하게 한 '작민'을
돌려보내 '두지사간지궁'과 '일부지궁'을 당시 원상복구하거나 혹은 모단벌훼의

---

42) 전덕재, 2009 앞의 논문, pp.100~101. 이 견해는 우산하 3319호분 출토 고구려 권운
문와당(卷雲紋瓦當)의 '작민사천(作民四千)' 중 '작(作)'을 '동원하다, 일으키다'는
동사로 이해하여 나온 견해이다. 그러나 이 명문에서 '작민'은 '(경)작하는 백성'이라
는 일반 용어로 보는 것이 타당하다고 생각된다. 삼국시대 '작(作)'자가 뒤에 나오는
글자를 수식하여 하나의 용어로 사용되는 예를 고구려 덕흥리고분(德興里古墳) 현
실(玄室) 동벽의 묵서명(墨書銘) 중 '차이인대묘작식인(此二人大廟作食人)'이나 울
주천전리각석(蔚州川前里刻石)의 '작공인(作功人)' '작공신(作功臣)' '작식인(作食
人)' '작서인(作書人)' 등에서 확인할 수 있기 때문이다.
43) 이 경고의 문구는 추후 일어날지 모르는 상황에 대한 경고라 할 수 있어, 일어난 사건
에 대한 판결로 보기는 힘들다.

작민이 되어 버린 사람들을 되돌려 다시 '두지사간지궁'과 '일부지궁'의 작민으로 하는 조치를 취했다고 보는 것이 어떨까 한다.[44]

비문의 마지막 [D] 부분은 비문에 글을 새기고 입비한 실무자의 이름을 적은 것으로 보는데 별다른 이견들이 없다.

Ⅲ. 비문 작성 목적과 해석안 – 맺음말을 대신하여

이상 비문 해석상의 주요한 논쟁점들을 검토해 보았는데, 결론으로서 검토 내용을 종합한 해석안을 제시하도록 하겠다. 이미 많은 연구자들이 비문의 판독과 해석을 시도하였고 일정한 성과도 얻었다고 할 수 있다. 하지만 지금의 상황은 연구자들 마다 각자의 견해를 서로 내세우는 형국에 머물고 있으며, 의견의 일치가 좀처럼 이루어지지 않는 것처럼 보이는 상태이다. 비문의 불분명함으로 인해 원활한 해석이 불가능하기 때문이다.

이는 비문의 문장 자체가 가지는 문제로, 더 이상 일반적인 문장 분석만을 가지고 새로운 성과를 기대하기는 힘들다. 이 비문의 합리적인 해석안 도출을 위해서는 먼저 비문의 성격을 파악하고, 그에 맞게 비문의 구성을 이해하는 작업을 선행하는 것이 필요하다. 이제 비문 작성 목적을 생각해 보고, 비슷한 목적과 형식을 가진 것으로 보이는 〈냉수리비〉, 〈봉평리비〉와 비교하여 비문의 구성을 파악한 후, 그에 따른 해석안을 도출하겠다.

---

44) 이는 이 시기 부의 존재양태와 지방지배방식과 밀접한 관련이 있는 문제이다. 대략적인 구상을 지정토론과정에서 언급했는데, 구체적인 내용은 추후의 논고에서 다루고자 한다.

이 비문은 모든 연구자들이 동의하듯이 분쟁에 대한 판결과 처리를 지시한 '교(敎)'를 공시(公示)한 것이다. 그리고 '입비(立碑)'라는 방법이 가지는 특성을 고려한다면, 단순히 판결 결과를 공시하는데 그치는 것이 아니라 판결의 결과를 긴 시간 동안 사람들에게 인지시키는데 목적이 있다고 하겠다. 예컨대 〈냉수리비〉와 같은 경우는 분쟁의 대상이었던 '재(財)' 부근에 비를 세워서, '재(財)'의 귀속이 '절거리(節居利)'에게 있는 것을 계속해서 보여주는 목적이었다고 할 수 있겠다.

즉 비문은 사건의 발생과 처리 과정 및 최종 판결을 체계적으로 정리해 놓은 공문서라고 보기는 힘들다. 따라서 비문의 문장에서 가장 중요한 것은 판결 결과이며, 그에 비해 분쟁의 배경이나 시작, 심의 과정 및 처리 과정 등이 비문의 내용에 반드시 포함된다고 보기 힘들다. 아울러 비문을 작성하게 한 '교(敎)'는 최종 결과의 것이 중심이라고 하겠다.

〈냉수리비〉를 예로 들어보자. 가장 앞부분에 '전세이왕교(前世二王敎)'가 나오지만, 이 역시 결론만을 말하고 있어, 지금 판결의 근거로서 제시한 것이지, 체계적인 분쟁의 과정을 설명하기 위해 앞에 나온 것은 아니다. 다음으로 '차칠 왕등공론교(此七王等共論敎)'가 나오는데, 뒤 이어 바로 판결 결과만이 나올 뿐이다. 주목되는 점은 분쟁의 대상과 승소자 만이 나오고, 분쟁 상대편은 차후 다시 문제제기를 하면 중죄로 처벌하겠다는 '별교(別敎)'에 등장하고 있다는 것이다. 가장 핵심은 판결 결과로서 분쟁 대상과 승소자를 분명히 명시하는 것임을 알 수 있다.

그에 비해 분쟁의 당사자들이나 분쟁의 전개 양상 및 내용 조사과정, 그리고 판결을 위한 심의집단의 구성 등 분쟁 자체나 해결 진행에 대한 정보가 체계적으로 내용에 드러나지는 않는다. 물론 〈냉수리비〉에서는 '공론집단'을 나열하고 있다. 그러나 이는 심의·공론집단의 구성 과정을 보여주는 것이 아니라, '교(敎)'

의 주체를 명시하고 있을 뿐이다.

〈봉평리비〉의 경우 지역에서 일어난 문제의 원인과 그 처리 과정이 앞에서 제시되어 있어, 조금 다른 모습으로 보일지 모른다. 하지만 그것은 이번의 '교'에서 인용한 '별교령(別敎令)'의 내용일 뿐이다. 즉 이번 결정·집행사항을 알리는 '교'의 내용에 포함된 이전에 내려졌던 '교(敎)'를 적은 것이지, 이번 판결에 이르는 과정을 체계적으로 서술한 것으로 볼 수는 없다.

또 〈냉수리비〉와 〈봉평리비〉 공히 판결에 따른 일 처리, 혹은 비문의 작성과 입비와 관련한 사람들의 명단이 기재되어 있다. 그런데 대체로 단순한 나열에 가까워 명단을 공시하는 목적이라 여겨지며, 별개의 정보라기보다는, 원래 '교'에 포함되었던 사항이라고 볼 수 있다.

이상 〈냉수리비〉와 〈봉평리비〉의 비문 구성을 정리해 보면, 사건의 발생과 처리과정을 체계적으로 기술하기 보다는 결과를 중심으로 '교' 내용을 그대로 선언하는 것이라고 볼 수 있다. 〈중성리비〉 역시 이러한 점을 염두에 둘 필요가 있다.

또 주의해야 할 점은 입비의 목적이 판결 결과와 그 집행을 지역 사회에 '공시(公示)' 하는 것이지, 처리 과정 및 결과를 다시 중앙에 보고하기 위한 것은 아닐 것이라는 점이다. 비문은 중앙에서 보관하거나 보고하기 위해 작성한 문서가 아니므로, 중앙에 누가 분쟁을 보고했고, 이에 다시 누구에게 조사할 것을 명령하였다는 등의 내용이 들어갈 이유가 없는 것이다. 다만 〈냉수리비〉의 후면 마지막에 '차칠인장종소백료사(此七人跟踪所白了事)'라 하여 마치 보고하는 듯한 내용이 들어있다. 그런데 이 문구에 뒤이어 '살우(煞牛)'의례가 등장한다. '살우'의례는 입비 지역에서 행해졌을 것인데, 이는 국가와 재지인(在地人) 간 쌍방서약의 의례로 볼 수 있겠다.[45] 그렇다면 여기서도 '백(白)'이 '교(敎)' 집단에 대한 보고라 보기는 힘들며, 하늘 등에 고하거나 널리 알리는 것으로 파악할 수 있다.

이상에서 살펴본 〈냉수리비〉와 〈봉평리비〉 비문 구성의 특징을 염두에 두고 〈중성리비〉 비문의 구조에 대해서 생각해 보자. 먼저 앞 장에서 미루어 두었던 [B-1] 부분을 보면 다음과 같다.

「沙喙-亇抽智-奈麻」「喙部-卒智-奈麻」本牟子-「喙-沙利夷」「斯
利」白

이 부분의 해석은 '백(白)'의 의미에 달려있다. 일반적으로 '백'을 '아뢰다' 혹은 '사뢰다' 정도로 해석하고, 뒤 이어 나오는 '쟁인(爭人)'을 상부에 보고한 것으로 파악했다.[46] 그런데 '백'이라는 표현은 뒷부분에 한 번 더 사용된다. 바로 [C] 부분, 곧 판결 불만자들에 대한 경고 부분에서 '백구(白口)'가 나오고 있다. '구(口)'를 어떻게 해석하는가 하는 문제가 있지만, 두 '백(白)'은 같은 의미라고 봐도 좋을 것이다.

그런데 이 '백구(白口)'의 내용은 '후에 다시 언급 하는 자가 있으면 중죄를 줄 것이다'는 경고의 내용이다. 이 '백(白)'을 보고라고 해석하면 이 경고문을 상부에 보고한 것이 된다.[47] 하지만 내용상 주변 지역 내지는 패소자에게 선언한

45) 辛鍾遠. 1990「6세기 初 新羅의 犧牲禮-迎日 冷水里碑와 蔚珍 鳳坪碑의 碑文을 중심으로-」『震檀學報』70 (1992『新羅初期佛敎史硏究』, 民族社, pp.111~112).

46)『도록』; 선석열, 2009a 앞의 논문 ; 권인한, 2009 앞의 논문 ; 고광의 ; 李文基, 2009 앞의 논문 ; 전덕재, 2009 앞의 논문 ; 강종훈, 2009 앞의 논문 ; 李泳鎬, 2009 앞의 논문 ; 김창석, 2009 앞의 논문 ; 김희만, 2009 앞의 논문 ; 이용현, 2011 앞의 논문 ; 노태돈, 2010 앞의 논문

47) '백구(白口)'까지로 문장을 끊어서, 사인(使人)이 "(일이 끝났음을) 구두로 보고 했다"로 해석하고, 경고 문구와 별도의 문장으로 본 견해도 있다(이용현, 2011 앞의 논

것으로 보는 것이 타당할 것이다. 다시 비문의 목적으로 돌아가면, 이 비문은 보고한 내용이나, 경과를 적어두기 위한 것이 아니라 결과 공시를 위한 것이다. 따라서 경고 문구의 '백구(白口)'는 보고라기보다는 단순히 말하다(혹은 알리다)는 표현이 더 적합할 것으로 여겨진다. 그렇다면 [B-1]의 '백(白)' 역시 보고로서 '아뢰다'라는 의미보다는 '말하다' 혹은 '공시하다'로 보는 것이 더 타당하다고 생각된다. 즉 '백'은 이하의 내용을 전한다는 의미라고 볼 수 있으며, 그 내용은 바로 '교(敎)'의 내용일 것이다.[48]

그렇다면 해당 부분은 아간지 2인이 교를 내렸고, 나마 2인과 본모자 2인이 그에 따라 해당 지역에 이하의 내용을 전달·공시했다는 것으로 파악할 수 있다. 다만 나마 2인과 본모자 2인이 '교'를 받는 주체가 되는지, 아니면 단순히 '백'의 주어이기만 한지는 명확하지 않다. 하지만 어느 쪽이든 '백'의 내용은 '교(敎)'라고 할 수 있겠다.

두 가지 경우에 대한 해석문을 작성하면 각각 다음과 같다. 필자는 일단 후

문, pp.440~441). 하지만 그럴 경우 '백구'의 내용이 무엇인지 전혀 알 수 없는 문장이 된다. 앞의 '백(白)'이 뒤에 나오는 내용을 말하는 것으로 본다면, 뒤의 '백구' 역시 뒤에 나오는 문장을 말하는 것으로 이해하는 것이 타당할 것이다. 또 〈냉수리비〉나 〈봉평리비〉에서도 유사한 경고 문구가 '교'로 공시되고 있는 점도 참고할 수 있겠다.

48) '백(白)'의 사전적 의미가 '아래에서 위로 아뢰다'는 의미만 있는 것은 아니다. 남조(南朝) 양(梁)의 고야왕(顧野王)이 찬했다는『옥편(玉篇)』에서는 '백(白)'의 의미를 '고어(告語)'라 하였고, 명(明)의 장자열(張自烈)이 지은『정자통(正字通)』에서는 '下告上曰稟白 同輩述事陳義 亦曰白'이라 하여(『강희자전(康熙字典)』 권20에서 인용-), 반드시 아래에서 위로 가는 것이 아니라, 수평적인 관계에서 말하거나 알린다는 의미를 가지고 있는 것을 볼 수 있다. 따라서 〈중성리비〉의 백(白) 역시 반드시 '아뢰다(보고하다)'로 해석된다고 단정하기는 힘들다. 이와 관련하여 필자는 사석에서 한국기술교육대학교 정재영(鄭在永) 교수님으로부터 이 시기 '백(白)'이 아래에서 위로 아뢰는 경우에만 쓰였던 것이 아닐 가능성이 높다는 가르침을 받았는데, '백'의 용례에 대해 보다 정밀한 검토가 추후 요구된다.

자의 입장을 취하겠지만, 어느 것이 더 가능성이 있다고 단언하기는 힘들다.[49]

> ㉠ 훼부(喙部)의 습지(習智) 아간지(阿干支)와 사훼(沙喙)의 사덕
> 지(斯德智) 아간지(阿干支)가 사훼의 이추지(尒抽智) 나마(奈
> 麻)와 훼부의 졸지(卒智) 나마(奈麻), 본모자(本牟子)인 훼(喙)
> 의 사리이(沙利夷)와 사리(斯利)에게 교(敎)를 내려서 다음과 같
> 이 알리게 하였다.
> ㉡ 훼부(喙部)의 습지(習智) 아간지(阿干支)와 사훼(沙喙)의 사덕
> 지(斯德智) 아간지(阿干支)가 교(敎)를 내렸다. 사훼의 이추지
> (尒抽智) 나마(奈麻)와 훼부의 졸지(卒智) 나마(奈麻), 본모자
> (本牟子)인 훼(喙)의 사리이(沙利夷)와 사리(斯利)가 (그 내용
> 을) 다음과 같이 알린다.

여기에서 '백(白)'의 내용은 단순히 '쟁인(爭人)'만에 머무는 것이 아니고, 뒤
이어 나오는 '사인(使人)'의 명단까지 포함되는 것으로 보아야 할 것이다. 문제
는 그 뒤에 나오는 '세령(世令)' 이하의 주어가 누구인가 하는 것이다. 일반적으
로는 '사인(使人)'이 지방의 6인에게 영(令)을 내린 것으로 이해하고 있다. 그런
데 실제로 지역에 내려가 명령을 전달한 것은 '사인(使人)'일 수 있지만, 이 비문
에서 꼭 '사인'이 '우거벌-일사리(于居伐-壹斯利)' 등 6인에게 영(令)했다고 구
체적으로 적시할 필요가 있을지 모르겠다. 직접 영(令)을 한 것은 사인(使人)이

---

49) 기존 발표문에서는 ㉠을 택했지만, 이번 논고에서 수정한다. 또 ㉡의 해석도 약간 수
   정하였다.

겠지만, 실제로 영(令)이 나온 것은 '교(敎)'에 의한 것이라고 보아야 할 것이다. 더구나 '영(令)'의 내용은 결국 '운(云)' 이하, 곧 판결이므로 궁극적인 '영(令)'의 주체는 '교(敎)'집단으로 볼 수 있다. 그렇다면 전체 구조상으로 '세령(世令)~'은 '백(白)'의 내용에 포함된다고 볼 수 있다. 결국 [B-1]의 '백(白)'은 [B-5]까지를 포괄하는 것이다.

다음으로 판결 결과 부분에 대하여 추가적인 검토를 해 보자. 판결에는 대상과 결과가 분명히 공시되어야 한다. 〈냉수리비〉에서는 '재(財)'와 권리자 '절거리(節居利)'가 확실하게 표현되어 있다. 〈중성리비〉에서는 두 궁이 분쟁 대상인 것은 분명한 것 같다.[50] 그런데 비문의 성격이 공시를 위한 것이면, 그 이름이 중요하다. 만약 판결 결과에 따라 두 궁에 대한 권리의 이동이 생긴다면, 특정 인명을 관칭하는 양 궁의 이름도 바뀌어야만 할 것인데, 그 이름을 그대로 비문에 새긴다는 것은 쉽게 납득하기 힘들다. 결국 이 양 궁의 이름은 최종적으로 결정된 이름이라고 보아도 좋을 것이며, 따라서 두지사간지(豆智沙干支)와 일부지(日夫智)는 판결에서 승리자라고 보아야 할 것이다.

그리고 두지사간지(豆智沙干支)가 사간지(沙干支)라는 관등을 관칭하는 점을 고려하면 일단 훼·사훼부(喙·沙喙部)인으로 볼 수 있으며, 그렇다면 '환(還)' 뒤의 모단벌훼(牟旦伐喙) 이하는 돌려받는 주체, 곧 승소자가 될 수 없다.

---

50) 이 비문의 판결에서 분쟁의 대상이 될 가능성이 있는 것은 '두지사간지궁·일부지궁' 과 '모단벌훼 작민' 두 가지가 있다. 필자는 이 중 두 궁을 분쟁의 대상으로 상정하였지만, '모단벌훼 작민'이 대상일 가능성도 배제할 수는 없다. 이 경우 두 궁은 분쟁의 주체, 곧 빼앗은 쪽이 되며, 분쟁의 상대, 곧 빼앗긴 쪽은 모단벌훼라는 부가 될 것이다. 필자가 두 궁을 주체로 보지 않은 이유는 두 궁호에 부명이 없어 인격적인 성격의 것이라기보다는, 자산과 같은 물건의 성격이라고 보았기 때문이다. 하지만 두 궁이 누구나 알 수 있는 '궁'이어서 부명이 생략된 것이라고 한다면, 여전히 분쟁의 대상이 아니라 주체가 될 가능성도 있다.

따라서 '환'은 "~에게 돌려주다"가 아닌 "(패배자인) 모단벌훼의 작민(作民)을 돌려 보내다"는 의미라고 볼 수 있다. 다시 한 번 앞서의 검토와 동일한 결론을 내릴 수 있다.

그렇다면 해당 부분은 다음과 같이 해석할 수 있다.

> 두지사간지궁(豆智沙干支宮)과 일부지궁(日夫智宮)은 (모단벌훼가) 빼앗은 것이니, 이제 고쳐 모단벌훼의 (경작을 위해 둔) 작민(作民)들을 (해당 궁 지역으로부터) 돌려 보내라.

이 해석안에서 주목할 수 있는 것은 결국 패소자는 '모단벌훼'라는 '부(部)'가 되며, 승소자는 두지사간지와 일부지라는 개인이 된다는 점이다. 이는 신라 '부'의 해체 과정 및 사회구조의 변화와 관련하여 굉장히 흥미로운 점이다. 아울러 부체제하에서 지방지배에 대한 이해를 진전시킬 수 있는 좋은 사례이기도 하다. 이에 대한 추가적인 검토가 필요하다.

이제 남은 부분은 '사간지 사인 비서모리 백구 약후세갱도인자 여중죄(沙干支使人 卑西牟利 白口 若後世更噵人者 与重罪)' 부분이다. 이 부분은 앞 문장까지와는 별도의 문장으로 볼 수 있다. 새로운 '백(白)'으로 시작되기 때문이다. 〈냉수리비〉나 〈봉평리비〉에서도 이 경고 문구 부분들이 모두 별도의 '교(敎)'로 나타난다.[51] 즉 원래 판결의 '교'와는 다른, 혹은 원래 '교'에 포함된 추가적인 '교'인데, 〈중성리비〉에서는 '백(白)'으로 나타난다. 이 점을 통해 '백(白)'이 '교' 내용의 알림 혹은 전달일 가능성이 높다는 것을 다시 확인할 수 있다.

---

51) 〈냉수리비〉 "別敎 末鄒 斯申支 此二人 後莫更噵此財 若更噵者 敎其重罪耳"; 〈봉평리비〉 "于時敎之 若此者獲罪於天"

그런데 주목되는 것은 이 경고 문구에서 '백(白)'의 주체가 달라진 것이다. 앞 문장까지는 나마 2인과 본모자(本牟子) 2인의 '백(白)'이었다면, 이 문구는 '사간지 사인 비서모리(沙干支 使人 卑西牟利)'의 '백'이다. 그렇다면 이것은 어떠한 의미가 있을까. 앞서 비서모리를 '(두지)사간지'의 '사인(使人)'으로 보았는데, 개인의 사인이 아닌 '사간지궁'의 사인으로, 판결로 인해 권리를 되찾은 '두지사간지궁'에서 경고문을 공시한 것으로 볼 수 있다.

이렇게 경고문이 '사간지궁(沙干支宮)'의 사인에 의해 공시되는 것은, 이 공시가 지역사회에 대한 공시이며, 사간지궁에서 직접 처리하기 때문일 것이다. 즉 지역의 세력들이 사간지궁의 권리를 인정하지 않는다면 직접 중죄를 주겠다는 선언을 한 것으로, 이는 부체제하에서 신라의 지방이 어떠한 형태로 6부의 지배를 받았는지를 보여주는 것인 동시에, 지방지배방식의 변화가 어떠한 양상으로 이루어졌는가에 대한 단서를 제공하는 것이다.

이상의 검토를 종합하여 필자 나름의 해석안을 제시하면 다음과 같다.

[A]　　신사년 … 중(中) 절로(折盧)^ᅳ … 훼부(喙部)의 습지(習智) 아간지(阿干支)와 사훼(沙喙)의 사덕지(斯德智) 아간지(阿干支)가 교를 내렸다. 사훼의 이추지(尒抽智) 나마(奈麻)와 훼부의 졸지(卒智) 나마(奈麻), 본모자(本牟子)인 훼(喙)의 사리이(沙利夷)와 사리(斯利)가 (그 내용을) 다음과 같이 알린다.

[B-1]　쟁인(爭人)은 훼(喙)의 평공(評公) 사미(斯弥), 사훼의 이수(夷須), 모단벌훼(牟旦伐喙)의 사리(斯利) 일벌(壹伐)과 피주지(皮朱智), 본파훼(本波喙)의 시(柴) 간지(干支)와 불내(弗乃) 일벌(壹伐), 금평△(金評△) 간지(干支)와 제지(祭

智) 일벌(壹伐)이다.

[B-2] 사인(使人)은 나소독지도사(奈蘇毒只道使)인 훼의 염모지
(念牟智)와 사훼의 추수지(鄒須智)이다.

[B-3] 우거벌(于居伐)의 일사리(壹斯利), 소두고리촌(蘇豆古利
村)의 구추열지(仇鄒列支) 간지(干支)와 비죽휴(沸竹休) 일
금지(壹金智), 나음지촌(那音支村)의 복악(卜岳) 간지(干
支)와 걸근(乞斤) 일금지(壹金知), 진벌(珍伐)의 일석(壹昔)
등에게 이 해에 영을 다음과 같이 내린다.

[B-4] 두지사간지궁(豆智沙干支宮)과 일부지궁(日夫智宮)은 (모
단벌훼가) 빼앗은 것이니, 이제 고쳐 모단벌훼의 (경작을 위
해 둔) 작민(作民)들을 (해당 궁 지역으로부터) 돌려 보내라.

[C]　　사간지(궁)의 사인(使人) 비서모리(卑西牟利)가 (다음과 같
이) 알린다. 만약 후세에 다시 언급하는 자가 있으면 중죄(重
罪)를 줄 것이다.

[D]　　전서(典書)는 여모두(与牟豆)이고 고로 기록한다. 사훼의 심
도리(心刀哩) △

　　이 비문은 〈중성리비〉가 세워진 흥해 지역, 곧 비문 중 4개 촌락 지역의 토지
등의 자산으로 보이는 두지사간지궁과 일부지궁을 둘러싸고, 두지사간지·일부
지와 모단벌훼 사이에 분쟁이 일어나 문제가 되자, 중앙 6부 차원의 조정을 거
쳐 내려진 결론을 새긴 것이라고 할 수 있다. 그리고 승리자인 두지사간지 측은
지역사회에 자신들의 권리를 천명하기 위해, 이 비문을 해당 지역에 세웠고, 나
아가 자신들의 권리를 침해할 경우 응당의 처벌을 받을 것이라는 것을 공시하
여, 그 지배력을 공고히 하고자 했다고 여겨진다.

여전히 적지 않은 문제점을 가진 해석안이라고 생각되지만, 비문의 작성 목적이라는 시각을 통해 새롭게 비문의 구조를 파악하고자 했다는 점에 의의를 두고 싶다. 또 이러한 시각에서 〈냉수리비〉나 〈봉평리비〉에 대한 새로운 해석 역시 시도할 수 있을 것이다.

한편 이 글은 비문의 해석안 제시를 위한 기초적인 연구로 비문 자체만을 대상으로 했기 때문에, 분쟁 주체 및 대상의 실체, 분쟁의 구체적 내용, 그리고 그 분쟁과 판결이 가지는 의미 나아가 그것을 통해 알 수 있는 당시 신라의 정치·경제·사회에 대한 검토가 충분히 이루어지지 못했다. 비문 내용을 제대로 파악하기 위해서는 사실 이러한 작업이 병행되어야 하지만, 일단 기초 작업으로서 비문 자체에 집중했고, 부족한 부분들은 추가적인 연구로 보완하고자 한다.

「〈포항 중성리 신라비(浦項中城里新羅碑)〉의
분쟁과 판결」 토론문

이수훈 (부산대학교)

2009년 5월에 포항에서 발견된 〈중성리비〉는 가장 오래된 신라비로서, 신라 사회를 해명하는 결정적인 단서이다. 최초 발견이후 지금까지 〈중성리비〉는 신라사 연구자들에게 주된 관심의 대상이 되었으며 비문의 내용에 대한 다양한 의견들이 제시되었다. 이에 따라 비문의 판독과 대략적인 내용은 밝혀졌다. 곧 비석이 건립된 흥해(興海) 지역의 어떤 대상물을 둘러싸고 소유권 분쟁이 있었으며, 이 분쟁을 해결하기 위한 판결과 집행이 이루어졌다는 사실이 확인되었다.

하지만 분쟁의 대상과 당사자, 분쟁의 이유 등 핵심적인 부분은 여전히 미해결의 상태이며 의견의 일치를 보지 못하고 있다. 이는 〈중성리비〉 자체의 난해한 문장구조와 이를 해석하는 연구자들의 시각차에 따른 결과이다. 〈중성리비〉의 실체에 접근하기 위해서는 무엇보다 비문 내용에 대한 정확하고도 합리적인 해석이 필요하다. 본 논문도 이런 차원에서 작성되었다고 판단된다.

발표자는 비문 해석상의 주요 논쟁점들을 정리하고, 이를 토대로 분쟁의 주체와 대상 등에 대한 새로운 견해를 밝히고 있어 주목된다. 또한 비문에 대한 발표자 나름의 종합적인 해석안도 제시하여 연구의 지평을 확대하고 있다. 〈중성리비〉에 관심을 기울이고 있지만 아직 피상적인 지견밖에 가지지 못한 토론자의 의견 제시가 자칫 발표내용의 참뜻을 그르치지나 않을까 염려된다. 하지만 발표내용 가운데 토론자의 생각과 차이나는 부분을 몇 가지 질문하는 것으로 토론에 대신하고자 한다.

첫째, 발표자는 두지사간지궁(豆智沙干支宮)과 일부지궁(日夫智宮)이 두지사간지(豆智沙干支)와 일부지(日夫智)의 토지나 건물, 혹은 기관을 가리키므로, 분쟁의 당사자가 되기는 힘들며 '탈(奪)'의 대상, 곧 분쟁의 대상이라는 견해를 밝히고 있다. 아울러 두지사간지궁과 일부지궁을 빼앗은 주체가 모단벌훼(牟旦伐喙)라는 주장도 펴고 있다. 발표자는 이러한 판단을 토대로 비문의 '두지사간지궁일부지궁탈이금갱환모단벌훼작민(豆智沙干支宮日夫智宮奪尒今更還牟旦伐喙作民)'을 "두지사간지궁과 일부지궁은 (모단벌훼가) 빼앗은 것이니, 이제 고쳐 모단벌훼가 (경작을 위해 둔) 작민(作民)들을 (해당 궁宮 지역으로부터) 돌려보내라"라고 새롭게 해석하고 있다.

이러한 발표자의 견해에 수긍이 가는 점도 없지 않다. 문제는 이 문장만 가지고 과연 두지사간지궁과 일부지궁을 빼앗은 주체를 모단벌훼로 볼 수 있는가 하는 점이다. 발표자의 견해처럼 두지사간지궁과 일부지궁을 분쟁의 대상으로 설정한다면, 실제 해당 문장인 "두지사간지궁일부지궁탈이(豆智沙干支宮日夫智宮奪尒)" 속에는 빼앗은 주체가 없게 된다. 빼앗은 대상만 있고, 빼앗은 주체가 없는 문장구성이 되는 셈이다. 당연히 빼앗은 주체가 모단벌훼라는 근거도 해당 문장에서 찾을 수 없다. 이처럼 해당 문장에 없는 모단벌훼를 과연 두지사간지궁과 일부지궁을 빼앗은 주체로 판단할 수 있을지 의문인데, 이에 대한 발표자의 견해를 듣고 싶다.

또한 발표자는 '금갱환모단벌훼작민(今更還牟旦伐喙作民)'에서 '환(還)'을 '돌려보내다' 또는 '되돌리다'로 이해하고, '환(還)'의 대상을 '모단벌훼작민(牟旦伐喙作民)'으로 이해하고 있다. 이 문장만 가지고 본다면, 그럴 가능성이 충분한 견해임에 틀림없다. 하지만 바로 앞의 문장과 연계시켜 볼 때 과연 그렇게 이해할 수 있을지는 의문이다. 발표자는 바로 앞의 문장에 등장하는 두지사간지궁과 일부지궁을 모단벌훼가 빼앗은 대상으로 이해하고 있다. 그렇다면 바로 뒤에 기록된 '환(還)'의 대상도 당연히 두지사간지궁과 일부지궁이 되어야 순리이다. 발표자의 견해대로 두지사간지궁과 일부지궁이 두지사간지(豆智沙干支)와 일부지(日夫智)의 토지나 건물, 혹은 기관을 가리킨다면, '환(還)'의 대상을 모단벌훼작민으로만 한정하기가 힘들다. 두지사간지궁과 일부지궁에는 작민(作民)뿐만 아니라 다른 대상물(토지나 건물 등)도 있었을 터인데, 무엇 때문에 나머지는 언급하지 않은 채 작민만 대상으로 설정하였는지 의문이기 때문이다. 그것도 두지사간지궁과 일부지궁의 작민이 아닌 '모단벌훼작민'으로 기록하였는지 하는 점이 의문이다. 이러한 의문점에 대한 발표자의 견해를 듣고 싶다.

둘째, 발표자는 '사간지(沙干支)'라는 관등을 모단벌훼 소속인이 가질 수 없다는 전제하에, '모단벌훼-작민-사간지(牟旦伐喙-作民-沙干支)'의 '작민(作民)'을 모단벌훼 출신의 인명이 아닌 '(경)작민'으로 이해하고 있다. '작민'이 '사간지'의 주체가 될 수 없으므로, '사간지'는 앞 문장에 등장하는 '두지사간지'로 볼 수밖에 없다는 견해도 밝히고 있다. 문제는 당시 비문을 작성하면서 과연 종속변수인 '사간지'라는 관등만 표기하고 정작 주체가 되는 해당 인물을 생략하였을까 하는 점이다. 해당 인물이 없는 '사간지'라는 관등만으로는 불완전할 뿐만 아니라 모호한 인명표기 방식이기 때문이다.

6세기 초 신라의 금석문에서 '사간지'는 훼(喙)·사훼부(沙喙部)를 제외한 다른 부(部) 출신자에게는 보이지 않아, 모단벌훼(牟旦伐喙) 사람이 '사간지' 관등을 소지하였다고 생각하기 어렵다는 발표자의 주장은 충분히 수긍할 만하다. 하지만 발표자의 견해가 좀 더 설득력을 가지기 위해서는 실제 '사간지'를 비롯한 관등 앞에 해당 인물을 생략한 사례가 있는지의 여부도 함께 고려되어야 마땅하다. 왜 이 부분에 대한 검토는 하지 않았는지 발표자의 의견이 궁금하다.

또한 '작민(作民)'이 발표자의 견해처럼 인명이 아닐 수도 있지만, 6세기 신라 금석문의 인명표기 방식을 참고할 때 출신부명(모단벌훼牟旦伐喙)에 연이은 인명(작민作民 또는 작민사作民沙)으로서 '사간지(沙干支)'라는 관등을 소지하였을 가능성도 여전하다. 설령 '작민'이 인명이 아니므로 '작민사간지'로 볼 수 없다고 하더라도 '사간지'를 소지한 인물이 다름 아닌 '두지(豆智)'라고 이해할 아무런 근거가 없다. 이 '사간지'를 굳이 앞 문장에 등장하는 '두지사간지'와 관련짓는 이유와 그 근거가 무엇인지 발표자의 견해를 묻고 싶다. 만약 '사간지'가 '두지사간지'라고 한다면, 무엇 때문에 '두지사간지(豆智沙干支)'로 표기하지 않고 그냥 '사간지'라고만 표기하였는지 하는 점도 의문이다.

셋째, 발표자는 '사간지사인과서모리백구(沙干支使人果西牟利白口)'을 "사간지(궁)의 사인(使人) 과서모리(果西牟利)가 다음과 같이 알린다"라고 해석하고 있다. 이 문장에 등장하는 '사인 과서모리'를 '(두지)사간지(궁)'의 '사인(使人)'으로 이해하는 입장이다. 나아가 발표자는 '백구(白口)'를 보고라기보다는 '말하다(공시하다)'로 판단하고, '사간지궁'의 '사인'인 과서모리가 판결로 인해 권리를 되찾은 '두지사간지궁의 경고문을 공시한 것으로 보았다. 문제는 중앙정부의 공적인 명령을 수행하는 일에, 과연 특정한 두지사간지궁에 소속된 사인이 참여할 수 있었을까 하는 점이다. 더욱이 동일한 비문에 표기된 사인을 두고, 앞의 '사인나소독지도사훼염모지사훼추수지(使人奈蘇毒只道使喙念牟智沙喙鄒須智)'에서는 공적(公的)인 명령을 집행하는 사인으로, 뒷부분에서는 특정한 개인의 궁을 대변하는 사인으로 나누어 볼 수 있을지도 의문이다. 무엇 때문에 공적인 사인이 끝까지 명령을 수행하지 않고, 경고문의 공시라는 중요한 부분을 특정한 궁의 사인에게 맡겼는지 쉽게 이해가 되지 않기 때문이다. 이 부분에 대한 발표자의 견해를 듣고 싶다.

사회(선석열) : 냉수리비하고, 중성리비를 비교해 보는 부분에서는 냉수리비보다는 중성리비가 문장이 좀 엉성합니다. 그래서 발표에서도 들었다시피 소송문서를 잘못 쓰면 원고와 피고가 바뀔 수 있다는 것을 여실히 보여주고 있습니다. 이에 대해서 부산대 이수훈 선생님께서 토론을 해 주시겠습니다.

이수훈 : 네 반갑습니다. 방금 소개받은 부산대 사학과에 근무하는 이수훈이라고 합니다. 사회 보시는 선석열 선생님께서 시간을 좀 절약해달라고 해서 이미 별지로 제시된 토론문을 빠른 속도로 읽어나가는 방식으로 토론에 임하고자 합니다.

(이하 생략)

사회 : 발표자인 서울대 홍승우 선생님의 명쾌한 답변이 있겠습니다.

홍승우 : 예. 이수훈 선생님 꼼꼼하게 읽어봐 주시고, 좋은 지적해주셔서 감사합니다. 여기서 지적해주신 부분들은 사실은 어떻게 보면 저 뿐만이 아니라 모든 연구자들께서 계속 고민해 왔던 부분이라고 생각을 합니다. 일단 거기에 대해서 제가 명확한 답을 드릴 수는 없고, 제 생각을 간단하게 말씀드리겠습니다.

크게 세 가지를 말씀하셨는데요. 첫 번째는 두 가지 정도로 나뉘는 것 같습니다. 하나는 이 문장 내에서 분쟁의 다른 대상, 즉 빼앗은 주체가 안 나오는데 어떻게 되는 것이냐 하는 문제입니다. 비문의 성격과 관련해서 냉수리비를 볼 때, 냉수리비 역시 대상인 재(財)와 승소자인 절거리(節居利)만 나오고 있습니다. 그 반대쪽 대상으로 문제 제기자였던 말추(末鄒)와 사신지(斯申支)는 이 이후에 다시 문제를 제기하면 중죄를 주겠다는 경고의 문구, 즉 별교(別敎) 부분에 등장하고 있습니다. 그래서 굳이 최종 판결에 반드시 이 모든 분쟁의 주체들이 등장하지 않을 수도 있겠다고 생각을 하게 되었습니다. 그리고 만약 궁(宮)이 대상이 아니라 주체라고 한다면, 최종 판결문에 분쟁 대상물이 전혀 드러나지 않습니다. 두 궁을 주체로 보시는 분들의 연구에서 대상이 뭔지 모호하다는 결론이 항상 나오게 되는데, 그럴 경우 판결을 공시하는 이 비문의 성격에 부합되지 않는 게 아닐까 하는 고민을 하다 보니 이를 대상으로 보게 된 것입니다. 그리고 이게 대상이라고 한다면, 그 이름으로 봤을 때 이들은 패소자가 되기 힘들지 않겠는가 하는 추정이었습니다. 그래서 문장에서 패소자가 등장하지 않는 부분은 이런 식으로 제가 설명을 드릴 수밖에 없을 것 같고요.

그리고 빼앗은 대상은 궁(宮)인데 되돌리는 대상은 왜 작민(作民)이냐 하는 부분이 되겠습니다. 이것에 하나의 돌파구를 찾고자 하다가 나온 것 중에 하나가 효소왕대 죽지랑(竹旨郞) 이야기입니다. 거기에 보면 익선(益宣)이 부산성(富山城)에 창직(倉直)으로 온 득오(得烏)를 수례부역(隨例赴役)해서 자기의 밭에서 농사를 짓게 합니다. 이 점에 착안해서 '작민'이란 부(部)가 자기 관할 논밭에 파견해서 농사를 짓도록 하는 사람으로, 또 뺏었다고 하는 것이 요즘처럼 소유권을 뺏었다는 관념이라기보다는 그 지역을 장악하고 자신들의 작민을 보내서 수확물을 자신들의 경제적 이득으로 받는 방식이 아닌가, 따라서 이것을 다시 되돌린다는 것은 모단벌훼에서 파견한 작민들을 어떤 식으로 처리해서 원상복구 시키는 게 아닌가하고 추정을 해봤습니다.

두 번째 사간지 문제는 사실은 문장 자체만 보면 저도 사실은 문장을 아무 선입견 없이 해석을 해보라고 하면, '부명+인명+관등명'으로 볼 것 같습니다. 그런데 역시 문제는 논리적으로 봤을 때, 이것이 인명이 되어 버리면 뒤에 붙든 앞에 붙든 붙어서 주어가 되거나 목적어가 되어야 하는데, 그럴 경우 저의 논리상으로는 성립이 안 되기 때문에 그것을 하나의 인명으로 보기 힘들지 않겠느냐 이렇게 이야기를 했던 것입니다. 사실 이 부분은 가장 문제가 되는 부분입니다. 앞으로 더 고민을 해 봐야 될 것 같습니다.

세 번째 '백구(白口)'와 관련해서 이것이 과연 중앙의 사인이 아닌 사간지궁의 사인이 말할 수 있는 것인지 의문을 제기하셨습니다. 저는 비문의 문장이 하나의 교(敎)의 내용을 모두 전제하는 것이라고 파악하지는 않습니다. 오히려 교(敎)가 아니라 백(白)이라고 하는 두 가지의 다른 언급이 나타난다는 점에 주목하고 싶습니다. 여기서 교(敎)는 앞의 '백(白)'에만 연결되는 것이고, 뒤의 '백(白)'은 처리 과정에서 사간지궁의 사인이 판결 결과를 바탕으로 지역 내 혹은 지역에 있는 다른 세력들에게 경고 문구를 공시한 것으로 이해했습니다. 그러니까 문장이 동시기에 일어난 교(敎)를 다 전제한 것이 아니라, 이 비석을 세운 목적에 맞게 자신에게 필요한 여러 개의 교(敎) 혹은 여러 개의 백(白)에서 골라서 이를 공시했던 것이지요.

일단 제가 토론문에 있는 질문에 대한 제 생각은 이 정도로 정리했습니다. 사실 많은 분들이 종합 토론을 다 각오하고 계시니까 저는 괜찮으면 이 자리에서 모든 질문을 끝내고 싶은 생각을 가지고 있습니다. 이 정도로 하겠습니다.

이수훈 : 보충질문이 있을 수가 없습니다. 저도 이 중성리비의 비문의 문장 구조가 워낙 난해하기 때문에 사실 이렇게 이야기 할 수 없는 입장입니다. 다만 토론자의 소임을 다하기 위해서 앞에서 한 세 가지 정도 질문했을 따름이고, 저도 홍승우 선생님 심정을 충분히 이해하기 때문에 더 이상 질문 드릴 것이 없습니다. 마치도록 하겠습니다.

홍승우 : 잠시만요. 제가 사실은 전체 이걸 받고 깜짝 놀란 것이 뭐냐면 전덕재 선생님의 토론문을 봤는데, 거기에 113페이지에 보면 조선시대 비변사에

대해서 "육상궁(毓祥宮)의 작민을 영구토록 환(還)하게 하라" 이런 문장을 찾아 내셨더라고요. 어떻게 보면 제가 원래 구상했던 문구 자체의 해석 방향이 여기에 거의 일치하는 것에 제가 깜짝 놀랐던 적이 있습니다.

사회 : 발표와 토론, 수고하셨습니다.

浦項中城里新羅碑

〈포항 중성리 신라비〉와
〈냉수리 신라비에〉 보이는 소송

冷水里新羅碑

김 수 태
충남대학교
국사학과 교수

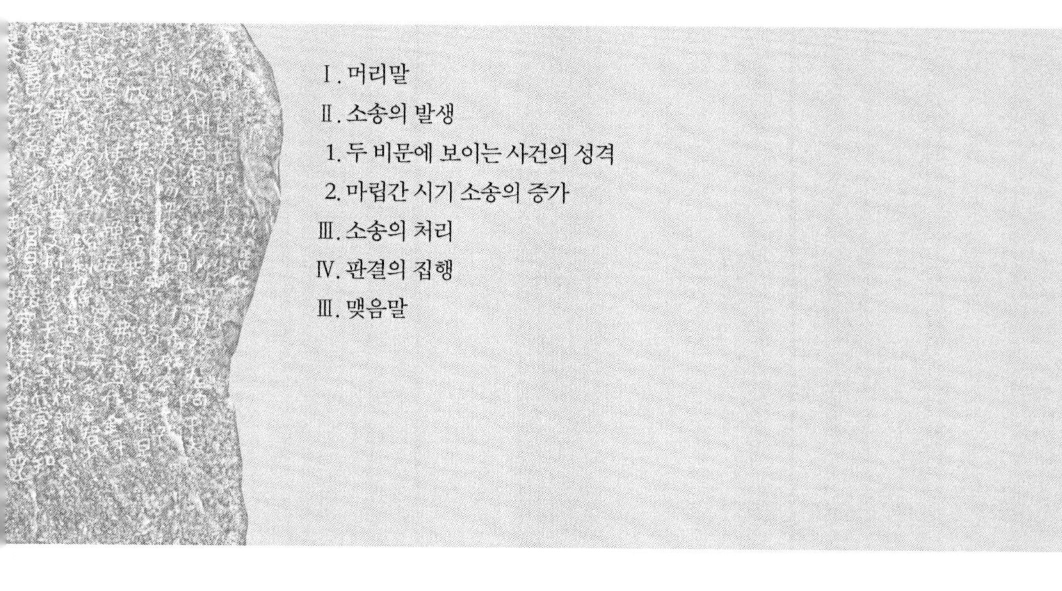

 신라 최고의 금석문 포항 중성리비와 냉수리비

〈포항 중성리 신라비〉와 〈냉수리 신라비〉에 보이는 소송

I. 머리말

최근 한국 고대사연구사에서 법제사에 대한 관심이 높아지고 있다는 사실
은 주목할 만한 현상이다. 이러한 새로운 노력은 한국고대사의 내용을 보다 풍
부하게 만들어줄 것이기 때문이다. 아울러 한동안 소홀히 했던 율령과 관련된
문제가 다시 집중적으로 다루어지고 있다. 문헌만이 아니라, 이제는 고고학적
자료까지 이용하는 연구까지 나오고 있는 것이다.[1] 이러한 접근은 개별 국가의

---

1) 2000년대 이후 나온 대표적인 연구를 들어보면 다음과 같다.
　노용필, 2002「新羅時代 律令의 擴充과 修撰」『洪景萬敎授停年記念 韓國史學論叢』
(2002『新羅高麗初政治史硏究』, 韓國史學 재수록) ; 이근우, 2002「赦免記事를 통해
본 韓日 律令制 수용문제」『淸溪史學』16·17 ; 尹善泰, 2003「新羅 中代의 刑律－中國
律令受容의 新羅的 特質과 관련하여」『강좌 한국고대사』3 ; 山本孝文, 2006『三國時
代 律令의 考古學的 硏究』, 서경 ; 金昌錫, 2010「新羅 法制의 형성 과정과 律令의 성
격－포항 중성리 신라비의 검토를 중심으로－」『韓國古代史硏究』58 ; 洪承佑, 2011
「韓國 古代 律令의 性格」, 서울大學校 國史學科 博士學位論文 ; 전덕재, 2011「삼국시
대 율령 반포의 역사적 의의－백제를 중심으로」, 공주대학교 백제문화연구소 4회 콜
로키움 자료.

율령에 대한 이해를 넘어서, 삼국 및 동아시아의 서로 다른 국가들과의 비교까지 가능하게 해준다.

이와 함께 율령 반포 이전의 법제에 대한 연구도 조금씩 늘어가고 있다는 사실도 지적하지 않을 수 없다. 이른바 연맹왕국 시기의 법제에 대한 검토라고 할 수 있다. 그동안 별다른 진전이 없었는데, 최근에는 재판 이후 진행된 과정과 관련된 사면의 문제가 집중적으로 다루어지게 되었다.[2] 이를 통해서 연맹왕국시기 축제와 재판 및 사면의 상호관계를 당시의 사회와 관련하여 이해할 수 있게 되었다.

지금까지 진행되어 온 연맹왕국 시기의 법제에 대한 검토는 대부분『삼국지』동이전이나『삼국사기』의 기록에 대한 검토를 바탕으로 한 것이었다. 그러나 최근에 발견되고 있는 신라시대의 금석문은 이 시기의 법제에 대한 새로운 접근을 가능하게 해주고 있다. 그 금석문들이 구체적으로 알려주고 있는 내용이란 바로 법률과 관련된 것이기 때문이다. 신라시대의 비문으로서 현재 가장 오래된 것으로 파악되는 포항 중성리 신라비나 냉수리 신라비에 실린 내용이 그것을 잘 말해주고 있다. 이들 비문은 율령 반포 이후 나온 울진 봉평리 신라비나 단양 적성비 등의 비문에 기록된 법률적 내용과 일정한 공통점과 차이점을 보여주고 있다. 이에 당시신라의 법제를『삼국지』동이전과『삼국사기』만이 아니라 이들 금석문 자료까지를 포함하여 유기적으로 연결시켜 이해할 필요성을 느끼게 해주었다.

이러한 가운데 포항 중성리 신라비의 출현은 한국 고대 법제사, 특히 신라 법제사의 이해에 대한 보다 구체적인 연구 성과를 나오게 하였다. 중성리비의

---

2) 兪成國, 2001「三國時代 裁判制度」『법사학연구』24 ; 윤성환, 2010「고구려 전기의 사면령」『民族文化』34 ; 김수태, 2010「한국 고대의 축제와 사면」『韓國古代史研究』59

성격을 '분쟁에 대해 평결·집행한 내용을 알리기 위한 일종의 평결 포고문'으로 규정한다든지,[3] 그것으로 그치지 않고 마립간 시기 신라의 분쟁처리 절차를 구체적으로 파악해보려고 한다든지,[4] 더 나아가 신라 법제의 형성과정까지를 검토해보려는 노력[5] 등이 계속적으로 나왔다. 또한 바로 직후에 반포되는 율령의 내용과 비교하면서 역사적 맥락 속에서 그 상호관계를 파악해보려는 시도도 이루어지고 있다.[6]

이러한 모습은 냉수리비가 나왔을 때의 상황과는 크게 다르다고 말할 수 있다. 왜냐하면 중성리비에 대한 일련의 연구들에서도 파악할 수 있듯이, 그동안 이들 비에 대해서는 중앙이나 지방의 관등이나, 6부 문제를 집중적으로 검토하였기 때문이다. 그러나 이러한 내용도 물론 중요하지만, 그것은 이들 비가 말하고 있는 본질적인 부분은 아니었던 것이다. 따라서 이러한 방향 전환은 매우 바람직한 것으로 평가된다.

다시 말해서 이들 연구를 통하여 많은 부분들이 밝혀졌지만, 여전히 새롭게 검토해야 할 측면이 남아있음을 함께 보여주는 것이다. 그것은 연맹왕국 시기 신라의 법제사 연구에 대한 현재의 단계를 말해주는 것이라고 할 수 있다. 우선

---

3) 李文基, 2009「포항中城里新羅碑의 발견과 그 의의 -「冷水里碑」의 재음미를 겸하여 -」『韓國古代史研究』56. 노태돈 역시 이를 따르며 두 비문이 일종의 판례와 같은 성격을 가지는 것으로 보았다(노태돈, 2010「포항 중성리 신라비와 外位」『韓國古代史研究』59, p.52).
4) 노중국, 2010「포항중성리비를 통해 본 麻立干시기 신라의 분쟁처리 절차와 六部체제의 운영」『韓國古代史研究』59
5) 金昌錫, 2010 앞의 논문 참고. 이에 앞서 2009「포항 中城里新羅碑에 관한 몇 가지 고찰」『韓國史研究』147가 나왔지만 앞의 논문으로 정리되었다.
6) 金昌錫, 2010 앞의 논문과 洪承佑, 2011「中古期 新羅 율령과 對民支配」, 앞의 학위논문을 참고할 것.

은 중성리비나 냉수리비의 경우 사건의 성격이 무엇이냐 하는 기초적인 부분에서도 잘 정리되고 있지 않은 것 같다. 대부분의 연구들은 이를 단순히 분쟁이란 용어로 표현하고 있지만 보다 정확한 용어로 규정될 필요가 있을 것이다. 그리고 평결 혹은 재판이라고 언급되고 있기는 하지만 그 일부를 제외하고는 정작 중요한 재판과 관련된 여러 부분들이 제대로 다루어지지 않고 있는 것이다. 그리고 재판을 통해서 결정된 판결이 누구에 의해서 어떻게 집행되었는가 하는 문제에 대해서도 더 살펴보아야 할 사실이 있는 것이다. 이에 이 글에서는 이러한 몇 가지 문제들을 검토해 봄으로써 포항 중성리비와 냉수리비의 새로운 이해에 약간의 도움이 되기를 바란다.

Ⅱ. 소송의 발생

1. 두 비문에 보이는 사건의 성격

중성리비와 냉수리비의 내용 분석에 앞서 이들 비에 보이는 사건의 성격을 먼저 검토할 필요가 있을 것이다. 그것은 이후의 처리과정을 파악하는데 매우 중요한 요소이기 때문이다. 중성리비에서는 구체적으로 무엇이라고 표현하고 있지는 않지만, 누군가 무엇인가를 빼앗았으며, 다시 이를 본래의 주인에게 돌려주었다는 내용이 나오고 있다. 냉수리비의 경우에는 재(재물)를 둘러싸고 일반적으로 파악하는 절거리(節居利) 혹은 '기제아사노(其弟兒斯奴)'와[7]와 말추

7) 朱甫暾, 1989「迎日冷水里新羅碑에 대한 基礎的 檢討」『新羅文化』6, pp.10~12. 그러

(末鄒) 및 사신지(斯申支)가 서로 대립하였음을 보여주고 있다. 관련되는 인물들이 재물이 누구의 소유인가를 확인하는 문제를 두고 서로 충돌 대립하였던 것으로 이해된다. 이때 이러한 사건을 어떠한 용어로 표현하는 것이 적절한가 하는 문제가 뒤따른다. 단순한 분쟁이냐, 아니면 법적인 절차를 거치게 되는 소송이냐의 문제이다.

냉수리비의 경우에는 기존의 연구에서 이 문제를 구체적으로 제기하지는 않았다. 이를 단순히 분쟁으로 이해하고 표현하였기 때문이다.[8] 그러나 중성리비가 발견되고 나서는 그와 다른 양상을 찾아볼 수 있다. 중성리비가 발견되고 나서 국립경주문화재연구소가 주최한 첫 번째 학술회의의 상황이 이를 잘 말하여준다. 비에 대한 본격적인 검토를 처음 시작한 논문에서는 "두지 사간지의 궁과 일부지의 궁이 모단벌의 것을 빼앗았는데, 이로 인하여 쟁인들이 소송을 제기하였다는 것이다"로 해석하였다. 이후 그 진상을 조사하여 본래의 주인에게 되돌려주도록 하였으며, 향후 이에 대한 소송이 제기되지 못하도록 하였다는 것이다. 이때 쟁인을 소송을 제기한 사람 혹은 소송 당사자로 이해하였다.[9] 그것은 쟁인이 아니라 '백쟁인(白爭人)'으로 끊어 읽은 경우에도 확인할 수 있다. 이를 '다툼을 이야기하는 사람' 즉 '소송을 제기한 사람' 정도로 파악할 수 있다고 하였다. 그리고 본모자를 원소유자로, 피고를 3개 촌락의 유력자로 상정하였다.[10] 이는 당시 발표자들에게는 분쟁이란 말 대신에 소송이란 말이 더 많이 사

나 여기에서는 '기제아사노'가 절거리와 관련이 있는 인물이므로, 논의의 편의상 절거리로 파악하고자 한다.

8) 이는 주보돈의 앞의 논문을 통해서 쉽게 알 수 있다.

9) 선석열, 2009「『포항 중성리 신라비』의 금석학적 위치」『浦項 中城里新羅碑 발견기념 심포지엄』, 국립경주문화재연구소, p.43

10) 이우태, 2009「포항 중성리 신라비의 건립 연대와 성격」『浦項 中城里新羅碑 발견기

용되었음을 말해준다.[11] 다툼 혹은 분쟁이란 용어를 함께 사용하면서도 소송에 더 중점을 두었던 것이다. 이러한 까닭에 국립경주문화재연구소에서는 중성리비의 성격을 재물과 관련된 소송의 평결문으로 언론에 발표하였다.[12]

그러나 한국고대사학회에서 주최한 중성리비에 대한 두 번째 학술발표회에서는 소송이란 말이 오히려 사용되지 않았다. 여기에서는 분쟁이라는 말이 더 자주 나왔던 것이다. 중성리비는 흥해 지역이 4개 촌락의 주민을 둘러싸고 약탈과 분쟁이 발생하자, '교'와 '영(令)'을 통하여 분쟁을 해결하고 그 사실을 사건 관련자와 흥해 지역 지방민에게 알리기 위해서 세워진 것이라는 것이다. 쟁인은 다툰 사람 또는 다툼을 벌인 사람, 즉 모종의 분쟁을 일으킨 당사자들이라고 보았다.[13] 그것은 당시 발표된 다른 논문들에서 분쟁의 당사자가 누구인가에 대해서는 약간의 차이를 보여주었지만[14] 분쟁이 발생한 것으로 보았던 것은 공통적이었다. 쟁인 집단을 분쟁을 조정하는 평결회의로 파악하고 분쟁과 관련된 사람들도 참여한다는 견해도 제기되었지만,[15] 쟁인을 분쟁과 관련된 것으로 파악한

넘 심포지엄』, 국립경주문화재연구소, p.82

11) 권인한, 2009「『포항 중성리 신라비』의 어문학적 검토」『浦項 中城里新羅碑 발견기념 심포지엄』, 국립경주문화재연구소, p.66에서도 쟁인을 소송 당사자로 파악하였다.

12) 2009년 9월 1일자 연합뉴스 기사

13) 李文基, 앞의 논문, p.6 및 pp.16~17

14) 전덕재, 2009「포항 중성리 신라비의 내용과 신라 6부에 대한 새로운 이해」『韓國古代史研究』56, pp.99~101 ; 강종훈, 2009「포항 중성리 신라비의 내용과 성격」『韓國古代史研究』56, pp.162~163. 강종훈은 분쟁이란 용어를 주로 사용하면서 소송과 소송인이라는 말도 함께 쓴다(위의 논문, p.164).
한편 이러한 이해방법은 김창석도 피력하였는데(金昌錫, 2010 앞의 논문, pp.188~189), 여기에서는 따르지 않는다. 무엇보다 문장구조상 이를 받아들이기 어렵기 때문이다(노태돈, 앞의 논문, pp.39~40).

15) 전덕재, 2009 앞의 논문, p.122

것은 대부분 마찬가지였던 것이다. 거의 대부분 중성리비에 보이는 사건의 성격을 분쟁으로 이해하였던 것이다. 다시 말하면 쟁인을 다툼을 벌인 사람 혹은 더 나아가 거기에 직접 간접적으로 연관된 인물들까지 포함되는 분쟁당사자로 보았다.[16]

이러한 이해는 한국고대사학회에서 주최한 세 번째의 학술회의에서도 대체적으로 비슷한 모습을 보여주었다. 발표문의 하나는 그 제목에서 포항 중성리비를 통해본 마립간 시기 신라의 분쟁처리절차라고 하고 있듯이, 분쟁으로 보고 있다. 역시 쟁인을 분쟁에 관여한 사람으로 해석하였다.[17] 그러나 다시 소송이라는 말이 언급되기도 하였다. 쟁인을 쟁소(爭訴)를 한 이들로 해석한 것이다.[18] 신라 법제사와 관련하여 이를 직접적으로 다룬 연구에서도 쟁송(爭訟)이라는 말이 사용되었다.[19] 쟁인을 분쟁의 당사자로서 분쟁에 직·간접으로 관계된 사람들을 가리킨다고 볼 여지도 있지만, 그보다는 쟁송의 심의와 최종판결전의 1차 평결을 맡았다고 설명하였던 것이다. 여기에서 냉수리비를 다루면서 촌주가 제소한 것으로까지 설명하기도 하였다. 원고와 피고가 설정된 것이다. 그렇지만 이 역시 분쟁의 또 다른 표현이었을 따름이다. 그러므로 분쟁에서 더 이상 진전되지 못하고, 소송은 분쟁의 다른 용어로 사용되었던 것이다.[20]

---

16) 이영호는 송사라는 말을 사용하면서도 이문기의 견해를 받아들여 분쟁당사자로 보았다(李泳鎬, 2009「興海地域과 浦項中城里新羅碑」『韓國古代史研究』56, pp.232~234). 하일식은 분쟁에 직접 간접으로 연관된 인물들로 보았다(하일식, 2009「포항 중성리 신라비와 신라 관등제」『韓國古代史研究』56, p.183).
17) 노중국, 앞의 논문, p.64
18) 노태돈, 앞의 논문, p.42
19) 金昌錫, 2010 앞의 논문, pp.197~198
20) 홍승우는 비문의 내용이 명확히 밝혀지지 않은 상태에서 쟁인이 어떤 존재인지는 현재 단정하기 힘들다고 한다. 이에 쟁인을 분쟁 당사자로 보기 힘든 면이 있다고 말한

그러나 중성리비나 냉수리비에서 보여주는 사건의 내용은 분쟁이 아니라 소송으로 파악된다. 분쟁과 소송은 엄격히 다른 개념이기 때문이다. 분쟁이 단순히 다툼을 이야기하는 것이라고 한다면, 소송은 법률적인 개념을 포함하는 것이라 말할 수 있다. 분쟁을 판결하는 것이 아니라 소송이 발생하였을 때 이를 재판하여 판결하는 것이다. 다시 말해서 분쟁이 일어났다고 해서 자동적으로 중앙정부가 개입하는 것이 아니라, 소송을 제기하여 소송이 발생하였을 때 중앙정부가 개입되게 되는 것이다. 이에 중앙정부가 이를 조사하고 이에 대한 재판을 통해서 판결하고, 그 결과를 집행하는 것이다.

『경국대전(經國大典)』에 의하면 '송(訟)'은 '쟁재(爭財)'라고 한다. 재물을 두고 다투는 것을 송이라고 규정한다. 냉수리비의 경우에 잘 기록되고 있듯이 재물을 두고 다툼을 벌였다는 사실에서 이는 송이라 부를 수 있다. 냉수리비의 경우 서로 대립되는 인물들이 설정된다는 사실은 이들이 바로 소송 당사자임을 말해주는 것이다. 중성리비의 경우에서 누군가가 다른 사람의 무엇인가를 빼앗고 다시 돌려주게 되었다는 사실 역시 소송의 당사자가 있었음을 확인해주는 것으로, 단순한 분쟁을 넘어서 본격적인 의미의 '송'으로 이해할 수 있을 것이다.

그리고 이를 관부에서 다투는 것을 '소송'이라고 말한다. 냉수리비의 경우에도 중앙정부가 개입하여 판결을 하였다는 점에서 소송이라 불릴 수 있다. 중성리비 역시 중앙정부에서 개입하였다는 점에서 소송과 관련된 내용이라고 말할 수 있다. 이때 냉수리비와 달리 중성리비가 다양한 내용을 기록하고 있다는 점에서 소송과 관련된 보다 복잡한 측면을 보여주는 것으로 이해된다.

여기에는 중국 고대 법제사의 내용이 크게 참고가 된다. 소송을 간략하면서

다(앞의 논문, p.85).

도 명쾌하게 설명하고 있는 것이다. 중국 고대에서 소송제도는 서주(西周) 때 완성단계에 접어들었는데, 이른바 '소(訴)'는 '고(告)'이며 '송(訟)'은 '쟁(爭)'으로서 원고가 관에 고소하면 원고와 피고가 법정에서 다투고 최후로 심판기관이 판결을 행사했다는 것이다. 중성리비에서 구체적으로 언급되는 '쟁'이란 바로 '송'을 의미한다.[21] 이때 관이 개입하게 되는 것은 자동적이지 않으며, 고소를 통해서 비로소 이루어지는 것이다. 즉 일정한 절차를 거치면서 소송이 이루어지게 된다. 또한 소송이 이루어지면 이와 함께 재판을 거쳐 판결하는 과정도 거치게 됨을 의미한다. 중성리비나 냉수리비의 사건에 중앙정부가 개입하여 판결을 통해서 해결했다는 점은 이를 잘 설명해준다. 그렇다면 중성리비와 냉수리비에 보이는 사건의 성격은 분쟁이라기보다는 소송으로 불러도 좋지 않을까 한다.

한편 중성리비와 냉수리비에서 일어난 사건의 성격을 이해하는데 주목되는 사실은 이들 판결의 결과와 관련된 내용이다. 소송에 관련된 사람들 가운데 어느 누구도 처벌을 받지 않고 있다는 점이다. 만일 이 판결의 내용을 어기고 다시 문제를 삼을 경우에만 중죄를 묻겠다고 말하고 있다. 물론 이 경우에는 처벌이 상정된다. 그러나 이와 달리 중성리비나 냉수리비에서도 처벌이 함께 이루어졌던 것으로 이해하는 견해도 찾아진다. 냉수리비의 경우에는 처벌 여부를 짐작하기 어렵지만, 중성리비의 경우 피고는 관등의 삭탈 정도에 그쳤던 것으로 추측하고 있는 것이다. 더 나아가 이는 교령법에서는 율령과 달리 아직 처벌규정이 체계적으로 정비되지 못하고 소략하였음을 시사해준다고 보았다.[22] 이를 신라법의 발달과정과 관련하여 미숙함으로 이해하였다.

---

21) 장진번 주편, 한기종 외 공역, 2006『중국법제사』, 소나무, p.139
22) 金昌錫, 2010 앞의 논문, p.206

이는 중성리비나 냉수리비가 보여주는 사건의 또 다른 측면을 주목하지 못하였기 때문이 아닐까 한다. 이 부분과 관련하여 그 분쟁의 내용이 일단 '재'와 같은 경제적인 문제에 대한 것, 즉 민사법적인 것으로 볼 수 있다는 최근의 설명을 참고할 필요가 있다.[23] 이들 비문이 모두 민사법과 관련된 내용이라는 것이다. 사실 이 두 비는 울진 봉평리비의 그것과 크게 다르다. 거기에서는 실제로 사람들이 처벌을 받고 있기 때문이다. 그렇다면 울진 봉평리비의 경우에는 형법적인 것이라고 말할 수 있지 않을까 한다. 이때 중성리비와 냉수리비는 한국 고대 법제사에서 민사법과 관련된 소송이 발생하였을 때 어떻게 처리하였는가를 보여주는 중요한 금석문 자료라고 파악할 수 있을 것이다.

지금까지는 연맹왕국 시기의 법률을 이해할 때 주로 형법과 관련된 부분을 통해서 파악하였다.[24] 투기죄와 축제 때 행해진 재판에 대한 연구를 통해서 잘 드러나고 있다. 이와 함께 당시 형벌을 적용할 때 매우 엄격하였다는 사실도 지적되어 왔다. 이것은 신라시대의 경우에도 마찬가지였다. 『삼국지』 변진조를 통해서 이 시기 신라의 형법 역시 그러하였을 것이라는 점이 검토되었던 것이다. 다시 말해서 주로 형법과 관련해서 신라의 법제사를 이해해왔던 것이다.[25]

중국 고대법제사의 경우에도 이러한 사정은 마찬가지였다.[26] 1930년대부터 일부 법제사 연구자들은 중국 고대 법제의 특징을 모든 법이 통합되어 민법

---

23) 洪承佑, 앞의 논문, p.197

24) 李基白, 1973 「城邑國家時代 法俗에 나타난 社會와 思想」『韓國民族思想史大系』2 ; 1970 「扶餘의 妒忌罪」『史學志』4 (이상의 논문은 1996 『韓國古代政治社會史研究』, 一潮閣에 재수록) ; 1997 「韓國 古代의 視祭와 裁判」『歷史學報』154 (2002 『韓國傳統文化論』, 一潮閣 재수록).

25) 金昌錫, 2010 앞의 논문, p.177

26) 장진번 주편, 앞의 책, p.27

과 형법의 구별이 없으며, 단지 형법만 있고 민법은 없다고 평가하였다. 이러한 견해는 최근까지 매우 큰 영향력을 가지고 있었는데, 중국 고대 법제사 연구에 오히려 장애요인이 되었다고 한다. 그것은 전통적인 법전의 구조를 통해서 내린 결론으로, 중국 법제의 역사와는 부합하지 않는 일방적인 해석이라는 것이다. 왜냐하면 이들 법전은 모두 형법전이면서도 민법의 내용도 동시에 포함하고 있었다. 특히 고대의 민사법은 대부분 청동으로 만든 제기(祭器)에 새겨졌기 때문에 청동민법으로 불렸다고까지 설명한다.

2. 마립간 시기 소송의 증가

이와 같이 중성리비가 소송과 관련된 사실을 담고 있다고 할 때 이는 한국 고대 법제사의 흐름을 이해하는데도 중요한 요소라고 할 수 있다. 왜냐하면 신라시대의 경우를 통해서 소송의 사례를 확인할 수 있기 때문이다. 모두 이사금 시대의 일이다.

그 동자(탈해)가 지팡이를 끌고 두 명의 노비와 함께 토함산에 올라 돌 무덤을 만들고 7일을 머물렀다. 성 안에 살 만한 곳을 찾으니, 초 승달처럼 생긴 봉우리가 있어 오래 살 수 있을 듯 했다. 내려와 그곳 을 찾아보니 호공의 집이었다. 이에 꾀를 내어 몰래 숫돌과 숯을 옆 에 묻었다. 이른 아침에 그 문 앞에서 이르기를 "이 곳은 내 할아버 지가 살던 집이다" 하니, 호공은 "그렇지 않다" 하여 쟁송(爭訟)이 해결되지 않았다. 관청(官)에 고(告)하니 관리가 말하기를, "무슨 증 거로 이 집을 너의 것이라고 하느냐(以何驗是汝家)"하니, 동자가 말 하기를, "나는 본디 대장장이인데 잠깐 옆 마을에 다녀오니 다른 사

람이 살고 있었습니다. 땅을 파서 살펴보시기 바랍니다." 했다. 그와
같이 하니 과연 숫돌과 숯이 나와서 취하여 살았다. 이때 남해왕이
탈해가 지혜로운 사람임을 알고 만공주와 결혼시켰다. (『삼국유사』
권1, 기이, 탈해왕)

탈해가 호공의 집을 취하는 과정을 말하고 있다. 이러한 일이 일어난 시기는
대체로 석씨 집단이 이사금(尼師今)을 배출하던 3세기 후반~4세기 전반 무렵
에 형성되었으리라 추정하고 있다. '쟁송'을 통해서 관이 개입함으로써 해결되
었다고 한다. 그러나 이에 대해 위의 기록이 설화 형태로 되어 있고, '쟁송(爭訟)'
이나 '관(官)'과 같은 후대의 용어가 섞여 있어서 그대로 믿을 수는 없다고 이해
한다.[27] 그러나 그 내용은 받아들일 수 있는 것으로 이사금 시대에 들어와서 신
라에 소송이 일어난 사실과, 그것이 탈해와 호공 사이에 일어난 민사소송이었음
은 파악할 수 있을 것이다.
　　이사금시대에 일어난 또 다른 사례를 통해서 엿볼 수 있을 것이다.

가을 8월에 음즙벌국과 실직곡국이 강역을 다투다가(爭彊) 왕에게
와서 판결해주기를 청했다. 왕이 어렵게 여겨, 금관국의 수로왕이 나
이가 들고 지혜가 많다고 하며 그를 초빙하여 물었다. 수로는 다투
던 땅을 음즙벌국이 차지하도록 입의(立議)했다. 이때 왕이 6부에게
명하여 모여서 연회를 베풀어 수로왕을 대접하도록 했다. 5부(部)는
모두 이찬을 보냈으나 한기부만은 지위가 낮은 자를 보냈다. 수로가

---

27) 金昌錫, 2010 앞의 논문, pp.184~186

노하여 노비 탐하리에게 명하여 한기부의 부장 보제를 죽이고 돌아
갔다. 그 종은 도망하여 음즙벌국의 우두머리 타추의 집에 의지해 있
었다. 왕이 사람을 시켜 그 종을 찾았으나 타추가 보내주지 않았으
므로 왕이 노하여 군사로 음즙벌국을 치니 그 우두머리가 무리와 함
께 스스로 항복하였다. (『삼국사기』 권1, 파사 이사금 23년)

『삼국사기』는 위의 사건을 파사 이사금대의 일어난 일로 언급하고 있다. 이
른바 쟁강 사건이다. 이것은 탈해와 호공 사이에 일어난 것과는 양상이 조금 다
르지만, 연맹왕국 내부의 소국들 사이에서 집이 아니라 일정한 지역을 두고 벌
인 소송으로 볼 수 있다. 음즙벌국과 실직곡국이 어떤 지역에 대한 영유권을 놓
고 다툼을 벌이다가 사로국에게 해결을 요청함으로써 소송이 이루어졌던 것이
다. 여기에 6부가 언급되고 있다는 사실에서 당시 신라 중앙의 정치세력까지 관
여된 일임을 알려준다. 이에 파사 이사금은 이 사건을 해결하기 위해서 금관국
의 수로왕에게 결정을 의뢰하게 되었다. 이러한 사실은 신라가 이사금 시기에
이르러서 소송이 점차적으로 늘어나고 있음을 알려준다고 하겠다.

　이러한 소송은 이사금 시기의 일만이 아니었다. 냉수리비에서 언급되고 있
듯이 실성왕과 눌지왕대인 마립간시기에도 소송이 일어났던 것이다. 거듭해서
소송이 일어나고 있음을 보여주고 있다. 이에 신라 중앙정부는 절거리와 말추
및 사신지가 벌인 소송에 대해서 판결을 하였던 것이다. 중성리비의 건립연대에
대해서 논란이 있는데, 만일 눌지왕대가 보다 설득력이 있는 견해라고 한다면
냉수리비에서 언급된 것처럼 눌지왕대에 소송이 더욱 집중적으로 일어났음을
알게 해준다. 이와 달리 중성리비가 지증 마립간대의 일이라고 하더라도 그것은
마찬가지이다. 냉수리비에 보이는 소송은 지증왕대에 들어와서 소송이 더욱 빈
번히 일어난 사정을 말해주는 것이 된다. 그 어느 경우이든 이사금 시기보다 마

립간 시기에 들어오면서 이전보다 더 많은 소송이 일어났음을 알려준다고 하겠다. 이는 잘 알려지고 있듯이 마립간 시기에 들어와서 농업생산력의 향상과 함께 더욱 진전된 신라의 사회 경제적 발전을 보여주는 현상으로 이해된다.

이미 언급한 것처럼 소송이란 원고가 피고를 관에 고소함으로써 이루어지는 일이다. 냉수리비의 경우에는 절거리와 말추 및 사신지가 서로 원고와 피고로 구분되고 있다. 이것은 중성리비의 경우에도 마찬가지이다. 해석에 약간의 논란이 있지만, 두지 사간지궁(豆智 沙干支宮)과 일부지궁(日夫智宮)이 무엇인가를 빼앗았다는 해석을 일반적으로 받아들일 때 이들은 바로 피고에 해당된다. 그리고 그것을 다시 돌려받은 모단벌탁(牟旦伐喙) 부분은 바로 원고에 해당된다고 하겠다.

이때 문제가 되는 부분은 바로 쟁인과 관련된 것이다. 앞서 쟁인에 대한 기존의 여러 해석을 간단히 살펴보았지만, 그 대체적인 해석의 방향은 쟁인 부분에서 사람들을 언급하고 있다는 점에서 역시 소송 당사자와 관련된 것으로 파악하는 것이 타당할 것 같다. 그렇다면 쟁인에는 소송을 제기한 원고측과 소송을 당한 피고측이 함께 포함되어 있다고 보아야 할 것이다. 중성리비에서 언급되는 쟁인 부분에서 원고로 확인되는 모단벌탁부는 확인된다. 그러나 쟁인에 속해야 할 인명 가운데 무언가를 빼앗겼다가 돌려받는 모단벌탁부의 작민 사간지(作民 沙干支)가 나오고 있지 않아서 문제가 된다.

또한 피고에 해당되는 사람들도 나오고 있지 않다. 두지 사간지궁과 일부지궁 역시 언급되고 있지 않는 것이다. 그래서 사간지라는 관등을 탁부와 사탁부 출신자만이 지닐 수 있다는 점을 고려하여 이들을 탁부(喙部)와 사탁부(沙喙部) 출신자로 보는 견해도 찾아진다.[28] 그렇다고 하더라도 쟁인 부분에 보이는 탁부와 사탁부의 인물은 두지 사간지궁이나 일부지궁이 아니다. 이것은 원고가 당사자로 나오지 않는 것과 같은 공통점을 지니고 있다. 또한 모단벌탁부에 이어 나오는 본파탁부(本波喙部)를 어떻게 이해하느냐의 문제도 남는다. 이에 대해서 이를 피고측에 포함시키고 있는 견해가 나와 있다.[29] 그렇다면 중성리비의 쟁인 집단 부분에서 피고측 인물이 먼저 기록되고 원고측 인물이 나중에 기록되는 모습을 보여주는 것으로 정리된다.

그러면 무언가를 빼앗은 사람이나 그것을 돌려받는 사람이 전혀 언급되지 않은 쟁인 부분은 어떻게 이해해야 하는 것일까. 기존의 견해에서는 이를 직접 관련자 이외에 간접 관련자로 이해하였다.[30] 그러나 직접 관련자가 언급되고 있지 않다는 점에서 이들을 단순히 간접 관련자로 이해하기도 어려울 듯하다. 그보다는 이미 언급되고 있듯이 소송을 대리 혹은 대신한 것으로 이해하는 것이 보다 바람직할 것 같다.[31] 이 경우에도 이들이 소송을 대신한 이유에 대해서는 설명이 필요하다. 두지 사간지궁이나 일부지궁 및 모단벌탁 작민 사간지 등이 중성리비가 세워진 지역에서 활동한 인물로서, 소송을 직접 제기할 수 없는 지위의 사람이었을까 하는 점이 우선 고려될 수 있다.

그러나 냉수리비에서 진이마촌(珍而麻村)의 절거리가 직접 언급된다는 사실에서 이를 달리 생각해볼 수도 있다. 물론 여기에서도 절거리가 직접 소송을 제기한 사실을 확인하기는 어렵다. 대부분 냉수리비의 경우 지방인 사이에 일어난 분쟁으로 강조하고 있는데,[32] 재판에 국왕이나 중앙의 정치세력이 관여했다는 사실에서 이 역시 개인의 이해관계에만 그치는 문제로 정리되지 않기 때문이다.[33] 그렇다면 중성리비의 경우처럼 냉수리비에서도 절거리나 말추 및 사신

---

28) 노중국, 앞의 논문, p.70
29) 金昌錫, 2010 앞의 논문, p.202
30) 하일식과 김창석의 견해를 참고할 것.
31) 노중국, 앞의 논문, pp.69~70
32) 하일식, 앞의 논문, p.214 및 洪承佑, 앞의 논문, p.193

지를 대신해서 소송이 이루어질 수도 있다고 생각된다. 이 점은 고대의 소송이 아무 사람이나 제기할 수 있는 것이 아니라는 사실에서 그와 같이 이해된다.[34]

이와 관련해서는 중국 고대 법제사의 소송 참여자에 대한 설명이 역시 커다란 도움을 준다.[35] 『주례(周禮)』 추관(秋官) 대사구(大司寇)를 보면 대부 이상의 관료 귀족들은 소송에 출석하지 않을 특권을 가졌으며, 친족 또는 수종으로 대리해 소송할 수 있었다고 한다. 즉 지배층은 신하를 대리인으로 세워 소송에 참여할 수 있다는 것이다. 그렇다면 쟁인 집단에서 소송의 실질적인 당사자들이 찾아지지 않는 이유를 이해할 수 있을 것이다. 즉 두지 사간지궁과 일부지궁 및 모단벌탁 작민 사간지가 직접적으로 원고와 피고가 됨에도 불구하고, 쟁인 부분에서 볼 수 있듯이 소송은 이들이 직접 나서는 대신 이들을 대리해주는 사람들을 통해서 이루어졌기 때문이다.

직접 관련자를 대신해서 소송 당사자로 구성되었다는 점은 중성리비를 통해서 소송이 어떠한 과정을 거쳐서 이루어졌음을 알 수 있게 해준다. 그 자세한 사정은 파악할 수 없지만, 중성리비가 세워진 지역과 중성리비에서 사건의 내용을 설명하는 앞부분에 언급된 4개의 촌락을[36] 고려할 때 중성리비가 세워진 지역을 포함한 4개 촌락에서 분쟁이 발생하였음을 알 수 있다.[37] 이때 '석운(昔云)'

---

33) 주보돈, 앞의 논문, p.63

34) 장진번 주편, 앞의 책, p.139에서는 "귀족의 이익을 보호하기 위해서 평민의 소송에 대해서는 제한이 있었다"고 말한다.

35) 장진번 주편, 위의 책, pp.139~140

36) 이문기, 앞의 논문, p.6 및 노태돈, 앞의 논문, p.43. 3개의 촌락으로 언급하기도 하지만(노중국, 앞의 논문, p.67) 따르지 않는다.

37) 여기에서 중성리비에서 서로 빼앗고, 돌려주고 한 것의 실체에 대해서 잠시 언급해 두고 싶다. 4개 촌락에 걸친 문제였다는 점과, 탈해 및 호공의 소송이나 음즙벌국과 실직곡국의 소송 역시 집이나 토지와 관련되었다는 사실에서 역시 토지와 연관된 소

에 대한 해석 문제가 있다. '석'을 앞에 붙일 수 있는가 아니면 '운'과 함께 이해하는가의 문제이다. 석을 운과 함께 붙여 해석하는 경우에 '석운' 앞부분에서 4개 촌락의 인명이 나오는데, 이들이 '이전에 두지 사간지궁과 일부지궁이 무엇을 빼앗았다'고 증언한 것으로 설명한다.[38] 그러나 이 부분에서 왜 이들의 증언이 필요한지도 의문이지만, 무엇보다 '석운'과 '금갱환(今更還)'을 시간적으로 대비시키는 것은 더욱 문제가 된다. '석'과 '금'이라는 시간적인 간극이 있었다고 말하고 있지만, 빼앗았다는 말로서 이미 충분히 과거의 사실을 설명할 수 있다는 점에서 굳이 '석'이라는 말을 추가시킬 필요는 없기 때문이다. 더욱이 이들이 여러 번에 걸쳐서 증언을 할 필요가 없다는 점에서도 그러하다. 그와 같은 이해보다는 신사년에 소송이 일어났고, 그 재판의 결과 지금 돌려주게 되었다고 이해하는 것이 순조로운 것이 아닐까 한다. 즉 사건의 발생시점은 '석'(이전에)이 아니라 사건을 판결한 신사년 무렵으로 이해하는 것이 바람직하다고 하겠다.

이러한 분쟁은 크게 두 경로를 통해서 중앙에 전달되었을 것이다. 두지 사간지궁 및 일부지궁과 모단벌탁 작민 사간지 사이에 분쟁이 발생하자 관련된 4개 촌락의 유력자와 지방관인 도사들은 중앙정부에 이러한 사실을 전달하였을 것이다. 이때 촌락은 유력자는 물론이고, 도사 역시 이러한 법률적 분쟁을 해결할 수 있는 직접적인 권한을 가지고 있지 않았을 것으로 생각된다. 물론 나름대로 조정을 통해서 분쟁을 해결해 보려고 하였을 것이다. 그리고 이들에 의한 보고만을 통해서 소송이 바로 성립되지는 않았을 것이다. 그것은 직접적인 당사자에게만 가능한 일이었기 때문이다.

따라서 소송은 모단벌탁 작민 사간지가 두지 사간지궁 및 일부지궁에게 무

송으로 생각된다. 앞으로 자세히 검토해 보고자 한다.

38) 노중국, 앞의 논문, pp.67~68

엇인가를 빼앗기자 이를 중앙의 소속 부에 보고를 함으로써 이루어졌을 것이다. 이 경우에도 모단벌탁은 탁부와 사탁부와의 대화를 통해서 분쟁을 조정 해결해보려고 하였던 것인지는 알 수 없다. 그러나 사정은 여의치 않았던 것으로 보인다. 이에 원고에 해당되는 모단벌탁부는 이러한 사실을 중앙정부에 알리면서 소송을 제기하였을 것이다. 이제 소송이 발생한 것이다. 그 결과 탁부와 사탁부가 피고가 되었으며, 본파탁부 역시 모단벌탁부와 함께 원고가 되었던 것으로 이해된다. 이에 중앙정부는 소송에 따른 절차를 진행시키기 위해서 원고와 피고를 확정시키는 작업을 추진하였던 것은 아닐까 한다. 다시 말해서 중성리비에서 쟁인 집단을 아뢴다고 한 사실은 쟁인 집단이 비로소 구성되었음을 말해주는 것이다. 이제 이를 바탕으로 재판이라는 그 다음의 단계로 나아갈 수 있게 되었다.

Ⅲ. 소송의 처리

중성리비와 냉수리비에서 보여주듯이 소송이 제기되었을 때 이후 어떠한 절차를 거쳤을까. 원고가 소송을 제기하면 사법기관은 이를 수리했을 것이다. 그러나 마립간 시기의 사법기관에 대해서는 현재 구체적으로 파악할 수 없다. 탈해와 호공의 소송사건에서는 '관'으로만 언급되고 있을 뿐이다. 중국 고대 법제사의 경우를 고려할 때 민사와 형사로 사건을 구분해서 처리했겠지만, 그 기구는 역시 하나였다고 한다.[39] 신라의 경우에도 형법을 다루는 기관에서 이와 같은 소송도 다루었을 것이다.

---

39) 장진번 주편, 앞의 책, p.139

기존의 연구는 대부분 이러한 절차에 주목하지 않은 채 중앙에서 평결, 즉 판결을 내렸다고만 설명하였다. 그것은 두 비에서 공통적으로 언급된 교와 영(令)이 말해준다는 것이다. 그런데 평결 혹은 판결은 재판을 통해서 이루어지는 것이라 할 수 있다. 그러므로 중성리비와 냉수리비가 소송이 제기된 이후 재판에 이르기까지의 과정을 어떻게 반영하고 있는가를 계속해서 살펴볼 필요가 있을 것이다.

먼저 검토되어야 할 부분은 재판이 어디에서 이루어졌는가 하는 문제이다. 냉수리비의 경우에는 '차이왕교(此二王敎)' 혹은 '전세이왕교(前世二王敎)'라는 말에서 알 수 있듯이 중앙에서 평결을 내렸음을 말하고 있다. 이것은 '차칠왕등공론교(此七王等共論敎)'의 '공론(共論)'이란 말에서도 여러 사람들이 모여 이를 함께 논의하여(공론) ―이것은 재판의 의미일 것이다― 결정하였던 것으로 표현하고 있다. 중성리비에서도 3행의 처음에 교라는 말이 나오고 있다. 이 역시 냉수리비와 같은 과정을 거쳤음을 알려주는 것으로 생각된다.

이와 달리 사건이 발생한 지역에서 재판이 이루어진다는 주장이 나와 있어 이에 대한 검토가 요구된다. 6행에 보이는 사인(使人)이 중앙의 명령을 받고 분쟁을 구체적으로 처리하는 과정을 보여준다는 것이다. 중앙으로부터 파견된 사인이 촌락의 유력자들로부터[40] 증언을 듣고 그 증거에 입각하여 두지 사간지궁과 일부지궁에게 빼앗은 것을 모단벌탁 작민사 간지에게 지금 되돌려주라는 판결을 내렸다는 것이다.[41] 그러나 사인은 중성리비에 대한 그동안의 검토에서 잘

---

40) 노중국은 이를 촌관으로 규정하고 있다(앞의 논문, pp.86~87).
41) 노중국, 위의 논문, pp.65~70. 물론 여기에서 사인의 이러한 활동과 관련하여, 이는 부와 부 사이에 벌어진 분쟁은 왕권에 의해 조정되고 해결되었음을 보여주는 것이라고 말한다. 즉 중앙에서 직접 소송을 처리하는 것이 아니고 사인이 왕권을 대신해서 활동하였다는 것이다.

지적되고 있듯이 중앙에서 내린 교와 영(令)을 현지에서 집행하는 사람으로 보는 것이 타당할 듯하다. 이것은 봉평리비의 경우에도 마찬가지이다. 중성리비의 경우에만 그렇게 차이가 난다고 보기는 어려울 것이기 때문이다. 따라서 기존의 일반적인 견해처럼 중앙에서 재판을 통해서 소송을 해결했을 것으로 보아야 할 것이다.

중성리비에서는 냉수리비와 달리 중앙에서 열린 재판에 필요한 실무를 담당한 사람을 알려주고 있어 주목된다. 이는 3행과 4행에 걸쳐서 언급되는 사람들이다. 교(敎) 다음에 나오는 '사탁 이추지 나마 탁부 본지 나마 본모자 탁사리 이사리(沙喙 尒抽智 奈麻 喙部 本智 奈麻 本牟子 喙沙利 夷斯利)'이다. 지금까지 여기에 대해서는 많은 논란이 있었다. 그것은 이들 가운데 교를 받은 사람이 포함되어 있으며,[42] 본모자 역시 인명이 아니라 조사자 혹은 감시자 등의 의미를 가지는 직명으로 이해하였기 때문이다.[43] 그러나 첫 번째 학술회의에서 이미 지적되었듯이 당시의 신라 금석문에서는 교를 받은 사람을 기록하지 않았다.[44] 또한 본모자는 그보다는 인명으로 보는 것이 설득력이 있다는 설명이 계속적으로 나왔다.[45] 특히 교의 집단이나 쟁인 집단의 인물처럼 탁부가 먼저 나오지 않고, 그와 달리 사탁부 출신의 인물이 먼저 언급된 점은 이들이 재판을 하여 교를 담당한 사람들이나, 소송과 관련된 사람들인 쟁인 집단과 다른 성격을 가진 인

---

42) 선석열, 앞의 논문, p.43 및 이우태, 앞의 논문, pp.80~81과 이문기, 앞의 논문, p.39 를 참고할 것.
43) 선석열, 앞의 논문, p.42. 이우태는 앞의 논문, p.81에서 원래 주인으로 해석하였다. 金昌錫, 2010 앞의 논문, p.188에서도 역시 역임으로 보았다.
44) 선석열, 앞의 논문에 대한 이성시의 토론, 앞의 논문, p.56 및 노중국, 앞의 논문, p.63 을 참고할 것.
45) 이문기, 앞의 논문, p.16 및 노중국, 앞의 논문, p.64

물임을 보여준다. 그리고 두 집단 사이에 위치하면서 이들이 쟁인을 누군가에게 아뢰었다고 표현되는데,[46] 그 대상은 이들 보다 상급의 인물로서, 교를 내릴 인물들을 가리키는 것으로 이해된다. 그렇다면 이들은 모두 재판을 준비하는데 관여한 실무자들로 파악할 수 있을 것이다.

재판과 관련하여 이들이 담당한 역할이란 재판에 필요한 여러 사항들을 준비하는 일이었을 것이다. 재판에 필요한 사항이란 소송과 관련된 내용을 미리 조사하여 파악하며, 원고와 피고가 준비한 진술이나 증거자료 및 증언과 관련된 사항을 미리 확보하고 준비하는 것이 아니었을까 한다. 이와 함께 해당 사건과 관련된 기존의 판례가 어떠한 것이 있는가를 조사하는 역할을 담당하였을 것으로 생각된다. 다시 말해서 이들은 소송과 관련된 재판이 공정하게 이루어지도록 하기 위한 실무준비를 담당하였을 것이다.[47] 다시 말해서 이들은 마립간 시기에 재판과 관련된 관부에서 일하는 사람들이라고 할 수 있다.

재판과 관련된 판례의 확보는 냉수리비를 통하여 알 수 있다. 냉수리비에서는 '위증(爲證)'이란 말이 두 차례나 나오는데 판례로 이해되는 것이다.[48] 그것은 앞의 두 왕이 내린 교의 내용을 말하고 있다. 한편 탈해와 호공의 소송 사건에서 탈해가 '험(驗)', 다시 말해서 증거를 제시함으로써 승소하였다는 사실은 소송을 제기한 원고가 증거를 제시하고 진술하였음을 함께 보여준다. 그렇다면 이는 소송이 제기되면 원고와 피고 쌍방이 관청 혹은 심판 장소에 나와 서로의

---

46) 이문기는 '백(白)'을 하급자가 상급자에게 말하는 것으로 보고 있다(앞의 논문, p.27).
47) 노태돈은 사인이 사건의 조사를 담당한 것으로 이해하였다(앞의 논문, p.42). 김창석은 본모자 앞에 나오며, 교를 받은 인물이기도 한 두 명의 인물이 사건을 조사 보고한 것으로 보고 있다(2010 앞의 논문, p.194).
48) 金昌錫, 2009 앞의 논문, p.396 및 노중국, 앞의 논문, pp.66~67. 그러나 증거로서 해석될 수 있는 측면도 있다.

증거를 바탕으로 상대와 논쟁하였음을 알려준다고 하겠다. 중성리비나 냉수리비의 경우에는 사건의 직접 당사자들 보다 이들을 대신하여 소송에 참여한 사람들이 그 역할을 담당하였을 것이다.

한편 소송의 당사자인 원고와 피고는 자신들의 주장을 증명할 수 있는 증인들을 확보하고자 노력하였을 것이다. 이 점에 대해서 기존의 연구에서는 사인이 촌락의 유력자들로부터 증언을 확보한 것으로 이해하고 있다.[49] 그러나 소송을 조사하고, 재판을 준비하는 실무자들은 관련 지역에서 살고 있는 촌락의 유력자들만이 아니라, 지방관인 도사로부터도 사건의 경위에 대한 의견을 들었을 것이다. 이 경우 이를 증언으로 부르기는 어려울 것 같다. 재판과 관련된 참고자 진술로 생각되기 때문이다. 누가 누구로부터 빼앗았다는 사실은 누구나 알 수 있는 내용이기도 한 것이다. 그리고 이때 언급된 내용은 사실에 대한 증언이라기보다는 그 뒤의 말과 연결시켜 이해한다면, 오히려 판결의 주문(主文)에 해당되는 내용이라는 점에서 다르게 파악해야 할 것 같다. 따라서 이들보다는 원고와 피고가 서로가 확보한 사람들을 증인으로 부르는 것이 좋을 듯하다. 이러한 설명이 받아들여진다면 원고와 피고가 확보한 증인들은 쟁인 집단에 들어가 있는 것이 타당할 것이다. 이때 쟁인 집단은 원고와 피고, 그리고 이들의 주장을 각각 뒷받침해줄 수 있는 증인들로 구성된 것으로 이해할 수도 있을 것이다.[50]

소송이 제기된 이후 사건에 대한 실무적인 준비가 마무리되면 그 다음 단계인 재판으로 들어갔을 것으로 보인다. 우선 기일이 정해졌을 것이다. 그것은 중성리비의 경우는 신사년(辛巳年)만 나와 있을 뿐 나머지는 분명하지 않지만 냉

---

49) 노중국, 위의 논문, pp.67~68
50) 그렇다면 이때 탁부와 사탁부 모두가 사건의 당사자로 파악되지는 않는다. 탁부가 피고로서, 사탁부 출신이 이들의 증인으로 참석한 것으로 이해할 수도 있기 때문이다.

수리비는 교를 내린 연월일을 구체적으로 알려주고 있는 것에서 알 수 있다. 이
때 재판에 참여한 사람들은 냉수리비의 경우에는 교를 내린 사람들로 이해되며,
모두 7명이다. 봉평리비에서는 모두 14명이 언급되고 있다. 그러나 중성리비에
서는 교를 내린 사람을 세 명 정도로밖에 기록하고 있지 않다. 이것은 판독과 관
련된 문제이기도 하다. 첫 행에 나오는 사람을 갈문왕으로 판독할 수 있느냐 없
느냐의 문제라고 할 수 있다. 중성리비에서 말하는 사건과 관련된 소송에 몇 명
의 사람들이 재판에 참여하였는지는 현재로서는 파악할 길이 없다. 이와 같이
인원에 차이가 나는 것은 개별 사건의 성격에 따라 그 구성원이 일정한 차이를
보이는 것인지도 알 수가 없다.

이러한 재판에 왕이 참여하였는가의 문제는 보다 자세히 살펴볼 필요가 있
다. 이사금 시기 탈해와 호공이 벌인 소송에서는 관이 언급될 뿐 왕이 등장하지
는 않는다. 그러나 파사 이사금대 연맹왕국 내의 소국들 사이에 영토분쟁이 벌
어졌을 때 국왕은 이들의 소송에 직접 개입하고 있다. 하지만 국왕이 직접 재판
을 주도하지 않은 것으로 나와 있다. 자신이 이를 해결하기 보다는 금관국의 수
로왕을 불러서 이를 해결하고 있다.

이는 『삼국지』 동이전에 보이는 오환족(烏桓族)의 대인제도(大人制度)와
비슷한 모습을 보여준다. 오환족은 용감하면서 건실하며 능히 소송이나 서로 침
범한 문제를 잘 조정하고 판결할 수 있는 사람을 늘 추대하여 대인으로 삼았다
고 한다. 대인이 말하는 것은 나무에 새겨 증표로 삼았고, 읍락에 전하여 행하게
하였으니 문자는 없었지만 부중(部衆)이 감히 법령을 어기거나 죄를 범하지 못
하였다는 것이다. 이 대인은 민사사건을 넘어 형사사건에도 관여를 하고 있음을
보여준다. "오환사람들이 약속한 법을 살펴보면 다음과 같다. 대인의 말을 어기
면 사형에 처하고 도둑질을 그치지 않으면 사형에 처하였다. 만약 어떤 이가 살
해되면 피살자 부락의 성원들에게 스스로 가해자에게 보복하도록 하였다. 보복

이 그치지 않으면 대인을 찾아가 심판을 받았는데, 죄 있는 자가 소와 양을 내어 주어 죽음을 대속하도록 명령하면 이에 비로소 보복은 그쳤다. 스스로 자신의 아버지와 형을 죽이면 죄를 묻지 않았다. 도망하거나 반란을 일으켰다가 대인에게 체포된 자는 읍락에서 받아들이지 않았기 때문에 모두 멀고 먼 변방의 땅과 사막의 한가운데로 옮기고 내쫓았다"고 한다. 즉 대인의 재판이 그만큼 권위를 가지고 있어 이를 빌렸다는 것이다.[51] 파사 이사금 역시 수로를 초빙하여 재판을 맡길 때 이를 수로의 현명함으로 표현하고 있다는 점에서 소송에 대한 판결에 권위를 부여하기 위한 것이었다. 이때 수로가 왕이었다는 점에서 신라에서도 왕이 재판에 참여하였을 가능성까지를 보여준다고 하겠다.[52]

이사금 시기와 달리 마립간 시기 국왕이 재판에 참여하였다는 사실은 냉수리비의 소송 사건을 처리한 결과를 통해서 알 수 있다. 실성왕과 눌지왕의 교와, '차칠왕등교'로 표현되고 있기 때문이다. 이것은 봉평리비에서 당시 신라의 왕이었던 법흥왕과 입종 갈문왕이 교를 내릴 때 참여하고 있음에서도 확인할 수 있다. 그러나 절거리와 말추 및 사신지의 사건이 지증왕대에 일어났을 때에는 국왕이 언급되지 않고 갈문왕만이 나온다. 이러한 까닭에 당시 재판의 방식이 변화된 것인지, 아니면 특수한 사정 때문에 그렇게 된 것인지에 대해 의문이 일어난다. 이에 대해서 당시의 정치적 상황이 예사롭지 못하였음을 암시해주는 것으로 이해하였다.[53] 그러나 봉평리비에 갈문왕이 나오는 것으로 보아 꼭 그와

---

51) 兪成國, 2001 앞의 논문, pp.7~8
52) 이에 대해서 김창석은 수로가 한 '입의(立議)'를 판결을 위한 특정한 심의 절차라기보다는 건의의 뜻으로 이해하고 있다(2010 앞의 논문, p.179). 홍승우 역시 실제 판결은 이사금 자신이 했다고 본다(앞의 논문, p.195). 수로왕은 제 3의 평결자로 데려와 완충장치로 삼았다는 것이다.
53) 주보돈, 앞의 논문, pp.70~72. 최근 이에 대해서 윤진석은 섭정으로 이해하고 있다

같이 파악할 필요는 없을 듯하다. 갈문왕이 국왕을 대신하여 재판에 참여하여 판결을 내릴 수도 있을 것이기 때문이다.

이것은 『삼국지』 동이전에 의하면 연맹왕국 시기 고구려에서 죄가 있으면 제가들이 모여서 평의(제가평의諸加評議)했다는 사실과 관련해서 이해할 필요가 있다. 마립간 시기에 들어와서 신라와 고구려가 한때 매우 밀접한 관계를 맺었던 점을 고려할 때, 신라의 법제에 미친 고구려의 영향을 충분히 상정할 수 있기 때문이다.[54] 이 기록을 그대로 받아들인다면 제가들만이 평의할 수도 있었던 것이다. 그렇다고 하더라도 당시의 재판에서 제가들만이 참여하여 이를 주도하였다고 보기는 어렵지 않을까 한다. 국왕의 참여가 반드시 예상되는 것이다. 왜냐하면 왕이 제가회의를 주관하며 중심적인 역할을 했다고 보이기 때문이다. 그러나 제가회의에서 국왕이 비록 의장이라고 하더라도 상시적으로 참석하였는지는 구체적으로 알 수 없다. 그것은 제가회의가 다루는 안건과 직접 관련이 있는 것이 아닐까 한다. 제가만이 아니라 왕 직속의 신하로 파악되는 주부가 언급되는 점에서 그러한 성격을 가진 사람들도 참여할 가능성도 있었을 것이다.[55] 그러므로 마립간 시기 신라의 경우에도 국왕이 사안에 따라서 회의 혹은 재판에 참석하는 등 그 구성원의 숫자에 어느 정도 차이가 있었던 것으로 보인다.[56]

(2009 「신라 至都盧葛文王의 '攝政'」 『韓國古代史研究』 55).

54) 金昌錫, 2010 앞의 논문, pp.206~207

55) 김수태, 2010 앞의 논문, pp.268~269. 홍승우는 6세기 초 이전 금석문들에서 아간지가 공론·교사집단에서도 핵심적인 위치에 있었던 것에 주목하여 이들 중소세력들이 주체가 되어 신라왕과 교를 내리는 것이 일관되게 보이는 것이 상식적으로 납득하기 힘들다고 하면서, 이것은 왕권과 연결된 것으로 분쟁해결의 최종 결정권이 왕에게 있었던 것을 보여준다고 말한다(앞의 논문, p.171 및 p.193).

56) 李基白, 1988 「蔚珍 居伐牟羅碑에 대한 고찰」 『아시아문화』 4 ; 1996 『韓國古代政治社會史研究』, 一潮閣, pp.214~216

비슷한 사회발전 단계의 고구려에서처럼 신라 역시 고구려의 제가에 해당되는 사람들이 재판에 참여하였다는 사실을 중성리비나 냉수리비를 통해서 구체적으로 확인할 수 있다. 냉수리비에는 탁부, 사탁부, 본파부, 사파부 출신이 나오고 있으며, 중성리비는 탁부와 사탁부 출신이 기록되고 있는 것이다. 그리고 이들이 회의를 통해서 판결을 내렸다는 사실은 냉수리비에서 7명이 공론으로 교를 내렸다는 언급에서 알 수 있다. 이것은 중성리비에서도 마찬가지가 아니었을까 한다. 따라서 중성리비에서도 공론을 통해서 판결을 내리고 이를 교로 선포하였던 것으로 생각된다.[57] 이것은 파사 이사금대 수로가 재판을 주도하였을 때 신라 6부의 상황을 고려할 때 커다란 변화를 보여준다. 이는 당시에 이들이 재판에서 소외되었던 것을 말해주는 것이 아닐까 한다. 수로의 결정에 한기부가 크게 반발하였다는 사실이 이를 말해주는 것이다.

재판이 결정된 뒤 몇 차례에 걸친 심의과정을 통해서 판결이 내려졌는지에 대해서는 구체적으로 알 수 없다. 그러나 재판을 준비하는 실무자들이 행하였을 충분한 준비과정을 고려한다면 그다지 많은 시간이 걸리지는 않았을 것 같다. 그러나 최근 중성리비와 냉수리비의 분쟁처리 절차에 주목한 연구에 의하면 당시 신라에서의 분쟁 재판이 2심제였을 가능성을 제기하고 있다.[58] 중성리비의 경우 '석운'의 증인들은 이전에 행해진 초심에서 증언을 하였고, '금갱환'이라는 영(令)은 사인들이 이들의 이전의 증언을 토대로 하여 새롭게 내린 판결로 2심과 같은 성격의 것이라는 것이다. 냉수리비의 경우 지증왕대의 판결은 사부지왕과 내지왕의 판결에 이은 두 번째 판결로 파악하였다. 이에 이들 비문은 이러한 판결에 대해 이의를 달지 못하도록 공언하였다는 것이다.

---

57) 金昌錫, 2010 앞의 논문, pp.202~203
58) 노중국, 앞의 논문, p.68 및 pp.71~72

그러나 냉수리비의 경우 이들 2심으로 볼 수는 없을 것 같다. 비록 같은 판결을 내렸다고 하더라도 그 시기는 상당히 차이가 나는 것으로, 심급제도란 이러한 사정을 말해주는 것이 아니기 때문이다. 중성리비의 경우에도 '석운'의 내용을 설혹 증언으로 볼 수 있다고 하더라도 이를 초심으로 볼 수 있는 근거는 되지 못한다. '금갱환'이라는 영(令)은 판결을 내린 교와 연결되는 내용으로 이것이 사실상 초심에 해당되는 것으로 볼 수 있기 때문이다. 두 비문 모두 첫머리에 해당 시기를 기록하고 있다는 점에서도 그러하다. 중성리비에 신사년이란 해가 소개되고 있으며, 냉수리비에는 그 구체적인 연월일까지 소개되고 있다. 이것이 재심임을 말하는 것은 아닐 것이다.

또한 중성리비와 냉수리비에 보이는 사건의 성격이 민사소송에 해당된다는 점도 고려해야 하지 않을까 한다. 왜냐하면 심급제도란 억울한 옥사를 만들지 않기 위해서 형법의 적용과 관련된 측면이 강하기 때문이다. 그리고 중국사의 경우 이러한 심급제도란 북위에서 싹이 트고, 수나라에서 이를 한층 더 발전시키는 한편, 당대(唐代) 들어서 거의 완벽한 체제를 갖추었다는 점도 염두에 두어야 할 것이다. 더욱이 그것은 율령체제의 발전과도 밀접한 관련을 맺고 있다고 한다.[59]

이사금 시기 탈해와 호공의 소송이나 음즙벌국과 실직곡국 사이의 영토 소송에서도 그러한 심급제도를 찾아볼 수 없다는 점에서도 그러하다. 물론 신라 법제의 발달과정 속에서 이러한 심급제도가 발생하였을 가능성도 충분히 있다. 그러나 중성리비나 냉수리비의 시기에는 그렇지 않았을 것으로 생각된다. 신라에서도 법흥왕대 율령이 반포되고 보다 법체계가 정비되고 나서 심급제도가 비

---

59) 兪成國, 2001 「古代中國의 裁判制度」『仁川法學論叢』 4를 참고할 것.

로소 나타나기 시작한 것이 아니었을까 한다.

Ⅳ. 판결의 집행

월과 일을 알 수 없는 신사년의 어느 날에 중성리비에 보이는 사건에 대한 소송은 재판을 통해서 결정되었다. 그리고 그것은 교로 정리되었다. 이후 이러한 판결은 일정한 집행과정을 거쳤을 것이다.

우선 재판을 준비한 실무자들이 재판의 결과를 정리하는 한편, 현지에서 판결의 내용을 집행하는 일에도 깊이 관여하였을 것으로 생각된다. 이들이 현지에서 직접 교를 집행할 실무자들을 선정하고, 이들에게 어떠한 절차를 따라서 교를 집행하고 마무리할 것을 알려주었을 것으로 생각되기 때문이다.

재판을 통해서 내려진 판결은 냉수리비의 경우 '영(令)'을 통해 집행되고 있음을 보여준다. 7명이 재판을 통해 교를 내렸는데, 절거리가 재물을 취하도록 '영(令)'하고 있는 것이다. 이러한 영(令)의 내용은 판결의 주문(主文)과도 같은 것으로 이해된다. 그러나 중성리비에서는 영(令)이 다르게 사용되고 있다. '사인 나소독지 도사 탁 염모지 사탁 추수지(使人 奈蘇毒只 道使 喙 念牟智 沙喙 鄒須智)'가 '거벌 일사리 소두고리촌 구추열지 간지 비죽지 일금지 나음지촌 복악 간지 주근 일금지(居伐 壹斯利 蘇豆古利村 仇鄒列支 干支 沸竹休 壹金知 那音支村 卜岳 干支 走斤 壹金知)'에게 '세령(世令)'한 것으로 나오고 있다. 영(令)의 내용이 소개되고 있는 것이 아니라 영(令)이 4개 촌락의 유력자들에게 내려지는 것으로 표현되고 있다. 영(令)의 내용은 그 다음에 이어 '운(云)'이라는 말과 함께 '두지 사간지 궁 탈이 금갱환(豆智 沙干支 宮 日夫智 宮 奪尒 今更還)'으로 언급되고 있다. '운' 이하의 내용이 냉수리비에서 보이는 영(令) 부분과 같이 판결의 주문이라고 할 수 있다.

이때 '운'의 주어가 누가 되는가의 문제가 있다. 먼저 사인 이하의 사람들이 촌락의 유력자들에게 '영(令)'하고, 다시 판결의 주문에 해당되는 내용을 '운'하였다고 볼 수도 있을 것이다. 혹은 촌락의 유력자들이 사인 이하의 사람들로부터 령을 받고 나서, 이들이 사건의 직접 당사자들에게 '운'한 것으로 파악할 수도 있다. 사인 다음 단계에 촌락의 유력자들이 있다는 사실을 고려할 때 후자의 경우가 보다 설득력이 있을 것 같다. '영(令)'에 이미 '운'이하의 내용이 담겨져 있다는 점을 고려한다면 '운'은 촌락의 유력자들이 사건의 담당자들에게 직접 말한 것으로 이해되는 것이다. 냉수리비의 경우에도 그 사정을 간략하게 전해준다. 냉수리비는 촌주를 포함한 두 사람이 그 해에 일을 마쳤다는 내용을 알려주고 있는데, 이는 이들이 중성리비와 마찬가지로 영(令)의 집행에서 최종적인 실무를 맡았던 사실을 보여주기 때문이다. 따라서 중성리비나 냉수리비에서 영(令)은 사인을 통해 촌락의 유력자에게 전달되고, 이후 그 내용은 다시 현지의 사건 당사자들에게 공식적으로 전달되었던 것으로 정리할 수 있다.

교는 이와 같이 촌주와 같은 촌락의 유력자에게 바로 전달된 것은 아니었다. 왜냐하면 중성리비에서는 사인이, 냉수리비에서는 전사인(典事人)이 언급되고 있기 때문이다. 봉평리비에서는 처사대인(處事大人)으로 나오고 있다. 사인은 봉평리비에서 재지세력으로 기록된 것과는 커다란 차이를 보여주고 있다. 중성리비에서는 사인이 지방이 아니라 중앙에서 파견된 사람으로 언급되고 있는 것이다. 이때 사인은 중앙에서 파견되어 현지에서 직접 교를 직접 집행한 실무자로 파악된다. 이것은 대부분의 연구에서 일치되고 있는 견해이다.[60] 그러나 문

---

60) 이문기, 앞의 논문, p.21

제는 사인 부분에 사인과 함께 나오고 있는 도사와 사인의 관계이다. 이를 어떻게 설정하느냐에 따라 견해가 둘로 크게 나누어진다. 사인과 도사를 구별해서 이해하는 것과, 사인을 도사로 파악해서 이해하는 두 견해가 있다.

비문이 발견되고 나서 열린 첫 번째 학술회의에서는 사인과 도사를 구별해서 파악한 견해가 주된 것이었다. 이 경우 사인을 쟁인 집단에 포함시키고, 도사가 촌락의 유력자들에게 령을 내린 것으로 보았다.[61] 이와 달리 사인과 도사가 촌락의 유력자에게 영(令)을 내린 것으로 보면서 사인을 두 사람으로 이해하였다.[62] 사인과 도사를 분리시켜 이해하는 견해는 두 번째 학술회의에서도 이어졌다. 모단벌(牟旦伐)과 탁(喙)을 분리시켜 탁 이하의 사람들을 사인(使人)으로 파악하고, 나소독지 도사인 두 사람과 함께 촌락의 유력자에게 영(令)을 내린 것으로 파악한 것이다.[63] 사인과 도사가 중성리비를 통해 확인되는 신라 최초의 사례라는 점에 주목하여 각각 두 명으로 정리하였다. 이때 도사의 경우 후대와는 달리 지명을 관칭하지 않았던 점도 지적되었다. 다시 말해서 중성리비에 보이는 도사는 특정 지역과 연관되어 있지 않다는 것이다.[64]

이와 달리 사인과 도사를 연결시켜 보는 견해도 찾아볼 수 있다. 나소독지를 인명으로 보기 어렵다는 것이 주된 근거였다. 또한 냉수리비에서 전사인이 도사로 이해되었다는 사실도 고려되었다. 이 경우 도사를 몇 명으로 보는가에 따라서 해석이 다시 달라진다. 같은 곳에 두 명의 도사가 임명되지 않았다는 점을 고려하여 두 명의 사인 가운데 한 명만 도사의 직책을 지니고서 사인이 되었고, 다

---

61) 선석열, 앞의 논문, p.43
62) 이우태, 앞의 논문, p.81
63) 강종훈, 앞의 논문, p.162
64) 李泳鎬, 앞의 논문, pp.236~237

른 한 명은 무임 상태의 사인으로 현지에 파견되어 일을 처리한 것으로 보기도 하였다.[65] 이때 사인으로의 임무가 끝나면 본래의 업무인 도사 직책을 수행하였을 것으로 보았다.[66] 종래의 자료와는 달리 중성리비의 도사를 새롭게 살필 필요가 있다는 견해도 제시되었다. 이전의 자료에서는 지방에 파견된 도사가 2명인 경우가 없었지만, 중성리비를 통해서 이를 확인할 수 있다는 것이다. 즉 2명의 도사가 사인으로 중앙으로부터 교를 받아 실제로 집행한 것으로 이해하였다.[67] 이와 같이 논의가 진행되면서 사인과 도사를 연결시켜 보는 견해는 사인과 도사를 분리시키는 견해보다 유력한 견해로 자리를 잡았다.[68]

그러나 사인과 도사를 곧바로 연결시켜 이해하는 것은 문제가 있을 것 같다. 우선 중성리비의 제6행에 보이는 사인은 그렇게 해석할 수 있다고 하더라도, 비에 계속해서 보이는 제10행의 사인 과서모리(果西牟利)는 어떻게 이해하는가의 문제가 남아 있기 때문이다. 이에 기존의 연구에서는 6행의 사인은 중앙에서 파견된 사람으로, 10행의 사인은 두지 사간지 개인의 사인으로 분리시켜 파악하는 견해를 제시하였다.[69] 그러나 이러한 접근은 조금은 어색한 해석으로 보인다. 물론 첫 학술회의에서도 6행의 사인도 개별 부의 사인으로 이해하기도 하였지만,[70] 이 사인 역시 공적인 사법행위를 하고 있다는 점에서 중앙정부의 명령을 받고 파견된 사람으로 보는 것이[71] 옳을 듯하다. 이때 10행의 사인은 도사라

65) 하일식, 앞의 논문, p.188
66) 노중국, 앞의 논문, pp.64~65
67) 이문기, 앞의 논문, pp.20~21 및 pp.47~49
68) 노태돈, 앞의 논문, p.42 및 전덕재, 2009 앞의 논문, p.97
69) 이문기, 앞의 논문, pp.40~41
70) 이우태, 앞의 논문, p.82
71) 노중국, 앞의 논문, p.71

는 직책을 가지지 않고서도 현지에 파견된 사람도 있다는 것이 된다. 그렇다면 사인과 도사를 분리시켜 볼 가능성이 더 높지 않을까 생각한다. 왜냐하면 10행의 사인은 6행에 보이는 사인을 도사와 분리시켜 이해할 경우 이들은 관등도, 소속부도 없는 공통점을 가지고 있기 때문이다. 또한 나소독지 역시 과서모리와 함께 인명으로 볼 수 있다. 이와 함께 냉수리비에 보이는 전사인을 도사로 파악하는 견해 역시 재검토가 필요하다는 점에서도 그러하다.

무엇보다 봉평리비에 보이는 처사대인과 도사의 관계를 통해서 중성리비의 사인과 도사, 냉수리비의 전사인과 도사의 관계를 새롭게 이해할 수 있을 것 같다. 최근의 연구에 의하면 처사대인은 지방 주둔관이 아니라 중앙으로부터 일의 처리를 위하여 임시로 파견된 존재임이 확실하다고 한다.[72] 아마도 그들은 별교령을 현장에 전달하고 집행하기 위하여 보내어졌다는 것이다. 즉 임시로 파견되었지만 중앙의 결정사항을 전달하고 그것을 집행하는 역할까지 맡은 사람들로 보았다.

그런데 그들의 임무는 제한적이었다고 말한다. 대인은 임시로 파견되었지만, 중앙의 결정사항을 전달하고 그것을 집행하는 역할까지만 맡은 사람이었던 것이다. 이 방면에 대한 전체적인 책임은 군주가 졌다는 것이다. 군주가 전반에 대한 일은 물론 장차 벌어질 별교령의 실제적인 집행을 전체적으로 담당하였다면, 대인은 차라리 별교령 및 그 전달과 관련되는 현실적이며 한정된 역할을 수행하였던 것으로 풀이하고 있다.

이에 처사대인에 이어 바로 나오는 도사는 당시 어떤 일을 맡았는지 뚜렷하게 알 수 없지만 중앙에서 파견된 처사대인이 주어진 업무를 집행하는데 실무

---

72) 주보돈, 2011 「울진 봉평리 신라비와 신라의 동해안 경영」 『울진 봉평리 신라비와 한국 고대금석문』, pp.35~36

적으로 보좌하는 역할을 맡은 것으로 보고 있다. 또한 도사 다음에 언급되는 외위소지자의 경우는 일반적으로 수행한 역할 그대로 앞의 지방관인 도사를 보좌하는 일을 맡았던 것으로 풀이함이 순조롭다고 한다. 이러한 사실은 중성리비나 냉수리비의 경우에도 공통적으로 적용할 수 있을 것이다. 군주가 파견되지 않은 상황을 고려할 때 그 전체적인 책임을 사인이 졌을 것이며, 도사는 사인을, 촌락의 유력자들은 도사를 도와주는 관계였던 것으로 이해되기 때문이다.[73] 그러므로 중성리비에서는 사인과 도사를, 냉수리비에서는 전사인과 도사를 분리시켜 파악해야 할 것이다.

　　이러한 견해를 받아들일 수 있다면 중성리비에 보이는 도사를 새롭게 이해하는 노력이 필요하지 않을까 한다. 사실 중성리비에 보이는 도사는 신라 최초의 도사 파견 사례로 확인된다. 현재 중성리비의 연대를 어떻게 비정하느냐에 따라 마립간 시기 도사가 언제 어떻게 파견되어 무슨 일을 하였는가에 대해서 새로운 검토도 필요한 실정이다. 무엇보다 신라가 처음으로 지방관인 도사를 파견할 때 이들이 맡은 역할과 관련된 문제라고 할 수 있다. 기존의 연구에서는 지증왕대 처음 파견된 도사가 맡은 역할에 대해서는 "왕명을 대행하여 지방민에게 정령(政令)을 전달하고 지방으로부터의 조세를 수취하는 역할을 담당했다"고 이해하였기 때문이다.[74] 이와 같이 보았을 때 도사와 사인을 곧바로 연결시키기는 어려울 것 같다. 이때 근본적인 문제가 발생한다. 도사가 기존의 이해와 같은 지방관이라고 한다면 이들에게 사인이 아니라 도사로서 현지에서의 교의 전달과 집행을 바로 시행하도록 하면 될 것인데, 왜 도사라는 직책 위에 다시 사

---

73) 朱甫暾, 2010 「浦項 中城里新羅碑에 대한 硏究 展望」『韓國古代史硏究』59, p.31
74) 朱甫暾, 1998 「麻立干時期 新羅의 地方統治」『新羅 地方統治體制의 整備過程과 村落』, 신서원, p.64

인이라는 직책을 새로이 부여하였는가 하는 문제부터 시작해서 많은 의문이 생기게 되기 때문이다.

그렇다면 도사 역시 일정한 변화과정을 거친 것으로 이해하는 것이 바람직한 것이 아닐까 한다. 그것은 특히 사인과 관련해서이다. 중앙에서 파견된 사인과 관련된 내용으로 처음 확인할 수 있는 사료는 이사금 시기의 일이다.

> 봄 여름에 가물자 사(使)를 보내 군읍의 죄수들을 녹수(錄囚)하고
> 이사(二死)의 범죄를 제외하고는 모두 풀어주었다. (『삼국사기』권
> 2, 나해 이사금 15년)

나해 이사금 시기에 지방에 파견된 관직으로 '사(使)'가 나오고 있다. 이들이 법 집행에 대한 일을 전담하고 있는 것이다. 이들은 죄수들의 범죄를 조사하여 억울한 일이 없도록 하는 일을 하면서, 일정한 사면조치도 함께 집행하였다. 이 때 이들은 중성리비에 보이는 사인과 동일한 임무를 맡은 사람으로 생각된다. 즉 사인이란 법의 집행을 위해서 지방에 파견된 사람들이었다고 말할 수 있다.

한편 신라의 사인은 고구려의 사자를 연상시키는 측면이 있어 주목된다.『삼국지』동옥저전에서 "고구려가 다시 그 중의 대인(大人)을 두어 사자(使者)로 삼아 함께 다스리게 하였다. 또 대가로 하여금 조세를 통괄케 하여 맥포, 어염, 바다의 식물을 천지를 져 나르게 하였다."고 하며, 고구려가 동옥저 지역에 대인을 두었는데, 이를 사자로 삼았다는 것이다. 이는 봉평리비에 보이는 대인이 중성리비에 보이는 사인과 같은 역할을 담당하였다는 점에서 일정한 공통점을 찾게 해주는 것이다.

지금까지 이러한 사자에 대해서『삼국지』고구려전을 근거로 왕이나 대가 밑에 설치된 전문적인 하급 행정 실무직으로, 특히 고구려의 수취체제와 관련시

켜 이해하였다. 그러나 최근에는 사자의 역할은 그것만으로 그치는 것이 아닌 것 같다고 이를 비판한다.[75] 사자가 왕명을 수행하는 성격을 갖고 있음을 미루어 알 수 있기 때문이라는 것이다. 사실 이들은 상당한 정치적 비중을 차지하고 크게 활동하고 있었다. 사자의 관을 갖는 인물들은 모두 소속 부를 가지고 있으며, 국왕 아래에 국왕의 명을 받아 움직였다. 이들의 비중은『삼국사기』대무신왕 15년 3월의 기사가 남부(南部)의 사자인 추발소(鄒敎素)가 비류부장(沸流部長)이 되는 사실 등에서 쉽게 확인할 수 있다. 이러한 가운데 사자는 이후 대사자 등으로 계속 분화되어 갔다. 이는 사자의 정치적 중요성이 대사자 관직 등의 설정으로 이어진 것이 아닌가 한다.

이렇게 파악할 때 신라의 경우 사인이나 처사대인을 단순히 왕명을 받아 집행하는 임시적인 위치로[76] 설정할 것이 아니라, 상설적인 관직이었는지에 대해서도 새롭게 검토할 필요가 있을 것이다. 또한 사자(使者)의 분화가 보여주듯이 신라의 경우에도 사인이 도사 및 급사로 분화하는 과정까지를 상정할 수 있는 것이 아닌가 하는 생각을 갖게 한다. 사인이 지방과 관련된 여러 일을 담당하다가, 도사라는 지방관이 만들어지면서 서로 역할 분담을 하였다는 것이다. 따라서 사인이 중앙에서 파견될 때 도사는 지방에서 사인을 도와 활동한 인물로 이해된다. 이때 사인은 여전히 중앙과 관련된 인물이었으며, 도사는 지방을 무대로 활동한 인물이었던 것에서는 차이가 났을 것이다.

이와 함께 도사가 처음부터 일정한 지역을 담당하였는가에 대해서도 의문이 든다. 사실 도사는 설치 초기부터 전국적으로 파견된 것은 아니었다. 중성리

---

75) 임기환, 2004「초기 관등 조직의 성립과 운영」『고구려 정치사 연구』, 한나래, pp.129
    ~133
76) 노중국, 앞의 논문, p.65 및 주보돈, 2011 앞의 논문, pp.35~36

비의 도사를 새롭게 분석한 최근의 이해를 따르면 왕의 직할지부터 도사란 지방관의 파견이 이루어진 것으로도 파악되고 있다.[77] 그렇다면 어느 특정지역을 처음부터 담당한 것도 아니었으며, 처음부터 1명으로 고정된 것으로 보기도 어렵지 않을까 싶다. 그러나 이후 도사의 파견이 점차적으로 확대되면서 도사와 사인의 역할이나 위치에도 커다란 변화를 일어났을 것으로 보인다. 왜냐하면 중성리비에서는 사인이 중앙에서 파견된 관직으로 나오고 있지만, 봉평리비 단계에 들어가면 사인은 지방의 관직으로 바뀌고 있기 때문이다. 이사금 시기 이후 활동한 사인의 역할이나 비중을 볼 때 이는 커다란 변화라고 할 수 있다.

이것은 중성리비에서 본파탁과 모단벌탁에 나오는 '일벌(壹伐)'의 문제와 마찬가지의 현상이라고 볼 수 있다. 일벌은 봉평리비에서는 지방민이 소지한 외위로 나오고 있는데, 중성리비에서는 중앙의 부에 속한 사람이 받고 있기 때문이다.[78] 사인의 변화 역시 이러한 일벌의 변화와 마찬가지 현상이 아닐까 한다. 이사금 시대 이래로 법률의 집행 등을 담당하다가, 도사에게 일정한 역할을 나누어주면서 그 역할이 크게 줄어든 것이 아닐까 한다. 그것은 도사 파견이 전국적으로 확대된 것과 밀접한 관련이 있을 것이다. 특정 지역만을 전담하는 지방관이 파견되자 중앙에서 필요시 파견되던 사인의 비중은 점차 줄어들면서, 그 위치가 중앙이 아니라 지방의 그것으로 바뀌게 된 것으로 보인다. 이는 냉수리비에서 사인이 나오지 않고 전사인으로 나오고 있다는 사실에서 그 변화의 한 모습을 살펴볼 수 있는데, 율령 반포 이후에는 다시 그 역할이 줄어들면서 처사대인이 본래 사인이 담당하였던 일을 맡게 되자 지방의 그것으로 바뀐 것이 아닌가 한다.

---

77) 노중국, 위의 논문, pp.83~85
78) 노중국, 위의 논문, pp.81~83

　　마립간 시기 사인의 역할과 관련하여 중성리비는 또 다른 사실을 전하고 있다. 중앙에서 파견된 사인이 현지에서 맡은 마지막 일을 알려주고 있다. 또 다른 사인인 비서모리가 만약 후세에 다시 이 문제를 거론하는 자에게는 중죄(重罪)를 줄 것이라고 말하고 있기 때문이다. 여기에도 해석의 논란이 있다. 바로 '백구(白口)'에 대한 부분이다. 이 부분의 해석은 "아뢰기를, 입으로" 또는 "구두로 전달하여 말하기를"로 나누어진다. 전자는 '백(白)'을 하급자인 상급자에게 보고한다는 견해를 바탕으로, 사인인 비서모리가 이를 중앙 고위층에게 건의한 것으로 이해하고 있다.[79] 이러한 행위는 냉수리비에 전사인 7인이 일을 처리한 후 중앙정부에 보고한 것을 '백(白)'으로 표기한 것과 같다는 것이다.[80] 후자는 특별한 근거를 제시하고는 있지 않지만 그것을 순리적인 해석으로 이해한 듯하다.[81]

　　그러나 현지에 파견되어 교의 집행을 담당한 사인이 중앙정부에게 이러한 내용을 보고하였다는 견해는 그대로 받아들이기 어렵다. 사인의 본래 역할은 이들이 중앙에서 내린 판결을 지방민에게 정확하게 알리는 것이 가장 중요한 파견 목적이기 때문이다. 더욱이 중앙에 이를 알렸다는 사실을 비에 기록할 필요가 있을지도 의문이다. 더 나아가 사인들이 왜 이러한 사실을 중앙에 보고해야 되는지 그 이유를 이해할 수 없다는 점도 지적해두고 싶다. 오히려 비에 이를 새긴다는 사실은 이러한 내용을 지방민에게 알리기 위한 것을 말해준다고 하겠다. 사실 중앙에서 소송에 대한 판결이 내려졌을 때 소송에 관련된 인물들인 쟁인 집단의 사람들에게는 이미 이러한 내용이 전달되었을 것이기 때문에 이를 현지에서 다시 되풀이한다는 것은 역시 지방민을 대상으로 한 것으로 생각된다. 이

---

79) 이문기, 앞의 논문, p.27 및 p.38
80) 노중국, 앞의 논문, p.71
81) 노태돈, 앞의 논문, p.43

때 중국 고대 법제사에서 볼 수 있듯이 판결문은 낭독의 절차를 거쳐야 했다는 점이 주목된다. 이를 중성리비에서 '구(口)'로 표현한 것이 아닐까 싶다.

물론 '백'이 하급자가 상급자에게 말하는 것을 표현한다는 부분에 대해서도 다시 검토할 수 있다. 이를 그대로 따를 경우에도 그 대상은 중앙정부가 아니라 냉수리비나, 봉평리비에 보이듯이 하늘을 대상으로 말한 것이 아닐까 생각한다. 중성리비는 냉수리비와 달리 모든 일이 완결된 후 소를 잡는 살우(煞牛) 의식이 행해지지 않고 있기 때문이다. 봉평리비에서도 지방이 아니라 중앙인 신라 6부에서 얼룩소를 잡고 제사를 지냈다고 한다. 이때 봉평리비의 마지막 부분은 주목되는 내용을 담고 있다. 다시 교를 통해서 "만일 이번 일과 같이 하는 자는 하늘에서 죄를 얻을 것이다"는 말을 하고 있기 때문이다. 이것은 만일 이렇게까지 하였는데도 불구하고 앞으로 이번 일과 같은 문제를 일으키는 사람은 하늘로부터 죄를 얻을 것이라는 의미로 이해된다. 따라서 중성리비에 실린 발언은 냉수리비의 그것과 마찬가지로 이번에는 아무런 처벌도 내리지 않지만, 앞으로 다시 문제를 일으키면 하늘로부터 벌을 받게 될 것이라는 것이다. 이는 하늘로부터의 벌을 신라 중앙정부가 대신하여 내리겠다는 것을 말한다. 따라서 사인 과서모리의 발언은 비를 읽을 수 있는 사람들로 하여금 그 내용을 널리 숙지하게 하고, 이들이 다시금 같은 행위가 되풀이되지 않도록 하도록[82] 하늘에 아뢴 것으로 정리할 수 있을 것이다.

이때 중앙의 판결에 불만을 품을 경우 중죄를 주겠다는 사인 과서모리의 발언이 가지는 의미도 새롭게 이해할 수 있을 것이다. 이는 사람들에게 중죄를 주겠다는 것을 강조하기 위해서 나온 말만은 아니다. 그보다는 중성리비나 냉수리

---

82) 朱甫暾, 2010 앞의 논문, p.30

비 모두 소송이 어느 누구에게도 아무런 처벌 없이 조정된 결과에 주목해야 할 것이다. 이것은 중성리비가 위치한 지역민들이 더 이상 새로운 분쟁을 일으키지 않고 서로 잘 조화롭게 살기를 바라는 신라 중앙정부의 희망을 표현한 것으로 받아들여지는 것이다. 사실 송사란 사건에 관련된 사람들뿐만 아니라 지역민들의 조화와 안녕을 파괴하는 것이다.[83] 따라서 앞으로 소송이 더 계속 일어난다면 부득이하게 관련자를 처벌을 하지 않을 수 없다는 의지를 드러낸 것이다. 다시 말해서 신라가 마립간 시기에 들어오면서 소송이 점차 늘어간 현실을 고려할 때 신라 중앙정부 역시 송사가 없는 것을 지방통치의 이상으로 바랐을 것이다. 그것은 고대 중국의 경우에서 아무런 처벌 없이 재판을 통해 제대로 중재되어 소송이 해결되었을 때를 가장 훌륭한 이상적인 통치로 생각했다는 점에서도 쉽게 알 수 있을 것이다.[84] 이에 사인의 발언을 통해서 소송에 대한 신라 중앙정부의 입장과 의지를 강하게 표시하였던 것으로 생각된다.

V. 맺음말

지금까지 포항 중성리비와 냉수리비에 보이는 소송에 관련된 문제를 살펴보았다. 중성리비와 냉수리비는 율령 반포이전 신라의 법제사의 흐름, 특히 소송과 관련된 문제들을 이해하는데 커다란 도움을 주고 있음을 확인할 수 있었다. 이를 간단히 요약하여 맺음말에 대신하고자 한다.

---

83) 范忠信 외 공저, 李仁哲 譯, 1996 『中國法律文化探究 -情理法과 中國人-』, 一潮閣, pp.214~229
84) 장진번 주편, 앞의 책, p.31

중성리비나 냉수리비에 보여주는 사건의 내용은 분쟁이 아니라 소송으로 파악된다. 분쟁이 단순히 다툼을 이야기하는 것이라고 한다면, 소송은 법률적인 개념을 포함하는 것이라 말할 수 있다. 이때 원고와 피고가 설정되는 것이다. 그리고 소송을 제기하여 소송이 발생하였을 때 중앙정부가 비로소 개입하게 되는 것이다.

중성리비나 냉수리비는 마립간 시기에 들어오면서 신라사회에 이사금 시기보다 더 많은 소송이 일어났음을 알려준다. 냉수리비에서 언급하고 있듯이 실성왕과 눌지왕대에 거듭해서 소송이 일어나고 있음을 보여주고 있다. 중성리비의 경우 건립연대에 논란이 있지만 눌지왕대에 혹은 지증왕대에 이르기까지 소송이 빈번히 일어나고 있음을 말하고 있다.

중성리비나 냉수리비는 소송이 제기되었을 때 이후 어떠한 절차를 거쳤는가를 잘 보여주고 있다. 특히 중성리비에서는 냉수리비와 달리 중앙에서 열린 재판에 필요한 실무를 담당한 사람을 알려주고 있어 주목된다. 이들은 소송과 관련된 내용을 미리 조사하여 파악하며, 원고와 피고가 준비한 진술이나 증거자료 및 증언과 관련된 사항을 미리 확보하여 준비하였던 것이다.

이와 같이 사건에 대한 실무적인 준비가 마무리되면 그 다음 단계인 재판으로 들어갔던 것으로 보인다. 국왕이 사안에 따라서 재판에 참석하는 등 그 구성원의 숫자에 어느 정도 차이가 있었던 것으로 보인다. 이와 같이 소송은 재판을 통해서 결정되었는데, 이후 판결은 사건이 일어난 지방에서 일정한 집행과정을 거쳤다. 이러한 사실은 중성리비나 냉수리비 모두 공통적으로 알려주고 있다. 판결의 집행과 관련된 그 전체적인 책임을 사인이 졌을 것이며, 기존의 연구에서 주목된 도사는 사인을, 촌락의 유력자들은 도사를 도와주는 관계였던 것으로 이해된다.

김수태, 「포항 중성리비와 영일 냉수리비에 보이는 소송」에 대한 토론문

이문기 (경북대학교 역사교육과)

I

이 논문을 읽으면서 중성리비가 가진 난해함을 다시 한 번 절감하였다. 마치 미로를 헤매다 나온 느낌 그대로였다. 이 논문에서 무엇보다 주목되는 것은 중성리비와 냉수리비의 성격을 민사법과 관련된 소송의 발생과 처리 과정을 보여주는 금석문 자료로 파악하고 있는 점이다.『경국대전』과 중국고대법제사의 용례와 관련 연구 성과를 원용하여, 분쟁, 쟁송 등 다양한 용어로 사용되어 온 두 비문에 반영된 다툼을 '소송'이라고 개념을 규정한 후, 두 비문을 적절히 활용하여 소송의 원고와 피고, 소송의 처리 과정, 판결의 집행 담당자와 절차 등 두 비문에 반영된 소송에 대해 면밀하게 검토하였다. 법제사에 관한 소양이 부족한 토론자의 입장에서 이 논문의 논지에 반론을 펴기는 어렵다. 이에 논문을 읽으면서 느낀 미심한 부분에 대해 보충 설명을 부탁드리는 것으로 토론에 가름하고자 한다.

II

첫째, 이 논문에서는『삼국사기』와『삼국유사』에 보이는 설화적 기사의 소송의 사례를 들고, 갑자기 마립간시기에 소송이 크게 증가하였다고 파악하였다.

발표자가 제시한 『삼국사기』와 『삼국유사』의 설화적인 소송 기사는 모두 이사금 시기의 일로 나오고 있어 마립간 시기에 소송이 증가했다는 증거로 삼기에는 문제가 있다. 이를 제외하면 중성리비와 냉수리비만이 마립간 시기의 소송 사례가 되는 셈인데, 이것만으로 마립간 시기에 소송이 늘어난 것으로 파악하기는 곤란하지 않을까 한다. 나아가 설령 마립간 시기에 소송이 증가했다면 그 배경이 무엇인지에 대해서도 좀더 친절한 설명이 필요하다고 본다. "마립간 시기에 들어와서 더욱 진전된 신라의 사회적 발전을 보여주는 현상"이라는 설명만으로는 어딘가 미흡한 느낌이 든다.

둘째, 중성리비와 냉수리비에서 소송에 관여한 원고와 피고를 찾아보려는 시도는 참신한 발상으로 생각된다. 발표자는 중성리비의 원고를 모단벌탁 작민 사간지, 피고를 탁부, 사탁부의 두지사간지궁과 일부지궁으로 비정하였고, 냉수리비의 원고는 절거리, 피고는 말추와 사신지로 생각하였다. 그러나 중성리비에서는 원고와 피고를 대신하여 '쟁인'이라는 대리자들이 소송에 참여한 반면, 냉수리비에는 쟁인과 같은 소송 대리인이 보이지 않는다. 두 비의 소송에서 이러한 차이가 발생한 이유가 무엇인지 보완 설명을 부탁드린다.

셋째, 발표자는 중성리비 제3행과 4행에 걸쳐 언급된 인명을 중앙에서 열린 재판을 준비하는데 관여한 실무자로 보았다. 전체적인 인명 분석의 복안을 잘 알 수 없지만, 왜 냉수리비에는 이러한 재판 실무자들이 보이지 않는지 의문이 든다. 상대적으로 이른 시기의 사정이 반영된 중성리비의 재판 절차가 냉수리비보다 훨씬 더 잘 정비되어 있는 것으로 보이기 때문이다.

넷째, 판결의 집행과 관련하여 사인을 주목한 것은 설득력이 충분하다. 그러나 과연 앞부분의 사인과 뒷부분의 '사인 과서모리'가 판결을 집행하는 동일한 역할을 수행한 것으로 파악될 수 있을지는 의문이 든다. 이렇게 구별하여 쓴 이유가 석연치 않기 때문이다. 이와 관련하여 사인의 분화 발전과 관련하여 사인이 도사 및 급사로 분화하는 과정까지 상정할 수 있다고 했는데, 무슨 의미인지 설명을 듣고 싶다. 이와 더불어 4장에서 도사와 사인과의 관계를 자세하게 살필 필요가 있는지도 재검토해 주시기 바란다.

Ⅲ

중성리비와 냉수리비를 율령 반포 이전의 신라의 민사소송의 자료라는 시각에서 접근한 이 논문은 시사 하는 바가 크다. 다만 발표자 나름의 인명에 대한 구체적인 분석이 제시된다면 소송의 진행과 판결, 판결 내용의 집행 등 여러 가지 문제를 좀 더 선명하게 이해할 수 있지 않을까 싶다.

사회(선석열) : 발표해주신 김수태 선생님 수고 많으셨습니다. 토론은 경북대 이문기 선생님께서 맡아주셨습니다.

이문기 : 예, 경북대 역사교육과 이문기입니다. 저는 토론이 짧기 때문에 발표가 조금 길기를 기대했습니다. 그래야 시간을 맞추지 않나 싶었는데 발표까지 이렇게 여유 있게 빨리 해주셨습니다.

김수태 선생님 글을 읽으면서 2년 전에 고심했던 기억이 떠올랐습니다. 정말 중성리비가 안 나와 준 것만 못합니다. 너무 어렵고, 다시 각종 자료를 넣어놓고, 탁본 사진도 보고 했습니다마는 해결이 잘 되지 않습니다. 여러 가지 미로를 헤매다가 나온 느낌입니다.

그러면서 다시 김수태 선생님 글을 읽어봤는데, 제일 인상적이었던 것은 바로 중성리비, 냉수리비의 성격을 민사법과 관련된 소송의 발생, 그리고 그 처리 과정을 보여주는 금석문 자료라고 규정하고 있는 점입니다. 상당히 솔깃하게 느꼈습니다. 전체적으로 들으신 바처럼『경국대전(經國大典)』이라든지 중국 고대 법제사회의 용례, 혹은 연구 성과를 원용을 하시면서, 분쟁, 쟁송, 다툼 등등 다양한 용어로 사용되어온 본 비문의 내용을 소송이라고 하는 법률 용어로 개념을 규정을 했습니다. 소(疏)를 통해서 재판이 이루어지고, 집행이 이루어지는 전체 진행과정을 소송이라는 용어로서 정리를 하셨는데요. 그러면서 자연히 재판까지 이르니까, 소송의 원고, 피고, 그 다음 소송이 어떻게 처리 되었느냐, 또 판결이 나고 난 다음에 어떻게 집행 되었겠느냐 이런 등등을 면밀하게 검토를 하고 있습니다. 많이 배웠습니다. 저는 범죄사에 대해서는 깊은 관심을 가져본 적이 없어서 김수태 선생님의 논의에 대해 반론을 펴서 논쟁을 하기란 사실 제 힘에는 좀 부쳤습니다. 그래서 한두 가지 보충 설명만 좀 부탁을 드리겠습니다.

첫 번째는 들으신 대로,『삼국사기』와『삼국유사』에 보이는 설화적 기사 속에 소송 사례를 들으신 다음에 갑작스레 마립간 시기에 소송이 증가했다 이렇게 파악을 하고 있습니다. 그런데 그 소송기사는 발표자께서도 말씀하신대로 이사금 시기의 일로 나오고 있고, 그렇기 때문에 마립간 시기에 소송이 증가했다는 증거로서는 문제가 있죠. 이걸 제외하면 결국 두 비석의 사례가 마립간시기 소송 사례가 되는 셈인데, 이것만 가지고 소송이 늘어났다 이렇게 말할 수 있을까싶은 생각이 들었습니다. 그리고 만약 소송이 늘어난 것이 사실이라면 그 배경이 어떤 것이 있을까 하는데 대해, 앞서 사회경제적인 발전을 보여주는 현상이라고 했고 중국 고대 법제사회의 사례를 들어서 사유화가 진행되면서 뭐 이런 말씀을 하셨습니다. 사유화라고 하는 게 개인이 자기 소유권을 확보하는 게 사유화이겠지요. 그런데 여기에는 보면 뭔가 집단끼리 움직이는 느낌이 들고 있어가지고 거기에 대해서 조금 더 미흡한 부분이 있다는 생각이 들어서 거기에 대해서 추가적인 설명을 부탁드립니다.

다음에 앞서도 말씀드렸습니다만 이 두 비에서 소송에 관련한 원고와 피고를 찾아보려고 하는 시도는 정말 참신한 발상으로 생각이 되고, 만약 정확하게 찾는다면 비문 이해에 크게 진전이 있을 것으로 생각됩니다. 그래서 발표자께서는 중성리비에는 원고가 모단벌탁 작민 사간지, 피고는 탁부, 사탁부의 두지 사간지궁과 일부지궁, 이렇게 생각하셨고, 냉수리비에서는 원고는 절거리, 피고는 말추와 사신지 이렇게 생각을 했습니다. 그러한 원고, 피고를 찾아보는 노력은 좋은 접근 방법이라고 생각을 하는데, 문제는 중성리비의 쟁인이라고 하는 소송 대리인들을 설정하고 있는 점입니다. 2년이 될지 62년지 될는지는 모르겠습니다만 중성리비가 냉수리비보다 빠른 시기에 세워진 것은 틀림이 없는데, 냉수리비에는 소송 대리인이 보이지 않습니다. 아마 이것은 법률의 발달 과정에서 보면 중성리비 단계가 냉수리비 단계보다 조금 더 정비되어 있다고 생각할 수 있는 여지가 있어서 혹시 이런 차이가 발생한 이유가 사안의 차이 때문인지 어떻게 생각하시는지 설명을 부탁드립니다.

그 다음에 제3행과 4행에 걸쳐서 '교(敎)' 이하에 나온 인명을 재판 실무자들이라고 보았습니다. 김 선생님께서 전체적인 인명 분석의 복안이 어떤지 잘 알 수가 없는데, 두 번째 질문하고도 마찬가지 이야기입니다. 그러면 왜 냉수리비에는 재판 실무자들이 안 보이는가, 그런 의문이 듭니다.

네 번째로 사인(使人)을 판결의 집행과 관련해서 본 것은, 이전의 여러 발표자들이 교(敎)를 집행하는 존재로 봤습니다. 판결이라고 말만 안했지 똑같은 이해를 한 셈이 되는데, 여기에 보면 사인이 두 부류로 나누어져 있습니다. 그래서 앞쪽 사인은 발표자께서 말씀하신대로 이해가 되지만 뒤쪽에 있는 사인까지 동일한 역할을 수행하는 사인들을 왜 이렇게 구별해서 쓰어 있을까, 이 점이 좀 궁금했습니다. 보충설명 부탁드리고요.

그 다음에 사인이 도사, 급사로 분화하는 과정, 혹은 또 도사와 사인과의 관계, 이런 것들이 지금 소송을 다루는 이 글에서보다는 따로 한편 더 쓰면 어떨지 싶습니다. 제 바람이라고 한다면 인명과 역할에 대한 표라도 다음 완성된 논문을 내실 때 제시해 주면은 정말 이해하기가 쉽지 않을까 그렇게 생각을 합니다. 여러 가지 죄송합니다.

사회 : 답변 부탁드립니다.

김수태 : 얼마 전 '나가수'를 보니 김경호라는 사람이 나와서 노래를 부르면서 땀을 흘리던데, 저도 처음에 그만큼 긴장을 많이 했습니다. 그런데 선생님께서 너그럽게 살살 이야기를 해 주셔서 고맙습니다. 아까 말씀드렸다시피 제가 전공도 아니고 제 성격 그대로 무지막지하게 관련짓다보니까 이런 문제가 생긴 것 같고, 논문을 설명하는 과정에서 또 문제가 있었던 것 같습니다.

첫 번째 질문부터 답하자면, 소송과 관계된 구체적인 용어들이 마립간 시기에는 냉수리비라든지 중성리비를 합쳐서 금석문 상에 보이는 경우를 계산해 보면 세 번 혹은 최소한 네 번이 되니까 이사금 시기보다는 마립간 시기가 늘었던 것이 아닌가 추론해봤습니다. 제가 크게 늘었다고 설명 드렸는지는 모르겠습니다만 늘었다고는 생각합니다. 또 마립간 시기가 중요한 발전기이기 때문에 늘었을 가능성이 충분히 있다고 생각해서 문제를 제기해 봤습니다.

배경부분도 처음에 준비를 할 때는 이걸 더 써 봐야 하지 않나, 또한 말씀하셨다시피 개인의 사유화인지 집단의 사유화인지 이런 부분을 조금 고민을 했는데, 이 부분도 역시 또 다른 주제가 되는 것이 아닌가 하는 생각을 해 봤습니다. 그러니까 신라기 마립간시기에 사회·경제적 발전이라는 것이 이런 정치적인 발전 뿐 아니라 사법이라든지 다른 부분에 어떤 영향을 미치는 것인지에 대해서는 앞으로 또 고민을 해보고자 그렇게 한 줄만 덧붙였습니다.

그리고 두 번째하고 세 번째는 서로 연관되는데, 중성리비하고 냉수리비를 둘 다 소송과 관련해서 볼 때 왜 비문이 어떤 것은 여기는 나오고 어떤 것은 저기는 안 나오고 왜 그렇게 되느냐, 다른 발표문에서도 그런 이야기가 있었지만 솔직히 말씀드리면 잘 모르겠습니다. 다만 중성리비가 440년대까지 올라간다고 한다면 마립간 시기와 굉장히 가깝습니다. 그래서 당시 마을 소송이 늘어나면서 처음에는 이런 원칙으로 소송이 일어난다면 처리하겠다는 것을 중성리비를 통해 보여주다가 냉수리비 단계에서는 더 압축되어서 간략하게 서술했을지도 모릅니다. 또한 냉수리비 같은 경우 본문에서는 소송대리인이 있을 것으로 생각했는데, 이번에 중성리비 관련 논문들 읽어보면서 냉수리비하고 비교하는 내용들을 보니까 냉수리비를 대부분 그냥 지방에서의 어떤 분쟁 이렇게 정리하고 말았습니다. 하지만 주보돈 선생님 논문을 보니까 이것이 지방에 관계된 것이라 하더라도 중앙 역시 관련되는 문제다 하는 것을 분명히 지적하고 있는 것 같습니다. 진이마촌에 있는 일개 지방민이 소송을 그렇게 마음대로 제기할 수 있다는 것을 저는 현실적으로 가능하지 않다고 생각합니다. 그 사람이 소송을 제기한 데는, 비록 직접 제기했다 하더라도 다른 가능성이 있는 게 아닐까 생각해 봤습니다.

네 번째로 사인(使人) 부분은 아까 다른 선생님들이 말씀하셨듯이 한 비석에 사인 두 명이 나오는데 비문의 제6행과 제10행에서 각각 역할이 다르다는 것에는 저는 잘 납득이 안 되었습니다. 중죄를 준다는 경우에도 어떤 부에 소속된 개인이 중죄를 준다고 할 수 있는 것인가 이런 부분에도 의문이 있었습니다. 중죄의 사례를 뽑아보니까 금석문에도 나오지만 이차돈 죽음과 관련해서 신하들이 왕한테 대들 때 중죄를 줄 테면 줘봐라, 우리가 어떻게 하겠다는 그런 이야기가 나옵니다. 그래서 두지 사간지(豆智 沙干支) 개인의 사인(使人)으로 두 번째 것을 보는 건 조금 무리가 따르지 않나 싶은 생각이 들었습니다.

마지막으로 선생님 말씀하신대로 도사(道使)나 급사 부분은 과거에 제가 백제 도사를 써 본적이 있었는데 신라 도사도 한번 써 봐야 되겠다는 그런 생각을 한 번 가져 봤습니다. 그러다보니까 길게 한 번 써봤는데, 조금 더 고민을 해보겠습니다.

아까 점심 먹고 들어오는 길에 주보돈 선생님하고 다른 분께서 비문에 대한 저의 판독·해석이 어떻게 되느냐 이런 질문을 받았습니다. 저는 전반적인 부분에서는 차이가 없다 생각했는데, 선생님 말씀하신 대로 인명이나 역할 같은 부분은 한 번 또 표를 만들어 가지고 이해를 시킬 수 있도록 그렇게 노력을 해보겠습니다. 이상입니다.

사회 : 다른 질문 없으십니까?

이문기 : 예. 지금 질문하면 종합토론 때 할 얘기가 없겠네요.

사회 : 발표자 토론자 선생님들께서 많이 도와주셔 가지고 10분 정도 일찍
마쳤습니다. 장내 정리를 하고, 종합토론 준비를 하고, 3시 30분부터 종합 토론
에 들어가도록 하겠습니다. 마치겠습니다.

종합토론

종 합 토 론

주보돈 (사회) : 정해진 시간보다 일찍 마치고, 종합토론도 이렇게 일찍 시작한 것은 오늘이 처음인 것 같습니다. 싸울 기회를 종합토론으로 넘겨서 열심히 싸우라는 그런 의미가 아닌가 합니다. 그렇다고 포항 시민들께 싸우는 모습만 보여줄 수는 없고, 가능하면 합의된 형태로, 오늘 쟁인(爭人)이 나왔고 재판도 하고 했는데 결과도 좋은 결과가 나오기를 기대를 해 봅니다. 다만 기대하는 만큼 사전에 유념해야 할 점이 있습니다. 우선 자기주장만 하지 말고 남의 주장을 경청하는 자세를 가져야 됩니다. 발표했던 분도 그렇고, 질의했던 분들도 중언부언하시지 말고, 가능하면 짧고, 간단하고 명료하게 질의하고 답변해주시기 바랍니다. 중간에 이렇게 내가 잘못 읽었다 혹은 내가 잘못 들었다 이렇게 이야기하면 서로 간에 코드가 안 맞아서 진행이 안 되기 때문에 토론이 어려워집니다. 그래서 간단명료하게 토론을 해 주시면 고맙겠습니다.

방금 자리 이동이 있었습니다만, 원래 서로 간에 흥정은 붙여야 하고 싸움은 말려야 되는데, 학술토론이 있으면 결과적으로 정리를 위해서 싸움을 어느 정도는 해야 됩니다. 그런데 앞에서는 싸움을 할 듯 말듯 하다가 종합토론 시간으로 모두 돌렸는데, 사이좋게 끝난 팀도 있고 그렇지 못한 팀도 있습니다. 일단 전반부는 한 시간 정도 이왕에 발표했던 것, 토론했던 것을 살펴보면서 문제점을 정리하는 시간을 가지고, 후반부 한 시간은 비문 전체에 대한 토론자의 견해, 그리고 방청석의 견해 등을 들어보면서 오늘 이 시간이 가지는 의미를 정리해 보겠습니다.

앞서 말씀드렸지만 2년 전(2009년)에 이 자리에서 이 주제를 가지고 이야기를 한 적이 있습니다. 그때 발표하신 분들은 오늘 발표자로 나오시지 않고 새로운 얼굴이 나와서 발표를 했습니다. 토론자의 경우 새로운 얼굴도 계시고 그때 발표하셨던 분들도 계십니다. 오늘 들어보신 것처럼 의견이 굉장히 좁혀지지 못한 부분도 있고, 상당히 성과를 거둔 부분도 있다고 생각이 듭니다. 이런 과정을 거치다보면 모난 부분이 정리가 되고, 그래서 앞으로 몇 차례 더 과정을 거치견 아마 상당히 접근이 안 되겠느냐, 다수설과 소수설로 나누어져서 이제 다수설이 통설화되고 그걸 바탕으로 재정리를 하는 이런 과정이 몇 차례 반복된다면, 중성리비 역시 명확하게 이해할 수 있으리라 기대합니다. 오늘 이 자리도 그 과정에서 중요한 역할을 하는 자리가 되어야 할 텐데, 그러기 위해서는 토론자와 발표자가 많은 협조를 부탁드립니다.

오늘 기조 발표를 제외하고, 다섯 개의 발표가 있었습니다. 이기동 선생님이 발표를 하시고 서울로 가셨습니다만, 이쪽 지역에 예족(濊族)들의 문제를 중시를 해야 된다, 연대를 501년으로 봐야 된다, 그리고 진흥왕대의 개혁적인 변화는 짧은 시간에 이루어졌다는 요지의 발표를 하셨습니다. 크게 보면 501년으로 보는 쪽은 굉장히 진흥왕대의 급진성을 중시하는 거고, 오늘 441년 설도 있었는데 이 경우는 신라사회의 점진적인 변화를 중시하는 그런 입장에 서 있다, 그렇게 생각하시면 되겠습니다. 그래서 오늘 결론이 어떻게 내려질지는 모르겠습니다만 토론을 통해 많은 부분이 정리되기를 기대하면서 오전 발표를 다시 한 번 살펴보겠습니다.

오늘 예외적으로 고고학 쪽의 이상화 선생님이 발표를 하셨는데, 중성리비와의 직접 관계가 없지만 당시 4~6세기의 사정을 이해하는데 도움이 된 것 같습니다. 이상화 선생님의 발표에 대해, 여기 두 분이 싸울 사람들은 아닙니다만, 혹시 강봉원 선생님께서 보완적으로 중성리비와 냉수리비를 이해하는데 도움이 될 만한 질문이 있으시면 부탁드리겠습니다.

강봉원 : 예, 아까 발표를 하실 때 초창기 흥해 지역이 경주와는 독자적인 세력들로 나름의 묘제를 가지고 있었는데, 그것이 신라로 흡수·병합되면서 그 이후 묘제나 유물 중에 독자적인 것이 사라지고 신라 일색으로 변한다고 하셨습니다. 한편 냉수리의 횡혈식 석실분을 설명을 하시면서 고구려적인 것이 보인다고 말씀을 하셨습니다. 이런 논리는 제가 생각하기에 조금 모순되지 않나 싶은데 역시 여기에 대해서 답변을 해 주시면 고맙겠습니다.

이상화 : 예. 냉수리 고분같은 경우 묘제의 평면적인 구조에는 상당히 고구려적인 요소가 있는 것이 사실입니다. 출토유물로만 본다면 고구려적인 요소나 경주 왕경과 관련된 유물들이 많이 출토되고 있는데, 단언적으로 고구려의 묘제가 흥해 지역을 거점으로 하는 냉수리를 거쳐서 경주로 들어간 것인지 안 들어간 것인지에 대해서 제가 확실히 답해드리기는 어려울 것 같습니다. 하여튼 흥해 지역에 상당한 세력을 가진 집단이 있었던 것만은 사실인 것 같습니다. 그리고 원삼국시대의 그런 세력자들이 삼국시대 초기 정도, 5세기 이후가 되면 경주의 영향을 거의 직접적으로 받는 단계에 들어가지 않았나 생각하고 있습니다. 그런데 묘제들이 어떻게 들어왔는지, 경주의 석실묘가 어느 경로를 거쳐서 왔는지, 낙동강 쪽에서 들어왔는지 아니면 고구려식의 영향을 받았다든지에 대해서는 조금 더 연구를 해서 말씀드리도록 하겠습니다.

주보돈 : 이쪽 지역은 특별한 지역입니다. 우리가 오늘 대상으로 삼는 중성리비나 냉수리비, 그리고 앞서 여러분들이 인용을 하셨습니다만 파사이사금 23년 조에 보이는 분쟁들, 이런 것들이 이 지역에서만 특별하게 벌어지고 있어요. 여러 지역에서 이런 사례들이 나타나지 않아서 이를 이 지역만의 특수성이라고 봐야할 것인지 그렇지 않으면 일반적, 보편적인 현상으로 봐야할 것인지 의문입니다. 다만 분명한 점은 이 시기의 중앙세력이 어떠한지는 몰라도 이 지역에 대해 깊은 관심을 가지고 있었다는 것입니다. 그것만 가지고도 충분히 증명이 되는데, 혹시 이 지역으로 중앙의 문화가 깊숙하게 침투하게 되는 양상이 고고학적으로 다른 지역과 비교해서 훨씬 더 뚜렷하게 나타나는 건지 궁금합니다. 여기 마침 이희준 선생님이 와 계시는데 어떻게 생각하는지요? 옥성리와 괴시리의 연속선상에서 적석목곽분도 나오고 하는데, 보완 설명을 해주시기 바랍니다.

이희준 : 글쎄 뭐 특별히 새로운 말씀을 드리지는 못하고, 이미 언급했듯이 옥성리 같은 경우에는 3세기대 목관묘 단계까지는 목관묘군(群)의 규모라든지 이런 면에서 독자적인 모습이 보입니다. 그러다가 4세기 이후로는 경주적인 색채가 강해진다고 말할 수 있습니다. 문제는 옥성리로 가려고 하면 냉수리를 거쳐서 나가야 하는데 그보다 늦은 시기의 냉수리 횡혈식 석실에서는 고구려적 요소가 나타나고 석실 규모도 크고, 또 인근에 비슷한 규모의 석실들이 무리를 이루고 있어서 그런 것들을 어떻게 생각해야 되느냐 그런 문제가 있습니다.

주보돈 : 고고학적으로 그걸 좀 어떻게 이해해야 될까요? 중성리비와 냉수리비가 전부 고총(高塚)이 있던 그런 지역에서 나왔습니다. 그래서 그런 현상들이 반영되지 않았겠나 싶은데, 왜 그러냐면 중앙정부에서 그만큼 관심이 많은 지역이거든요. 민사소송이라고만 이야기 했지만 그렇더라도 중앙정부가 개입

해서 관심을 많이 표명한 지역임은 틀림없는 것 같은데, 혹시 고고학적으로 그런 양상을 볼 수 없겠습니까?

이희준 : 글쎄요. 그런 것을 직접적으로 말하기는 어려운데, 441년이 되든 501년이 되든 적어도 6세기 초에는 직접지배 영역에 들어갔다고 할 수 있습니다. 그것도 비석을 세울 정도라면 굉장히 강력한 영향 하에 있었는데, 지금까지의 편년을 바탕으로 이런 고고학적인 양상을 설명할 수는 없습니다. 그래서 용흥리 같은 경우는 6세기 초까지로 봤는데 저는 그것보다 좀 더 올려봅니다. 이처럼 고고학계에서 편년이 문제가 되는데, 이 문제를 해결해야만 여기보다 북쪽에 있는 영덕의 괴시동과 같이 적석목곽묘와 일반 횡혈식 석실묘가 섞여 있는 고분들을 해석을 할 수 있습니다. 그런데 지금껏 파악하고 있는 고고학적인 현상에 적용하기에는 441년은 조금 지나치게 빠르다는 생각은 듭니다. 저도 비교적 연대를 좀 올려보는 편인데 441년이라고 한다면 앞서 노중국 선생님께도 말씀드렸지만 그럼 고구려 관계 기록은 언제 것으로 봐야 되는지 그런 문제도 생깁니다. 그래서 현재로서는 501년이 되든 441년이 되든 둘 중 하나일 텐데, 만약에 6세기 초라고 하더라도 기왕에 우리가 생각한 것보다 이 지역에 대한 신라의 지방지배가 빨랐다는 것이 되기 때문에, 고고학적인 현상하고 어떻게 같이 조화롭게 해석할 것인지가 하나의 문제입니다. 그러나 고고학 쪽에서는 그런 데 대한 문제의식이 별로 없는 것 같습니다.

노중국 : 옆에 앉아있으니까 마이크 잡기가 좋네요. 혹시 이럴 가능성은 어떨까 싶습니다. 저기 냉수리비와 중성리비의 내용, 그리고 용흥리 고분, 대현리 고분 그리고 냉수리 고분이 서로 시기가 거의 큰 차이가 나지 않는다면, 고고학 자료와 금석문 자료를 연결시켜서 이렇게 해석해보는 건 어떨까 싶습니다. 지금

냉수리비를 보든 중성리비를 보든, 중앙의 유력한 지배집단에서 탁부와 사탁부를 빼면 나머지 4부의 장(長)들은 간지입니다. 그리고 중성리비 7행의 '소두고리촌 구추열지 간지 비죽휴 일금지 나음지촌 복악 간지 주근 일금지(蘇豆古利村 仇鄒列支 干支 沸竹休 壹金智 那音支村 卜岳 干支 朱斤 壹金知)'와 같이 촌(村)의 장도 간지입니다. 이처럼 중앙의 6개 부 가운데 4부의 장이 간지인 것과 이 지역의 촌의 장이 간지인 점으로 미루어, 이 지역에 있는 상당히 규모가 크고 부장품이 많은 고분은 지방의 간지세력하고 연계시켜서 다시 한 번 검토해 볼 필요가 있다고 생각합니다.

주보돈 : 자꾸 말씀 하시려고 하는데 문제가 멀리 나가면 진행에 차질이 있으니까 거기까지만 하시고, 나중에 기회를 충분히 드리겠습니다. 순서에 따라가지고 해야 되니까요. 일단 여기서는 정리를 하겠습니다.

참고로 저희는 잘 알고 있지만, 방금 노선생님이 '사탁(沙喙)'이라고 표현을 하시고 일부는 '훼(喙)' '사훼(沙喙)' 이렇게 하고, 또 윤선태 선생은 갑자기 또 '훼'라 했다가 '탁' 이렇게 해서 헷갈리는데 실제로는 같은 대상을 가리키는 표현입니다. 다만 발음도 다른 만큼 그에 대한 이해도 연구자에 따라 상당히 차이가 있습니다. 여기서는 논의를 할 수 없지만, 아무튼 같은 대상을 자기 입장에 따라 지칭한다, 이렇게 이해해 주시면 되겠습니다. 이게 미안하고 부끄러운 우리 한국고대사학계의 현실이기도 하고 그래요. 이제 중성리비와 같은 게 나오면 또 덧붙여져 가지고, 훨씬 더 남북으로 엇갈리고, 동서로 엇갈리고, 또 고대사 속에서 엇갈리고 이렇게 되는데, 가능하면 협조를 해 주시기 바랍니다. 고고학적인 부분은 오늘의 중심 주제가 아니기 때문에, 나중에 필요한 부분에 대해서만 논의하도록 하겠습니다.

그 다음에 윤진석 선생의 발표에 대해서 아까 전에 하일식 선생의 토론이 있었는데 괜히 뜨거워지려 했습니다. 그래서 잠시 식혔는데, 이제 여기서는 분명히 짚고 넘어가서 정리해야 될 부분이 있을 것 같습니다. 토론 과정에서 "내용을 잘 못 읽어서 그렇다" "나는 제대로 읽었다" 이렇게 이야기를 하고 여러 주제 가운데 3가지 정도만 이야기하다 말았는데, 우리 알아들을 수 있도록, 곡해하지 않도록 간단명료하게 토론해 주시기 바랍니다. 하일식 선생 덧붙여 말씀해 주시죠.

하일식 : 제가 아까 말씀드린 것들은 어떻게 보면 딱히 윤진석 선생의 발표 문에만 국한된 얘기가 아닌 부분도 많습니다. 또 다른 질문이나 얘기를 하면 또 이해를 못했다고 그럴까 싶은데, 제가 중성리비에 대해 얘기할 수 있는 수준이 아니라서 많이 망설여집니다. 예전에 불려나가서 글을 쓴 적도 있지만 여전히 스스로 생각하기에 충분한 이해 상태가 아니라고 생각하고 있습니다. 다만 다른 발표자들 발표 내용 들으면서 조금 단편적이나마 질문하고 싶은 것들이 있어서, 조금 미뤄두겠습니다.

주보돈 : 윤선생님 따로 더 하실 말씀 있으신가요? 전체적인 내용은 이렇습 니다. 윤선생님이 욕심이 과하셔서 한꺼번에 봉평비도 두드려 잡고, 냉수리비도 두드려 잡고, 중성리비도 두드려 잡아서, 그 위에 중성리비의 완성된 표본을 보 이려고 했는데, 글을 읽어보면 그 욕심은 충분하게 이해가 되지만 많은 부분이 엇갈려서 아마 읽으시는 분들이 충분히 오해하실 수 있는 것 같아요. 거기다가 현대에 재판에 나타나는 양상들, 지금 재판이 진행되는 모습을 머리에 넣고 와 서 비문을 보려고 하셨습니다. 사실 세 개 비문이 똑같은 구조를 가지고 있다 이 렇게 설정할 수도 있습니다. 그런데 지금 그런 사료들이 이 세 개 밖에 없고 모 두 논란이 되고 있기 때문에, 똑같이 다 끼워 맞추게 되면 자의성을 벗어나기가 어려운 측면이 있어요. 그래서 그 점은 앞으로도 유념해주셨으면 합니다. 한 쪽

에 초점을 맞춰서 우리가 사료를 읽어야 되는데, 머릿속에만 가지고 있어야 될 것을 막 표출을 해 놓으니까 세 자료의 내용이 많이 섞여 있어요. 그런 느낌을 받았는데 발표하신 분은 어떤가요?

윤진석 : 다른 선생님들이 지금까지 통설로 이야기했던 부분에 대해 전혀 새로운 이야기를 하려다 보니 나름대로 설명이 더 필요하게 되어서 내용이 조금 복잡하게 된 것 같습니다. 하일식 선생님도 주보돈 선생님도 현대의 재판 과정을 머릿속에 넣고 하셨다고 말씀을 하셨는데, 일반적으로 사람이라면 공통적인 어떤 보편성을 가질 수 있지 않을까 하는 생각에서 접근한 것으로, 역사 속에서 접근하려고 제 나름대로 노력을 했습니다. 그리고 사실 세 가지 비문을 도식적으로 접근하지는 않았습니다. 그보다는 비문 속에서 차이점, 공통점, 두 가지를 이렇게 조금 구분해보려고 노력했습니다 그럼에도 글을 읽으시는 분들이 그렇게 이해가 되셨다면 그 점은 제가 문장 수정을 통해서 오해가 없도록 하겠습니다.

발표 때 제가 그 문장을 잘못 읽었다고 말씀을 드린 부분에 대해 조금 불편하셨던 것 같은데, 제가 말씀드렸던 취지를 다시 한 번 정확히 말씀드리면 "전체 내용을 이해 못했다" 이런 의도로 말한 것이 아니라 문장 상에 분명히 구분되어 있는 부분을 선생님이 지적하셨기 때문에 그 앞뒤 부분을 제가 다시 읽어 드린 것에 불과합니다.

주보돈 : 자칫하면 윤선생님 글이 중성리비처럼 되어 버릴 수 있으니까 그런 걱정을 해 드리는 겁니다. 또 방금 통설이라고 했는데, 지금 중성리비에는 통설은 없어요. 그러니까 너무 거기에 얽매이지 말고, 자체 내의 내 논리를 가져야 합니다. 다른 사람들이 이야기한 것을 너무 깊이 의식해서 접근을 안 해도 충분

할 것 같아요. 또 봉평비나 냉수리비를 다 끌어다가 많은 이야기를 하기보다는 부분적으로 필요할 때만 끌어들이더라도 논리를 가질 수 있으니까 그런 점에 주의를 기울여야 되지 않겠느냐 그렇게 생각이 됩니다. 문장을 앞으로 가다듬겠다고 했으니까 충분히 이해를 하겠고요.

그러고 오늘 내용적으로 문제제기를 사실 제일 크게 한 사람은 아마 윤선태 선생이 아닐까 생각합니다. 그래서 거기에 대해 전덕재 선생님도 아주 많은 질문을 던졌는데, 본질적인 것보다 전덕재 선생님이 자신의 생각과 다른 부분을 기준으로 삼아 많이 질의한 것 같아요. 그러지 말고, 이 자체 논리가 타당한지, 당시 상황과 맞는지, 이런 측면에서 여러 질문을 해 주시기 바랍니다.

전덕재 : 제가 글을 정확하게 읽지를 못하고 논지를 정확하게 파악하지를 못해서, 생각나는 대로 토론문을 작성하다 보니까 제 생각하고 다른 것들을 중심으로 이야기했습니다. 어쨌든 연구의 출발은 판독이고, 정확한 판독에서 정확한 해석이 나온다고 하는 생각에서 문제를 좀 진척될 수 있는 부분들을 지적한 것이라고 말씀드리고요. 저는 윤선태 선생님이 말씀하시는 이 '구(口)'와 관련해서, 입으로 정령을 내리거나 교령을 내리는 그 자체에 대해서는 특별한 생각이 없습니다. 그것이 맞는지 안 맞는지, 실제 우리나라에 그런 제도가 있었는지 판단할 수 있는 근거가 없기 때문에 그에 대한 질문은 적지 않았습니다.

다만 읽으면서 조금 너무 지나치게 앞서 간다는 느낌을 받았습니다. 한 가지만 예를 들면, 6부 문제와 외위문제의 경우 제가 생각해왔던 6부의 이해와 조금 다른 논지를 전개했습니다. 거기서 가장 핵심적인 것이 아마 일벌(壹伐)이라고 하는 관등에 대한 이해인 것 같습니다. 일벌이라는 관등을 수장적인 칭호로 이해하고, 여기서 중성리비에서 나오는 일벌을 칭하는 존재를 6부와 연관된 지방의 수장층으로 이해를 하면서 6부에 대한 논리를 전개하고 있습니다. 그런데 윤

선생님 논리를 보면서『삼국사기』나 기존의 문헌기록에 대한, 또는『삼국지』동이전에 보이는 고구려 5부 체제에 대한 이해가 많이 결여되어 있다는 느낌을 받았습니다. 아마도 중성리비 자체에 대한 이해를 바탕으로 논리를 전개하다보니 기존의 이해와는 다른 독특한 논리가 나오게 된 것 같습니다.

아주 기초적인 이야기지만, 고구려에서 대가(大加)들이 사자(使者)·조의(皁衣)·선인(仙人)을 임명했습니다. 또한『삼국사기』신라본기 파사이사금 23년 조에 보면 "부(部)마다 이찬을 비롯한 위(位)가 낮은 자가 있었다"고 했는데 '위가 낮은 자'는 일반적으로 일벌, 일척, 아척이 아니겠느냐 하는 견해가 이미 학계에서 제기된 바 있습니다. 그렇게 되면 자연적으로 중성리비에 나오는 일벌은 그 기록을 증명해주는 결정적인 자료가 되는 거죠. 그래서 전 그런 논지를 폈는데, 반면 선생님은 일벌에 대한 이해가 저하고는 다르다고 생각했습니다. 그래서 일벌을 수장적인 칭호로 보는 근거가 무엇인가, 그리고 일벌 이외의 일척이나 아척, 피일 이런 것들은 6부인들에게 수여되지 않았겠는가 하는 질문 두 가지를 좀 드리고 싶습니다.

윤선태 : 예, 제가 중성리비만 보고서 그런 생각을 한 것은 아니고, 선생님이 이야기하신 바에 대해서 다 동의합니다. 그런데 기존의 6부 이야기들은 지역적 범위, 왕경이라고 하는 것을 벗어나지 못하고 있습니다. 그런데 중성리비를 보고 무엇을 알 수 있냐 하면, 나중에 외위로 쓰이는 일벌을 6부인이 가지고 있다는 겁니다. 이 경우에는 왜 이것이 외위로 가게 되었는가, 외위라는 제도를 만들 때 6부인이 갖고 있었던 일벌이라는 칭호가 어떤 방식으로 작동하게 되었는가에 대해 설명해야 합니다. 그럴 경우 우리가 처음 상정하고 있던 6부라는 개념, 그 지역적 개념에 대한 고민이 필요합니다.

신라의 6부라는 것이 영천이나 울산 사이의 아주 특정한 공간 내에 후대에 왕경이라고 하는 지역과 아주 밀접한 관련을 가진 점은 분명한 것 같아요. 저는 그걸 협의의 6부라고 생각하는데요, 거기에 너무 현혹되어서 사실 6부의 원래 정치적 구조라든지 이런 부분들에 대해서 우리가 천착을 하지 않았던 거죠. 그런데 중성리비가 나왔기 때문에 6부의 원래 구조라는 것 자체가 우리가 현재 지방이라고 생각하는 부분들까지 포함할 수 있다는 거죠. 모든 지방을 다 포함하지는 않겠지만, 6부가 성장해 가는 가운데 그런 지방들이 들어왔고, 그 수장들을 등급화시켜준 것, 그것이 바로 일벌 이하일 수 있기 때문에 협의의 6부인 내에도 일벌이 있을 수 있습니다. 그 다음에 지방인도 일벌을 가질 수 있겠지요. 다만 그 두 가지를 따로 떨어뜨릴 수는 없는 것입니다.

이제 중성리비가 발견되었기 때문에 만약에 모단벌탁이 6부가 아니다, '~탁(喙)'이 아니라고 하면 문제는 달라지지만 그것을 만약에 '~탁(喙)'이라고 봤을 때는 두 가지 문제를 해결해야 됩니다. 즉 "왜 이것이 외위로 가게 되었는가"와 "왜 외위 제도의 근원이 되었느냐"에 대해 설명할 수 있어야 한다고 생각합니다.

주보돈 : 여기 나중에 말씀드리려고 했는데 외위와 관련된 부(部) 문제는 신라사 전체의 이해부분이 되는데, 그걸 약간 좀 너무 멀리 가지 말고, 오히려 "중성리비 자체를 어떻게 이해해야 될 것인가"에 초점을 맞춰 주시는 것이 좋겠습니다. 지금 서로 간에 부(部)에 대한 이해나 외위의 성립 문제 등 이런 부분에 대한 근본적인 이해가 서로 다릅니다. 지금까지와는 다른 양상들이 중성리비에 보이기 때문에 앞으로 달라질 수는 있습니다. 그리고 그건 해석의 문제이기 때문에 잠시 뒤에 다시 말씀을 드리도록 하겠습니다. 혹시 전 선생님 특별히 지적하실 부분 있나요? 방금 서로 간에 "부에 대한 이해가 안 되어 있다" "부에 대한 깊은 이해가 천착이 안 되어 있어 그렇다" 이렇게 말씀하셨는데, 전 선생이 그와 관련해서 학위 논문으로 부체제(部體制)를 다루었음에도 아직까지 우리가 부

의 문제에 대해 밝혀야 될 문제가 많은 것 같습니다. 다음에 이수훈 선생이 홍승우 선생에 대해서 특별히 질문하실 부분 있으시면 하시지요.

이수훈 : 예. 오늘 여러분들께서 다 증인이 되어 주셨듯이 오늘 발표 토론 중에서 가장 합의를 빨리 도출하고, 아무런 문제 제기도 하지 않았습니다. 더욱이 발표문하고 토론문이란 증거를 남겼습니다. 왜냐하면 우리 홍승우 선생님께서 이 중성리 비문의 가장 쟁점이 되는 뒷부분, 이 분쟁의 대상과 소송의 당사자, 분쟁의 당사자, 승소자와 패소자 등을 다루었는데, 그것은 이 자리에 계신 어느 선생님도 자신 있게 이야기 하실 수 없는 난해한 부분입니다. 저 자신도 이런 부분이 해결이 되지 않아서 몇 번 중성리비에 관한 논문을 쓰려다가 아직도 망설이고 있는 중입니다. 더 이상 제가 홍승우 선생님께 질문을 드린다면 제 자신을 속이는 일이기 때문에 이 정도에서 마치도록 하겠습니다.

주보돈 : 이수훈 선생님 앞으로 그럼 중성리비 글을 쓰지 못하겠습니다. 그럼 하일식 선생님.

하일식 : 이수훈 선생님이 점잖게 나오시니까, 제가 한 가지 여쭙고자 합니다. 아까 김수태 선생님하고 앉아서 두런두런 이야기했던 것인데요. 홍승우 선생님께서 앞서 발표하시면서 중성리비를 조금 다른 각도에서 보면서, 나름대로의 합리적인 논리성에 맞춰서 이런저런 방식으로 해석을 시도를 한다고 설명하셨는데, 한 가지 의문이 들었습니다.

선생님 발표의 결론 부분을 보면 모단벌훼로부터 빼앗긴 쪽이 두지사간지궁 일부지궁으로, 사건이 마무리가 되고 나서 사간지궁의 사인 과서모리가 이렇게 저렇게 언급하면서 다음에 또 이런 언급을 하는 사람이 있으면 중죄를 주겠다는 것으로 해석하셨습니다. 제가 생각하기에, 비록 법흥왕대 율령반포 이전이긴 하지만 냉수리비도 그랬듯이 "너 이놈 천벌을 받으라" 하는 표현과 "죄를 받을 것이다" "죄를 주겠다" '획죄어천(獲罪於天)' 같은 표현은 다르게 볼 수 있는 여지가 있습니다. 물론 막연한 표현일 수도 있고, 언어적인 표현일 수도 있고, 아니면 현실의 권력자의 고민을 하늘에 가탁해서 강하게 이야기하는 것일 수도 있습니다. 하지만 '여중죄(与重罪)'라고 했을 때는 주체와 객체가 분명한, 지배-피지배관계가 분명한 표현이라고 생각을 하거든요. 특히 죄라고 하는 표현, 그것도 그냥 죄가 아니라 중죄라고 했을 때는 말이지요. 그렇다면 홍승우 선생님 표현대로 한다면 민간인들 간에 뺏고 빼앗겼던 것을 되돌려 받은 예전의 약자였던 사람의 심부름꾼이, 한 번 더 이런 일이 있으면 중죄를 주겠다고 하는 표현이 비문에 등장하는 것이 가능한가 상당히 의아스럽습니다. 그러한 것을 여쭈어 보고 싶습니다.

홍승우 : 예, 먼저 말씀드리면 저는 이 사람들이 민간인이라고 생각을 한 적은 없습니다. 사간지 관등을 가지고 있는 사람들, 그리고 제가 인명부분에서 지적한 바 있는데, 인칭, 존칭의 접미사가 붙는, '지'가 붙는 사람들은 최소한 훼부나 사훼부 내에서 상당한 어떤 위치에 있을 수밖에 없는 존재라고 생각을 합니다. 그래서 순수한 민간 차원의 사건이 아니고, 권력적인 측면에서 두지사간지궁과 일부지궁이 빼앗았다고 볼 수 있습니다. 따라서 우리가 순수하게 판결문이 이렇게 나왔다고 해서 이들이 약자라고 볼 수 있느냐는 점에 대해서는 의문이 생깁니다. 권력을 동원해서 뺏었으면 그것을 또 잘 포장해서 자신들이 원래 소유자였음을 주장하는, 그런 형태의 판결문도 내릴 수 있다고 생각을 합니다. 그래서 냉수리비와 마찬가지로 이 비문의 내용이 지역사회 내의 분쟁이라고 하지만, 거기에는 분명히 중앙 6부와 연결되고 있는 어떤 권력구조의 변화에 따라서

지역 사회의 수장층이라고 할 수 있는 사람들 내부의 권력구조 변화 같은 양상이 이러한 판결문으로써 드러나는 것이 아닌가 생각하고 있습니다. 역시 선생님 말씀대로 이 두지사간지와 일부지가 이 지역 내의 민간인일 수도 없고, 따라서 이것은 6부 사이의 분쟁이라고 하는 점은 분명하다고 생각을 하고 있습니다.

하일식 : 보충질문을 더 하면요. 아까 윤진석 선생님 토론에서도 잠깐 말씀 드렸지만, 그동안 '교(敎)'를 냉수비, 봉평비에 보이는 것과 같이 최고 권력자의 유일한 명령, 전용할 수 있는 표현으로 생각하는 경향이 있었습니다. 하지만 이후 월성해자 목간 등을 보면 신라에서 '교(敎)'는 유일한 권력자의 명령에만 사용되는 표현이 아니고, 집사부 시랑도 쓸 수 있는, 평범한 일반인의 지시, 명령에도 쓰이기도 합니다. 그런데 죄를 준다, 안 준다 하는 이야기는 차원이 조금 다르다고 생각합니다. 이 사람들이 민간인이 아니라 그 지역의 관직자, 관등 소지자라고 하더라도, 어떤 송사를 했는지는 불분명하다고 하더라도, 그 뒤처리하고 결말을 내면서 결말을 분명히 고위 권력자, 지배층의 교(敎)를 통해서 확정이 되었다고 모두(冒頭)에 명기하고 있거든요. 그렇게 판결이 마무리 되었는데, 당사자 중에 한 사람이 죄를 준다, 만다고 하는 표현을 함부로 쓴다는 것은 홍승우 선생님의 비문 해석 논리에 따른다면 무리한 표현이 아닐까, 이렇게 생각합니다.

홍승우 : '여중죄'라고 하는 부분을 굉장히 직접적인, 그러니까 상징적인 의미가 아니라 "국가권력에 도전을 할 경우에 직접적인 처벌을 가할 것이다"는 굉장히 실질적인 위협의 문구로 이해를 할 때에는 그렇게 생각할 수밖에 없을 것 같습니다. 하지만 '여중죄'라고 하는 문구와 '획죄어천'이라고 하는 문구는, 제가 예전에 한 번 글에서 언급한 적이 있지만, 봉평비에서 '살우(煞牛)'라는 의례와 연결되어서 나타나는데 이 의례가 법을 그 지역에 관철시키는 조건으로서 상호

간의 합의적인 맹세와 연결된다고 했을 때, '여중죄'라는 표현이 아무 의미가 없는 그런 허사적인 성격은 아니겠지만 관용화된 표현으로서 항상 판결 끝부분에 나올 수 있다고 생각합니다.

그리고 '여중죄'라는 부분은 제가 생각했을 때 항상 별교(別敎)에서만 나옵니다. 중성리비에서는 '백구(白口)'라는 부분 다음에 등장을 합니다. 그래서 판결 자체에 내려진 문구라기보다는, 사후처리 과정에서 비문을 세우고 그 판결을 공시하면서 끝부분에 항상 기록하는 어떤 관용구적인 성격도 충분히 상정할 수가 있다고 생각합니다. 물론 제가 반드시 이게 그러한 성격이라고 하는 것은 아닙니다.

윤선태 : 저는 좀 다르게 보는데요. 많이 나온다고 해서, 흔히 나온다고 해서 이를 무시할 수는 없다고 생각됩니다. 왜냐하면 이 사람들이 그 판결이 하부단위나 지방단위에 관철되어 들어가는 방식 자체를 인습화된 형태로 했을 가능성이 높기 때문입니다. 비록 현실의 법이 존재하지만, 예를 들어 동예 지역의 책화(責禍)처럼 각 지역단위별로 아직까지 죄를 받아들이고, 그 죄에 대해서 이해하는 방식 자체가 서약의 형태로 유지되고 있는 사회들이 많았을 수 있기 때문입니다. 이 사람들이 사용하는 방식들이 천(天)을 내세우거나 아주 주문적인 경고의 이야기들이지만, 이런 방식을 통해 현실에서 그런 차원들과 중앙의 교(敎)들이 서로 만날 수 있었을 것이고, 비로소 법이 지방으로 들어갈 수 있고 관철될 수 있었을 겁니다. 그걸 너무 관행적으로 보게 되면 이 사람들이 진짜 아무 의미 없는 뒤의 구절들만 붙인 셈이 되는데, 봉평비까지도 그런 방식으로 갔다는 것은 고민해 볼 필요가 있다고 생각됩니다.

그리고 중성리비와 냉수리비를 비교해보면, 냉수리비에는 확실히 교(敎)라는 표현을 더욱 강렬하게 쓰고 있지만 중성리비는 그게 없습니다. 저는 중성리비를 441년으로 파악합니다만, 같은 포항지역이라고 하더라도 아직까지 중앙의 법이 관철되는 방식 자체에 뭔가 차이가 있는 것입니다. 또한 봉평비 단계에는 분명히 율령이 반포되었지만, 봉평비가 있던 지역과 같이 먼 지방에 대해서는 해당 지역 내의 어떤 인습화된 과거의 관행이라든지 법이 관철될 수 있는 방법에 대해 중앙에서 고민했을 것이고, 그 결과 여러 가지 어떤 형태를 띠게 되었다고 생각합니다.

주보돈 : 윤선생님한테만 마이크가 가면 해석 부분에 많이 치우치는 경향이 있습니다. 그보다는 팩트(fact)를 중시해서 비문에 보이는 내용을 중심으로 이야기해주셨으면 합니다.

윤선태 : 아니, 해석이 아닌데요.

홍승우 : 제가 한 마디만 하면 될 것 같은데요. 제가 바로 정확히 그렇게 기존에 썼던 내용입니다.

윤선태 : 그러면 제가 말을 잘못 알아들어서 그랬습니다.

주보돈 : 오늘 글을 잘못 읽어가지고, 또 말을 잘못 알아들어서 이런저런 논란이 많네요. 복잡한 중성리비를 다루어서 그런가 봅니다.

김수태 : 그런데 중죄라고 할 때, 그냥 무거운 죄를 준다고 이렇게 이야기하지만 동아시아의 죄의 개념이 뭔지도 함께 따져야 되거든요. 일본사람이 쓴 걸 보니까 '죄'라는 게 처벌을 함께 포함한 용어로써 사용되었다고 합니다. 따라서

하일식 선생이 이야기하듯이 두지사간지궁의 사람이 중죄를 주겠다고 했을 때는 그저 "죄만 줄 수 있다"든지 "그럼 그게 잘못됐다"는 차원을 넘어서 처벌까지 동시에 수반한다고 생각합니다. 그런 부분을 주목하지 않고 오늘날 이야기하듯이 그냥 죄를 "너 죄 지었다" 이런 식으로 단순히 그렇게 생각하는 것은 문제가 있다고 봅니다. 이건 사실을 이야기한 거지요?

주보돈 : 홍승우 선생님께 하나 물어봅시다. 윤선태 선생님이 '백(白)'을 "사뢴다, 밑에서 올린다"라고 해석했는데, 여기서는 사인 과서모리가 "죄를 줄 것이다"는 것을 누구에게 알린 것인지 분명치 않습니다. 과서모리가 왜 등장을 갑자기 하는지도 궁금합니다.

홍승우 : 뒤에 나오는 비문의 문구를 일단 알린다는 겁니다.

주보돈 : 누구한테 알린다는 거지요?

홍승우 : 비문이 있는 지역사회의 주민입니다.

주보돈 : 누가 무슨 권리가 있어서 국가에서 결정된 것을 이야기하나요?

홍승우 : 그 부분은 지방지배의 방법과 관련이 됩니다. 선생님께서 말씀하신 해석의 문제가 되겠지요.

주보돈 : 아니, '백(白)'을 "사뢴다"라고 했는데, 이걸 알리는 것으로 본다면 의미가 조금 다르게 해석될 수 있습니다. 또 윤선태 선생님은 앞서 '구(口)'를 가

지고 "입으로 한다"고 해석했는데, 그러면 '구(口)'가 안 달린 거는 입으로 하는 게 아니고, 문서로 하는 건가요?

윤선태 : 그건 제가 읽지 않았지만 이미 설명을 했는데요. 말로 하지 않는 것은 없죠. 그렇지만 특별히 거기에 '구(口)'가 들어갔다는 것 자체가 굉장히 중요하다고 보는 겁니다. 그 말 자체에 포인트가 들어가 있는 거죠. 이 지역 내에 왔을 때, 비문처럼 설명을 했겠죠. 운(云)하면서, 교(敎)가 이렇게 내려졌다, 그런데 너희들이 앞으로 거역할 때, 그 순간에는 냉수리비도 그렇지만 별교의 형태로 취해지거든요. 봉평비도 마찬가지로 탁부의 박사가 와서 이야기하는 그 순간들이 따로 설정되어 있습니다. 그래서 어떤 특별한 의식들이 분명히 있었을 것 같고요. 그 의식들을 전제해서, 교를 전달하는 방식, 그 때의 특별한 '구(口)'라고 설정하는 겁니다.

노중국 : '구(口)' 이야기가 좀 나왔기 때문에, 저도 한 가지만 말씀드리겠습니다. 홍승우 선생님께서 자료집 130쪽에 표를 만들어놓으셨는데, 지금 이제 보다 보니깐 거기에 제 이름이 하나 들어가 있습니다. 그런데 표에는 제가 '모단벌탁-작민-사간지(牟旦伐喙-作民-沙干支)' 이렇게 해석한 것으로 되어 있는데, 사실 저는 '모단벌탁-작민사' 이렇게 끊었습니다. 고쳐주셨으면 합니다.

왜 이런 이야기를 하느냐 하면, 방금 하일식 선생님 질문과 그 다음 김수태 선생님 질문한 것과 같은 맥락에 있는데, 지금 한편에서는 사간지의 사인이다, 더 나아가 두지사간지궁 또는 일부지궁의 사인이라고 해석을 해왔는데 이건 조금 재고할 필요가 있습니다. 왜냐하면 전체적으로 보면 사인은 전반적으로 어떤 시스템 속에서 나온 것이지 어떤 한 관직을 가진 개인의 것으로 파악하기에는 조금 어렵다고 보기 때문입니다. 그렇게 보면 "사간지의 사인"처럼 끊기보다는

사간지에서 끊어버리는 편이 저는 차라리 낫다, 그러므로 이제 '모단벌탁 작민
사 간지'를 다시 한 번 재검토할 필요도 있지 않는가, 이런 생각을 합니다.

주보돈 : 끊어 읽는 데에는 표시를 잘못 되었다는 전제로 해두시고, 거기에
따른 해석은 어떻게 받아들이겠는지요?

홍승우 : 일단 죄송한 말씀 드립니다. 제가 원래 따로 표를 개인별로 작성을
했는데, 붙이다가 잠깐 실수한 것 같습니다.

김수태 : 중대한 실수예요. 중죄야 중죄.

홍승우 : 다시 한 번 죄송하다는 말씀 드립니다. 그리고 제가 사인을 사간지
궁의 사인으로 본 이유를 말씀드리면, 먼저 다른 비문에서는 다 이 경고의 문구
가 교(敎)로 내려진 것을 확실하게 표시하고 있습니다. 냉수리비에서는 별교로
나오고, 봉평비에서는 '우시교지(于時敎之)'로 표현 되어 있습니다. 사실 윤선
태 선생님처럼 '백(白)'에서 문장이 끝나는 것으로 보거나, 혹은 다른 선생님들
처럼 '백구'에서 끊어 읽고, 뒤의 문구가 '백'의 내용이 아니라고 하면 좀 문제가
되겠습니다만, 만약 이 '백구'의 내용이 뒤의 문장이라고 한다면 이건 어쨌든 다
른 비문의 교에 해당하는 내용으로 보아야 합니다. 다만 이 비문에서는 다른 비
문과는 다르게 '백'으로 표현되었는데, 어떻게 보면 중앙에서 지방에 내려진 '교'
자체를 직접 공시했다기보다는, 그 지역 사회 내에서 중앙의 교를 가지고 자체
적인 경고를 한 것으로 볼 수 있겠습니다. 그렇다고 '백'이 '교'와 같은 의미라고
보는 것은 아닙니다. '백'의 해석을 저는 일단 '알리다'라고 했는데, 교와 백이 분
명히 구분되고 있기 때문에, '교'는 중앙에서만 내릴 수 있는 형식이라고 생각합

니다. 그런 측면에서 경고 문구가 '교'가 아니라 '백'으로 나오는 것을 볼 때, 사인 과서모리가 앞에 나오는 부명을 관칭하는 중앙의 사인과는 성격이 좀 다르지 않겠느냐는 추정을 했고, 사간지궁 사인이 지역사회에 경고한 것으로 보았습니다.

주보돈 : 윤진석 선생님 하실 말씀 있으신가요?

윤진석 : 지금 사회 보시는 주보돈 선생님께서는 또 다른 식으로 진행을 하시고 싶은지 모르겠는데 이왕 이야기가 나왔으니까 말씀드립니다. 제 발표문 가운데 시간 관계상 이야기를 못한 부분이 있는데요. 먼저 방금 홍승우 선생님께서 발표문에서는 두지사간지궁과 일부지궁을 대상으로 봐야 된다고 하셨는데, 토론 중 두 번 세 번 연속해서 "두지사간지궁과 일부지궁이 빼앗았던" 이렇게 자꾸 이야기하셨습니다. 단순히 말씀을 잘못하신 것인지는 모르겠는데 그런 점을 지적하고자 합니다. 그리고 '작민'이 매력적이라서 포기를 못하시는 듯한 느낌이 드는데, 제가 발표문에 쓴 바 있고 방금 하일식 선생님께서 지적하셨듯이 '여중죄'는 발신자가 "준다"는 의미를 담고 있습니다. 그렇다면 주는 사람이 누구인가, 이 점을 따져봤을 때 비석을 세우도록 한 전체적인 맥락 속에서 파악을 해야지, 이걸 교를 내린 사람은 따로 있고 사건 당사자와 관련 있는 사간지의 사인 등으로 보는 견해는 조금 이해가 되지 않습니다.

그리고 윤선태 선생님이 '구(口)'에 대해 말씀하셨는데, 이와 관련해서 처음에 권인한 선생님께서 '구약(口若)'으로 읽으신 바 있습니다. 그런데 당시 발표문의 주석에 글을 완성하기 직전 남풍현 선생님께 '백구(白口)'를 "(현장에서) 말로 사뢰다" 정도로 해석할 수 있다는 지적을 받고 고칠까 말까 고민하다가 그래도 두었다고 언급하셨습니다. 교(敎)에서 우리말 어순이 많이 나온다고 제가 말씀드렸지만, 이 경우에는 단순하게 판단할 것이 아니라 냉수리비나 봉평비에

딱 나오듯이 '약~자(若~者)' 이 각도에서 본다면 '구(口)'가 앞에 유독 이것만 나오는 점도 조금 한번 다시 고려해 봐야 되지 않을까, 그래서 '구약(口若)'으로 읽는 것에 대해 재검토할 필요가 있다고 생각합니다.

윤선태 : '여중죄'의 주어가 뭐예요?

주보돈 : 그에 대해서는 잠시 뒤에 전체적으로 물어 볼 거예요.

전덕재 : 그와 관련해서 윤선태 선생님께 간단하게 좀 질문을 드리고 싶습니다. 그들이 구두로 "만약 다시 문제를 삼으면 죄를 주겠다" 이렇게 이야기를 했는데, 이게 교시의 형태, 문자화된 형식이라는 거지요. 이처럼 문자화된 형태로 전달이 된다면, 굳이 구두로 이걸 알렸다고 하는 표현이 들어간 것은 조금 어색하지 않을까 생각합니다.

그와 더불어 '백구'라는 표현과 관련해서 "두지사간지께 보고했다"고 해석하셨는데, 그것을 구두로 보고할 수도 있고 문서로 보고할 수도 있거든요. 왜냐하면 두지사간지가 만약 현지에 있다면 구두로 보고할 수 없으니까 문서를 가지고 간접적으로 보고할 수 있는 방법이 있을 텐데, 여기서 굳이 '백구'라고 쓴 것은 이 사람이 직접 흥해로 오면서 두지사간지를 찾아가서 현지에 가서 구두로 보고했다, 이런 생각을 할 수 있거든요. 이거에 대해서 어떻게 생각하시는지 궁금합니다.

윤선태 : 예. '백구'를 끊어서 볼 수 있을 것인지는 저로서도 제일 어려운 부분입니다. 해석을 할 때 '백'과 '구'를 붙인다하더라도, 제가 생각하기에 '백구'의 주어는 앞쪽의 비서모리임이 분명합니다. 그 경우 하일식 선생님이 잘 지적하셨

듯이, 사간지의 사인이 그 뒤에 나오는 '여중죄'의 주어가 될 수는 없는 거죠. 잘린다고 하더라도 뒷부분들은 따로 교(敎)의 성격으로 가는 건데요. 문제는 그 사이에 있는 해석입니다. 이 경우 무언가 단락적 장치들이 필요할 텐데, 냉수리비나 봉평비를 보면 분명히 '우시교지' '별교'라고 해서 형태를 반드시 나누고 있습니다. 그런 점에 착안했을 때 "하필이면 왜 이 '구(口)'를 썼을까"라는 의문도 해소될 수 있다고 봅니다. 물론 제 해석이 맞다는 말은 아니고, 중성리비가 과거 전통시대 특히 신라의 고비(古碑)이기 때문에, 신라 사회에서 정보라는 것이 전달될 때 권력이라는 것이 정보전달 속에서 어떤 식으로 투영되고 표출될 수 있는가, 이런 것들을 좀 더 고민해 봐야 한다는 이야기입니다.

주보돈 : 그러니까 하여튼 '구'가 들어가는 것은 틀림이 없다. 다음으로 넘어가려고 하는데 자꾸 끊어지네요. 여기에 오늘 특이하게 민사소송과 관련해서 충남대 김수태 선생님께서 발표를 했습니다. 기존에는 '쟁(爭)'이나 '탈(奪)' 또는 '중죄' 등을 바탕으로 단순히 민사적인 것은 아니라 정치권력이 깊이 개입이 되어 있었다, 이렇게 보는 게 일반적이었습니다. 그런데 선생님께서는 여기에 일정한 민사소송이 진행되었다고 보고 절차를 한 번 엄격하게 따져 보았습니다. 이문기 선생님께 질문할 기회를 주려고 했는데 자꾸 차단이 되어가지고 그랬습니다.

이문기 : 예. 오다가 되돌아가고 자꾸 그랬습니다. 사실 김수태 선생님 글을 읽으면서 제가 제일 흥미롭게 봤던 것이 제3행과 제4행, 그러니까 교(敎) 이하 쟁인 이전에 나오는 인물들을 재판과 관련된 실무자라고 보았던 점입니다. 이 재판과 관련된 실무자로 나마(奈麻) 두 사람이 포함돼 있어서 조금 관등이 높다는 생각이 듭니다. 그리고 냉수리비를 보면 '전세이왕교위증이(前世二王敎爲證

余)' 즉 전세(前世) 두 왕의 교(教)가 일종의 판례가 되는 셈입니다. 현대적인 법
률용어로 말하면 증거로 삼았다는 이야기인데, 냉수리비에서는 판례도 조사하
고 그 이전에 있었던 일들을 조사한 흔적이 나옴에도 불구하고 재판 관련 실무
자는 빠져 있습니다. 여기에 비추어 보면 중성리비에서는 실제로 재판과 관련된
실무자들이 무엇을 했는지가 드러나지 않습니다. 그러므로 중성리비에서 재판
과 관련된 실무자들을 상정하는 견해는 참 흥미로운 접근이기는 한데, 실상과
맞을까 하는 생각이 자꾸 듭니다. 그렇게 생각하시게 된 이유라고 할까요, 그 뒷
사정 이야기를 듣고 싶습니다.

김수태 : 먼저 선생님께서 '백(白)'을 올린다고 하셨는데, 그렇다면 3행과 4
행의 사람이 교를 내린 사람한테 보고했다고 해석할 수 있습니다. 보고를 올리
는 사람들은 아마도 재판하고 판결했던 사람들일 가능성이 높습니다. 그리고 만
일 본모자가 직명이 아니고 인명이라면, 제3행과 4행 다음에 쟁인이 나오는 걸
로 봐서 이들이 바로 재판과 관련된 실무자가 아닐까 생각해 봤습니다.

이문기 : 그와 더불어서, 지금 쟁인은 역시, 뭐랄까요, 배심원의 성격으로 보
는 데 동의하시는 셈이지요? 배심원들을 구성해서 보고했다, 이런 말씀이시죠?

김수태 : 그러니까 재판에 참여하는 사람들 있지 않습니까? 지금 원고와 피
고가 있고, 다음에 배심원과 증인은 다르니까 원고측 증인과 피고측 증인 등…

윤선태 : 어쨌든 판결하는 데 도움을 줬다 이렇게 보시는 거지요?

김수태 : 예. 원고가 요청한 증인, 피고가 요청한 증인이 나왔다고 생각합니

다. 쟁인을 원고와 피고로 보면 좋은데, 지금 윤선태 선생도 이야기를 하고, 노 선생님도 이야기 하셨듯이 당사자들이 언급 안 되니까 소송을 대리해 준 사람이 나왔다고 본다면 그들만 나오지는 않았을 겁니다. 그 사람들의 주장을 뒷받침할 수 있는 증인도 함께 표현되었을 겁니다. 이렇게 말씀드리면 또 주보돈 선생님께서 현대적인 재판 규정을 원용하는 것 아니냐 하실지 모르지만, 중국 고대 법제사 연구 성과에 따르면 분명히 그렇게 했다고 하니까 충분히 개연성이 있다고 생각합니다.

그리고 한 가지 덧붙이자면, 첫 번째는 탁부가 먼저 나오다가 3행, 4행에는 사탁부가 먼저 나오지 않습니까? 또한 쟁인에는 탁부가 다시 먼저 나오기도 합니다. 기재순서가 왜 이런 식으로 되는 것인지 의문입니다. 선생님께서 왜 인명 분석을 안 했냐고 하셨는데, 일단 여기서는 어떤 가능성이 있지 않을까 하는 문제를 한 번 제기해보고자 합니다.

이문기 : 예, 더 이상 할 말 없습니다.

주보돈 : 전덕재 선생님 질문 있으신가요?

전덕재 : 간단한 건데요. 선생님께서 "송(訟)이 쟁이다"는 전제를 중심으로 논지를 전개했는데 이 전제는 맞는 것 같습니다. 하지만 역으로 "쟁(爭)이 송(訟)이다"고 하는 것은 조금 다른 차원의 이야기가 아닌가 해서 여쭤보려고 합니다.

주보돈 : 저도 처음 비문을 보았을 때, 쟁인이라는 사전적 개념을 가지고서 "이 사람들 사이에 무슨 일이 벌어졌구나" 이렇게 생각했습니다. 그런데 지금 해

석을 하시는 분들은 그렇게 생각하지 않으시나 봅니다. 오늘 새로운 현대식의 재판으로, 여기 뭐 배심원도 나온다고 하고...

김수태 : 배심원이 아니고 증인입니다.

주보돈 : 증인도 나오고, 그런 다양한 이야기들이 나왔는데 이게 조금 모순적인 것 같아요. 어떤 것은 사전적으로 충실하게 '백(白)'의 의미를 찾다가 여기 와서는 오늘날 우리 식으로 '쟁(爭)'을 해석하고 있습니다. 그래서 논자에 따라서 적용하는 방식에 굉장히 차이가 있는 것 같은데, 사전적 의미라든지 현대적 의미, 또는 과거 당시의 의미 가운데 하나에 충실한 논리를 가졌으면 하는 생각이 듭니다.

윤선태 : 그리고 제가 드릴 말씀이 있는데요. 쟁인을 평결집단 속의 일부로 보게 되면 '교(敎)'가 흔들립니다. 권력 상층부의 가장 중요한 교가 평결집단의 의견 자체에 의해 흔들리게 되면 전체적인 권력 구조상에 문제가 생길 것 같습니다. 지금 교 집단에 여러 명이 없는 것 때문에 논란이 될 수 있는데, 아마 그 때문에 쟁인을 평결집단으로 연결시켜 보는 것 같습니다. 그런데 그것 때문에 평결집단을 그런 식으로 이해하는 것은 오히려 우리의 추론이고, 교가 흔들리면 안 되므로 쟁인 자체를 평결 집단으로 보는 것은 조금 문제가 있습니다.

윤진석 : 지금 윤선태 선생님의 말씀은 교를 내린 후에 쟁하면, 평결을 했다고 하면 정당한 지적이라 할 수 있습니다. 다만 이를 뒤집어서, 평결을 거쳐서 최종적으로 교(敎) 했는데 기록하기로는 누가 교한 것이고 중간에 쟁한 명단을 적을 때 쟁인이 누구다, 이렇게 이해하면 반론도 충분히 가능하지 않을까 생각합

니다.

윤선태 : 지금 우리에게는 자료가 없지만 일본에는 자료가 굉장히 많습니다. 그 가운데 유명한 성덕태자(聖德太子)의 고사를 보면 "열 명이 떠드는데 그것을 정확히 판단한다"는 말이 있습니다. 이는 바로 쟁인들이 이야기하는 것으로, 교를 내리기 위한 준비과정이라고 할 수 있습니다. 그들이 서로 싸우면서 이야기를 막 하는데, 그걸 성덕태자가 듣고 바로 정확하게 판결을 내리는 겁니다. 그런 모습 자체가 바로 고대의 권력자들이 행할 수 있는 가장 확실한 위상인거죠.

주보돈 : 그럼 윤선태 선생님은 쟁인을 무엇으로 보시나요?

윤선태 : 쟁인은 소송의 직접적인 대상자들이지요.

주보돈 : 그럼 여기에 동의하지 않으시는 분 계시면 민사소송을 제기를 해보세요.

김수태 : 민사소송보다도, 윤선태 선생님께서도 그렇게 소송을 제기한 사람이라고 한다면 거기에 원고, 피고가 다 포함된다고 보는 거예요?

윤선태 : 현재의 개념인 원고, 피고라고 하는 개념 자체를 집어넣기 때문에 그렇습니다만, 간단히 말하면 지금 권력자가 뭔가를 빼앗았기 때문에 저쪽 편에 빼앗긴 사람이 있겠죠.

김수태 : 지금 윤 선생이 쟁인을 이야기할 때 정확하게 원고에 해당되는 것

인지, 피고에 해당되는지 정확하게 해 주셨으면 합니다. 애매하게 마지막 부분에 소송을 제기한 사람이라고 썼다가 앞에는 또 얼버무렸다가 그렇게 했거든요.

윤선태 : 아닙니다. 그런 적 없습니다.

여호규 : 지금 녹취가 다 되고 있거든요. 본인 성함을 먼저 말씀하시고 이야기해주세요.

주보돈 : 그러면 사회자에게 명으로, 사회의 교로, 이제 정확하게 이름을 밝히고 이야기하시기 바랍니다.

김수태 : 예, 김수태입니다. 이번에 중성리비를 검토하면서 그동안 비문에 나와 있는 용어를 정확하게 개념 정의부터 하지 않고 사용했다는 게 제일 답답했습니다. 그 바람에 온갖 이야기가 나오고 어떤 경우는 지나친 비약이 되기도 했다는 생각을 했습니다. 저도 아직 그 의미를 정확하게 파악하지 못했지만, 교(敎) 부분도 마찬가지입니다. 지금 윤선태 선생은 앞서 "교해서 판결했다" 이렇게 말씀하셨는데 그렇다면 '교'가 바로 판결을 뜻하나요? 윤진석 선생님이 이야기 했듯이 판결해서 교를 내리는 것인지 아닌지 정확하게 따져야 되는 것이거든요. 그래서 앞서 제가 『고려사』 형법지(刑法志) 이야기 했는데, 거기서는 판결 같은 것을 '제(制)'로 이야기 하고, 왕이 교(敎)하는 것은 또 다르게 기록했단 말이죠. 그래서 앞으로 고려시대와 신라시대의 차이점을 따져봐야 될 것입니다.

그리고 주보돈 선생님께서 아침에 중성리비에 기록된 분쟁이 폭력적이지 않느냐고 하셨는데, 『고려사』 형법지의 사례들만 보아도 민사소송인데 무수히 빼앗고 폭력적인 모습들이 보입니다.

주보돈 : 형법인데 왜 민법 이야기를?

김수태 : 형법지의 소송 부분에서 민사와 관련된 내용을 말씀드린 겁니다. 어쨌든 중성리비하고 냉수리비에서 "중죄를 준다" 이렇게 경고도 했지만, 재판하고 많은 사람들이 동원되는 등 온난리가 쳤는데도 불구하고, 선생님 말씀 대로 폭력적인 일까지 벌어졌는데도 불구하고 실질적으로 처벌은 하지 않았다 는 말이지요. 김창석 선생은 관등을 낮춘다든지 이렇게 처벌을 했을 것이라고 추정했습니다만, 왜 처벌을 하지 않았는지에 대해서도 따져야 됩니다. 그런데 이 부분을 따지지 않고 그냥 봉평비와 같이 묶어서 형법적인 개념을 설정하는 데, 민사사건의 측면도 따져봐야 될 것이고 앞으로 다양한 각도에서 더욱 검토 해봐야 한다고 생각합니다.

주보돈 : 윤진석 선생님 더 하실 말씀 있으신가요?

윤진석 : 지금 쟁인 가지고 여러 선생님들께서 말씀하시고 저도 끼어들었 는데, 크게 소송 당사자로 보는 입장과, 저는 평결자로 봤습니다만, 김수태 선생 님 말씀처럼 평결하는 과정에 증인과 심의하는 사람이 포함할 수도 있다고 보 는 견해로 나눌 수 있을 것 같습니다. 여기서 소송 당사자로 보는 견해는 두지사 간지궁과 일부지궁이 빼앗은 행위 자체를 쟁으로 본 것이고, 평결자라든지 증인 을 포함한다고 보는 입장은 "네 것이 맞느냐, 내 것이 맞느냐" 이 심리를 거치는 과정을 '쟁'으로 본 겁니다. 그러니까 윤선태 선생님 말씀하셨던 열 명이 다툰다 는 것을 성덕태자가 봤다는 이야기는 후자에 해당되는 과정이므로 그 자체를 소 송 당사자가 아니고 평결하는 과정으로 이해해야 합니다. 이 부분을 분명히 해 둬야 논의가 될 수 있다고 생각합니다.

주보돈 : 그에 대해서 답을 구하기는 어려울 것 같아요. '쟁(爭)'의 의미가 치고받고 하는 것이어서요. 여기서 결론 내기가 어려우니 잠시 뒤에 한 번 더 기회를 드리겠습니다.

지금 1부 순서가 거의 마쳐가는데, 2부 순서에 앞서 오늘 지정 외의 토론자로 나선 노중국 선생님께 마이크를 드리겠습니다. 자신의 견해를 이야기 하지 말고, 오늘 전반부 논의들을 한 번 정리해서 오늘 논의가 어떤 의미가 있는지 간단하게 말씀해주셨으면 합니다.

노중국 : 알겠습니다. 하나는 지금 전반적 이야기를 들었을 때, 사실 뭔가 모아지는 게 있으면 하고 바랐는데, 그게 그렇게 쉬운 것은 아니라는 생각이 들었습니다. 두 번째는 해석의 문제에 앞서 보이지 않는 글자에 대해서 일단 합의가 필요하겠다는 생각을 했습니다. 보이지 않는 글자에 대해서 각각 이렇게 판독을 하면서 해석을 해 버리면 거기에 대한 합의점은 찾아내기가 상당히 어려워지겠지요? 그와 관련해서 특히 1행이 문제가 되고 있습니다. 세 번째로는 전반적으로 제가 봤을 때 비문의 내용이 봉평비하고 성격이 다르겠다. 냉수리비와 중성리비는 비슷하지만 봉평비는 말 그대로 형사적인 측면이 훨씬 더 강하기 때문에 조금 구분해서 보는 것도 필요하지 않겠느냐? 이 정도만 말씀을 드리겠습니다.

주보돈 : 예. 처음에 출발할 때는 별로 할 이야기가 없는 것처럼 보이더니, 막상 시작하니 많은 말씀들을 하셨습니다. 2부 순서에 할 이야기들도 이미 많이 나왔는데, 지금 바로 2부 순서로 들어가 자유롭게 발언할 기회를 드리도록 하겠습니다.

인사 말씀을 앞서 드리지 못했는데, 지금 토론자로 이 자리에 참석하신 두 분이 더 계십니다. 포항대학의 명예교수로 계신 배용일 선생님과 동대해문화연구소 전 소장님이신 김용우 선생님 소개해 드리겠습니다. 비문에 내용과 대해서는 별로 크게 말씀이 없으실 것 같은데 혹시 긴요하게 말씀하실 부분이 있으시면 배용일 선생님부터 말씀해주세요.

배용일 : 예. 너무 오래 기다렸습니다. 조금만 기다려주시면 고맙겠네요. 사실 포항에서는 2년 전에 이 비를 발견하고 전부 다 흥분했습니다. 그래서 포항시가 두 차례에 걸쳐서 교수님들 모시고 학술회의를 개최한 바 있습니다. 오늘 보니 성덕태자는 안 계시고 전부 쟁인만 계신 것 같습니다.

저는 포항시민으로서는 정말 점잖고 조용하게 하루 속히 중성리비가 국보로 지정이 돼서, 포항시에 갖다놓고 시민들이 볼 수 있기를 염원하면서 두 번의 큰 심포지엄을 열도록 노력했습니다. 그런데 가면 갈수록 더 어두워지는 것 같아요. 오히려 지난 번 보다도 더 그런 느낌이 들었습니다. 그래서 우선 오늘 포항 시민의 한 사람으로서 심포지엄을 주관하신 이영호 회장님 이하 한국고대사학회의 여러 회원님들께 진심으로 감사를 드리고 있고, 오늘 발표해 주신 다섯 분의 선생님들에게도 감사의 말씀을 드립니다.

저는 포항 영일 사회의 한 사람으로서 고대사 부분에서 신라의 건국을 전후한 이 지역의 진한 소국의 부침 과정이라든지, 흥해 지역이 어떤 배경에서 의창군(義昌郡)이 되어 6개 현을 관할하게 되었는가를 포항의 중요한 역사적 문제로 생각해왔습니다. 그동안 흥해 지역은 지리 환경적으로 보아 분명히 소국이 존재했을 것이라 생각되어, 비록 분명하지는 않으나 천관우 선생님의 '흥해지역=다벌국(多伐國)'설을 따라 1987년 나온 『포항시사』에서부터 포항 고대사에 수록했습니다. 그러나 천관우 선생님 이전에 이병도(李丙燾) 선생님이 다벌국을 대구로 잠정 비정하였고 김재원(金載元) 선생님과 함께 1959년에 쓰신 『한국사』 고대편(진단학회)의 '고구려흥기·삼한비정도(高句麗興起·三韓比定圖)'에는 대구 부근을 '다벌국?'으로 표기했습니다. 이 방면에 전문적인 연구가 부족한 저로서는 이 위치 비정설 하나만 가지고는 그 실체를 밝힐 수가 없어서 전공 학자들의 새로운 연구나 자료 발굴을 기다리고 이런 심포지엄을 학수고대했습니다. 제가 평소에 생각했던 그런 문제들을 오늘의 발표를 통해 여러분께서 도와주신 점에 대해서는 굉장히 고맙게 생각합니다.

우선 영일만 지역은 제가 그동안 연구하고 또 선학들의 연구를 종합한 결과 두 소국으로 나뉘어져 있었다고 생각됩니다. 중세의 자료를 보아도 오랫동안 이 지역이 양분되는데, 형산강과 포항 나루 끝을 경계로 남쪽으로는 흥해군(興海郡), 북쪽으로는 영일현(迎日縣)이 지배해 왔음을 추정할 수 있습니다. 그래서 1914년 일제강점기에 포항면이 신설되기 이전에는 흥해군과 영일현이 영일만권에서는 유일한 군현이었습니다. 이걸 보더라도 다벌국이나 근기국(勤耆國)이 여기에 있었다는 짐작을 하게 되고요.

다음으로 흥해지역이 다벌국이라는 가설에 심증을 굳히게 된 점입니다. 다벌국 지역은 신라의 고대국가의 성립의 1급 직할 배후지, 국가가 완성된 후 도사(道使)의 공물과 역역 수납의 재정적 원천지로서 왕실과 귀족의 왕경 직할지였습니다. 특히 미질부성(彌秩夫城)이 있었던 흥해 지역은 북으로 고구려의 남진을 저지하고 해로로 동해방면으로 진출하는 기지이자 영일만을 침입하는 왜적을 방어하는 관방 요충지였습니다. 이러한 역사적 위치가 통일신라 경덕왕 16년(757)의 신라 행정체제 개편에 그대로 반영되어 명칭을 퇴화군(退火郡)에서 의창군(義昌郡)으로 개칭하고, 인근에 6현을 영현(領縣)으로 삼게 하였다고 봅니다. 특히 이기동 석좌교수의 기조강의는 시사하는 바가 컸습니다. 포항 중성리 신라비의 발전에 놀라 6세기 신라야말로 비문의 세기라는 말로 감회를 표현했습니다. 그래서 역사적 의미가 크다고 생각하는데, 주보돈 선생님께서 주장하신 내용 가운데 눈에 띄는 것이 포항지역은 왕경에 준하는 왕기적(王畿的) 성격을 띠는 지역이다, 왕경의 직할지라고 규정하신 부분입니다.

두 번째는 종래 학계에서 파사이사금 29년(108)에 병합한, 비지국(比只國), 다벌국(多伐國), 초팔국(草八國)을 각각 창녕, 대구, 합천에 비정한 것을 각각 경주 인근인 남강, 흥해, 기계로 파악한 천관우 선생님의 견해가 옳다고 하겠습니다. 의창군의 옛 이름인 '퇴화'는 '다벌'과 음운상 서로 통한다는 설을 지지했습니다.

세 번째로 서기 3세기 말경 신광면 지역에 예족사회가 형성되었음을 무문토기 후기의 중도식 토기를 근거로 하고, 흥해지역의 병합은 옥성리 고분을 통해 4세기 전반으로 제시하고, 의창군 영현 6현 가운데 빠진 인근의 청하현(淸河縣)을 수복한 시기는 5세기 중반 이후로 짐작하였습니다. 이런 견해들은 다른 논문에도 상견(常見)되고 있어서 그동안 포항 고대사의 문제 해결에 큰 도움을 주었습니다. 진한 시기 흥해의 다벌국이 포항 영일만 지역의 서라벌에 복속한 근기국과 함께 신라 왕국 성립 발전에 국방과 재정의 직할지로서 역사적 역할을 하게 되어 그 과정의 중요한 산물이 6세기 초의 신라 최고(最古) 금석문인 중성리비와 냉수리비였음을 인지하게 됩니다.

끝으로 몇 가지 질문을 드리겠습니다. 첫째 흥해지역이 다벌국임을 학계에서 다수의 동의를 받을 수 있을 것인지, 고대사 연구의 중진이신 대구의 주보돈 교수님과 노중국 교수님께서 고견을 말씀해 주시기 바랍니다. 둘째 포항시는 국립경주문화재연구소에 보관 중인 포항 중성리 신라비를 하루 빨리 포항으로 옮겨올 것을 학수고대하고 있습니다. 오늘 이 자리를 통해서 국보 지정이 어떤 절차를 밟아서 이 시점에서 가장 빠르게 포항으로 국보가 되어서 돌아갈 수 있을지 아마 이 방면에 제일 관계를 많이 하시는 주보돈 교수님께서 답변을 해 주시면 고맙겠고, 덧붙여서 지금까지 여러 발표 논문을 종합해서 추출한 포항 고대사의 중요한 부분의 정리에 특별한 견해가 있으시면 조언을 부탁드립니다. 감사합니다.

주보돈 : 예. 김용우 선생님 잠시 지금 덧붙여서 하실 말씀 있으신가요?

김용우 : 예. 저는 소국(小國) 관련해서 공부하는 사람입니다. 저도 오랫동안 기다렸는데 배용일 교수님께서 말씀을 다 하셨습니다. 그리고 제가 꼭 질문이 한 가지 있었는데 답변하실 이기동 교수님께서 또 가셨습니다. 간단히만 말씀을 드릴게요. 냉수리비가 발견됐고, 그 건너편의 홍곡리에서 예족과 관련된 '진솔선예백장인(晉率善穢佰長)'명 동인(銅印)이 나왔습니다. 그게 아마 상당한 배경이 안 되겠나 이런 생각을 갖고 있습니다.

주보돈 : 여기에 대해 노중국 선생님께서 다벌국의 지리적인 위치를 말씀해 주십시오. 그리고 사적 분과에서 관장할 일은 아니지만 지금 문화재위원회 위원장하고 계시니까, 가셔서 힘을 써 주시면 고맙겠습니다.

노중국 : 예, 두 번째 문제부터 답하겠습니다. 왜 늦어지는지 저도 사실 궁금합니다. 여하튼 국보 지정은 분명히 될 수 있다고 생각합니다. 아시다시피 중성리비를 발견한 김헌도씨한테 발견에 대한 공로로 1억을 책정해 줬습니다. 재밌는 것은 1억이 다 간 게 아니고, 비석이 출토된 땅이 누구 것이냐에 따라 땅 주인한테 50%, 발견 또는 신고한 사람에게 50%를 지급하는 것으로 되어 있어요. 그런데 중성리비가 발견된 곳은 개인 소유지가 아니고 국가 소유의 땅입니다. 그래서 1억 중에 50%인 5000만원은 국가에서 다시 가지고 갔습니다. 어쨌든 신고 열심히 해주면 좋은 점이 많습니다. 결정하는 과정에서 청중석에 계신 김세기 선생님이 큰 역할을 많이 했습니다. 이제 지방자치단체에서 강하게 요청을 한 번 더 해주십시오.

절차에서 문제가 되었던 것이 연대문제였습니다. 501년 또는 441년으로 견해가 엇갈립니다만, 저는 441년으로 보고 있습니다. 그런데 최근 국립중앙박물관의 전시전을 가 봤더니 501년으로 표기해놨습니다. 개인적으로는 불만이지만, 501년이라도 연대가 결정된다면 그 과정이 조금 쉽게 진행되지 않을까 생각합니다.

배용일 : 포항시에서 강하게 요구했는데 연대가 결정되지 않은 게 문제라고 합니다. 그런데 오늘 학술회의를 보니까 연대 문제가 빨리 해결될 기미가 보이지 않네요. 포항시에서도 계속 요구할 테니 학계에서도 빨리 해결될 수 있도록 호소해주십시오.

노중국 : 예, 잘 알겠습니다. 다음으로 비지(比只), 다벌(多伐), 초팔혜(草八兮)의 비정문제의 경우, 천관우 선생님의 논리는 대세론적인 측면이 상당히 강합니다. 이 시기에 동해안 쪽으로 먼저 진출해가지고 나갔다는 대세론에서 봤을 때, '퇴화(退火)'의 '화'와 '다벌(多伐)'의 '벌'이 통하니까 '퇴'와 '다' 역시 통할 수 있다고 보고 다벌을 흥해 지역에 비정했습니다. 제가 생각하기에, 음가를 가지고 따진다면 다벌하고 관련되는 것들이 여럿 있습니다. 대구의 '달구벌(達丘伐)' '달벌(達伐)'도 통할 수가 있고 또 지금 합천인 '대량(大良)' '다라(多羅)'의 '라'가 '벌'과 통할 수도 있습니다. 이처럼 음상사만 가지고 판단하기에는 상당히 어려움이 있습니다. 그래서 저보고 굳이 비정을 하라고 하시면, 그래도 '초팔혜=초계(草溪)'가 이론이 없는데 이 경우 다벌이나 비지 모두 지리적으로 초계하고 너무 멀리 떨어져 있어서는 안 될 겁니다. 그런 관점에서 저는 이 다벌을, 조금 미안합니다만 흥해로 보는 데 대해서는 생각을 달리합니다.

배용일 : 그럼 포항에는 진한 12국 가운데 하나도 없다는 말씀인가요?

주보돈 : 알 수 없는 지역이 많습니다. 포항에 없다고 섭섭해 하실 필요는 없습니다.

배용일 : 있을 법 한데 없어서요. 빨리 찾아주셨으면 합니다.

주보돈 : 잃어버린 이름이 많습니다. 우리 모두 찾아보도록 노력해보겠습니다.

저는 중성리비 발견자에 대한 포상이 끝나고 나서 문화재로 지정이 된 줄 알았어요. 그래서 국보 몇 호인가 궁금했었는데 지정이 되지 않았다고 하니 조금 의외입니다. 그리고 냉수리비의 보관상태가 좋지 않습니다. 그래서 하루 빨리 보관할 수 있는 박물관 같은 게 있어야 할 텐데요, 지금 국립경주문화재연구소에 있는 중성리비 역시 포항시가 관리할 역량이 있으면 당연히 가져와야 됩니다. 다만 지금 포항 시민들이 오늘 학술회의에 별로 참가 안 하셔서, 두 분의 의지와 역량만 가지고 가능할지 그건 모르겠습니다.

배용일 : 지금 포항 시민들이 많은 노력을 기울이고 있습니다. 우선 국보로 지정된다면 그런 노력이 더욱 탄력을 받을 수 있겠지요.

주보돈 : 여하튼 두 분 말씀 잘 들었습니다. 고맙습니다.

이제 본론으로 다시 들어가도록 하겠습니다. 총무님께서 다섯 시 반에 마쳐달라고 해서 그 전에 끝내도록 하겠습니다. 여기서 판독 문제는 더 이상 왈가왈부하지 않겠습니다. 다만 이전에도 그런 견해가 있었습니다만 오늘 윤선태 선생이 1행에서 '사(斯)'로 읽은 다음 '사로(斯盧)'를 바탕으로 나름의 논리를 전개했는데, 그렇게 읽겠다는 데에는 아무도 말리지 못합니다. 그건 일단 소수설로 보고 당분간 추이를 두고 지켜볼 수밖에 없습니다.

다음 '본모자'에 대해 기존에는 이것이 직명이냐 인명이냐를 두고 견해가 엇갈렸습니다. 과거에는 직명으로 보는 견해가 조금 더 많더니 오늘 보니 인명으로 보는 쪽으로 많이 기울어져가는 느낌이 듭니다. 또한 논의가 많이 됐던 게 '진벌일석(珍伐壹昔)'인데 오늘은 대개 '진벌'을 지명, '일석'을 인명으로 보시는 것 같습니다. 여기에 동의하십니까? 그럼 이제부터 여기에 대해서는 쟁의하지 않고 넘어가도록 하겠습니다.

다음에 발표자하고 토론자들이 해주셔야 될 게, 오늘 애매하게 "나는 이건 이렇게 보고 저렇게 본다"고 하셨는데, 조금 더 육하원칙에 따라서 비문을 해석해 주셨으면 합니다. 일단 절차는 빼더라도 분쟁이 누구와 누가 무엇을 가지고 다투어서 일어났는지 만이라도 명확하게 설명해주셨으면 합니다. 그래야 중죄를 받을 사람이 누군지 나오고, '탈(奪)'의 주어도 나와서 여러 문제가 해결이 될 수 있습니다. 먼저 오늘 발표자부터 저쪽에서 역순으로 1분 안으로 말씀해 주시기 바랍니다. 모른척하지 마시구요.

김수태 : 선생님 저는 일단 빼주세요. 번역을 해 보고 다시 말씀드리겠습니다.

주보돈 : 그런데 그게 핵심이 되지 않으면 다른 부분의 해석은 아무 의미가 없습니다. 그 부분이 좀 선명하게 드러나야 합니다. 앞으로 김수태 선생님께서 이야기를 할 때, "누가 무엇을 누구로부터 뺏었다"라는 걸 조금 분명히 드러나도록 해주셨으면 합니다. 다음으로 홍승우 선생님.

홍승우 : 예. 저는 밝힌 대로 빼앗은 대상은 두 궁이 되는 것이고, 빼앗긴 주체는 두 궁의 이름을 관칭하고 있는 두 사람이 될 것입니다. 구체적으로 말하자

면 개인이 되겠지요. 그리고 빼앗은 주체는 제가 해석한 바에 따르면 모단벌훼라는 부(部)가 됩니다. 이를 통해 6부 간 사회 분화 단계의 차이를 설정하는 입장입니다.

주보돈 : 그럼 이제 궁이 무엇인지에 대해 깊이 논의를 해야 될 것 같아요. 그게 무엇이길래 쉽게 뺏기고, 빼앗은 것인지 말이지요. 다음에 윤선태 선생님.

윤선태 : 그냥 우리말식으로 번역하면 모단벌탁이 원래 나음지촌이나 기타 촌락들의 일정한 관할권을 가지고 있었는데요. 그것을 두지사간지궁과 일부지궁이 빼앗았습니다. 그런데 빼앗고 난 다음 단계에는 본파탁이나 이런 쪽에서도 특별하게 자기의 옛날 연고권이 아마 이 모단벌탁하고 관련이 있는지 몰라도 쟁의에 같이 참여했고요. 그 쟁의 과정 속에서 결국 판결은 모단벌탁에게 두지사간지궁이 빼앗은 것을 다시 돌려주라는 판결이 내린 그런 것으로 저는 이해하고 있습니다.

주보돈 : 그럼 두 분 사이에는 견해가 완전히 달라지는 게, 두지사간지궁과 일부지궁을 주체로 보느냐, 객체로 보느냐에 따라서 두 분의 입장이 달라지네요. 홍승우 선생은 대상으로 보는 것이고, 그렇지요?

홍승우 : 예.

윤선태 : 제가 생각하기에 두지사간지궁하고 일부지궁은 그 개인의 거소일 수도 있고, 또 그를 관할하고 있는 재정기구일 수도 있습니다.

주보돈 : 그 다음 윤진석 선생.

윤진석 : 저는 비문 자체에는 사건의 경위는 분명하게 드러나지 않는다고 보는 입장입니다. 그리고 두지사간지궁이나 일부지궁은 부명이 없는 걸로 봐서 대상으로 봐야 된다고 봅니다. 또 제 해석의 특징은 홍승우 선생님처럼 대상으로 보았지만 저는 이걸 목적어로 봤습니다. 그러니까 "두지사간지궁과 일부지궁을 빼앗아 작민사 간지에게 돌려주노라" 이렇게 해석합니다.

주보돈 : 그럼 받은 대상만 있고, 누가 빼앗았는지는 없나요?

윤진석 : 저는 '탈'을 국가가 두지사간지궁과 일부지궁을 몰수한다는 의미로 해석을 했습니다.

주보돈 : 그 다음에 배용일 선생님?

배용일 : 예. 부탁 말씀 하나 드릴게요. 선생님들 연구하신 걸 종합해서, 이 비문을 시민들이 물을 때 어떻게 직역을 해서 설명하면 좋겠는가를 수합을 해서 이영호 회장님이나 저한테 보내주시면 참고하겠습니다. 지금 시민들이 자꾸 묻습니다. 그래서 제가 이 심포지엄에서 해답을 얻고자 그동안 기다렸습니다. 부탁드립니다.

노중국 : 예, 배용일 교수님 말씀에 100% 동감입니다. 실제 일반 시민을 대상으로 해설하시는 분들이 가장 곤혹스러운 게, 한 가지 사건에 대해서 온갖 소리들이 나오니까 이거 어떻게 설명해야 되나 하는 점입니다. 이건 어떤 면에서

학계의 책임도 있다고 생각을 하는데요.

다음으로, 윤진석 선생님이 정리한 68쪽을 보면 비문 3행에 교가 나오고 그 다음에 쟁인이 나오는데, 이와 관련해서 여러 해석이 분분하지만 저는 6행에서 사인이 돌려주라고 한 것, 즉 '환(還)'하라고 한 것이 평결이라고 봅니다. 그러므로 쟁인 속에는 서로 다투는 사람만 있고 평결자들이 있지 않다고 생각합니다.

그리고 '두지사간지궁일부지궁탈'을 해석할 때, 그 앞에 나오는 '탁부습지아간지사탁사△지아간지교(喙部習智阿干支沙喙斯△智阿干支教)'에서 맨 마지막의 '교'가 동사이고 그 앞이 주어임을 감안한다면, '탈'을 동사로 보고 그 앞을 주어로 봐서 "두지사간지궁, 일부지궁이 탈했다"고 해석할 수 있습니다. 그래서 저는 빼앗아 간 주체가 두 궁(宮)이고, 그걸 빼앗긴 사람은 '모단벌탁 작민사 간지'로 무엇을 돌려주라고 했는지는 비문에 적혀 있지 않지만 여하튼 그에게 돌려주라고 해석해야 한다고 봅니다.

 : 다음에 강봉원 선생님.

 : 다른 이야기이지만 지금 고대사학계에서 이렇게 논쟁이 되는 부분을 고고학적으로는 어떻게 검증할 수 있을 것인가, 여기에 대해 한번 고민을 좀 해봐야 할 것 같은데요. 제가 이 부분 쪽으로 공부를 좀 하고 있습니다만, '쟁'이 있었다는 것은 분명히 부(部) 사이에 어떤 물리적인 충돌도 있었을 가능성이 있습니다. 그래서 이를 고고학적으로 논증하기 위해서는 이쪽 지역에서 출토되는 철제무기에 초점을 맞춰서 그게 어떤 식으로 나왔을까, 아니면 중성리비가 나왔던 지역 고분에서 나오는 유물과 냉수리비 쪽에서 나왔던 고분 출토 유물을 같이 보면 새로운 이야기를 할 수 있지 않을까요? 예를 들어서 부(部) 간에 쟁탈전이 있었을 가능성도 있고, 아니면 신라에 대항해서 어떤 무력의 준비를

했을 가능성도 있을 것입니다. 이런 식으로 검증을 해 볼 필요도 있지 않겠나 싶습니다. 혹시 제가 기회가 되면 나중에 지금 중성리비나 냉수리비에 나오는 내용을 가설로 삼아서 이를 검증하는 식으로 논리를 한 번 전개해보겠습니다.

주보돈 : 가설로 삼기가 어려울 정도로 해석에 대한 견해가 많이 나누어져 있습니다.

강봉원 : 그렇더라도, 예를 들어 '쟁'이 보이는데 앞서 말씀드렸듯이 물리적인 충돌도 있었다면 고고학적으로 다양한 무기들이 나올 테니까, 이를 바탕으로 일단 논리를 정립해보는 작업도 바람직하지 않을까 생각합니다.

주보돈 : 그럼 하일식 선생님.

하일식 : 결국 2년 전(2009년)에 드렸던 말씀을 다시 하게 되는데, 제가 파악하기로는 이 비문은 자초지종을 다 적은 것이 아니라 공무원들이 흔히 기획안 올릴 때 쓰는 개조식(個條式)으로 결론적인 부분을 쓴 비문이 아닌가 생각합니다.

이렇게 많은 논란이 되는 이유 중에 가장 큰 것이 예전에도 그런 말씀 드렸지만, '모단벌훼'라는 네 글자를 제외하면 뺏고 다투는 사람들 사이에 일치된 것이 없기 때문에 쟁인을 평결자로 보기도 하고 다양한 의견이 많았거든요. 그 부분을 해소하기 위해서, 동의하는 사람이 없어서 결국은 저 혼자 하는 생각이 되어버렸는데, 후대의 수조권 개념과 같은 일종의 수취권을 생각했던 겁니다. 왜 뺏고 뺏겼던 주체와 객체, 돌려받았던 사람들하고 쟁인이 일치하는 케이스가 하나 밖에 없는가를 염두에 둔다면, 그렇게 바라볼 경우 적어도 제 사고 방식 속에서는 여러 의문점이 해소될 여지가 많기 때문입니다.

고려나 조선 초기 수조권제도가 유지되고 있을 때에 빗대어 이야기를 한다면, 어떤 토지가 있고 거기서 일정하게 수취를 하던 사람이 있었을 겁니다. 그런데 어떤 사람이 불법적으로 혹은 더 강한 권력에 기대어 남의 수조지에 대해 자기 권리를 주장할 때 여러 가지 문제가 발생을 하겠지요. 예컨대 가을걷이 하고 나면 중앙에서 수조권자가 사람을 보내서 수확물을 가져오게 했을 텐데, 그 과정에서 겹치기로 수조권을 주장하는 경우가 생겨서 그 심부름꾼들끼리 다투거나 거기서 경작을 하는 사람들, 마을사람들끼리 2중, 3중으로 뜯겨야 하느냐를 두고 갈등이 생기기도 했을 겁니다. 이처럼 여러 가지가 얽히게 되어 있거든요. 저는 그런 양상을 고려시대 사료로부터 뽑아낸 다음에 이를 바탕으로 검토했을 때 그렇게 생각하는 것이 가장 무난하다고 생각했습니다. 그래서 중성리비 속의 분쟁은, 후대적인 표현을 빌리자면 고대의 수조권과 관련된다고 할 수 있습니다.

한 가지 더 첨언하자면, 앞서 홍승우 선생도 앞에서 말씀하셨지만 지금 중성리비를 가지고 신라 6부의 어떤 부별(部別)로 사회 분화의 정도가 차이가 날 수 있다고 하셨는데, 그렇게 파악하면 6세기 초의 신라는 지나치게 저급한 사회가 됩니다. 제가 수조권을 얘기하면 굉장히 복잡하게 판단하고 있다고 반론이 들어올 수 있겠지만, 복잡하게 판단해야만 해결될 수 있다고 저는 생각합니다.

전덕재 : 예. 전덕재입니다. 저는 두지사간지와 일부지를 왕족으로 보고, 그들의 소속부는 훼부나 사훼부로 보고 있습니다. 그리고 그들은 국가로부터 식읍을 지급받았는데 두지사간지궁과 일부지궁이 바로 그것을 지칭합니다. 그런데 모단벌훼가 원래 그 지역의 지배권을 갖고 있었는데, 두지사간지와 일부지가 여기에 식읍을 설치하면서 분쟁이 일어났다고 생각합니다. 이 분쟁의 해결을 위해 훼부와 사훼부의 2인, 모단벌훼 2인, 본파훼 4인 총 8명의 쟁인 집단을 구성했는

데, 훼부와 사훼부, 모단벌훼 사람들은 이해당사자들이고, 본파훼 소속은 제3자로서 그들의 이해관계를 조절해서 거기서 결정된 사항을 지절로 갈문왕이나 습지아간지 등에 보고했던 것으로 추정됩니다. 그리고 그 보고내용은 최종적으로 교(敎)의 형태로 정착되지 않았나 이렇게 생각합니다.

이수훈 : 예, 이수훈입니다. 사회 보시는 주보돈 선생님께서 첫머리에서 비문에 충실해야 된다고 말씀하셨는데, 사실 쟁점이 되는 '두지사간지궁일부지궁탈(奪)' 이 문장만 놓고 볼 때는 두 가지로 해석이 가능하지 싶습니다. 도치문으로 봐서 "두지사간지궁과 일부지궁을 빼앗았다"고 해석할 수도 있는데, 그럴 경우 두지사간지궁과 일부지궁을 빼앗은 주체가 없어지게 됩니다. 또 다른 가능성으로 "두지사간지궁과 일부지궁이 빼앗았다"라고 해서 양자를 주어로 해석해 볼 수도 있는데, 이때는 빼앗은 대상을 비문 속에서 확인할 수 없습니다. 따라서 저는 이 자리에서 어느 한 쪽으로 해석할 수 있다고 단정 짓기는 곤란하지 않나 이렇게 생각합니다.

주보돈 : 예. 이문기 선생님.

이문기 : 너무 늦게 마이크가 와서 또 소송을 걸 뻔 했습니다. 저는 이렇게 생각을 합니다. 빼앗은 주체는 바로 두지사간지궁과 일부지궁이고, 빼앗긴 주체는 다시 돌려받게 되는 모단벌탁이라는 부(部)라고 생각을 합니다. 그리고 뺏고 빼앗기는 대상물의 정체는 바로 작민(作民)에 집약되어 있다고 봅니다. 노중국 선생님께서 고심 끝에 '작민사 간지'로 해석하시기도 했습니다만, 제 생각에 '작민'을 하나의 단어로 보고 '작인'의 용례와 비슷하다고 꼭 해석해야 할 이유는 없는 것 같습니다. "백성을 만들다" 이렇게 해석할 수 있습니다. 그래서 '세령우(卋

슈于)' 이후에 나오는 각종 촌락명들, 바로 그 지역 주민들을 원래 모단벌탁이 관할하고 있었는데 이것을 일부지궁하고 두지사간지궁이 빼앗아 가니까 소송을 제기해서 돌려받았다고 해석할 수 있을 것 같네요.

주보돈 : 대충의 입장들이 나왔는데, 과거에 문제가 되었던 진벌-일벌 문제와 본모자 문제는 상당히 의견의 접근이 이루어졌다고 할 수 있습니다. 이제 쟁점이 되는 것은 바로 궁(宮)의 문제입니다. 궁이 주체일 경우와 대상일 경우 각각 발생할 수 있는 문제점이 앞서 지적되었습니다. 이와 관련해서 '여중죄(与重罪)'라고 했을 때, 누구에게 죄를 준다고 했을지 분명치 않습니다. 지명은 않을 테니 여기에 대해 생각이 있으신 분만 간단하게 그에 대해 말씀해 주십시오.

윤선태 : 중죄의 대상은 명확합니다. 바로 두지사간지궁과 일부지궁이죠.

주보돈 : 그렇게 안 보시는 분은?

전덕재 : 저는 모단벌훼라고 생각합니다.

사회 : 다음에 하일식 선생은 어떻게 생각하시나요?

하일식 : 제 논리대로 하자면 지금 현재 중성리비문에 나오는 사람 말고도 앞으로 수취권을 주장하면서 나설 수 있는 사람까지 포함한다고 할 수 있겠지요.

주보돈 : 보이지 않는 대상까지 포함하는 것도 좋은데 일단 비문에 보이는 사람들로 한정한다면 무엇일까요?

하일식 : 그럴 경우 두지사간지궁하고 일부지궁이라 할 수 있겠지요.

이문기 : 저는 중성리비를 판결, 평결에 대한 결과를 지역 주민한테 포고하는 내용을 담고 있다고 생각하기 때문에, 그 대상은 다시 이론(異論)을 제기할 수 있는 이 지역의 주민이라고 생각합니다. 원래 모단벌탁의 관할 하에 있다가 일부지궁하고 두지사간지궁으로 관할이 바뀌었기 때문에, 그중 어느 하나를 가지고 다시 이견을 낼 경우에는 바로 그 주민들한테 죄를 주겠다고 한 게 아닐까요.

주보돈 : 저는 금석문을 다룰 때 1차적으로 비문 내의 맥락에서 파악해야 한다고 늘 생각해왔습니다. 마찬가지로, 대상을 뺏은 주체나 빼앗긴 객체 같은 내용도 우선은 중성리비 자체에서 찾아야 한다고 생각합니다. 냉수리비만 봐도 거기에는 재(財), 재물(財物)이라는 분쟁 대상이 있습니다. 그리고 여기 보면 여러 동사들이 나오는데 타동사인 경우에는 주체가 있고 객체가 있는 법이거든요. 따라서 중성리비를 이해할 때도 이런 점들에 유의를 해야 된다고 생각합니다. 그래서 당시 사람들은 뭔가 분명하게 표현하고자 했는데 우리가 오히려 우리 식으로의 해석하다보니 이걸 찾아내지 못하는 우를 범하고 있지는 않은가, 그런 자성이 듭니다.

이제 한 걸음 더 나아가서 여러 가지 해석의 문제가 있습니다. 부(部)가 무엇이냐, 또 외위가 어떻게 경위와 연결되는지, 지방과 왕경의 관계는 어떠한지 등등... 이를 해결하기 위해서 비문 자체에 적힌 내용에 우리가 앞으로 조금 더 관심을 기울여야 하지 않을까 생각합니다.

홍승우 : 말씀하신대로 비문 자체에서 접근해야 되는 것은 맞습니다. 다만 우리가 그 문장을 생각해 봤을 때, 만약이라고 하는 가정구가 들어가고 "앞으로

다시 여기에 대해서 말하는 자가 있으면"이라는 문구 자체를 고려해 볼 때, 어떤 특정한 대상을 상대로 정해 놓고 너희들이 앞으로 다른 소리를 또 하면 중죄를 주겠다는 내용이라고 한정하기보다는 중앙이 결정 사항을 포고한 다음에 "앞으로 중앙의 결정을 어쨌든 어기는 자, 다시 중앙의 결정에 불복하는 자가 있으면 중죄를 줄 것이다"라는 선언적인 의미도 있을 수가 있다고 생각을 합니다.

주보돈 : 예, 방청석에 계신 분?

이영호 : 경북대의 이영호입니다. 재작년에 발표문 읽어보고, 이번 발표도 들어봤는데 육하원칙에 맞추어서 이야기 하기는 어렵다는 생각이 들고요. 그런 원칙에 맞추려는 연구도 그렇게 많지 않다는 그런 생각이 듭니다. 저는 여기서 중죄의 대상을 쟁인 집단, 혹은 그와 관련된 지방민이 아닐까 생각합니다. 그리고 중앙 내지 중앙의 허락을 받아서 이 비석이 건립이 되었다고 생각을 합니다. 그래서 그런 부분을 고려한다면 사간지 사인, 과서모리의 이야기라든지 '백구(白口)'의 부분 등이 나름의 정리가 될 수 있다고 저는 생각합니다.

노중국 : 예. 사회자 분께서 가능하면 비문을 바탕으로 좀 보자고 했을 때, 이걸 한 번 같이 좀 검토해 줬으면 좋겠습니다. 10행의 '모단벌탁작민사간지(牟旦伐喙作民沙干支)'에서 저는 '작민사(作民沙)-간지(干支)'로 끊었습니다. 모단벌탁에 '작민사(作民沙)'가 이름이고 간지는 관등으로 이렇게 봤는데, 이렇게 보게 된 이유 가운데 하나는 지금 부명(部名)이 있든가 촌명이 있을 경우에는 예외 없이 이름에 관등이 들어가 있다는 점입니다. 7행에도 보면 '소두고리촌 구추열지 간지 비죽휴 일금지 나음지촌 복악 간지 주근 일금지' 이렇게 되어져 있습니다. 그렇다면 10행도 '모단벌탁 작민 사간지' 이렇게 끊어도 충분히 될 수 있

다는 겁니다. 더구나 이 앞에 4행에서 5행에 보면, 본피부든지 모단벌탁이든지 본피부의 간지가 두 명이 나오고 있습니다. 그러니까 탁부와 사탁부 외에는 나머지 부는 간지가 나오고 있다는 점도 10행을 해석하는데 상당히 참조를 해야 된다는 겁니다. 그런 면에서 보면 '작민사'를 이름으로 보면 이게 4행, 5행과도 일관성을 가질 수 있다는 이 점도 하나 좀 염두에 주면 좋겠다는 것입니다.

두 번째는 이 사인에 관해서 중죄를 준다고 '백구(白口)'를 했죠. 이때 중죄에 대해서는 1차적으로는 다시 돌려주게 된 두지사간지궁(豆智沙干支宮)과 일부지궁(日夫智宮)이고, 여기에 더해 쟁송에 관여했던 4~5행의 쟁인 집단들도 중죄의 포고 대상 속에 들어간다. 이렇게 볼 수 있지 않을까 생각을 합니다.

여호규 : 한국외대의 여호규입니다. 여러 선생님들 좋은 토론 잘 들었습니다. 제가 신라의 5세기나 6세기에 대해 잘 몰라서 말씀 드리기가 그렇습니다만, 조금 더 기존에 있는 자료나 연구 성과를 충분히 고려하면서 비문을 분석하는 작업도 필요하다는 생각을 많이 했습니다. 가령 '교(教)'의 경우, 다들 많이 인용하는 자료입니다만 3세기 중반 고구려에서는 죄인이 있으면 '제가평의(諸加評議)'를 한다고 되어 있습니다. 그러니까 죄인이 있을 때 한 두 사람이 죄에 대해서 결정을 한 것이 아니고 평결절차를 거쳤다는 겁니다. 그렇게 본다면 '교(教)'라는 단어에 너무 얽매어서 1행부터 쟁인 부분까지 해석하는 게 아닌가, '제가평의'라고 표현되어 있기 때문에 평의절차가 있었고 평의한 이후 결정 사항을 공지하는 절차가 있었을 것이라는 점을 충분히 한 번 고려를 해 봐야 될 것 같습니다. 그 점에서 4행의 쟁인 집단 내에 '훼평공사미(喙評公斯弥)'가 주목됩니다. 여기에 대해서는 여러 견해가 있지만 이 '평공(評公)'이 어떤 통념상의 직함이라기보다는 직(職)하는 명칭 이런 게 아닌지 한 번 고민해 볼 필요가 있을 것 같습니다. 그러면 평(評)의 의미가 좀 더 살아나는 게 아닌가 그런 생각을 해봤습

니다.

　다음으로 앞서 쟁송의 대상과 피고와 원고의 문제에 대해서 여러 가지 말씀들이 있었습니다. 하지만 제가 보기에는, 비록 냉수리비에서 '차재(此財)'라고 대상이 나온다고 합니다만, 쟁송의 대상을 명확히 기록하려 했다면 '차재(此財)'라는 표현만으로는 조금 부족하지 않나 싶습니다. 그런 의미에서 충분히 중성리비에서도 쟁송대상을 명기하지 않았을 가능성도 염두에 둬야 한다고 생각합니다. 왜 그런가 하면 여기에 연루되어 있는 사람이라면 쟁송 대상이 무엇인지 충분히 다 알고 있는 상황이었고, 그 결과를 이 평의에서 결정해서 공지하고 비를 세우는 과정이었기 때문에 그 부분을 굳이 명기하지 않아도 이 시점에서는 모든 사람이 다 알고 있었기 때문입니다. 그래서 비문 내에는 이 쟁송 대상이 빠져 있었던 게 아닐까 합니다. 그런 부분이 냉수리비 단계에서는 '차재'로 표현되었습니다만, 시기가 지나면 좀 더 명확한 식으로 표현되었을 가능성도 있겠죠.

　또 하나는 많이 얘기되었던 제10행을 끊는 문제입니다. 잘은 모르겠습니다만 고구려 덕흥리 묵서명에 보면 '작식인(作食人)'이라는 표현이 나오는데, 신라의 금석문에도 같은 표현이 나오죠. 그리고 고구려 우산하 3319호에서 '작민(作民)'이라는 표현이 나오고 있습니다. 잘 아시다시피 신라의 경우 고구려 쪽에서 문자나 관련 문화들을 수용했을 가능성이 많이 지적되고 있는 상황입니다. 따라서 일단은 '작민'을 기존에 나와 있는 용어들과 함께 고려하면서 검토할 필요가 있지 않을까 생각합니다. 다음으로 사간지가 앞에 나왔는데, 10행에 사간지가 반복될 경우 어쨌든 같은 비문에서는 동일한 존재로 보는 게 좀 적절하지 않을까 하는 생각이 들었습니다.

주보돈 : 이제 마쳐야 할 시간이 된 것 같습니다. 제가 보기에 만족할 수는 없지만 오늘 큰 부분에서 2년 사이에 상당한 접근은 이루어졌다고 봅니다. 부분

적으로는 역시 입장의 차이가 있어서, 부(部)와 관등 문제, 그리고 오늘 제기된 왕경과 그 범위의 문제 이런 것들이 논의가 되어야 할 것 같습니다. 구체적으로 보면 쟁인의 내용이 많이 논의되었는데, 쟁인의 역할을 각각 나누어서 볼 것인가, 같이 볼 것인가, 그 외에 어떤 의미를 가지고 있는가 이런 점들이 대상이 될 것 같습니다. 그리고 중간에 보면 지방민들에게 영(令)을 내리는 게 확인되는데 "왜 지방민에게 영을 내리는가" 하는 점도 토의를 해 봐야 할 대상입니다. 또한 앞서도 언급되었습니다만, 과서모리인지 비서모리인지 이들이 갑자기 등장해서 백(白)이라고 하는 걸 알려서 범죄행위를 이야기를 하는 걸로 해석하기도 하는데, 이 부분을 어떻게 이해를 해야 될 지도 아직 의문입니다. 마지막으로 작민(作民)의 문제입니다. 작민에 그 대상이 없다고 했는데, 대상이 될 수도 있어요. 혹시나 수조권과 같이 보이지 않는 대상이 있는데 우리가 해석을 못하는 건 아닐까요. 참고로 냉수리비에는 재(財)와 재물(財物)이라는 게 있어요. 그렇다면 여기에서 목적이 되는 그 대상을 어떤 형태로든지 표현하고 있었던 것이 맞지 않느냐, 그렇게 생각합니다. 이 문제는 차후에 한 번 더 논의를 해 봐야 할 것 같아요.

언제나 만나면서 100% 만족하는 경우는 없습니다. 여기서 아쉬움이 남아야 또 보고 싶어지겠지요. 다음에 다른 얼굴을 하고, 다른 색깔을 가지고 다시 만날 것을 기약하면서 오늘 회의를 마치도록 하겠습니다. 지원해주신 포항 시의회에 각별히 감사의 말씀을 올리면서 종합토론을 끝내도록 하겠습니다. 고맙습니다.

[부록]

〈포항 중성리 신라비〉·
浦項 中城里 新羅碑

〈냉수리 신라비〉
冷水里 新羅碑

관련 연구논저 목록

〈포항 중성리 신라비〉·〈냉수리 신라비〉 관련 연구논저 목록

1. 학술대회 자료집

모산학술재단, 1989.6.24『冷水里新羅碑發掘研究』

한국고대사연구회, 1989.7.6~7『迎日 冷水里 新羅碑(가칭)의 綜合的 檢討』

국립경주문화재연구소, 2009.9.3『浦項 中城里新羅碑』(발견기념 학술심포지움)

한국고대사학회, 2009.10.7~8『신발견 포항 중성리 신라비에 대한 역사학적 고찰』, 포항시

한국고대사학회, 2010.4.10『포항 중성리 신라비 고찰』, 제113회 정기발표회 자료집

한국고대사학회, 2011.10.6~7『신라 최고의 금석문: 포항 중성리 신라비와 냉수리신라비』, 금석문 선도도시 메카 이미지 구축 심포지엄

2. 자료집 · 도록 · 기타

浦項市史編纂委員會 編, 1999『(시승격50주년기념) 浦項市史(上)』, 浦項市

國立慶州文化財研究所, 2002『浦項文化遺蹟分布地圖』, 浦項市

浦項市史編纂委員會編, 2010『(시승격60주년기념) 浦項市史 1』, 浦項市

韓國古代社會研究所 編, 1992『譯註 韓國古代金石文 2(신라1·가야편)』, 駕洛國
    史蹟開發研究院

黃壽永, 1994『韓國金石遺文(第5版)』, 一志社

國史編纂委員會, 1995『韓國古代金石文資料集 Ⅱ(新羅·伽耶篇)』

韓國精神文化研究院 國學振興研究事業推進委員會 編, 1997『藏書閣 所藏 拓本
    資料集 Ⅰ(古代·高麗 篇)』

예술의 전당 전시기획팀, 1998『옛탁본의 아름다움 그리고 우리 역사』, 우일출
    판사

국립문화재연구소, 2005『한국금석문자료료집(상)』

국립청주박물관·청주인쇄출판박람회조직위원회 편, 2000『한국 고대의 문자
    와 기호유물』, 통천문화사

國立慶州博物館, 2002『文字로 본 新羅』

국립경주문화재연구소, 2009『浦項 中城里新羅碑』

국립문화재연구소, 2010『2009 한국고고학저널』, 사회평론

이천시립월전미술관, 2010『옛 글씨의 아름다움 : 그 속에서 역사를 보다』

국립중앙박물관, 2011『문자, 그 이후 : 한국고대문자전』

『每日新聞』1989년 4월 13일자(대구)

『경북매일신문』2009년 5월 14일자, 5월 15일자, 6월 10일자(경북 포항)

3. 학술논문 · 연구서

朱甫暾, 1989 「迎日冷水里新羅碑에 대한 基礎的 檢討」『新羅文化』 6

한국고대사연구회, 1989 「迎日冷水里新羅碑(가칭)의 조사와 판독」『한국고대
　　사연구회 회보』 10

鈴木英夫, 1989 「動向と展望 -最近發見の韓國の古代四碑について-」『國史學』
　　139

金永萬, 1990 「迎日 冷水里 新羅碑의 '癸未年'에 대하여」『新羅文化祭學術發表
　　會論文集』 11, 新羅文化宣揚會·慶州市

金永萬, 1990 「迎日冷水里新羅碑의 語文學的 考察」『韓國古代史研究』 3

金昌鎬, 1990 「〈圖版解說〉迎日冷水里 新羅碑」『新羅文化祭學術發表會論文集』
　　11, 新羅文化宣揚會·慶州市

金昌鎬, 1990 「迎日冷水里新羅碑의 建立年代」『韓國古代史研究』 3

金義滿, 1990 「迎日 冷水碑와 新羅의 官等制」『慶州史學』 9

南豊鉉, 1990 「「迎日冷水里新羅碑의 語學的 考察」『(姜信沆敎授回甲紀念) 國
　　語學論文集』, 太學社 ; 2000 『吏讀硏究』, 태학사

文暻鉉, 1990 「迎日冷水里新羅碑에 보이는 部의 性格과 政治運營問題」『韓國古
　　代史硏究』 3

宣石悅, 1990 「迎日冷水里新羅碑에 보이는 官等·官職問題」『韓國古代史硏究』 3

辛鍾遠, 1990 「6세기 初 新羅의 犧牲禮; 迎日 冷水里碑와 蔚珍 鳳坪碑의 碑文을
　　중심으로」『震檀學報』 70, 震檀學會 ; 1992 『新羅初期佛敎史硏究』, 民族社

安秉佑, 1990 「迎日冷水里新羅碑와 5-6세기 新羅의 社會經濟相」『韓國古代史
　　硏究』 3

李喜寬, 1990 「迎日冷水里碑에 보이는 至都盧葛文王에 대한 몇 가지 問題」『韓

國學報』60

李炯佑, 1990「迎日地方의 歷史·地理的 考察」『韓國古代史研究』3

鄭求福, 1990「迎日冷水里新羅碑의 金石學的 考察」『韓國古代史研究』3

朱甫暾, 1990「6세기 초 新羅王權의 位相과 官等制의 成立」『歷史教育論集』13·14합집

崔光植, 1990「迎日 冷水里 新羅碑의 釋文과 內容分析」『新羅文化祭學術發表會論文集』11 ; 1994『고대한국의 국가와 제사』, 한길사

深津行德, 1990「迎日冷水里新羅碑について」『韓』116, 韓國研究院

南希叔, 1991「新羅 法興王代 佛教受容과 그 主導勢力」『韓國史論』25, 서울大學校 國史學科

李宇泰, 1991「新羅 中古期의 地方勢力 研究」, 서울大學校 國史學科 博士學位論文

李宇泰, 1992「迎日冷水里碑의 再檢討; 財의 性格을 中心으로」『新羅文化』9

李銖勳, 1993「新羅 村落의 성격 – 6세기 금석문을 통한 행정촌·자연촌 문제의 검토 –」『韓國文化研究』6, 釜山大學校 韓國文化研究所

趙東元, 1993「新羅 中古 金石文研究」『國史館論叢』42, 國史編纂委員會

金昌鎬, 1994「迎日冷水里碑의 建立 年代 問題」『史學論叢』, 九谷黃鍾東教授 停年紀念 史學論叢刊行委員會

李鍾旭, 1994「迎日冷水里碑를 통하여 본 新羅의 統治體制」『韓國史學論叢』上, 李基白先生古稀紀念 韓國史學論叢刊行委員會

金永萬, 1995「迎日冷水里新羅碑의 借字表記에 대하여」『(素谷南豊鉉先生回甲紀念論叢) 國語史와 借字表記』, 太學社

朴香美, 1995「迎日冷水里碑를 통해 본 5~6世紀 新羅의 財産相續」『慶北史學』17·18, 慶北史學會

李銖勳, 1995「新羅 中古期 村落支配 硏究」, 釜山大學校 史學科 博士學位論文

朱甫暾, 1996「6세기 新羅의 村落支配 强化 過程」『慶北史學』19, 慶北史學會

徐毅植, 1997「新羅 中古期의 ‘節’·’作’과 冷水里碑文의 吟味」『歷史敎育』63, 歷
　　史敎育硏究會

이종서, 1998「‘節’·’等’의 의미분석과 赤城碑 ‘敎事’부분의 재검토」『韓國史論』39

朱甫暾, 1998『新羅 地方統治體制의 整備過程과 村落』, 신서원

金昌鎬, 1999「新羅 冷水里 古墳에 대한 一私見」『文化史學』11·12·13, 韓國文
　　化史學會

전덕재, 2000「6세기 초반 신라 6부의 성격과 지배구조」『韓國古代史硏究』17

전미희, 2000「冷水碑·鳳坪碑에 보이는 신라 6部의 성격」『韓國古代史硏究』17

朴熙澤, 2001「고고자료에 나타난 불교공인 이전의 신라의 지방통치 : 영일 냉수
　　리비와 울진 봉평비를 중심으로」『佛敎考古學』創刊號, 威德大學校 博物館

金羲滿, 2002「新羅 金石文의 官等名 檢討」『新羅文化祭學術論文集』23

宣石悅, 2002「신라 금석문을 통해 본 葛文王」『新羅文化祭學術論文集』23

주보돈, 2002『금석문과 신라사』, 지식산업사

한국역사연구회, 2004『고대로부터의 통신』, 푸른역사

金台植, 2004「냉수리비로 구축한 신라 ‘Seven Kings論’-此七王等, 그 괴이한
　　해석을 驅逐하며-」『新羅史學報』1, 新羅史學會

曺凡煥, 2005「迎日冷水里碑를 통하여 본 신라 村과 村主」『금석문을 통한 신라
　　사 연구』, 한국학중앙연구원

朱甫暾, 2006「신라의 部와 部體制」『釜大史學』30, 釜山大學校史學會

金永萬, 2007「迎日冷水里新羅碑文의 文章分析 試考」『口訣硏究』18, 口訣學會

朴南守, 2007「신라 화백회의 연구현황과 중층적 회의구조」『新羅文化』30, 東
　　國大學校 新羅文化硏究所

이문기, 2007「영일냉수리비와 울진봉평비」『한국고대사 연구의 새 동향』, 서경문화사

李鍸勳, 2007「新羅 中古期 행정촌·자연촌 문제의 검토 - 城山山城 木簡과「冷水里碑」를 중심으로」『韓國古代史研究』48

崔珍烈, 2007「中國 周邊國이 수용한 '王'의 이미지」『中國古中世史研究』17

이종서, 2008「新羅 中古期 '大等'의 語義와 性格」『新羅文化』31

강종훈, 2009「포항중성리신라비의 내용과 성격」『韓國古代史研究』56

고광의, 2009「포항 중성리신라비 서체와 고신라 문자생활」『浦項 中城里新羅碑 발견기념 심포지엄』, 국립경주문화재연구소

권인한, 2009「『포항 중성리신라비』의 어문학적 검토」『浦項 中城里新羅碑 발견기념 심포지엄』, 국립경주문화재연구소

김덕원, 2009「영일냉수리비의 '財(物)'에 대한 재검토」『국학연구』15, 한국국학진흥원

김보상, 2009「『포항 중성리신라비』의 발견경위 및 향후과제」『浦項 中城里新羅碑 발견기념 심포지엄』, 국립경주문화재연구소

金昌錫, 2009「포항 中城里新羅碑에 관한 몇 가지 고찰」『韓國史研究』147

김희만, 2009「浦項 中城里新羅碑와 新羅의 官等制」『東國史學』47, 東國史學會

박방용, 2009「포항 중성리신라비」『경주문화』15

배용일, 2009「포항중성리신라비의 발견경위와 고대의 포항과 흥해」『韓國古代史研究』56

선석열, 2009「『포항 중성리신라비』의 금석학적 위치」『浦項 中城里新羅碑 발견기념 심포지엄』, 국립경주문화재연구소

선석열, 2009「인명표기방식을 통해본 포항 중성리신라비」『인문학논총』14권 3호, 경성대학교 인문과학연구소

李文基, 2009「포항中城里新羅碑의 발견과 그 의의 -「冷水里碑」의 재음미를 겸
　　하여-」『韓國古代史研究』56

李泳鎬, 2009「興海地域과 浦項中城里新羅碑」『韓國古代史研究』56

이우태, 2009「포항 중성리신라비의 건립 연대와 성격」『浦項 中城里新羅碑 발
　　견기념 심포지엄』, 국립경주문화재연구소

전덕재, 2009「포항중성리신라비의 내용과 신라 6부에 대한 새로운 이해」『韓
　　國古代史研究』56

차순철, 2009「포항 흥해지역의 역사고고학적 고찰」『浦項 中城里新羅碑 발견
　　기념 심포지엄』, 국립경주문화재연구소

하일식, 2009「포항중성리신라비와 신라 관등제」『韓國古代史研究』56

高光儀, 2010「浦項 中城里新羅碑 書體와 古新羅 문자생활」『新羅文化』35, 東
　　國大學校 新羅文化研究所

金昌錫, 2010「新羅 法制의 형성 과정과 律令의 성격-포항 중성리신라비의 검
　　토를 중심으로-」『韓國古代史研究』58

노중국, 2010「금석문·목간 자료를 활용한 한국고대사 연구 과제와 몇 가지 재
　　해석」『韓國古代史研究』57

노중국, 2010「포항중성리비를 통해 본 麻立干시기 신라의 분쟁처리 절차와 六
　　部체제의 운영」『韓國古代史研究』59

노태돈, 2010「포항중성리신라비와 外位」『韓國古代史研究』59

박남수, 2010「「浦項 中城里新羅碑」의 新釋과 지증왕대 정치 개혁」『韓國古代
　　史研究』60

박남수, 2010「『浦項 中城里新羅碑』에 나타난 新羅 六部와 官等制」『史學研究』
　　100, 韓國史學會

서의식, 2010『新羅의 政治構造와 身分編制』, 혜안

이명성, 2010「포항 중성리신라비와 영일 냉수리신라비의 재질특성과 산지해석 및 훼손도 진단」『문화재』43-3, 국립문화재연구소

李泳鎬, 2010「新羅의 新發見 文字資料와 硏究動向」『韓國古代史硏究』57

윤진석, 2010「한국고대 '部體制'의 기초적 이해와 과제」『啓明史學』21

趙景蘭, 2010「迎日冷水里碑文에 보이는 敎의 性格과 構造」『韓國古代史探究』4, 韓國古代史探究學會

朱甫暾, 2010「浦項 中城里新羅碑에 대한 硏究 展望」『韓國古代史硏究』59

고선우, 2011「3차원 레이저스캐닝 기술과 정보처리 기술을 활용한 금석문 가독성 향상 방법」『인문콘텐츠』21, 인문콘텐츠학회

김수태, 2011「포항 중성리신라비에 보이는 신라의 지방통치」『木簡과 文字』8, 한국목간학회

박성현, 2011「포항 중성리신라비 비문의 형식과 분쟁의 성격」『한국문화』55, 서울대학교 규장각한국학연구원

선석열, 2011「6세기 초반 신라 금석문을 통해 본『梁書』新羅傳의 관등 사료 비판」『지역과 역사』28, 부경역사연구소

이용현, 2011「중성리비의 기초적 검토-냉수리비·봉평비와의 비교적 시점-」『考古學誌』17

全德在, 2011「신라 율령 반포의 배경과 의의」『歷史教育』119

주보돈, 2011「울진 봉평리 신라비와 신라의 동해안 경영」『울진 봉평리 신라비와 한국 고대 금석문』, 울진군·한국고대사학회

洪承佑, 2011「韓國 古代 律令의 性格」, 서울大學校 國史學科 博士學位論文

橋本 繁, 2011「浦項中城里新羅碑の研究」『朝鮮学報』220

李成市, 2011「浦項中城里新羅碑の基礎的研究」『上代文学』106, 上代文学会

李成市, 2011「新羅浦項中城里碑にみる6世紀新羅碑の特質」(국립중앙박물관

특별전 "문자, 그 이후" 기념 심포지엄 발표문)

Richard D. McBride, II, 2011「When Did the Rulers of Silla Become Kings?」『韓國古代史探究』8

李晟豪, 2012「6세기 신라 외위제의 성립과정」, 東國大學校 史學科 碩士學位論文

이순태, 2012「〈迎日冷水里新羅碑〉의 書風 연구」『書藝學硏究』20, 한국서예학회

朱甫暾, 2012「포항중성리신라비의 構造와 내용」『韓國古代史硏究』65

한국고대사 학술총서 ①

신라 최고의 금석문
포항 중성리비와 냉수리비

기 획 | 한국고대사학회
저 자 | 이기동 외
발 행 | 주류성출판사　www.juluesung.co.kr
　　　　서울시 서초구 서초4동 1305-5
　　　　전화 02-3481-1024 / 전송 02-3482-0656
발행일 | 2012년 7월 25일

책 값　20,000원
ISBN　978-89-6246-089-6　94910
　　　　978-89-6246-088-9　94910(세트)

잘못된 책은 바꿔드립니다.